기독교 철학이란 무엇인가? 철학의 일부 내용에 세례를 베풀어 기독교 신념 체계로 병합하는 것인가? 어떠한 철학적 주제를 기독교적으로 분석하고 탐구하는 것인가? 신칼뱅주의의 흐름을 이어받은 개혁주의 철학자 헤르만 도이어베르트는 이보다 훨씬 철저한 길을 주장했다. 바로 기독교 신앙이 철학자와 철학자의 작품을 파고들어 그 내적 상태까지 변혁해야 한다는 것이다. 도이어베르트의 사상이 개혁주의권 내에서 출발하긴 했지만 종교, 마음, 근본 동기, 양상, 법칙 등을 아우르는 그의 깊은 통찰력은 모든 그리스도인의 관심과 주목을 받아 마땅하다. 『그리스도인을 위한 서양 철학 이야기』에서는 고대 그리스에서 오늘에 이르는 철학자들을 훑어 가면서 도이어베르트의 주장이 무엇을 의미하는지 제대로 짚어 준다. 아울러 이 책에서는 신칼뱅주의 울타리에서 꽃피웠으면서도 유럽의 도이어베르트와는 철학 전통, 인물, 주제 면에서 다른 북미 맥락에서의 개혁주의 인식론을 플랜팅가와 월터스토프를 중심으로 상세히 보여 준다. 이 역시 기독교 철학을 깊이 있게 전개하면서도 기독교 철학을 넘어서까지 묵직하게 말을 건넨다는 점에서 진지하게 다루어져야 한다.

송인규 한국교회탐구센터 소장, 전 합동신학대학원대학교 조직신학 교수

바르톨로뮤와 고힌은 탈레스에서 오늘날의 철학자에 이르기까지 서양 철학을 수놓는 중요 철학자들의 주장을 기독교 세계관의 안목으로 곱씹어서 철학적으로 설득력 있게, 그러면서도 복음의 전망 안에서 비판적으로 검토하여 독자들의 눈높이에서 제시한다. 저자들은 철학자들의 주장을 먼저 그들의 입장에서 이해하여 설명한 다음, 그러한 주장 안에 어떤 문제가 있는지 지적하고 더 나아가 복음의 큰 이야기 맥락에서 보면 또 어떠한지 분석한다. 독자들은 저자들의 논의를 따라가면서 철학의 공격 앞에 자기를 방어하기 바쁜 기독교라는 그림 대신 복음의 환한 조명 아래 그 장단점이 낱낱이 해부당하는 철학의 그림을 발견하게 될 것이다. 저자들은 이전 작품인 『세계관은 이야기다』에서 인본주의의 세계관과 창조, 타락, 구속의 성경 이야기가 서로 교차하는 갈림길에서 우리가 세상을 올바르게 파악하고, 나아가야 할 바른 방향을 설정하기 위해서는 성경 이야기에 기초한 세계관이 반드시 필요하다고 역설했다. 그리고 이제 『그리스도인을 위한 서양 철학 이야기』에서 기독교 세계관을 렌즈와 지도로 사용하여 철학 안에 어떤 물줄기가 흐르고 있는지, 오늘날 그리스도인은 어느 물줄기를 따라야 할지 선명하게 보여 준다. 이 책에 등장하는 가상의 철학 과목 수강생 연인의 대화는 자칫 딱딱하게 비칠 수 있는 철학사 강의를 흥미진진한 드라마로 만들어 준다.

양성만 우석대학교 교양학부 교수

『그리스도인을 위한 서양 철학 이야기』는 기독교 신앙으로 써 나간 서양 철학과 철학사 개론이다. 개론이라고 하면 흔히 건조하고 재미없다는 선입견이 들 수 있지만 이 책은 그렇지 않다. 철학을 이해하는 일은 우리 삶의 내러티브와 함께 가야 한다는 저자들의 신념 때문이다. 독자들은 이 책을 읽어 가면서 그리스도인 대학생 애비와 퍼시가 철학 수업을 접할 때 생기는 기대와 고민을 함께 나누게 된다. 이 책의 가장 큰 장점은 그리스도인이라면 꼭 알아야 할 성경과 교리와 세계관과 철학의 관계를 명쾌하게 설명해 준다는 것이다. 이를 통해 우리가 왜 철학을 공부하고 이를 기독교 철학으로 재해석해야 하는지 깨닫게 해 준다. 이 책을 읽으며 그리스도인이 철학을 공부할 필요가 있느냐는 의문이 말끔히 사라지고 철학이 우리 문화 한가운데서 기독교 복음을 전하는 데 매우 유익함을 알게 될 것이다.

최태연 백석대학교 기독교학부 교수

『그리스도인을 위한 서양 철학 이야기』에서는 자신들의 신앙으로 오늘날 세계와 씨름하기 원하는 모든 사려 깊은 그리스도인에게 왜 철학이 그토록 중요한지 설명하면서, 그리스도인으로서 철학을 한다는 것이 어떤 의미인지도 명료하게 제시한다. 이 책에는 지혜와 통찰이 가득하다. 사상은 강력하며, 서술은 명료하고 흥미롭다. 교양 있는 그리스도인의 필독서다.

C. 스티븐 에반스 베일러 대학교 철학과 인문학 교수

나는 바르톨로뮤와 고힌의 작업과 그들이 성경의 권위에 사려 깊은 헌신을 해 온 점이 아주 고마웠다. 두 사람은 성경적 세계관의 진리, 아름다움, 설명력을 명료하게 진술하는 데 정통함을 증명해 왔다. 이들이 성경적 세계관을 기독교 철학이라는 과업에 적용한 내용은 원숙한 안내자에게서 기대할 수 있는 풍성함과 섬세함과 넓이를 보여 준다. 정말 지혜로운 책이다!

폴 코판 팜 비치 애틀랜틱 대학교 철학과 윤리학 교수

바르톨로뮤와 고힌은 기독교 철학을 위한 분명하고 포괄적이면서도 강렬한 사례를 제시해 왔다. 두 저자의 책은 모든 연령층의 사려 깊은 그리스도인들을 위한 이상적인 교재지만, 특히 기독교가 세속 문화로부터 오는 중대한, 때로는 적대적인 도전에 직면하는 대학 상황의 학생이나 교수에게 적합하다. 이 책은 균형 잡힌 강력한 체계와 더불어 기독교 철학의 지성적 힘과 완전함을 빛내 줄 풍성한 논증을 제공한다.

찰스 탈리아페로 세인트 올라프 칼리지 철학 교수

바르톨로뮤와 고힌은…철학과 신앙이 맺는 관계를 다루는 흥미진진한 분석을 제공한다. 이 주제에 관심 있는 사람이라면 이 책을 염두에 두어야 한다. 이 책만큼 명료하고도 폭넓은, 또한 철학사―그리고 철학에 대한 기독교적 접근―에 관하여 긴장과 흥미를 유발하는 중심 주제들을 다루어 가는 입문서를 보지 못했다.

스코트 올리핀트 웨스트민스터 신학교 조직신학 교수, *Themelios*

바르톨로뮤와 고힌의 책에는 주목할 만한 강점이 몇 가지 있다. 어려운 개념과 중요한 역사적 발전을 다루는 서술이 명료하다. 소재 선정은 신중하다. 자신들이 다루는 다양한 철학을 하나하나 요약하고 비평한다. 게다가, 역사를 따라 검토하다 보면 때때로 복잡한 주제를 과도하게 단순화하는 경우가 있는데 바르톨로뮤와 고힌은 자신들이 논하는 주제를 섬세하게 다루는 능력을 보여 준다.…바르톨로뮤와 고힌은 그들의 신칼뱅주의 관점에서 인상적인 철학 입문을 제공한다. 독자들에게 철학사 속 주요 개념과 움직임새를 소개하는 데, 명백하게 제시된 기독교적 전제에서 이를 수행한다. 이런 이유로, 그들이 쓴 책은 21세기에 기독교적 사유를 위한 철학의 자리를 두고 벌어지는 계속되는 대화에서 중요한 목소리를 제공한다.

루크 스탬프스 클램프 신학대학원 부교수, *Credo*

그리스도인을 위한 서양 철학 이야기

IVP(InterVarsity Press)는
캠퍼스와 세상 속의 하나님 나라 운동을 지향하는
IVF(InterVarsity Christian Fellowship)의 출판부로
생각하는 그리스도인을 위한 문서 운동을 실천합니다.

Copyright © 2013 by Craig G. Bartholomew and Michael W. Goheen
Originally published in English under the title
Christian Philosophy by Baker Academic,
A division of Baker Publishing Group
P.O. Box 6287, Grand Rapids, MI 49516, USA
All rights reserved.

Translated and printed by the permission of Baker Publishing Group.

This Korean edition copyright © 2019 by Korea InterVarsity Press
156-10 Donggyo-Ro, Mapo-Gu, Seoul 04031, Republic of Korea

본 저작물의 한국어판 저작권은 Baker Publishing Group과
독점 계약한 IVP에 있습니다. 신 저작권법에 의하여 한국 내에서
보호받는 저작물이므로 무단 전재와 무단 복제를 금합니다.

그리스도인을 위한
서양 철학 이야기

신앙과 이성의 만남

크레이그 바르톨로뮤·마이클 고힌 ─ 신국원 옮김

lvp

항상 철학적 논의로
자극할 준비가 되어 있는
좋은 친구이자 학문적 모범,
밥과 일레인 하웃즈바르트에게

차례

머리말 11

들어가는 글 13

1부 기독교 철학에 접근하기
1장 왜 철학이 필요한가? 19
2장 신앙과 철학 35

2부 서양 철학 이야기
3장 고대 이교 철학 61
4장 그리스 철학의 최고봉 81
5장 중세의 종합 철학 109
6장 중세 139
7장 르네상스와 종교개혁 171
8장 초기 근대 철학 195
9장 근대 철학 231
10장 근대 철학 261
11장 포스트모더니즘과 우리 시대의 철학 305

3부 오늘의 기독교 철학
12장 오늘의 기독교 철학 331
13장 개혁주의 인식론 355
14장 개혁주의 인식론의 적용 375
15장 개혁주의 철학 403

결론 443
간략한 주석을 붙인 심화 독서 목록 447
찾아보기 463
옮긴이의 글 483

머리말

선교 – 진정한 선교 – 에는 (여러) 문화와 복음의 깊은 만남이 따른다. 우리는 기독교 철학이 모든 그러한 만남에서 뺄 수 없는 요소라고 생각한다. 우리가 이 책을 내며 기쁜 것은 바로 이 때문이며, 이 책이 독자가 철학자로 부름받지 않았다 하더라도 철학을 진지하게 생각하도록 하는 데 도움이 되기를 소망한다.

『그리스도인을 위한 서양철학 이야기』(Christian Philosophy)는 그 자체로 독립된 책이지만, 베이커 아카데믹(Baker Academic)에서 출간한 우리의 『성경은 드라마다』(The Drama of Scripture: Finding Our Place in the Biblical Story), 『세계관은 이야기다』(Living at the Crossroads: An Introduction to Christian Worldview)와 짝을 이루는 것이기도 하다.

우리가 이 책의 참고문헌을 최소화하려고 했음을 독자와 교수들이 꼭 알아주길 바란다. 2차 자료와 교육용 자료는 www.biblicaltheology.ca와 www.paideiacentre.ca/resources/teaching/christian-philosophy에서 찾아볼 수 있을 것이다.

베이커 아카데믹의 짐 킨니(Jim Kinney)와 그가 이끄는 팀의 탁월한 작업에 깊이 감사드린다. 그에 덧붙여 일레인 하웃즈바르트-보타(Elaine Goudzwaard-Botha)와 밥 하웃즈바르트(Bob Goudzwaard), 해리 반 다이크(Harry van Dyke), 브루스 애쉬포드(Bruce Ashford), 히스 토머스(Heath Thomas), 로버트 맥라키(Robert MacLarkey), 조쉬 워커(Josh Walker), 애덤 하머(Adam Harmer)를 비롯해 이 책 원고를 읽고 보다 낫게 만드는 데 도움을 준 이들에게도 고마움을 전한다. 물론 여전히 약점이 남아 있고, 이는 전적으로 우리의 책임이다! 크레이그는 H. 에반 러너 석좌교수로서 기독교 철학을 가르칠 수 있는 행복한 기회를 준 리디머 유니버시티 칼리지에 감사드린다. 또한 우리 모두 이 책을 쓸 수 있도록 후원해 준 파이데이아 공공신학 센터(The Paideia Center for Public Theology)에 감사드린다.

들어가는 글

『성경은 드라마다』 독자들은 이제 막 서로 알아가기 시작한 애비와 퍼시라는 두 학생을 책 서두에서 소개한 것을 기억할 것이다. 그 중대한 만남 이후 많은 일이 있었고, 그 이야기를 전부 할 수 있는 시간이 있다면 좋겠다. 바로 요점을 말하자면, 둘은 이제 사귄 지 1년이 지났고 지역 교회에도 깊이 관여했다. 기억에 남을 커피를 마신 지 얼마 지나지 않아 새로운 목사가 교회를 맡게 되었는데 그의 목회가 이들의 삶을 바꾸어 놓았다.

그 목사는 이들에게 온 세상에 관한 참된 이야기로 성경을 읽어 삶을 바꾸는 방식을 소개해 주었다. 둘은 이전에 성경을 부분적으로 알고 있었지만, 이제는 성경의 통일성에 대한 감각과 어떻게 자신들이 성경 이야기 속에 들어가 살며 그것을 살아 내야 할지에 대한 감각이 자라고 있다. 그는 "우리는 모두 거룩한 무리다"라는 유진 피터슨(Eugene Peterson)의 말을 인용하곤 했다. 애비와 퍼시는 그들도 그리스도의 전업 사역자임을, 또한 자신의 소명을 깨닫고 그 소명을 위해 훈련하는 것이 진지한 과정임을 알게 되었다.

애비는 수없이 자기 영혼을 살피고 목사, 부모, 친구 및 다른 이들과 많은 이야기를 나눈 끝에―기도를 많이 한 것은 말할 필요도 없다―롱 오비디언스 칼리지(Long Obedience College)라는 기독교 명문 학교에 입학해 심리학을 전공하기로 했다. 퍼시는 의사로 부르심을 받았을지도 모른다고 생각하고 과학과 의예과 교육에서 국제적 명성을 지닌 브라이튼 세큘러 대학교(Brighton Secular University)에 등록했다. 아, 이런! 각자의 소명을 진지하게 추구한다는 것은 이제 1,100킬로미터 넘게 떨어져 있어야 한다는 것이었다. 앞으로 보겠지만, 이메일과 스카이프가 큰 도움이 되었다. 각기 첫 학기를 무사히 마치고 크리스마스 방학을 보내는 동안, 애비와 퍼시는 그들 앞에 펼쳐질 일을 적은 노트를 비교해 보았다. 애비는 첫 학기를 정말 즐겁게 보냈지만 둘째 학기에 들어야 하는 몇몇 필수 과목의 가치에 대해 의구심이 있었다. 애비는 따뜻하게 데운 사과 주스를 마시면서 한숨을 내쉬고는 퍼시에게 이렇게 말했다. "다음 학기에 철학 개론을 신청하고 말았어! 난 심리학자가 되려고 하는데 대체 그게 왜 필요하지?"

퍼시는 애비의 말에 공감했지만, 자기도 철학 과목을 이수해야 한다면서 다음 학기에 철학 과목을 택할 수 있다면 애비와 동시에 철학 수업을 듣고 노트를 비교할 수 있게 해 보겠다고 했다. 온라인으로 재빨리 확인해 보니 가능할 뿐 아니라 일정도 잘 맞았다. 애비는 기분이 한결 나아졌다. "하지만 그래도 말야." 눈을 맞으며 걷기 위해 밖으로 나가면서 애비는 퍼시에게 이렇게 말했다. "우리 '거룩한 무리'에게 철학이 무슨 가치가 있을까?"

애비의 질문에 답하자면, 우리는 철학이 아주 큰 가치가 있다고 생각한다. 철학을 소개하는 방법에는 여러 가지가 있다. 우리가 취하는 방식은 체계적인 철학과 철학사에 대한 깊은 관심을 결합하는 것이다. 먼저 첫 두 장에서는 철학의 가치와 신앙과의 연관을 살핀다. 이어서 일곱 장에 걸쳐 고대 그리스에서 시작된 이래 철학이 전개된 과정을 이야기할 것이다. 우리는 여기서 철학을 이야기하는 방식이 결코 중립적이지 않음을 누누이 강조할 것이며, 우리의 목적은 철학을 기독교적 관점에서 이야기하는 것이다. 철학을 공부하는 데는 이런 내러티브 감각을 가지는 일이 반드시 필요하다.

근래 들어 기독교 철학은 특히 미국에서 놀라운 르네상스를 맞고 있다. 우리는 먼저 이 이야기를 하고, 현대 가톨릭 철학을 살필 것이다. 그리고 이어서 기독교 철학 중흥에 크게 기여한 두 (개혁주의) 기독교 철학자—즉, 앨빈 플랜팅가(Alvin Plantinga)와 니콜라스 월터스토프(Nicholas Wolterstorff)—의 작업을 자세히 살펴보려 한다.

20세기에는 보통 **개혁주의 철학**(Reformational philosophy)이라고 불리는 또 다른 개혁주의 기독교 철학(Reformed Christian philosophy)이 네덜란드의 철학자 헤르만 도이어베르트(Herman Dooyeweerd)의 작업에 기초하여 발전했다. 우리는 이 전통에 가장 가깝다. 그래서 마지막에는 이 철학의 윤곽을 살펴보고 그것이 플랜팅가와 월터스토프의 개혁주의 인식론(Reformed epistemology)과 여러 면에서 일치한다는 사실을 보여 줄 것이다.

1부

기독교 철학에 접근하기

1장 왜 철학이 필요한가?

서론

오늘날 철학은 많은 기독교 모임에서 악평을 받기 일쑤다. 심지어는 그냥 무시되기도 한다. 철학 과목을 들어야 한다고 할 때 애비가 보였던 반응을 듣는 일이 지극히 일반적이다. 교회 역사에서도 한때 철학에 대한 상당한 지식이 필수라 여기던 시대가 있었지만 지금은 분명 그런 시대가 아니다. 성경 공부와 전도 방법론은 필수지만, 교회에서 사명을 감당하기 위한 지극히 중요한 부분이라며 철학 강좌를 알린다면 많은 교인이 이상하게 여길 것이다.

하지만 우리는 유용한 기독교 철학을 아는 일이 사명의 중요한 일부라고 믿는다. 만일 교회의 사명을 우리의 문화가 그리스도와 깊이 만나는 일을 활성화하는 것으로 본다면 특히 그렇다. 이런 관점에서 볼 때, 철학은 창조 세계의 구조나 질서를 파악하려는 시도이자 그 질서에 종속되는 것들을 체계적으로 기술하려는 시도다. 기독교 철학의 특별한 점은 삶 전체를 하나님과 구별된 **피조물**로 연구한다는 것이다. 사도신경에서는 성경의 창조 교리를 요약해 이렇게 진술한다. "전능하사 천지를 만드신 하나님 아버지를 믿사오며…." 창세기 1:1-2:3과 사도신경에서 가르쳐 주는 것처럼 하나님은 창조하실 때 세상을 그냥 존재하게 하시지 않고 세상에 특별한 방식으로 **질서를 부여하**

셨다. 그리하여 하늘과 땅, 밤과 낮, 계절, 땅과 바다와 하늘, 식물과 동물과 새와 인간이 있다. 우리는 그저 이 질서 대부분을 당연한 것으로 여긴다. 인간이 직립 보행한다는 사실을 정상이라고 안다. 따라서 어떤 이가 군인이 훈련을 통해 배운 식으로 포복하며 교회에 들어온다면 놀라고 이상하게 여길 것이다. 중력이 존재하지 않는 듯 행동할 수는 있겠지만, 높은 빌딩에서 창문 밖으로 뛰어내린다면 창조 질서는 그 힘을 결코 애매하지 않은 방식으로 보여 줄 것이다.

물론 하나님이 창조에 부여하신 질서는 이런 종류의 자연 질서보다 훨씬 복잡하다. 창세기 1-3장은 하나님의 질서가 성(남성과 여성), 결혼, 농사로, 그리고 하나님과 관계하는 방식과 동물들과 관계하는 방식으로 확장됨을 알려 준다. 실제로 창조 교리는 창조 세계의 만물이 하나님에게서 오듯이 **모든 것이 하나님의 명령**(order, 질서)**에 복종함**을 가르쳐 준다. 19세기 네덜란드의 수상, 신학자, 언론인, 목사였던 아브라함 카이퍼(Abraham Kuyper)는 그 사실을 아주 분명히 깨달았다. "우리 인간의 삶 전 영역에 만유의 주재이신 그리스도께서 '내 것!'이라 외치지 않는 곳은 한 치도 없다."[1] 호기심이 철학의 주요 동기이긴 하지만, 기독교 철학을 움직이는 가장 강력한 정서는 경외심일 것이다. 우리는 하나님의 질서가 창조 시에 다음과 같은 것들에 임했다는 사실 앞에서 압도된다.

- 인간됨의 의미

---

[1] Abraham Kuyper, "Sphere Sovereignty", in *Abraham Kuyper: A Centennial Reader*, ed. James D. Bratt (Grand Rapids: Eerdmans, 1998), p. 488. 반세기 후에 C. S. 루이스는 이렇게 썼다. "우주에 중립 지대란 없다. 하나님이 모든 곳, 모든 순간을 자신의 것이라 주장하시고 사탄은 이에 반대하는 주장을 편다"["Christianity and Culture", in *Christian Reflections* (Grand Rapids: Eerdmans, 1967), p. 33. 『기독교적 숙고』(홍성사)].

- 역사와 역사적 발전
- 우리가 속한 사회를 체계화하는 방법이라는 의미에서의 문화
- 예술
- 사업과 경제
- 정치
- 스포츠와 여가
- 친교
- 기타

이 정도로도 하나님이 세우신 질서가 얼마나 넓고 포괄적인지 충분히 보여 주기 어려운데, 타락하여 죄에 빠지는 일 역시 그만큼이나 인간이 하나님의 선한 창조 질서를 **잘못 인도할** 파멸적 가능성을 포괄한다. 가정생활의 가능성은 창조의 구조에 새겨진 엄청난 선물이다. 하지만 우리는 창세기 4장을 읽으며 형제 사랑이 에덴동산 밖에서 친족 살해로 변질될 수 있음을 안다. 하나님은 인간에게 도시를 건설할 수 있는 능력을 주셨다. 도시는 즐거움의 공간이자 인간 번영의 공간이자 하나님으로 가득한 공간이 될 수 있지만, 우상 숭배의 금자탑인 바벨처럼 될 수도 있다(창 11장을 보라).

인간은 비록 타락했지만 하나님의 세계를 가꾸기 위해 하나님이 주신 능력을 여전히 간직하고 있다. 우리는 그 속에서 창조의 복잡한 질서를 따라 살아간다. 계속해서 잘못된 방향으로 나아간 탓에 오늘날 삶의 여러 영역에서 하나님의 창조 세계를 위한 질서를 이해하려면 어려운 작업이 필요하다. 앞으로 볼 것처럼 성경에서는 이를 발견하는 여정에서 꼭 필요한 실마리를 제공한다. 모든 답을 주기보단 **실마리**를 제시한다! 20세기의 위대한 선교학자 레슬리 뉴비긴(Lesslie Newbigin)은 다음과 같은 사실을 예리하게 집어냈다.

"예수는 역사, 역사의 목적과 원천에 대한 실마리다."[2] 우리가 그 실마리인 그리스도를 무시한다면 최고로 어리석은 일을 저지르는 것이겠지만, 또한 하나님이 만드신 삶의 모든 영역에서 그 실마리를 추구하는 데 실패한다면 우리는 바보일 것이다. 앞서 언급한 주제 가운데 아무것이나 택해 보라. 성경에서 이 주제를 이야기한다는 사실을 보게 될 것이다. 그러나 오늘날 우리가 하나님의 세계 속에서 실제로 그분을 위해 살아가려 할 때, 성경에서는 우리가 필요한 종류의 세밀한 분석을 단 한 번도 제공하지 않는다는 사실도 알게 될 것이다. 철학은 바로 해 아래 삶의 다양한 영역에 관련된 이 창조 질서에 대한 세밀한 분석을 탐구하는 일이다.

그리스도인의 사명을 위한 철학의 중요성

변증학

우리가 그리스도께로 회심하여 그분을 위해 살기 시작하면 이내 주변 사람들이 우리의 믿음에 대해 질문한다는 것을 알게 된다. 그런 일은 늘 있어 왔다. 그래서 베드로는 우리 안에 있는 소망의 이유에 대해 대답할 준비를 할 필요가 있다고 말한다(벧전 3:15). 그 대답은 우리의 회심 내러티브와 그리스도가 우리에게 어떤 의미를 갖게 되었는지부터 믿음에 관한 엄격한 변호에 이르기까지 넓은 범위에 펼쳐질 것이다. 이미 초기 교회도 그러했다. 숫자와 영향력이 커짐에 따라 적대하는 비난과 질문이 쏟아졌다. 초기 교회는 이에 응

---

[2] Lesslie Newbigin, *The Gospel in a Pluralist Society* (Grand Rapids: Eerdmans, 1989), p. 123. 『다원주의 사회에서의 복음』(IVP).

답하기 위해 그리스도인이 아닌 이웃이 이해할 수 있는 말로 믿음을 설명하고 변호할 필요가 있었다. 초기 기독교 사상가들이 자신의 신앙을 탄탄하고 명료하게 설명하고자 당시 철학에서 개념들을 차용하려 손을 뻗는 일은 불가피했다.

오늘날 서구에서는 그리스도인들이 흔히 그들을 적대하는 문화 속에서 소수가 되는 일이 점차 늘어나고 있다. 이런 상황에서는 우리의 신앙을 따라 살 뿐만 아니라 신앙을 설명하는 일이 중요하다. 그리스도 안에서 사는 삶과 회심 내러티브가 갖는 강력한 능력을 결코 과소평가해서는 안 되지만, 우리 믿음의 신빙성은 여전히 그것을 논리적으로 설명할 수 있는 능력에 달려 있다.

변증학 자체가 사람을 그리스도께 회심시킬 수는 없다. 회심은 성령의 역사다. 하지만 변증학은 때로 사전 복음전도라고 부르는 과정을 통해 하나님이 회심을 위해 하시는 정지(整地) 작업에 사용될 수 있다. C. S. 루이스(Lewis)가 그리스도를 믿게 된 긴 과정을 떠올려 볼 수 있다. 그 최종 단계는 경험적이었지 그에게 기독교가 참이라는 사실이 입증되어 일어난 것은 아니었다. 루이스는 자신의 회심에 대해 쓴 『예기치 못한 기쁨』(*Surprised by Joy*, 홍성사)에서 어떻게 그가 옥스퍼드에서 버스에 오를 때는 불신자였으나 신자가 되어 내리게 되었는지를 감동적으로 들려준다. 그의 실제 회심은 논리적인 것 **훨씬** 이상이었다. 하지만 회심에 앞서 엄청난 양의 성찰과 그리스도인 친구들과 했던 토론이 있었다.³ 루이스는 당연히 우리 시대의 가장 위대한 기독교 변증가 중 하나가 되는 길로 들어섰다. 루이스가 옥스퍼드 대학교에서 철학으로 1등을 했다는 사실은 잘 알려져 있지 않다. 그는 자신의 변증학을 발

---

3 루이스는 그의 회심에 대해 질문을 받을 때마다 언제나 회심 속 강력한 철학적 요소를 강조했다. 이 정보에 관해서는 크레이그의 동료 철학자 애덤 바크먼(Adam Barkman)에게 도움을 받았다.

전시키는 데 철학을 매우 효과적으로 활용했다.

아내와 함께 스위스의 작은 마을 휴모즈에 라브리(L'Abri)를 세운 프란시스 쉐퍼(Francis Schaeffer)는 동역자들과 함께 질문하고 진지하게 토론하기 위해 전 세계에서 모여든 그리스도인과 비그리스도인 학생들을 섬기는 국제적 사역을 벌였다. 이디스 쉐퍼(Edith Schaeffer)는 『태피스트리』(The Tapestry)에서 라브리의 놀라운 이야기를 들려준다. 프란시스 쉐퍼가 했던 사역의 중심에는 환대하는 공동체와 변증학이 있었다. 쉐퍼의 사전 복음전도와 복음전도는 당대의 문화와 철학에 자신을 푹 빠뜨리는 일을 필요로 한다. 많은 이가 라브리 사역을 통해 그리스도께 나왔고 많은 그리스도인이 문화와 철학을 진지하게 받아들여야 할 필요를 깨달았다.

변증학에는 분명 다양한 수준이 있을 것이다. 당신에게 그리스도가 누구인지 증거하는 데서부터 이웃의 질문에 답하는 일, 지극히 엄밀한 수준에서 기독교 신앙을 학문적으로 옹호하는 데 이르기까지 말이다. 견고한 변증은 그리스도인이 모든 수준에서 활동하기를 요청한다. 앨빈 플랜팅가의 인식론에 관한 권위 있는 삼부작 중 셋째 책인 『보증된 기독교 믿음』(Warranted Christian Belief)은 믿음에 관하여 최고 수준으로 학문적 변증을 한 예다. 물론 모든 그리스도인이 플랜팅가처럼 철학자로 부름받지는 않았으며, 철학자로 부름받은 이들이라도 소수만이 플랜팅가의 탁월한 수준에 도달할 수 있다. 그러나 기독교 철학의 기초적 서론은 이웃의 질문에 답하는 데 도움을 줄 수 있다. 그리고 플랜팅가처럼 기독교 철학자로 부름받은 이들은 최고의 학문적 수준으로 기독교의 신빙성을 증명하는 사례를 만듦으로써 중대한 역할을 할 수 있다.

선교적 문화 참여

선교는 문화 전반에 걸쳐 복음으로 씨름하는 일을 수반하며, 성경 이야기와 우리 문화 이야기의 교차로에서 일어난다. 이런 사실을 인지한다면 진지한 선교는 우리 문화(들)에 대한 깊은 이해를 요구한다는 점이 분명해진다.

여기서 또다시 철학이 큰 도움이 될 수 있다.[4]

동성애 문제를 예로 들어 보자. 우리는 분명 성경적으로 볼 때 동성애 행위는 비성경적이며 인간의 삶을 위한 하나님의 계획에 부합하지 않는다고 생각한다. 이 점에서 우리는 보수적 그리스도인들에게 전적으로 동의한다. 하지만 이 관점으로 **사회**에 어떻게 관여할 것인가? 동성애가 명백히 잘못된 것이라고 믿지만, 그것이 우리가 사는 다원화된 사회에서 어떤 의미를 갖는가? 그리스도인은 어떤 종류의 입법을 추진해야 하며, 어떻게 남녀 사이의 결혼이 신성하다는 점을 보존하는 한편 동성애자의 공민권은 적극적으로 보호할 수 있을 것인가? 이는 중요하면서도 복잡한 문제이며, 많은 그리스도인이 이런 문제와 씨름하며 방향을 잃는다. 이런 씨름은 동성애에 관한 성경적 관점을 이해하는 것보다 훨씬 더 많은 것, 즉 사회에 관한 **철학**, 정치의 역할 이해(정치에 관한 철학), 다양한 면에서 정치적 올바름(political correctness)에 대한 정중하지만 확고한 저항을 요구한다.

북미 성공회의 주류가 가는 방향을 부득이하게 직면하게 된 많은 정통적 성공회 교인은 도대체 어쩌다가 교회 지도자들이 복음에서 그토록 멀리 떨어진 지점에 이르렀는지 의아해하고 있다. 좋은 질문이다. 이에 답하기 위해

---

4 아우구스티누스(Augustine)의 『신국론』(City of God)과 토마스 아퀴나스(Thomas Aquinas)의 『대이교도대전』(Summa Contra Gentiles)은 모두 선교사들의 요청에 대한 응답으로 썼다. Curtis Chang, *Engaging Unbelief: A Captivating Strategy form Augustine and Aquinas* (Eugene, Or: Wipf and Stock, 2000), pp. 13-18.

서는 서구 문화에 어떤 일이 일어났는지를, 또한 지난 수 세기 동안 서구 문화를 형성해 왔고 지금도 그 일을 하고 있는 철학을 알아야 한다. 이를 통해서만 우리는 지금 문화가 어느 시점에 와 있는지와 동성애나 여타 문제를 통해 모습을 드러내는 세력을 이해할 수 있게 된다. 또한 그처럼 깊은 이해를 통해서만 우리는 영을 분별하고 또 그것과 선교적으로 씨름할 수 있게 된다.

레슬리 뉴비긴은 한 중요한 선교 대회에서 인도네시아 장군 곁에 앉았던 이야기를 한 적이 있다. 대회 도중 뉴비긴은 장군이 낮은 목소리로 투덜거리는 말을 들었다. "당연히 가장 중요한 질문은 과연 서구가 회심할 수 있냐는 것 아닌가?" 뉴비긴은 인도에서 약 40년을 선교사로 보낸 뒤 아내와 영국으로 돌아왔다. 그는 남은 생애 동안 서구 그리스도인들을 잠에서 깨워 그들 문턱에 있는 선교에 동참시키고자 최선을 다했다. 문화에 관한 문제는 그것이 물고기가 헤엄치는 물과 같다는 데 있다. 우리는 너무도 익숙해 그것이 정상처럼 보인다. 아주 다른 문화에 들어가 우리가 정상이고 '기독교적'이라고 여겨 온 것이 꼭 그렇지만은 않다는 사실을 깨닫기 시작할 때까지 말이다.

서구 그리스도인들은 시급히 그들이 몸담고 살아온 문화의 강점과 약점을 깊이 이해할 필요가 있다. 뉴비긴은 그런 이해를 제공하기 위해 애썼다. 그의 주요 저술을 대충 읽어 보아도 서구 문화에 대한 그런 선교적 접근과 분석에서 철학의 중심 역할이 무엇인지 보일 것이다.

철학과 기독교 학문

대학은 결국 어떤 형태를 취하건 학생들이 평생 살아가면서 하는 일을 위해 그들을 준비시키는 형성 역할을 담당한다. 근대의 중심에는 대학이 중립적·객관적 학문과 교육을 제공한다는 관점이 있다. 근래 들어 이 관점이 짓밟히고 있기는 하지만 대중문화에서는 여전히 그리스도인, 비그리스도인 할 것 없이 그들 사이에서 맹위를 떨치고 있다. 근대가 학문에 대한 중립적·객관적 접근이라 부르는 것은 실제로 전혀 그렇지 않다. 어떤 학과목이건 주제 속으로 깊이 들어가면 갈수록 우리가 대개 당연하다고 여기는 정말 근본적인 질문들에 도달하게 된다. 그것이 철학이다. 모든 주제의 기초에는 이러한 근본적 질문들이 놓여 있다.

- 이 주제의 영역에서 앎은 어떻게 이루어지는가? 결과가 참된지 어떻게 신뢰할 수 있는가? 이는 **인식론**(epistemology) 문제다.
- 인간됨이란 무엇인가? 이는 **인간론**(anthropology) 문제다.
- 우리 주변 세계는 어떤 본성을 지니고 있는가? 이는 **존재론**(ontology) 문제다.

이것들은 기초적인 철학적 질문이다. 우리는 이것들을 **발사대 질문**이라고 부르려 한다. 이것들이 모든 학문이 출발하는 기초이기 때문이다. 그에 대한 답은 보통 당연하게 여겨진다. 실제로 근대는 이 질문과 그에 대한 근대적 답이 학문에 끼친 영향을 은폐하는 데 기득권을 행사해 왔다. 복음이 이 세 기초 질문에 답하는 데 중대한 함의를 가진다는 사실과 기독교적 답변이 비기독교적 답변과는 다르게 주제를 형성하리라는 점이 한참 생각해야 알 수 있는 것은 아니다.

물론 이 사실을 알게 되면 어려운 작업이 시작된다. 인간에 대한 기독교적 관점은 **과연** 현대 심리학을 어떻게 형성하는가? 복음은 경제나 법이나 의료나 교육에서, 또한 종교 연구에서 어떤 의미가 있는가? 대학은 중세 기독교의 발명품이다. 그러나 세월이 지나는 동안 서구 대학에서는 무언가 중대한 일이 벌어졌다. 대학은 문화의 발전에 발맞추어 철저히 세속화되었다. 전형적인 서구 대학에서 종교학과에는 신앙을 위한 자리가 있을지도 모르지만, 다른 학문을 기독교적 관점에서 보고 씨름하려는 것은 대체로 말도 안 되는 일로 간주된다.

그러니 수년 전 역사가 조지 마즈던(George Marsden)이 『기독교적 학문 연구@현대 학문 세계』(*The Outrageous Idea of Christian Scholarship*, IVP)라는 제목의 도발적인 책을 쓴 것은 놀랄 일이 아니다. 물론 마즈던이 기독교 학문을 말도 안 된다고 생각하는 것은 아니다. 대부분의 학자가 그렇게 생각한다는 사실을 인정한 것뿐이다. 만일 우리가 선교를 진지하게 생각하고 그리스도인 학생들이 그리스도께서 그들을 부르신 삶의 모든 영역에서 그리스도를 섬기기 위해 훈련을 받는다는 사실에 진정으로 관심이 있다면, 기독교 학문을 위한 전망을 회복해야 할 필요를 긴박하게 느껴야 한다. 가장 잘나고 총명한 젊은 그리스도인을 이 시대 최고의 세속 학자들의 발아래서 공부하도록 보내는 것으로는 문제를 해결할 수 없다.

모든 학과에 일류 기독교 학자가 필요하다. 우리 학생들이 그들에게서 공부하도록 해야 한다. 아니면 적어도 세속 대학에서 공부하기 위한 준비를 갖추어 학생들이 자신이 다루는 과목에서 작동하는 큰 질문들을 발굴할 수 있도록 해 주어야 한다. 좋은 것은 취하고 나쁜 것을 버리면서 자신이 택한 분야에 관한 기독교적 이해를 개발할 수 있는 능력을 갖추게 해야 한다. 기독교 철학만으로는 이런 일을 할 수 없지만, 기독교 철학은 문화와 그러한 씨름을 하기 위한 전법의 기초 요소다. 철학은 앞서 언급한 바로 그 기초적 질문들을 다룬다. 기독교 철학의 틀은 학생이 세속주의에 대항할 수 있게 예방 접종을 하는 먼 길을 동행하며 그가 다루는 해당 영역에서 기독교적 관점을 개발할 기초를 마련해 줄 것이다. 대학에서 가르치는 과목은 빙산과 같다. 일반적으로 가르치는 것은 물 위에 있으며, 소수의 교수만이 학생들에게 물 아래서 해당 과목을 형성하는 덩어리가 무엇인지 환기할 수 있는 전문성과 성향을 가지고 있다. 기독교 철학은 과목과 그 과목을 가르치는 방식도 알려 주며 발사대 질문―그리고 답―을 감지하는 학습을 통해 큰 도움을 준다.

철학과 그리스도인의 삶

어떤 사람들은 철학이 실제적이지 않다고 한다. 이 말보다 진실에서 먼 이야기는 없다.[5]

앞서 말한 것처럼 모든 사람이 전문 철학자가 되어야 하는 것은 아니다. 모든 그리스도인이 전문 신학자가 되어야 하는 것이 아닌 것처럼 말이다. 그러나 기독교 교리에 관한 기본 지식이 꼭 필요한 것처럼 기독교 철학에 관한 기본적 이해에는 엄청난 실제적 가치가 있다. 우리 사회는 특정 철학에 의해 형성되고 있다. 따라서 우리가 어떤 영역에 종사하건 철학에 관한 이해는 도움이 된다.

간호사와 의사를 예로 들어 보자. 국가 의료 체제를 가진 캐나다와 영국 같은 나라에서 의료 종사 전문인은 한계점에 이르도록 혹사당하여 점점 더 기계적이고 비인격화되고 있다. 어쩌다 서구 의료가 이 지경이 되었는가? 그리스도인은 그 속에서 어떻게 해야 하는가? 의사는 자신이 믿는 기독교가 환

---

5 Phil Washburn, *Philosophical Dilemmas: Building a Worldview* (New York: Oxford University Press, 1966), p. 11.

자가 원하고 어쩌면 요구하는 진료 절차와 충돌할 때 무엇을 해야 하는가? 기독교 **철학과 의료** 역사는 이런 체제 속에서 자신의 방향을 잡기 위한 출발점의 핵심 요소다. 이 둘은 최소한 현실이 꼭 이래야 하는 것은 아니라는 사실만큼은 알려 줄 것이다.

운동선수와 스포츠는 대단한 은사다. 많은 사람이 운동선수와 스포츠가 제공하는 오락을 즐긴다. 그러나 우리가 사는 세상에서 그것들은 우상의 무대이기도 하다. 많은 젊은이가 스포츠를 위한 삶에 내몰리고 있고 승리는 모든 것이 되었다. **스포츠 철학**은 스포츠의 가치와 한계에 대하여 건강한 방향을 제공해 주고, 우리 세상의 종종 왜곡되는 영역에서 그리스도인이 건강한 방향으로 나아가도록 이끌 것이다.

활력 넘치는 젊은이 사역자라면 성장하는 교회에서 젊은이 사역을 어떻게 개발하는 것이 최선일지 고민할 것이다. 금요일 저녁 모임 참석자는 15명에서 60명을 오가는 중이다. 대안적 오락과 경쟁하려 할 것인가? 그렇지 않다면 지속적인 젊은이 사역을 만들어 내기 위해 대체 무엇을 해야 하는가? **제도적 교회에 관한 철학**과 그 독특한 성격, 그와 더불어 그 철학이 사회의 다른 영역과 맺는 관계는 이 사역자에게 젊은이 사역에 관한 성경적 초점을 분별하는 데 도움을 줄 것이다.

믿기 시작한 지 얼마 안 된 부부는 집 근처 공립학교에 다니는 그들의 자녀를 염려할 수 있다. 아이들의 말투나 행동이 점점 더 통제 불능이 되어 가기 때문이다. 부모는 무엇을 해야 하는가? 여기서도 **교육철학**에 관한 기본 이해가 자녀의 삶을 형성하려 애쓰는 부모에게 큰 도움을 줄 수 있다.

철학 교수인 크레이그는 학생들로부터 왜 철학을 전공할지 고민해야 하느냐는 질문을 받곤 한다. 철학을 전공해서 무엇을 할 것이며 대학 졸업 후 직장을 얻는 데 철학 전공이 어떤 도움이 될 것인가? 유감스럽게도 우리 사회에서 철학자에 대한 수요가 높지 않은 것은 사실이다. 고대 그리스에서 소피스트(the Sophists)는 당대의 록 스타와 같았고, 자신이 제공하는 교습에 상당량의 수업료를 매길 수 있었다. 세상이 참 많이 변했다! 물론 철학자가 되려고 계획할 수 있고, 그러려면 철학을 전공하는 것이 필수다. 하지만 철학을 전공하지 않는 학생이 좋은 기독교 철학과 수업을 받을 수 있다면, 자신이 선택한 학과를 전공하면서 동시에 철학을 부전공하는 것도 좋은 계획이다. 장 바니에(Jean Vanier)는, 지금은 전 세계로 퍼져 나간 공동체인 라르쉬(L'Arche, 1964년에 바니에가 지적 장애인들과 함께 세운 공동체로, 장애인과 비장애인의 동등한 공동생활을 지향한다 – 옮긴이)를 설립해 세계적으로 유명해졌다. 바니에가 아리스토텔레스 철학을 전공해 철학 박사를 받았다는 것과 한창 라르쉬 일을 하는 중에 아리스토텔레스 철학의 가치를 다룬 책을 출판했다는 사실은 비교적 잘 알려져 있지 않다.[6] 우리는 또한 기독교 철학의 기초를 갖추고 대학원에 진학한 학생이 그런 훈련을 받지 못한 학생보다 잘 적응하는 경향이 있다는 점도 발견했다.

이런 이야기를 계속할 수 있을 것이다. 하나님이 창조주이시며 삶의 모든 것이 그분의 질서와 연관된 포괄적인 것이므로 실제 인간 삶의 영역에서 기독교 철학이 유용한 통찰을 제공하지 못할 곳은 없다.

전망

우리의 이 이야기가 기독교 철학의 잠재력에 대해 흥분하게 만들었기를 바

---

[6] Jean Vanier, *Made for Happiness: Discovering the Meaning of Life with Aristotle*, trans. Kathryn Spink (Toronto: Anansi, 2001).

란다. 애비에게 이는 확실히 효과가 있었다. 짧은 크리스마스 방학을 마치고 롱 오비디언스로 돌아간 애비는 흥분하며 퍼시에게 자신의 철학 교수가 어떻게 맨 첫 강의부터 철학의 중요성을 정면으로 다루었는지 설명하는 글을 썼다. 교수의 변증학 강조가 애비를 별로 놀라게 하지는 못했지만, 철학을 선교적 맥락에서 바라보는 것은 계시였다. 애비는 퍼시에게 이렇게 썼다. "그 복음은 그저 점점 커져 갔어. 이제야 심리학자가 되려는 내 공부에 철학이 얼마나 필수인지 보이기 시작했지. 내게 가장 분명한 연결 고리는 사람에 관한 관점인 인간론이었어. 확실히 우리가 인간을 보는 방식은 심리학에 영향을 줘. 하지만 나는 기독교 철학이 내 심리학과 상담을 바른 방향으로 이끌도록 도울 수 있는 인간론에 관한 예리한 견해를 발전시키는 데 도움이 되리라고는 전혀 생각도 못했어. 이건 정말 중요한 문제야!"

퍼시에게 이메일을 보내고 나서 애비는 뜨거운 커피를 한 모금 마시고는 자신이 얼마나 퍼시를 그리워하는지를 보여 주듯 이메일의 새로 고침 버튼을 눌렀다. 뭐지, 벌써 답신이 왔다고? 아니었다. 답신이 아니라 "도와줘!"라는 제목의 새 메시지였다. 애비는 서둘러 그 이메일을 클릭했다. 뭐가 잘못된 걸까?

퍼시도 방금 첫 철학 수업을 했지만 애비와는 전혀 다른 경험을 했다. 교수는 철학과 종교의 차이를 설명하며 시작했다. 종교는 신앙에 기초한 것이지만 철학은 오로지 이성에 근거를 둔 학문이라고 했다. 철학에서는 이성에 의해 확립될 수 있어야 무언가를 믿는 것이 정당화된다. 교수는 수업을 듣는 학생 가운데 여럿이 신앙인이리라는 점을 알고 있었다. 하지만 그들은 신앙을 문에 내려놓고 수업에 들어가야 했다. 토론에서는 오직 이성만이 인정받을 수 있는 기준이었다. 교수는 진리 탐구에서의 이성적·인간적 자율성의 중요성에 관한 이야기로 나아가, 어떻게 철학이 신들에 대한 믿음을 버리고 세상의 상태에 관한 자연적 설명을 찾는 고대 그리스인으로 나타났는지 설명했다. 한 용감한 학생이 종교는 철학에서 아무 자리가 없는지 묻자 교수는 이렇게 답했다. "분석 주제로 다룰 수는 있겠지요. 하지만 이성에 의해 참이라고 입증될 수 있을 때만 타당합니다."

퍼시는 이렇게 썼다. "애비, 이거 어떻게 생각해? 수업에서 나올 때 나 엄청 충격 받았어. 완전 논리적으로 들렸거든. 그런데 다시 생각해 보니, 인간의 자율성이 창세기 3장에서 아담과 하와가 빠졌던 엄청난 유혹 아니었나? 이 수업 엄청 까다로울 것 같아. 이 과정에서 살아남는 방법이 있을까? 아니면 네가 봤을 때 나 당장 이 수업 빼야 할까? 내 믿음이 이 수업 감당할 준비가 되었는지 잘 모르겠어."

애비는 재빨리 답장을 썼다. "목요일에 교수님 다시 만날 거야. 조언 얻어 보고 혹시 도와주실 수 있을지 알아볼게."

───◆·◆───

다음 장에서는 우리가 성경의 권위를 아주 진지하게 받아들인다는 점을 분명히 하면서 성경, 기독교 세계관, 기독교 철학의 관계를 살펴볼 것이다. 이런 접근은 우리로 하여금 퍼시가 철학 입문에서 만나는 흔한 관점을 살펴볼 수 있게 할 것이다.

2장 신앙과 철학

애비는 목요일 철학 수업을 마치고 교수를 만나 몇 가지 문제를 의논할 수 있는지 여쭈려고 수줍게 기다렸다. "물론이죠." 교수가 답했다. "커피 한잔 들고 바로 연구실에 가서 이야기하지요."

애비는 교수 연구실에 편히 앉아 카푸치노를 무릎에 올려놓고 자신과 퍼시가 철학을 아주 다르게 경험하고 있다고 설명했다. "교수님은 철학에서 신앙의 모든 자원을 활용해야 한다고 강조하셨지요. 반면에 퍼시는 신앙을 철학 수업 밖에 놔두고 들어와야 하고 철학은 자율적 이성에만 기초해야 한다고 배웠다고 해요. 퍼시네 교수님의 접근이 아주 **합리적으로** 들리기는 해요. 하지만 신앙과 관계없이 철학의 큰 질문들을 탐구할 수 있을지 상상이 되진 않아요."

긴 논의가 이어졌다. 하지만 애비는 방으로 돌아와 퍼시에게 전달하기 위해 논의했던 내용을 정리하면서 교수가 두 요점을 주로 강조했음을 깨닫게 되었다.

1. 퍼시네 교수가 주장하는 입장을 이해하기 위해서는 철학사 이야기를 알아야 한다. 그의 견해는 고대에 뿌리를 두고 있으나 사실 18세기 계몽주의 이후에 주류가 되었다. 계몽주의에서는 종교와 전통이 진리에

이르는 길이라는 점을 대체로 배격한다. 그 대신에 인간의 자율성과 합리성이 진리에 이르는 왕도라고 주장한다.
2. 철학에서 모종의 신앙은 피할 수 없다. 인간의 자율성과 이성을 믿는 신앙 역시 하나님을 믿는 유형의 신앙**만큼이나** 일종의 신앙이다. 둘 중 어느 것도 입증될 수 없다. 둘 다 믿어야 하는 것이다. 이 사실은 '포스트모더니즘'(postmodernism) 덕분에 점차 인식되고 있으나 안타깝게도 오래된, 중립적인, 객관주의적인 견해가 여전히 버티고 있다.

애비는 커피 한 잔을 더 비우고 나서 이메일 계정을 열어서 쓰기 시작했다. "사랑하는 퍼시에게…."

서론

"철학에서 어떤 종류건 신앙을 피할 수는 없다." 실제로 철학을 형성할 때 문제는 신앙을 허용**하느냐 마느냐**가 아니라 **어떤** 신앙을 허용하느냐는 것이다. 신앙이 철학을 형성하는 역할을 한다는 것을 받아들인다면 이러한 질문을 던지게 된다. 정확히 **어떻게** 그 역할을 하는가? 신앙은 성경에서 우리에게 권위 있게 계시된 예수를 향한다. 신앙은 적어도 두 차원, 즉 감정적 기질—명제에 대한 동의만이 아니라 하나님에 대한 믿음을 포함하는 신앙—과 인식적 차원을 가진다. 두 요소 모두 철학을 하는 데 중요하다. 그러나 신앙과 철학의 관계에 관한 질문에서 전면에 나타나는 것은 신앙의 인식적 또는 교리적 요소다. 그러므로 뒤에서 보게 될 것처럼 신앙과 철학의 관계가 곧바로 성경과 철학, 세계관과 철학, 철학과 신학의 관계로 확장된다는 사실은 놀랄 일이 아니다. 이제 이러한 질문을 다루어 보자.

성경

신앙의 한 결과는 성경을 인간의 삶 전부를 위해 전적으로 신뢰할 수 있는 (무오한) 하나님의 말씀으로 보는 데 이르게 된다는 것이다. 있는 그대로의 성경을 통일성 있는 말씀으로 듣는 것은 하나의 도전이다. 우리는 『성경은 드라마다』에서 성경의 통일성을 포착하는 데 정말로 도움이 되는 방법은 성경을 넓게 펼쳐지는 큼직한 내러티브로 여기는 것이라고 했다.

근래에 학자들은 이야기가 인간의 삶에 얼마나 중요한지, 그리고 인간은 아주 깊은 차원에서 기초적이며 근본적인 이야기의 맥락 속에서 살아간다는 사실을 점차 인식하기 시작했다. 이를 전문 용어로 **메타내러티브** (metanarrative)라 한다. 메타내러티브란 세상에 대한 진실된 이야기를 하는 것을 목적으로 하는 거대한 이야기다. 개인과 사회는 그들이 몸담고 사는 이야기를 의식하지 않을 수 있지만, 그 이야기는 항상 개인이나 공동체가 살아가는 어떤 특정의 거대한 이야기다.

성경의 통일성을 명확하게 설명하는 여러 방법이 있다. 하지만 우리는 성경을 여섯 막으로 된 드라마, 실로 세상에 관한 참된 이야기를 하는 드라마로 보고 접근하는 것이 특히 도움이 된다고 생각한다. 우리는 성경의 드라마 속 여섯 막을 다음과 같이 본다.[1]

---

1 Craig G. Bartholomew and Michael W. Goheen, *The Drama of Scripture: Finding Our Place in the Biblical Story* (Grand Rapids: Baker Academic, 2004). 『성경은 드라마다』(IVP).

1. 하나님이 그분의 왕국을 세우심: 창조
2. 그 왕국에서 반란이 일어남: 타락
3. 왕께서 이스라엘을 택하심: 구속의 시작
4. 왕이 오심: 구속의 성취
5. 왕의 소식이 전파됨: 교회의 선교
6. 왕의 귀환: 구속의 완성

성경은 이런 식으로 우리에게 세상에 관한 참된 이야기를 할 뿐 아니라 그 이야기를 우리 자신의 이야기로 삼도록 초대한다. 성경은 분명 우리를 이 드라마의 5막 – 교회의 선교 – 안에 위치시키고, 우리를 그 드라마가 계속 펼쳐지면서 결론(6막)을 향해 움직여 가는 과정 가운데 하나님이 자신의 창조 세계를 이끄시는 여정에 능동적으로 참여하도록 초대한다.

성경은 이스라엘 백성과 동행하신 하나님의 여정과 그 아들 예수 그리스도의 삶과 죽음, 부활, 그리고 오순절 이후에 등장한 초기 교회가 순차적으로 퇴적되어 쌓인 침전물 – 마치 강바닥에 가라앉은 침적토 같은 – 이다. 신약성경은 당시의 세련된 문학적 헬라어가 아니라 시장과 일상에서 사용되던 코이네 헬라어로 쓰였다. 초기 교회 당시만 해도 어떤 이들은 이를 수치스럽다고 생각했다. 하지만 우리는 이를 정말 놀라운 일로 여긴다. 성경은 학문적 교과서가 아니라 그리스도인의 삶의 여정을 인도하기 위한 책이다. 물론 우리가 성경을 이해하려면 성경을 읽을 때 철저히 씨름해야 한다. 하지만 성경이 주어진 첫째 이유가 분석하기 위함은 아니다. 성경은 우리 모든 인간에게 주신 하나님의 말씀이다. 하나님이 자신을 우리에게 주시고 또 주시는 으뜸 되는 방편이다. 성경은 우선적으로 우리의 머리가 아니라 마음 – 우리 존재의 중심 – 을 향한다. 그것을 받는 최고의 방식은 하나님이 말씀 선포나 개인

묵상을 통해 우리를 그분의 생명으로 이끄시도록 마음을 활짝 여는 것이다.

성경 이해에 관해 우리는 모든 정통 그리스도인과 마찬가지로 성경의 명료성을 믿는다. 성경의 주요 진리들은 분별하기 어렵지 않다. 모두가 볼 수 있게 표면에 드러나 있다. 그러나 성경이 다양한 문화적 배경에서 쓰였기에 이해하기 어려운 부분도 남아 있다. 우리가 교회에 목회자를 세우는 이유는 바로 이 때문이다. 목회자의 일은 성경을 열심히 이해하고 우리에게 계속해서 점점 더 분명하게 제시해 우리가 성경을 하나님 말씀으로 받고 그에 따라 살도록 해 주는 것이다.

성경, 세계관, 철학의 관계를 생각할 때 성경이 벨직 신앙고백이나 가톨릭 요리문답과 같은 교리적 신앙고백이 아니며 철학 서적은 더더욱 아니라는 사실을 고려하는 것이 중요하다. 여기서 오해하지 않았으면 한다. 우리는 성경이 교리와 철학에 대해 권위를 갖지 않는다고 주장하는 것이 **아니다**. 성경은 확실히 권위를 가진다. 하지만 성경은 교리적 신앙고백이나 철학 논문이 아니며 결코 그런 의도로 쓰이지도 않았다.

삼위일체 교리를 예로 들어 보자. 삼위일체 교리는 본질적으로 신약성경 전체에 나타나지만 교회의 신앙고백에서 볼 법한 세밀한 논리적 진술은 어디서도 찾을 수 없다. 실제로 교회가 이 교리의 세세한 부분까지 애써 만들어 내는 데 수 세기가 걸렸다. 주요 교리의 모든 자료는 성경에 풍성히 들어 있지만 그것이 논리적 교리로 만들어지기 위해서는 체계적으로 정리되어야 했다. 신학자들은 그 이면에서 이 교리들의 의미와 함축을 보다 깊이 숙고해 왔다.

철학도 마찬가지다. 1장에서 성경이 기독교 철학을 위해 중요한 단서들을 제공한다는 사실을 언급했지만, 결코 성경 자체 내에서 철학이 전개되는 일은 없다. 인식론을 예로 들어 보자. 성경에는 지식의 올바른 습득을 위한 중요한 실마리가 있다. 무시하면 우매에 빠질 내용들이다. 게르하르트 폰 라트(Gerhard von Rad)는 구약성경의 지혜 문헌에 대해 다음과 같이 말했다.

> 인간의 모든 지식이 하나님에 대한 신뢰(commitment)에 관한 질문으로 귀착한다는 논제는 예리한 통찰을 담은 주장이다.…거기에는 이스라엘의 모든 지식 이론이 압축해서 들어 있다.…그 주장 이면에는 출발점에서의 단 하나의 잘못으로 인해…지식 탐구가 잘못될 수 있다는 날카로운 깨달음이 놓여 있다. 이스라엘은 그 정도로 하나님을 경외함과 하나님에 대한 믿음이 인간 지식에서 고도로 중요한 기능을 가진다고 보았다. 이스라엘은 매우 진지하게 하나님에 관한 바른(effective) 지식만이 우리를 인식 대상과의 바른 관계에 둘 수 있다고 생각했던 것이다.[2]

신약성경에서, 요한이 자신의 복음서 1장에서 그리스도를 지칭하기 위해 로고스(*logos*)를 사용한 것은 매우 중요하다. 로고스는 헬라 철학에서 우주의 이성적 원리를 가리키기 위해 사용하는 핵심 개념이었다.[3] 요한의 독자 중 약간이라도 헬라 철학을 아는 사람이 있다면 분명 그의 시선을 사로잡았을 것이다. 하지만 진짜 스캔들은 14절에 이르러 터졌을 것이다. 로고스가 육신이 되어 우리 가운데 거했다. 요한은 이런 방식으로 독자에게 나가면서도 헬라 개념에 복음의 새 술을 채웠던 것이다.

우리는 기독교 철학이 바로 이런 ─그 외에도 여러 다른 ─ 실마리를 진지하게 받아들여 그러한 통찰을 철학 작업의 기초로 삼아야 할 필요가 있다고 생

---

2 Gerhard von Rad, *Wisdom in Israel*, trans. James D. Marton (London: SCM, 1972), pp. 67-68.
3 특히 헤라클레이토스(Heraclitus)와 스토아학파와 관련되어 있다.

각한다. 비록 성경이 철학 서적은 아니라는 사실은 변함없지만, 교리가 성경으로부터 만들어져야 하는 것처럼 기독교 철학은 진정한 철학으로 존재하면서도 성경의 권위 앞에 기꺼이 머리를 숙이기 위해 조심스럽게 성경과 관계를 맺어야 한다. 우리가 보기에, 세계관 개념이 성경과 철학 사이에서 필수적인 중개 역할을 한다.

성경과 세계관

세계관은 공유된 큰 이야기 속에 배어 있는 기본 신념들을 명료화한 것인데, 그 신념들은 신앙의 결단에 뿌리내리고 있으며 우리의 개인 생활과 공동생활 전체를 빚어내고 그 방향을 결정한다.[4]

모든 세계관은 모종의 거대한 이야기에서 유래한다. 전도서 3:11에서 말하듯이 하나님이 영원—시작과 마지막에 대한 감각, 더 큰 이야기의 일부라는 감각—을 우리 마음속, 즉 우리 존재 한가운데 두셨고, 그리하여 그 속에 우리의 삶과 문화의 작은 이야기들을 두어 의미 있게 만들 하나의 더 큰 이야기가 우리에게 필요하게 하셨다.[5] 하나님은 우리가 우리에게 목적과 방향을 제시하고 세계를 설명해 주는 더 큰 이야기의 일부로 존재하는 삶에서 의미를 찾게 하셨다. 따라서 기독교의 이야기를 거부하는 사람은 그저 거대한

---

4 Michael G. Goheen and Craig W. Bartholomew, *Living at the Crossroads: An Introduction to Christian Worldview* (Grand Rapids: Baker Academics, 2008), p. 23. 『세계관은 이야기다』(IVP).
5 Craig G. Bartholomew, *Ecclesiastes*, Baker Commentary on the Old Testament Wisdom and Psalms (Grand Rapids: Baker Academic, 2009), pp. 158-174.

이야기 없이 살아가는 것이 아니라 이를 **대신해** 기대어 살 만한 거대한 이야기를 찾으리라는 점을 지적하는 것이 중요하다. 포스트모더니즘 견해 — 거대한 이야기는 없다 — 조차도 그 자체가 거대한 이야기에서 나오는 허풍이다!

전도서 3:11이 나타내듯, 우리는 피조물이며 창조주가 아니기에 모든 인간은 하나의 형태 혹은 또 다른 형태의 거대한 이야기에 상응한다. 우리 마음 — 우리 존재의 종교적 핵심 — 은 살아 계신 하나님을 향해 나아가거나 우상을 향해 나아가며, 우리가 거주하는 거대한 이야기는 우리 마음의 방향을 표현하는 것이다. 그 결과 거대한 이야기와 세계관은 언제나 **종교적 신앙 안** 가장 깊은 차원에 뿌리내리고 있다. 그 신앙의 대상이 살아 계신 하나님이건 인간의 능력이건 하나님의 창조의 또 다른 일면이건 우주에 편만한 비인격적 영이건 인간이 만들어 낸 무수한 우상 가운데 어떤 것이건 그러하다.

모든 거대한 이야기에는 세상에 대해 근본적으로 믿어야 할 것과 궁극적으로 중요한 질문에 대한 답이 들어 있다. 삶이란 대체 무엇인가? 우리는 누구인가? 우리가 사는 세상은 어떤 곳인가? 세상은 뭐가 잘못되었는가? 그것은 어떻게 바로잡을 수 있는가? 이 거대한 질문들에 대한 답은 철학적 개념이 **아니다**. 종종 분명히 표현되지 않은 채 우리가 가지고 있는 특정의 거대한 이야기 속에 확고히 뿌리박혀 있는 **믿음**이다. 이 믿음은 그 이야기로부터 나오는 세상에 대한 단일한, 통일된 전망의 요소일 뿐이기에 일관성 있다.

믿음은 개인과 집단의 삶 전체를 형성하고 방향을 제시한다. 세계관은 우리에게 세상을 설명해 줄 뿐 아니라 세상에서 살아가는 삶을 지도한다. 세계관은 세상이 어떻다 하는 관점(**설명적 기능**)을 제공할 뿐 아니라 세상이 **어떠해야 하며** 우리는 세상에서 어떻게 살아야 한다는 방향 제시(**규범적 기능**)로도 작용한다.

철학 용어로 말하자면 성경으로부터 기독교 세계관의 명료한 서술로의 움직임은 성경 이야기로부터의 **추상화**라고 할 수 있다. 달리 말하자면, 우리는 성경 이야기에서 핵심적인 건축용 벽돌이나 믿음을 취하거나 추상해 내고 그것들이 하나의 세계관을 형성하기 위해 서로 어떻게 들어맞는지를 보임으로써 세계관을 정립한다. 우리는 『세계관은 이야기다』에서 세계관 정립이 필수인 이유와 세계관 정립 과정이 내포한 위험을 설명했다. 그리스도인으로서 제대로 생각하고 살아가려면 우리에게 기본 틀이나 기독교적 지성이 필요하기에 세계관은 필수다. 이는 위험한 일이기도 한데, 세계관이 성경을 '넘어가는' 것이지만 결코 성경의 권위를 빼앗도록 해서는 안 되기 때문이다.

따라서 기독교 세계관을 개발하는 데는 세 기본 단계가 있다. 물론 개발 과정은 이보다 훨씬 복잡하다.

1. 성경 그 자체
2. 성경에서 말하는 이야기. 우리는 이 내용을 『성경은 드라마다』에서 보여 주려고 했다. 성서학자들 사이에서는 대개 이런 작업을 **성경신학**(biblical theology)―**성경 자체를 통해** 성경의 통일성을 드러내려는 시도―의 한 형태라고 본다.
3. 성경 이야기를 기독교 세계관으로 개발하기

세계관은 내용을 체계화해 배열한다는 면에서 성경 이야기보다 교리적이고 논리적이다. 그러나 교리―예를 들어 신론―가 가진 체계적 분석의 세밀한 논리성이나 철학이 가진 체계적 엄밀함은 부족하다. 기독교 세계관에는 교리와 철학이 초기 상태―말하자면 씨앗의 형태―로 들어 있지만 발전되거나 면밀하게 규정되어 있지는 않다. 그렇다면 세계관은 철학과 어떤 관계가 있는가?

세계관과 철학

알 월터스(Al Wolters)는 서양 사상의 역사 속에서 세계관이 철학과 어떤 관계가 있는지 살피는 다양한 방식을 고찰한 적이 있다. 그는 세계관과 철학의 관계에 관한 다섯 가지 주요 모델을 밝혀냈다.[6]

첫째 모델은 세계관과 철학이 서로 **배격**(repel)하는 것이다. 과학적 철학과 실존적 세계관 사이에 피할 수 없는 긴장이 있다는 뜻이다. 세계관과 철학 모두 필수이므로 둘 사이의 긴장을 해소하려 해서는 안 된다.

둘째 모델은 세계관과 철학이 서로 **병립**(flank)하는 것이다. 철학의 과학적 성격이 약화되지 않기 위해서라도 둘은 서로 떨어져 있어야 한다. 이 견해는 철학이 철저히 '과학적'이어야 하며 따라서 이성에만 기초해야 한다는 바람에서 비롯된다. 철학에 대한 버트런드 러셀(Bertrand Russell)의 정의는 이 점을 분명히 한다. "신학과 마찬가지로, 그것[철학]은 지금까지 확실한 지식(definite knowledge)이 규명할 수 없었던 문제들에 대한 고찰로 이루어진다. 그러나 철학은 과학처럼, 전통이건 계시건 권위에 의존하기보다는 인간 이성에 호소한다. 모든 확실한 지식은—내가 주장하려는 것처럼—과학이기를 열망한다. 확실한 지식을 넘어서는 모든 **도그마**(dogma)는 신학에 속한다."[7]

만일 모든 확실한 지식이 이성에 근거한다는 이유로 과학에 속한다면, 우리가 믿을 수 있는 철학 역시 이성에 근거해야 할 필요가 있고 가능한 한 과학적이어야 할 것이다. 세계관에는 분명히 이성적 요소가 있다. 하지만 세계

---

6 Albert M. Wolters, "On the Idea of Worldview and Its Relation to Philosophy", in *Stained Glass: Worldviews and Social Science*, ed. Paul Marshall et al. (Lanham, MD: University Press of America, 1983), pp. 14-25.
7 Bertrand Russell, *A History of Western Philosophy* (New York: Simon and Schuster, 1945), p. xiii. 『러셀 서양철학사』(을유문화사).

관은 신앙, 전통, 신뢰 등을 포함하므로 이성적인 것 훨씬 이상이다. 참된 것으로 신뢰할 수 있는 지식이 결국에 이성에 근거를 두어야 한다면, 과학적 철학은 세계관으로부터 확실히 거리를 둘 필요가 있으며 이성을 최종 결정권자로 만들고자 최선을 다해야 한다는 주장은 납득할 만하다.

셋째 모델은 세계관이 철학을 **완성**(crown)한다는 것이다. 즉 통일된 세계관을 명료하게 진술하는 것이 철학을 최종적으로 성취하는 것이라는 입장이다. 이 관점에 따르면 누구도 그저 통일된 세계관에서 출발할 수 없지만, 철학은 세계에 관한 하나의 통일된 관점의 윤곽을 명료하게 진술하기 위해 서서히 나아갈 수 있다. 이를 잘 보여 준 예가 필 워시번(Phil Washburn)의 『철학적 딜레마: 세계관의 형성』(*Philosophical Dilemmas: Building a Worldview*)이다. 워시번은 "철학의 **목표**는 일관되고 적절한 세계관을 만드는 것"이라고 말한다.[8] 그는 세계관을 "세계와 우리의 세계 경험의 가장 일반적인 특징과 관련한 질문들에 대한 일군의 답"이라고 정의한다.[9] 워시번에 따르면, 철학은 개인에게 자기 나름의 세계관을 구축할 수 있게 해 준다. 그것은 길고도 도전적인 노력이다.

넷째는 세계관이 철학을 **만들어 낸다**(yield)는 것, 즉 세계관이 철학으로 발전할 수 있다는 것이다. 우리는 이 견해를 지지하기에, 상세한 설명은 이번 장 끝에서 하기 위해 남겨 두려고 한다.

다섯째 모델은 세계관이 철학과 **같다**(equal)는 것이다.

이 견해들을 어떻게 판단할 수 있는가? 흥미롭게도 당신이 취하는 견해는 당신의 세계관과 철학에 대한 견해에 의해 결정된다! 예를 들어 워시번의 세

---

[8] Phil Washburn, *Philosophical Dilemmas: Building a Worldview* (New York: Oxford University Press, 1996), p. 6(강조는 추가됨).
[9] 같은 곳.

계관 형성을 위한 지침을 보면 이 점이 분명해진다. 그는 세 지침을 제안한다.[10] 세계관은 가능한 가장 넓은 의미의 인간 경험에 기초해야 한다. 세계관의 다양한 부분이 어떻게 상호 연관되어 있는지 면밀히 살펴 그것들이 서로 확실히 공존할 수 있게끔 해야 한다. 그리고 세계관과 관련된 기초 질문들에 대해 분명하고 이해 가능한 대답만을 받아들여야 한다. 워시번은 "그 지침들이 철학의 본질 자체에 기초함"을 인정한다.[11] 그의 지침들이 철학의 본질에 관한 그의 견해에 기초한다고 말하는 것이 보다 정확할 것이다. 워시번에 따르면, 개인은 자기 나름의 세계관을 형성하며, 그 지침들은 경험과 이성이 핵심 기준임을 드러낸다. 이는 철학에 관한 전형적인 개인주의적·근대적 견해가 인간 자율성에 기초를 둔 것임을 드러낸다.

만일 인간이―특히 인간의 이성이―만물의 척도라는 관점을 취하면 분명히 처음 세 모델 중 하나를 택하게 될 것이다. 이 셋은 모두 다양한 방식으로 철학의 자율성을 가정하기 때문이다. 철학의 자율성은 인간이 자신의 세계관 밖으로 나가 세상에 관한 진리를 탐색할 때 중립적이고 자율적인 방식으로 움직일 수 있다는 믿음을 수반한다.

과연 종교적 토대를 가진 세계관을 이렇게 치워 둘 수 있느냐는 것이 질문의 핵심이다. 철학사를 보면, 인간의 사고는 항상 세계관**에서 비롯되기** 때문에 이것이 결코 가능하지 않다고 주장한 빌헬름 딜타이(Wilhelm Dilthey, 1833-1911)가 있다. 우리의 목적을 위해, 딜타이가 세계관을 생각하며 제시한 두 측면은 특별히 주목할 만하다. 첫째, 딜타이에게 세계관은 세상에 관한 **기초가 되는** 일련의 믿음, 곧 모든 뒤따라오는 사고를 형성하는 데 기여

---

10 같은 책, pp. 7-9.
11 같은 책, p. 7.

하는 것이다. 따라서 세계관은 단순히 이성의 활동에서 비롯하지 않는다. "세계-관은 사유의 산물이 아니다. 그저 알려는 의지에서 기원하지 않는다. 실재를 파악하는 것이 세계관을 형성하는 데 중요한 요소일 뿐 아니라 유일한 요소다. 세계관은 삶을 향한 태도와 삶에 관한 지식에서, 그리고 전체적 정신 구조에서 발원한다."[12] 그렇다면 세계관은 철학이나 과학보다 더 **심층적**이다. 실제로 철학과 과학은 세계관의 기초 위에 서 있다. 산더 흐리피운(Sander Griffioen)은 이렇게 주장한다. "철학 자체가 세계관에 의존한다. 딜타이는 궁극적 통일성을 추구하는 형이상학적 모색을, 결국 철학의 기저를 이루는 세계관에 돌렸다."[13]

우리 생각에는 이것이 옳다. 세계관은 불가피할 뿐 아니라 세계관 아래에는 모종의 종교적 신앙이 깔려 있다. 하지만 그토록 많은 사람과 특히 철학자들이 종교적이지 않은데 어떻게 이것이 가능하냐며 반대할 수도 있다. 이 또한 전적으로 '종교적'이란 말을 무슨 의미로 쓰는가에 달렸다. 상당수의 세속 철학자가 정기적으로 교회에 출석하거나 하나님께 기도하거나 어떤 '종교적' 활동에 공공연하게 빠져 있지 않은 것은 분명하다. 그러나 기독교적 관점에서 볼 때 우리는 인간이 본래 계획된 피조물 – 또한 '종교적' 피조물 – 임을 안다. 우리는 피조물이지 창조주가 아니므로 항상 무언가를 궁극적인 의미의 원천으로 의지하기 마련이다. 우리는 하나님을 위해 창조되었으며, 우리에게 하나님이 없다면 필연적으로 성경에서 우상이라 부르는 대체물을 찾게 된다.

어째서 오늘날 우상숭배가 만연한지 이해하는 열쇠는 우상숭배가 오직 신

---

[12] W. Dilthey, *Selected Writings*, trans. H. P. Rickman (Cambridge: Cambridge University Press, 1976), p. 141(강조는 추가됨).
[13] Sander Griffioen, "The Worldview Approach to Social Theory: Hazards and Benefits", in Marshall et al., eds. *Stained Glass*, p. 87.

들을 향한 예배라는 생각에서 벗어나는 것이다. 종교의 본질을 예리하게 분석한 철학자 로이 클라우저(Roy Clouser)는 종교적 믿음을 그 위에 모든 것이 의존하지만 그 자체는 어떤 것에도 의존하지 않는 믿음이라고 정의했다.[14] 부나 물질적 세계를 근본적 실재로 믿거나 인간의 이성을 의미와 진리의 원천으로 믿는 것은 우상일 수 있다. 이런 관점에서 마르크스주의자는 복음주의자 그리스도인이나 무신론자만큼이나 종교적이다. 차이는 (오로지) 무엇을 신적으로 여기고 의지하느냐는 것이다.

세계관과 기독교 교리

신학—신앙의 주요 교리에 관한 체계적 반성—과 철학의 관계는 논쟁적이고 다루기 까다로운 주제다. 우리가 규정한 바에 따르면, 기독교 세계관은 성경 이야기의 중심적인 믿음의 내용(beliefs)을 밝혀내고 그것들 사이의 연관성을 보여 주는 일을 포함한다. 믿음의 내용이란 기독교 세계관의 교리적 요소를 가리킨다. 그렇다면 이것은 신학인가?

이는 전적으로 '신학'을 어떤 의미로 사용하는가에 달려 있다! 신학을 기독교의 핵심 교리에 대한 체계적·논리적 탐구라고 본다면 대답은 '아니요'다. 기초적 믿음은 가장자리로 가면 모호하다. 우리는 그런 성경적 믿음의 내용을 논리적·체계적으로 이해하건 그렇지 않건 그 내용을 믿을 수 있고 또한 붙잡아야 한다. 신학에는 계속 복잡해지는 여러 단계가 있다는 사실을 아는

---

14 Roy A. Clouser, *The Myth of Religious Neutrality*, 2nd ed. (Notre Dame, IN: University of Notre Dame Press, 2005), pp. 9-42. 『종교적 중립성의 신화』(아바서원).

것은 기독교 세계관과 기독교 교리의 관계를 이해하는 데 도움이 된다. 거기에는 다음과 같은 것들이 있다.

a. 예수는 완전한 하나님이자 완전한 인간이라는 것과 하나님은 삼위일체라는 믿음 같이, 교회에서 초기 몇 세기 안에 합의를 본 기본 교리의 확언(affirmation)
b. 사도신경과 니케아 신경 같은 기본 신경(creed)
c. 벨직 신앙고백과 가톨릭 요리문답 같은 교파의 신앙고백(confession)
d. 신앙의 교리에 대한 이론적 반성을 수반하는 올바른 조직신학[생각해 보자면, 토마스 아퀴나스(Thomas Aquinas)의 『신학대전』(*Summa Theologica*), 칼 바르트(Karl Barth)의 『교회교의학』(*Church Dogmatics*), 루이스 벌코프(Louis Berkhof)의 『조직신학』(*Systematic Theology*, CH북스), G. C. 베르카우어(Berkouwer)의 『교의학』(*Dogmatics*) 등]

특히 d 단계에서 조직신학은 다른 학문과 마찬가지로 철학적 기초를 가지고 있으며 이를 무시하면 조직신학은 위태로워진다. 그러한 기초에 대한 탐사는 대개 '신학 서론(또는 입문)'이라고 불린다. 그래서 기독교 신학이 복음에 신실하기 위해서는 기독교 철학적 통찰이 필요하다.

a와 b 단계가 기독교 세계관의 발전에 기여한다는 것은 의심할 여지없이 마땅하며, 이런 의미에서 기독교의 기본 교리는 분명 기독교 세계관이 기독교 철학으로 발전하는 데 중요한 역할을 한다. 하지만 기독교 철학 역시 조직신학으로부터 무언가를 받을 필요가 있는가? 아니면 기독교 철학이 조직신학보다 더 기초적인가? 우리는 조직신학과 기독교 철학 모두 기독교 세계관으로부터 발전해야 한다고 보며, 그러면서도 이상적으로는 이 세 분야 사이

에 건강하고 유기적인 **협력 관계**가 이루어져야 한다고 본다. 기독교 철학은 전체적인 창조 질서에 관심을 기울이면서 조직신학에서 필요한 인식론, 존재론, 인간론 같은 기초 학문적 이슈에 대한 연구를 수행한다. 동시에 조직신학은 성경 이야기에 새겨져 있는 신앙의 핵심 교리를 반성한다. 이 내용들은 기독교 세계관**에서**, 따라서 기독교 철학의 발전을 **위해서** 기초적인 것이다.

우리에게는 기독교 신학자와 철학자 사이에서 일어나는 건강한 상호 작용이 시급히 필요하며, 그러면서도 둘 다 일관되게 성경의 권위를 존중할 책임이 있다는 점이 잊혀서는 안 된다. 크게 모형을 그려 보면 이렇다.

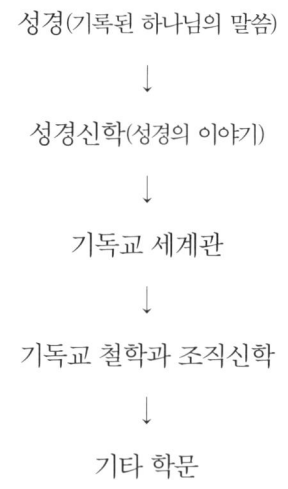

우리는 이 모형이 성경에서 출발하여 움직여야 할 주요 방향을 보여 준다고 생각한다. 그러나 높은 단계 역시 하나의 분수처럼 다른 단계로 피드백되기에, 한번 세계관이 명시적으로 정립되면 성경을 치워 버릴 수 있다고는 생각하지 **않는다**. 우리가 보기에 좋은 철학과 좋은 신학은 성경을 멀리하기보다 오히려 성경과 **더욱 치열하게** 씨름하도록 이끌 것이다.

철학을 만들어 내는 세계관

세계관이 철학과 어떻게 연관되는지에 대한 판단은 신앙/종교 및 그것이 이성과—또한 그에 따라 철학과—맺는 관계를 어떻게 생각하는지에 좌우될 것이다. 근대의 중심에는 이성의 자율성, 그리고 종교적 헌신에서 출발하는 지식의 신빙성에 대한 의심이 있다. 그러나 이성의 자율성과 이른바 그 중립성이야말로 진정 도전받을 필요가 있다. 근래 들어서는 중립적 합리성이란 없다는 인식이 확산되고 있다.

예를 들어 가톨릭 철학자 알래스데어 매킨타이어(Alasdair MacIntyre)는 『누구의 정의인가? 어떤 합리성인가?』(Whose Justice? Which Rationality?)라는 제목의 유명한 책을 썼다. 매킨타이어의 핵심 주장은 합리성이 언제나 특정 **전통**, 즉 우리가 세계관이라 부르는 것 안에서 작동한다는 것이다. 전통과 무관한 중립적 합리성 같은 것은 없다. 기독교 철학자 앨빈 플랜팅가는 인식론을 다루는 삼부작 중 세 번째 책인 『보증된 기독교 믿음』에서 다음과 같이 올바르게 지적한다.

적어도 보증된 것이라는 의미에서 합리적이라고 올바르게 여기는 것은 **어떤 종류의 형이상학적·종교적 입장을 받아들였는가에 좌우된다.** 그것은 인간을 어떤 존재라고 생각하는지, 인간의 인지 기능이 올바르게 작동한다면 어떤 종류의 믿음을 만들어 내리라고 생각하는지, 어떤 기능이나 인식 기재가 진리를 향해 조준된다고 생각하는지에 달려 있다. 인류가 어떤 피조물인지에 관한 견해는 유신론적 신앙이 보증되는지 보증되지 않는지, 그것이 인류를 위해 합리적인지 불합리적인지에 관한 견해에 의해 결정되거나 상당히 심각한 영향을 받는다. 유신론적 신앙이 합리적(보증된 것)인지 그렇지 않은지에 관한 논쟁 역시 인식론적 고려에 주목하는 것만으로는 결정될 수 없다. 그것은 밑바닥에 있으며 단지 인식론적 논쟁이 아니라 존재론적 혹은 신학적 논쟁이기도 하다.[15]

매혹적인 20세기 프랑스의 철학자 시몬 베유(Simone Weil)도 비슷한 견해를 편다. "인간은 언제나 자신을 어떤 질서에 내맡긴다. 초자연적 조명을 받지 못한 경우를 제외하면 이 질서의 중심에는 인간 자신이 있거나 인간이 자신과 동일시한 어떤 특별한 존재나 사물(아마도 추상적 개념)이 자리한다(예컨대, 자신의 병사들을 위한 나폴레옹, 과학, 어떤 정당 등). 그것은 하나의 관점 질서다."[16]

그렇다면 문제는 철학이 합리적인지 그렇지 않은지가 아니라 그것이 **어떤** 합리성에 지배되어야 하느냐다. 매킨타이어는 지치지 않고 아리스토텔레스 전통의 합리성을 되살리려고 노력해 왔다. 뒤에서 이를 더 이야기하겠지만, 우리는 합리성을 **이해를 추구하는 신앙**(faith seeking understanding)으로 보는 아우구스티누스 전통이 훨씬 더 가능성이 높다고 생각한다. 결국 문제는 성경이 세상에 관한 참된 이야기를 하는지의 여부로 귀착된다.

만일 그렇다면, 비기독교적 전제를 감추는 데 종사할 뿐인 소위 중립적·자율적 기초로부터 세상의 질서를 분석하려는 것은 기독교 신앙을 심각하게 왜곡하는 일이다. 오히려, 성경의 모든 통찰과 기독교 세계관이 창조 질서에 관한 논리적·체계적 이해를 개발하는 데 동원될 필요가 있다. 앨빈 플랜팅가는 자신이 취미로 즐기는 등산을 예로 제시한다. 한 발에 족쇄를 채우고(아주 모험적인 일) 지식의 산을 오르려 할 수도 있고, 방해물을 벗어버리고 오르려 할

---

15 Alvin Plantinga, *Warranted Christian Belief* (New York and Oxford: Oxford University Press, 2000), p. 190(강조는 추가됨).
16 Simone Weil, *Gravity and Grace*, trans. Marion von der Ruhr (London: Routledge, 2002), p. 61. 『중력과 은총』(이제이북스).

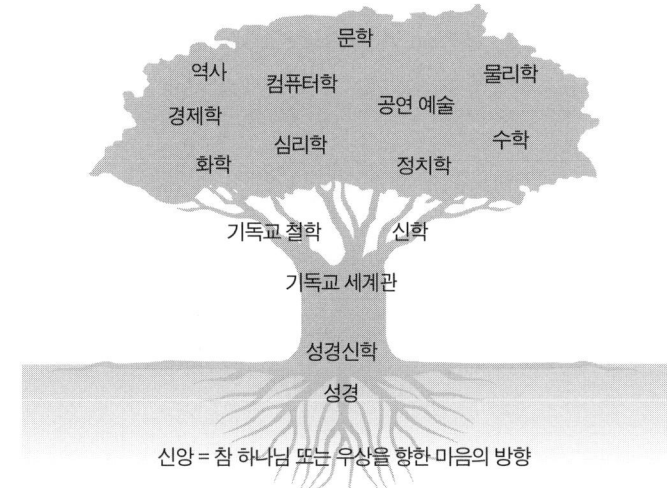

수도 있다. 따라서 우리는 이렇게 생각한다. 철학과 기독교 세계관 사이의 관계는 **세계관이 기독교 철학을 만들어 내거나 기독교 철학으로 발전하는** 관계로 이해하는 것이 가장 최선이다. 이를 위의 지식 나무 그림을 통해 설명할 수 있다.

이는 그리스도인은 비기독교 철학자를 접하지 않아야 하며 그들로부터 배울 것이 하나도 없음을 의미하는가? 결코 그렇지 않다! 아우구스티누스(Augustine)가 지적했듯, 모든 진리는 하나님의 진리이며, 그리스도인은 진리가 어디서 발견되건 그 진리를 향해 열려 있어야 한다.[17] 가장 세속적인 철학자들에게서 나온다 하더라도 말이다. 알 월터스는 우리가 비기독교 철학자와 만날 때 두 가지가 필요하다고 조언한다. 첫째, 작업 속 우상숭배에 주목하라. 둘째, 가장 날카로운 통찰은 바로 그 우상숭배 지점에서 발견되리

---

17 Augustine, *On Christian Teaching*, trans. R. P. H. Green (Oxford: Oxford University Press, 1997), 2.72. 『그리스도교 교양』(분도출판사).

라는 점에 주목하라.[18] 기독교 철학은 이 통찰에 박혀 있는 이데올로기적 짐(baggage)은 버리고 통찰만을 취하는 어려운 과업이다. 그리고 우리가 먼저 기독교 철학을 개발하려 애쓰지 않는다면 이 일을 할 기회조차 없으리라는 점도 유념해야 한다. 만일 우리 자신의 철학을 상당 수준으로 연마하지 않는다면 비기독교 철학자나 다양한 기독교 철학자와 진정한 대화를 할 위치에 있지도 못할 것이다.

우리의 접근 방식

그러므로 철학은 결코 중립적으로 접근할 수 없으며, 독자들은 우리의 접근법을 알고 있는 것이 중요하다. 우리는 넓게 말해서 아브라함 카이퍼와 그를 따르는 이들의 아우구스티누스 전통 위에서 작업한다.[19] 이 전통의 핵심은 구속이 피조물 전체를 향한 하나님의 목적을 회복하는 것을 수반한다고 보며, 철학을 포함해 삶의 어떤 영역도 중립적이지 않으며 종교적 전제에서 자유롭지 않다고 본다는 것이다. 우리가 보기에, 자율적 인간 이성의 기초 위에서 철학을 하려는 것은 심각한 잘못이다. 오히려, 기독교 철학을 개발하기 위해서는 신앙의 모든 자원―계시와 이성―을 활용해야 한다. 그러므로 철학의 역사를 서술할 때 우리의 전략은 다음과 같을 것이다.[20]

---

18 Albert Wolters, "Facing the Perplexing History of Philosophy", *Tydskrif vir Christelike Wetenskap* 17 (1981): pp. 1-17.
19 우리가 이를 어떻게 이해하는지에 대한 한 장짜리 요약문은 www.missionworldview.com과 www.paideiacentre.ca에서 볼 수 있다. 우리가 견지하는 아우구스티누스적 철학 접근법에 관해서는 13-14장과 특히 15장에서 자세히 설명해 놓았다.
20 헤르만 도이어베르트(15장을 보라)는 철학적 비판에는 세 유형이 있다고 주장한다. (1) 초험적

우리는 서술하는 동안 검토할 여러 철학을 먼저 그 철학들의 입장에서 이해하려고 힘껏 노력했다. 커티스 챙(Curtis Chang)은 아우구스티누스의 『신국론』(*City of God*, 분도출판사)과 토마스 아퀴나스의 『대이교도대전』(*Summa Contra Gentiles*)[21]을 다룬 그의 뛰어난 책에서 이런 전략을 "도전자의 이야기로 들어가기"라고 묘사했다.[22] 아우구스티누스와 아퀴나스는 기독교 신앙에 대한 도전에 응답했다. 마찬가지로 우리가 다룰 많은 철학도 – 전부는 아니지만 – 그런 도전을 해 올 것이다. 그렇기에 우리는 비판하기 전에 우리가 살펴볼 철학을 바르게 이해하고 공정하게 다루고자 그들의 방식에 따라 검토하려 했다. 독자들은 특히 각주에서 현재 학계의 참고 자료들을 확인하게 될 것이다.

우리의 비판은 두 가지 형식을 취한다. 첫째는 특정 철학의 내재적 모순에 주의를 기울이는 것이다. 챙은 이를 내부로부터 다시 이야기하는 것이라 말한다.[23] 챙은 아우구스티누스와 아퀴나스에 대해 이렇게 말한다. "그들은 다시금 도전자들의 방식에 호소함으로써 도전자들을 재해석했다. 사실상, 그들은 도전자들의 방식에 따라 자신들의 해석이 더 옳다고 주장할 것이다."[24] 헤르만 도이어베르트(1894-1977)는 이를 **내재적 비판**—특정 철학을 내부로부터 비판하는 것—이라 불렀다.

비판(transcendent critique)은 단지 기독교적 관점('the' Christian view)을 다른 것과 비교하여 차이점을 지적한다. (2) 내재적 비판(immanent critique)은 조사하려는 철학 속으로 들어가 그 철학의 관점 내에서 모순점을 지적한다. (3) 초월적 비판(transcendental critique)은 조사 대상 철학의 (궁극적으로 종교적인) 전제들을 검토한다. 이 세 비판 모두 중요하며 우리의 서술에서도 중요한 역할을 할 것이다.
21 5장과 6장을 보라.
22 Curtis Chang, *Engaging Unbelief: A Captivating Strategy from Augustine and Aquinas* (Eugene, OR: Wipf and Stock, 2000), p. 26.
23 같은 곳.
24 같은 곳.

둘째는 철학자의 작업을 복음이라는 큰 이야기의 맥락 속에 두는 것이다. 챙은 이에 대해서도 아우구스티누스와 아퀴나스와 관련지어 다음과 같이 말한다. "아우구스티누스와 아퀴나스는 도전자의 이야기를 자신들이 다시 이야기한 모습으로 집어넣기 위해 복음의 메타내러티브를 손수 만들었다. 다듬어진 쐐기가 거대한 목공예품의 뚫린 구멍에 들어가듯, 도전자의 이야기에서 개작된 부분들은—캐릭터의 열망이건, 플롯의 흐름이건, 극적 행동의 방향이건—이제 모두 복음 속에서 궁극적이고 참된 위치를 찾는다."25

이 둘째 비판을 수행하기 위해서는 복음의 메타내러티브 이상이 필요하다는 데 주목해야 한다. 우리는 **철학**과 씨름하고 있고, 다른 철학을 비판하기 위해서는 어느 정도 기독교 철학의 형태에 대한 감각이 필요하다. 이는 우리를 일종의 닭과 달걀 상황에 빠뜨린다. 우리에게는 기독교 철학이 필요하지만, 그것은 오직 철학의 이야기에 참여해 씨름하는 일을 통해서만 출현한다. 우리 철학의 뼈대는 특히 15장에서 논의하지만, 철학사를 서술하는 중에도 그 뼈대가 우리의 분석을 이끌고 있다. 15장을 먼저 읽고 싶어 할 독자도 있을 텐데, 그래도 상관은 없다. 하지만 철학의 주요 서론적 이슈 중 일부를 1장과 2장에서 다루기에, 체계적인 기독교 철학의 주요 선택지들을 보다 자세히 살피기 전에 철학 이야기에서 시작하는 게 낫다고 생각한다. 지금은 도이어베르트가 올바로 주장한 것처럼 모든 철학에서 답을 제공해야 할 세 질문을 염두에 두는 게 유용하다.26

1. 철학은 실재 전체에 대해 관심을 두기 때문에, 첫째 질문은 다음과 같

---

25 같은 책, p. 27.
26 이 세 질문에 관한 자세한 논의를 보려면 15장을 보라.

다. 철학자는 어디에 서 있는가? 혹은 실재에 대한 이해를 얻기 위해 무엇에 의존해야 하는가?
2. 둘째, 철학은 세계의 풍부한 다양성을 어떻게 설명하는가?
3. 셋째, 철학은 세계의 통일성을 어떻게 설명하는가?

오늘날 수많은 개별 철학자에게서 너무도 많은 연구가 이루어지고 있기 때문에 나무 하나하나에서 숲을 분별하기 어려울 때가 많다. 우리는 앞서 말한 것처럼 나무 하나하나에 대해 공정하려 애를 썼다. 그러나 우리의 주된 관심은 기독교적으로 **전체** 철학의 내러티브를 이야기하며 지도를 그리는 데 있다. 이 일을 하기 위한 중요한 기초 요소는 다음과 같다.

1. 고대 그리스인 사이에서 이교적 형태를 띤 철학의 기원
2. 구약성경의 성취인 그리스도 사건과 그것이 철학에서 갖는 주요 의의
3. 특히 아우구스티누스(플라톤)와 아퀴나스(아리스토텔레스)의 작품에서 증거를 찾을 수 있는, 예수의 시대와 초기 교회 설립 이후 복음과 이교적 그리스 철학의—좋고 나쁜—종합
4. 후기 중세와 그 이후에 일어난 이 종합의 해체
5. 계몽주의에서 볼 수 있는 근대적·자율적·인본주의적 철학의 출현
6. 분명한 기독교 철학의 발달

보낸사람: abby@longobedience.edu

받는사람: percy@secular.edu

제목: 세계관, 세계관, 세계관

사랑하는 퍼시에게,

한 주간 잘 보냈겠지? 많이 보고 싶어! 날이 갈수록 철학이 점점 재밌어져. 우리 교수님은 세계관과 철학사를 연관시킬 주요 모델들을 소개하고는 **모든** 철학이 세계관에서 발전했다고 주장하셨어. 그리스도인은 의식적으로 자신의 세계관이 기독교 철학으로 발전하도록 해야 한다고도 하셨고. 너희 교수님 견해는 우리가 살펴본 둘째 모델—즉, 세계관은 철학과 병립한다—처럼 들려. 이 견해에서는 사람들이 세계관을 갖고 그것을 삶으로 표현한다는 점은 인정하지만, 그것은 비과학적이고 신뢰하지 못할 것이라고 주장해. 참된 철학은 세계관을 배격하고 오로지 이성의 기초 위에서 발전해야 한다는 거지. 우리 교수님은 그런 견해가 사실 숨기려 하는 모종의 세계관을 가정한다고 주장하시더라고. 흥미로운 거 있지!

2부

서양 철학 이야기

3장 고대 이교 철학

소크라테스 이전부터 소크라테스까지

보낸사람: abby@longobedience.edu

받는사람: percy@secular.edu

제목: 철학사: 소크라테스 이전

우린 이번 주에 철학사 전반을 살펴보기 시작했어. 이상한 사람들이 잔뜩 있더라고. 초기 교회 교부 테르툴리아누스(Tertullian)가 왜 철학을 그토록 경계했는지 알겠어. 교수님은 이에 대해 뭐라고 잔뜩 말씀하시겠지. 네가 할 공부가 잘됐으면 좋겠네.

사랑해, 애비가.

서론

서양 철학자들은 오늘날 변화하는 세상 속에서 대안이 될 수 있는 고대의 철학 전통, 특히 인도와 중국 철학의 중요성을 점점 의식하고 있다. 상당수의 인도 철학과 중국 철학은 그리스 철학과 같은 시기에 태동했으며, 오늘날 이 상이한 전통 사이에 풍성한 창조적 대화가 진행되고 있다. 이런 대안적 전통들에도 통찰이 풍부하겠지만, 이 전통들에서는 대체로 고대 그리스에서 출현한 서양 철학의 깊이나 엄밀함에 필적할 만한 것을 개발하지 못했다. 그래서 이것들은 흔히 철학보다는 종교로 분류되었다.

따라서 고대 그리스는 마땅히 철학의 요람으로 여겨진다. 만일 오늘날 어떻게 우리가 인식론, 형이상학, 윤리학, 정치철학, 사회철학, 미학 등─철학 교육 과정의 표준적 내용─의 주제를 갖게 되었는지 묻는다면, 고대 그리스에서 온 선물이라는 것이 그 대답이다. **구조/방향** 구분[1]을 적용하자면, 우리는 그리스인에게 철학 구조의 출현을 빚졌다고 말할 수 있다. 뒤에서 할 이야기처럼 그들이 이 선한 구조에 부여한 방향을 따라야 하는 것은 아니지만 말이다.

그러니 주전 7세기에서 5세기에 걸쳐 살았던 그리스 철학자들, 즉 소크라테스 이전 철학자들과 함께 시작해 보자. 이 철학자들은 관찰과 이성을 통해 세상과 세상의 자연 질서를 면밀히 살피기 시작하며 철학을 탄생시켰다. 주전 5세기 후반 아테네에서는 소피스트 무리가 나타났다. 이들은 누군가가 진리를 있는 그대로 알 수 있다고 믿지 않았고, 그래서 진리 주장이 역사 속 시간과 장소에 따라 상대적이라고 보는 상대주의(relativism)를 주창했다. 이 회의주의(skepticism)에 맞서 5세기에서 4세기 사이에 세 명의 철학자가 일어났다. 소크라테스(Socrates, 주전 469-399), 플라톤(Plato, 주전 428-348), 아리스토텔레스(Aristotle, 주전 384-322)였다. 플라톤과 아리스토텔레스는 서양 사상사에 엄청난 영향을 끼친 포괄적인 철학을 발전시켰다. 그리스 철학은 이 두 사람에게서 절정에 달했기에 이들은 따로 하나의 장으로 다루려 한다.

---

[1] Albert M. Wolters, *Creation Regained: Biblical Basics for a Reformational Worldview* (Grand Rapids: Eerdmans, 1985), pp. 72-95를 보라. 기본적으로 이 구분에서는 창조에 주어진 질서와 잠재적 가능성은 선하지만 타락 이후 오도되는 일을 겪게 되었다고 주장한다. 예를 들어 성(sexuality)은 선한 구조 혹은 창조의 일부지만 포르노그래피에서 보듯 매우 오도될 수 있다. 『창조 타락 구속』(IVP).

많은 철학사가가 그리스 철학에 고전적(classical)이라는 수식어를 붙이지만, 우리는 철학의 방향적인 것과 구조적인 면을 신중히 구분하기 위해서 이교적(pagan)이라는 말을 사용하고자 한다. 고전적이라는 수식어에는 이 시대의 철학이 따를 본보기라는 긍정적 가치 판단이 담겨 있다. 리처드 타나스(Richard Tarnas)는 그리스 철학의 유산은 "진리의 궁극적 기준은 빈껍데기만 남은 전통이나 당대의 관습이 아니라 자율적인 개인의 정신에서 찾아야 한다"는 믿음에 있다고 밝혔다.[2] 근대 철학에서는 인간의 자율성이 진리로 향하는 길이라 보고 굉장히 강조하기에, 철학 구조의 출현을 그-우리가 보기에-자율적인 **잘못된 방향**과 너무 쉽게 관련짓는다. 그리스도인들도 비슷한 잘못을 하는데, 구조와 방향을 혼동하는 바람에 그 뿌리가 이교적이라는 이유로 모든 철학을 배격한다. 그러니까, 이교적이라는 말은 그리스 철학 전통이 복음과 하나님 말씀의 빛과는 무관하게 발전되었음을 나타낼 뿐이다. 다만 그 빛은 그리스 철학 전통을 이끌었던 여러 질문, 즉 질서, 인간의 본성, 악과 구원, 사회 윤리, 지식의 성격, 기원, 하나님의 본성에 관한 질문에 답하기 위해 필수다.

기독교적 관점에서 우리는 고대 그리스인의 은사를 인정해야 하나 또한 철학의 출현을 창조-타락-구속이라는 메타내러티브의 맥락 속에 넣어 상황화해야 한다고 주장한다. 철학은 하나님의 선한 선물이며, 우리는 철학을 하나님이 창조에 새겨 넣으신 창조적 잠재력을 개발하는 것으로 보아야 한다. 하나님은 그분의 섭리 속에서 철학을 고대의 이교 그리스인에게서 출현시키기로 정하셨다. 철학은 선한 선물이지만 그리스인들은 이스라엘에게 그리고

---

[2] Richard Tarnas, *The Passion of the Western Mind: Understanding Ideas That Have Shaped Our World View* (New York: Ballantine, 1991), p. 71.

그리스도 안에서 주신 하나님의 계시에 무지했기에 종종 방향을 잘못 잡았다. 따라서 우리는 그들의 세계관을 염두에 두고 계속해서 질문할 필요가 있다. 그들이 하나님의 세계에 대해 바르게 보는 것은 무엇이고 왜곡하는 것은 무엇인가? 사실 이것이 기독교 철학의 어려운 작업이다.

소크라테스 이전 철학

소크라테스는 서양 철학 전통의 한 전환점이고 그에 앞서 철학을 했던 이들은 연구 내용이 비슷하기 때문에 소크라테스 이전 철학자들은 대개 함께 다루어진다. 이 초기 철학자들의 주된 관심은 다양하고 계속 변화하는 세계 속에서 통일성과 질서를 발견하는 것이었다. 세상의 기초 재료를 형성하고 거기에 질서를 부여한 근본 원리, 아르케(*archē*)가 존재했는가?

이들이 쓴 글들은 파편만 남아 있어,[3] 이들의 말이 정확히 무슨 의미인지 이해하려는 것은 때로 퍼즐의 몇 조각만 가지고 전체 그림이 무엇인지를 구성하려는 것과 같다. 철학에서 늘 그렇듯이 뒤에서는 이들의 사상에 집중하겠지만, 한 사람의 철학은 항상 그의 삶을 표현하는 것임을 기억하는 게 중요하다. 소크라테스 이전 사람들의 삶에 관해 '아는' 내용은 우리의 읽기를 흥미롭게 만든다. 예를 들어 탈레스(Thales)는 성인이 되자마자 배를 타고 이집트와 중동 사이를 여러 차례 항해했다고 한다. 따라서 그를 교육한 것은 이집트와 갈대아의 이교 사제들이었다. 그는 한 번도 결혼한 적 없었고 이에 대해

---

[3] 영어로는 G. S. Kirk, J. E. Raven, and M. Schofield, eds., *The Presocratic Philosophers*, 2nd ed. (Cambridge: Cambridge University Press, 1983)을 보라. 『소크라테스 이전 철학자들의 단편 선집』(아카넷).

질문을 받으면 언제나 "아직 때가 안 되었다"라고 말하곤 했고, 그러다 어느 날부터는 방향을 바꾸어 "너무 늦었다!"라고 했다. 왜 자녀를 갖지 않았느냐는 질문에는 "아이들을 사랑해서"라고 답했다.[4]

소크라테스 이전 사상의 첫째 줄기는 이오니아 자연주의(Ionian naturalism)다.[5] **자연주의**란 실재(reality)를 오직 자연적 원인에 입각해 이해하고 설명하는 것을 말한다. 이 철학자들은 신들에 관한 신화를 믿기보다는 세상에 대한 자연적 설명을 찾아내기 위해 경험적 관찰과 사유를 이용했다. 그럼에도 그들은 신화적인 힘과 특성에 기대기도 했다. 탈레스(주전 624-546)는 이 철학자들 중 첫 사람이었다. 그는 실재를 제일원리 또는 물이라는 원초적 실체(substance)에 의거해 설명할 수 있다고 믿었다. 그는 물을 세상에서 가장 아름다운 것이라고 여겼고 모든 생물 안에 물이 있음을 주시했다. 그는 지구가 엄청난 양의 물 위에 뗏목처럼 떠 있다고 생각해 유명한 말을 남겼다. "모든 것이 물이며, 세상은 신들로 가득하다." 이런 단편적 언술로 보았을 때 탈레스는 분명 일관성 있는 자연주의자와는 거리가 멀었다. 그의 새로운 자연주의적 접근은 여전히 신화적 가정들로 가득 차 있었다. 물은 우주의 근본 물질이요 동시에 물질적 실체이자 살아 있는 실체로, 다양한 형태로 변화할 수 있는 신적인 것이다. 물론 탈레스가 신들이라 했을 때 인격적인 신을 가리키는 것은 아니었으나, 그 신은 인간적인 것 이상의 힘이자 죽음에 굴복하지 않고 영원히 존재하는 힘인, 세상 속에서 작동하고 있는 강력한 생명력, 세계영혼을 의미했다.

---

4 Diogenes Laertius, *The Lives and Opinions of Eminent Philosophers*, trans. C. D. Yonge (London: Henry G. Bohn, 1853), book 1, "Life of Thales", p. iv.
5 이 철학자들 중 최초의 세 사람은 에게해 동쪽 해안(현재의 터키 서부)에 위치한 이오니아의 도시 밀레토스(Miletus, 행 20:17에서 사도 바울이 마지막으로 예루살렘에 가기 전에 소아시아의 장로들을 불러 만났던 에베소 인근 밀레도와 같은 곳이다—옮긴이) 출신이다.

탈레스의 제자인 아낙시만드로스(Anaximander, 주전 610-546)는 세상을 설명하기 위해 물보다 더 기초적인 무언가를 제일원리 또는 기본적 실체라고 단정했다. 세상의 원초적 물질은 우리가 주변에서 보는 어떤 요소가 아니며, 영구한 물질―아페이론(apeiron, 무한정자)―로 구성된 지각될 수 없는 정도로 작은 것들의 거대한 덩어리로 영원히 존재한다. 하지만 그것은 그 자체에 우리가 아는 세상의 구성 요소들을 불러일으키는 내재적 힘을 가지고 있다. 이 원초적 물질이 온기와 냉기, 습기와 마름, 공기와 흙처럼 정반대 것을 나누는 동작을 통해서 이 세상을 구성한다.

아낙시메네스(Anaximenes, 주전 585-528)는 이 길을 따라 "공기가 신"이라고 주장하며,[6] 확산과 수축을 통해 형태가 변하는 공기를 원초적 실체로 단정했다. 아낙시메네스는 선배들과 마찬가지로 신화적 과거를 떨쳐 내지 못했다. 우주와 인간의 근본 실체인 공기는 여전히 신적 속성을 지니고 있었다. 이 철학자들 모두 세상의 다양성과 변화를 다소 자연주의적 방식으로―제일의 실체와 원리를 사물의 궁극적 본성에 관한 설명으로 제시함으로써―이해하려 했지만, 세상이 어떻게 그리고 왜 지금의 모습을 가지고 있는가를 설명하는 데는 여전히 신화적 설명에 의존했다.

이오니아 철학자 가운데 마지막이자 가장 유명한 사람은 헤라클레이토스(Heraclitus, 주전 ?535-?475)다. "그가 고대와 현대의 철학자들에게 끼친 엄청난 영향은 놀랄 만큼 크다."[7] 밀레토스의 자연철학자들은 근본 원리를 발견하는 데 관심이 있었다. 반면에 헤라클레이토스는 새로운 주제인 세상의 불변성과 변화 문제에 초점을 맞췄다. 그는 세상을 끊임없이 흘러가며 계속 변화하는

---

6 Cicero, *De Natura Deorum* I, 10. 『신들의 본성에 관하여』(그린비).
7 Anthony Kenny, *Ancient Philosophy*, vol. 1 of *A New History of Western Philosophy* (Oxford: Clarendon, 2004), p. 16. 『고대철학』(서광사).

강물에 비유했다. 그는 "같은 강물에 두 번 들어갈 수 없다"라고 말했다. 강물에 다시 발을 담글 때 강물은 변해 있다는 것이다. "만물은 유전(流轉)한다." 하지만—그것이 분명함에도—불변성도 있다. 연속성을 인지하면서도 동시에 또 다른 강이라 말하는 것이기 때문이다.

헤라클레이토스는 또한 세상을 끊임없이 살아 있는 불이라고 했다. 불은 항상 변화하는 모습으로 존재한다. 한편으로는 늘 타오르며 지펴지는가 하면 다른 한편으로는 꺼지고 소멸되기도 한다. 강물과 불의 모습에서 원초적 실체는 결코 없어지지 않고 모양만 계속 변화한다. 사실 변화가 변화의 본질이다. 그러나 이 변화는 아무렇게나 일어나지 않는다. 우주에 널리 퍼져 있고 인류에게 이성적 능력을 주는 비인격적이고 신적인 이성적 질서의 원리인 로고스에 의해 질서와 방향이 주어진다. 로고스에 의해 방향이 주어지는 세상의 질서는 정반대인 것들—선과 악, 싸움과 평화, 젊음과 늙음 등—의 일치와 불화로 세상에 조화로운 리듬을 가져온다. 인간은 때로 이 질서를 분간하지 못하여 꿈 속 세상에서 살아간다. 그들의 과업은 이 이성적 질서와 대면하고 그에 따라 살아가는 것이다. 이 세상이 로고스에 의해 질서 지워졌다는 말은 또한 인간의 사회적이고 정치적인 삶을 위한 신적 법이 모든 인간의 법 위에 있다는 의미다. 헤라클레이토스에 따르면 "인간의 모든 법은 단 하나의 법, 신적 법에 의해 길러진다."[8] 이 개념—참여하는 인간이 따라야 할, 우주를 주관하는 보편적인 이성적 원리—은 여러 세기에 걸쳐 그리스 철학에 널리 퍼지게 되었고, 자연법에 관한 다양한 개념을 통해 근대에 이르기까지 지속되고 있다.

피타고라스(Pythagoras, 주전 570-490)는 밀레토스에서 멀지 않은 사모스

---

8 같은 곳.

섬에서 태어났다. 그는 많은 소크라테스 이전 철학자처럼 여러 곳을 돌아다녔으며, 그 이후에는 많은 면에서 종교 분파에 가까운 학교를 세웠다. 구성원들은 일련의 엄격한 규칙을 엄수해야 했다. 거기에는 절대로 콩을 먹어서는 안 된다던가 불빛 옆에서 거울을 보면 안 된다는 것 같은 이상한 규율이 포함되어 있었다. 피타고라스는 매일 저녁 강의를 했으며 사람들은 그의 강의를 들으러 모여들었다. 그가 만든 분파의 비밀 규율에 따르면, 휘장 뒤에서 이야기하는 것 말고는 누구도 자기를 보는 것을 허용하지 않았다. 피타고라스의 영혼 환생설은 고대 세계에서조차도 조롱거리-피타고라스는 이미 네 번째 생을 살았다고 주장했다[9]-였다. 하지만 그의 영향력 있는 핵심 사상은 수(數)가 우주의 아르케라는 것이었다. 피타고라스는 탈레스가 물, 아낙시만드로스가 아페이론, 아낙시메네스가 공기라고 단언했던 것이 수라고 주장했다.[10] 피타고라스는 태초에 혼돈(Chaos)이 있었으며 모나드(Monad, 숫자 일)가 수를 창조했으며, 모든 곳에서 관계를 바로 조정하여 조화(Harmony)가 이루어져 질서 잡힌 우주가 나올 때까지 수가 점과 선분을 만들어 냈다고 주장했다.

필롤라오스(Philolaus, 주전 470-385)는 피타고라스학파 중 처음으로 책을 썼으며 그 일부가 최근에 발견되었다. 그는 세계 질서를 구성하는 무제한적 재료와 그것을 제한하는 것을 구분했다. 예를 들어 물과 흙은 형태에 의해 호수와 돌로 제한된다.[11] 칼 후프먼(Carl Huffman)은 "질료-형상 구분을 향

---

[9] Diogenes Laertius, *Lives and Opinions*, book 8, "Life of Pythagoras", p. iv.
[10] 이 견해는 Aristotle, *Metaphysics* A, 5에 기인하는데, 아리스토텔레스는 수에 대한 피타고라스의 강조를 우주의 형식적 원인에 관한 고찰로 이해한다.『형이상학』(길).
[11] Carl A. Huffman, "The Pythagorean Tradition", in *The Cambridge Companion to Early Greek Philosophy*, ed. A. A. Long (Cambridge: Cambridge University Press, 1999), pp. 78-83를 보라.

한 대담한 첫 발걸음이 여기 있다"고 했다.¹² 다음 장에서 보겠지만, 이 구분은 플라톤과 아리스토텔레스 철학의 중심에 있다. 헤르만 도이어베르트는 형상-질료 구분이 고대 그리스 철학에 깔려 있는 해소 불가능한 양극의 긴장임을 포착하고, 이를 그 "근본 동인"(ground motive)이라 부른다.¹³

소크라테스 이전 철학의 또 다른 길은 그리스 식민지 엘레아(오늘날 이탈리아)에서 이성주의(rationalism) 방식으로 나타났다. **이성주의**는 인간의 이성적 사유가 세상에 대한 궁극적 진리에 이를 수 있다는 자신감을 뜻한다. 파르메니데스(Parmenides, 주전 515 출생)는 헤라클레이토스와 정반대의 대립적 위치에 서 있다. 변화하고 일시적인 세계를 드러내는 것처럼 보이는 감각은 믿을 수 없다. 무엇이 **있다**(is)면, 그것은 **없는**(is not) 무엇으로 바뀔 수 없다. 마찬가지로 **없는** 것은 **있는** 것이 될 수 없다. 무엇이 **있다**면 그것은 존재하기 때문에 바뀌거나 사라질 수 없다. 무엇이 **없다**면 그것은 존재하지 않기에 생성될 수 없다. 감각에 비치는 변화의 개념 자체가 논리에 도전한다. 그래서 파르메니데스는 감각은 신뢰할 수 없으며 무엇이 실제인지 판단하기 위해서는 인간의 이성과 추상적인 논리적 추론을 믿어야 한다고 주장했다. 파르메니데스의 제자 제논(Zeno, 주전 489 출생)은 더 나아가 스승의 결론―변화하는 것처럼 보이더라도 그것은 논리에 어긋난다―이 옳음을 입증하기 위해 연역 논증을 심화한 몇 가지 패러독스를 만들어 냈다. 이러니저러니 해도 결국 논리와 이성이 진리로 가는 가장 신뢰할 만한 안내자다.

실재의 원초적 실체를 발견하고자 대두된 자연주의의 독특한 시도는 헤라클레이토스와 엘레아학파의 이성주의자들이 제기한 변화에 관한 논의와 함

---

12 같은 책, p. 80.
13 15장을 보라.

께 점차 세상의 질서, 불변성, 변화를 설명하는 섬세한 이론들을 만들어 냈다. 예를 들어 엠페도클레스(Empedocles, 주전 490-430)는 실재를 하나의 원초적 물질로 환원시키는 것[일원론(monism)]이 문제의 발단이라고 믿었다. 사실 그는 네 가지 항구적이며 기초적인 요소—흙, 공기, 불, 물—가 존재한다[다원론(pluralism)]고 보았다. 엠페도클레스는 아무것도 생기거나 없어지지 않는다고 주장한 파르메니데스가 옳았다고 믿었다. 정확히 말하자면 생성은 영속적 요소들이 일시적으로 혼합되는 것이며 소멸은 그것들이 분해되는 것이다. 그러나 변화를 이해하기 위해서는 기초 요소들을 하나로 이끄는 '사랑'과 그것들을 분리시키는 '싸움' 같이 어느 정도 신화적인 힘들을 인정해야 한다.

레우키포스(Leucippus, 주전 5세기 초)와 데모크리토스(Democritus, 주전 460-370) 두 사상가는 기초적 요소들에 질서와 변화를 가져오기 위해 작용하는 원초적 **실체**와 근본적 **힘**(force)을 구분하는 이 사조를 따른다. 이 두 사상가는 **원자론자**(atomist)로 알려졌다. 우주의 기초 재료가 원자(atom)라고 불리는 불변의 쪼개질 수 없는 작은 입자라고 주장했기 때문이다. 원자는 필연이나 운명의 비인격적 힘에 의해 빈 공간 속을 무작위로 돌아다닌다. 원자들은 뭉쳐서 다양한 형태(예를 들어 식물, 동물, 사람)를 취한다. 특정 존재는 해체될 수 있지만 원자 자체는 계속 존재한다. 원자들은 흩어져 무언가 다른 것을 형성하기 위해 새로운 방식으로 뭉친다. 사랑, 싸움, 정신이라는 어느 정도 인격적인 힘들은 원자론자들에 의해 비신화화되어 보다 비인격적이며 기계적인 운명의 힘으로 대체된다. 세상에 존재하는 것들의 항구성뿐 아니라 변화도 이런 방식으로 설명된다.

소크라테스 이전 시대를 어떻게 볼 것인가? 언뜻 보면 많은 견해가 아주 터무니없어 보인다. 실제로 오늘날 그들의 **답**을 옳다고 할 사람은 거의 없다. 하지만 이들의 연구 **방법**에 중대한 약진이 있었다고 보는 사람은 많다. 에르네스트 르낭(Ernest Renan)은 이들이 보여 준 신화적 설명에서 자연적 설명으로의, 미신적 신앙에서 이성적 분석으로의 근본적 전환을 "그리스의 기적"이라고 불렀다.[14] 그와 같은 열렬한 찬사에 동의하건 그렇지 않건—소크라테스 이전 시대가 정말 종교에서 벗어났는지는 사실 의심스럽다—분명 중요한 통찰들이 발견되었다. 우리는 2,600년 전에 디뎠던 이 첫 초보적 발걸음에서 많은 것을 얻었다.

한 학문의 기원은 **항상** 중요하다. 기원에서 그 학문의 기초 질문과 가능성이 명시되는 경우가 많기 때문이다. 예를 들어 소크라테스 이전 시대는 실재가 하나의 근원 혹은 둘이나 그보다 많은 근원에서 비롯되었는지를 묻는 중차대한 질문을 전면에 내놓는다. 근원을 하나로 환원하는 사람을 **일원론자**(monist)라고 부른다. 반면에 둘이나 그보다 많은 근원을 주장하는 이를 **이원론자**(dualist) 및 **다원론자**(pluralist)라고 한다. 이미 보았듯, 소크라테스 이전 시대 철학자들은 일원론에 쏠려 있다. 물론 중요한 예외도 있다. 예를 들어 원자론자들은 원자로 가득 찬 '충만'을 '진공'과 구분한다. 15장에서 볼 텐데, 일원론과 이원론의 차이점은 철학사 전반에 걸쳐 반복해서 등장한다.

이교적 세계관의 특징은 피조계의 한 부분을 절대화하여 그것으로 모든 것을 설명하려고 한다는 데 있다. 이는 소크라테스 이전 시대의 특징이다. 그들 대부분이 **이 세계 내에서** 세계에 질서를 부여하는 원리를 발견했다. 물론 예외도 있다. 앞서 보았듯, 아낙시만드로스는 세계의 기원을 세계와는 동떨어진 영원한 물질인 아페이론에서 찾았다. 이처럼 소크라테스 이전 철학자들은 세계의 기원에 대한 질문을 전면에 내세운다. 그것이 이 세계 속에서 발견될 것인가 밖에서 발견될 것인가? 우리의 세련된 과학적 관점에서 볼 때 만

---

14 Ernest Renan, *Recollections of My Youth* (London: Chapman and Hall, 1883), p. 51.

물의 기원을 공기나 물에 돌리는 일이 우스꽝스럽게 보이는 것은 이해할 만하다. 그러나 이교주의가 오늘날에도 활발히 살아 있음을 잊으면 안 된다. 예를 들어 진화론적 자연주의가 그렇다. 하나님과 동떨어진 어떤 원초적 물질로부터 만물의 기원을 설명하려 애쓰는 것이야말로 하나의 중요한 예다.

소크라테스 이전 시대에 떠오른 세 번째 중요한 주제는 철학이 세계의 **구조**에 초점을 두어야 할지 **기원**에 초점을 두어야 할지의 문제다. 소크라테스 이전의 어떤 철학자들은 세상이 존재하게 되는 과정에 초점을 맞춘다. 반면에 다른 이들은 실재의 질서에 보다 관심을 기울인다. 이 주제 역시 철학사 내내 이에 동조하는 메아리가 울려 퍼졌다.

캘빈 시어벨드(Calvin Seerveld, 1930-)는 소크라테스 이전 시대 철학의 이교적 풍조를 살펴보며 같은 시기의 하나님의 백성에게서 일어난 일과 대조하여 이렇게 말했다.

헤라클레이토스가 소아시아의 흑암 속에서 이 문제들을 풀려고 애쓰고 있었던 시기가 바로 야훼께서 바빌론에 있던 다니엘에게 그분의 통치를 벗어난 문명의 몰락에 대한 꿈을 주신 직후, 그리고 스가랴가 거의 같은 시기에 밤중에 여호와께로부터 환상을 받았던 때와 느헤미야가 예루살렘 성벽의 무너진 곳을 수축하고 있었던 시대였음을 알게 된다면…왜 사도 바울이 600년이 흐른 시점에 헤라클레이토스의 고향을 지나가면서 그런 유형의 사람들을 아테오이(*atheioi*)[하나님 없는 자들]라고 부를 수 있었으며(엡 2:11-22) 왜 그리스도인들에게 그런 방식에 정신 팔지 말고 도리어 예수 그리스도 안에서 심령이 진정 새롭게 되어야 한다고 호소했는지(엡 4:1-24) 깨닫게 될 것이다.[15]

---

[15] Calvin Seerveld, "The Pedagogical Strength of a Christian Methodology in Philosophical

세상이 성경에서 말하는 대로라면 세계의 질서는 창조 세계를 그분의 임재와 말씀으로 신실하게 붙들고 계시는 하나님으로부터 나온다. 스스로 활동하는 물이나 공기 같은 물질이나 이성, 정신, 사랑 같이 어느 정도 신화적으로 인격화된 힘, 그리고 이것들보다는 한층 비인격적이며 기계적인 운명의 힘 가운데 어느 것도 세계 밑에 깔려 있는 질서와 구조를 부여하지 않는다. 이것들은 우리가 사는 세상의 규칙성을 '설명'하기 위한 이교적 상상력의 발명품이다. 둘째로 모든 우상숭배는 문제에 봉착한다. 그 어떤 우상도 우리의 깊은 신앙의 무게를 지탱할 수 없어 결국엔 무너지고 만다. 자율적인 인간의 합리성과 관찰을 통해 세계의 본질을 이해하려던 시도는 필연적으로 문제에 봉착하고 말았다. 소크라테스 이전 철학은 점차 혼란에 빠졌고 그 결과는 지식에 관한 회의주의였다. 세상을 설명하기 위해 수많은 상충하는 이론이 제시되었다. 어느 것이 옳은지 어떻게 판단하는가? 점차 심각해지는 이 문제들은 주전 5세기에 활동한 소피스트와 소크라테스에게서 나타난다.

소크라테스 이전 철학의 위대한 통찰은 관찰과 이성을 통해 불변성과 변화의 질서 정연한 세상을 발견할 수 있다는 것이었다. 세상에 변치 않는 질서가 있는 것은 하나님이 신실하시기 때문이다. 이 철학자들은 이 창조의 선물인 관찰과 이성을 복원하고 계발하는 것을 도와주며, 서구 문화는 이 점에서 우수하다. 유사한 통찰이 구약성경 지혜 문헌에서도 발견된다. 거기서는 여호와를 경외하는 것이 지혜와 지식의 **근본**(the beginning)이라고 한다(참고. 잠 1:7). 하나님과 그분이 만드신 세계의 경이로움에 대한 의식은 세상을 탐구하고 살펴 이해하도록 우리를 이끌게 되어 있다. 그러나 근본적 질문을 던지기 시작하고 철학을 탄생시킨 새로운 탐구 정신으로 그 질문을 살핀 사람들

Historiography", *Koers* 40 (1975): p. 227.

은 초기 그리스인이었다. 철학사 안에서 탈레스의 위치가 중요한 것은 그의 대답보다는 그가 처음으로 던진 여러 질문 때문이다. 물론 그러한 질문은 잠언 1:7이 우리를 일깨우는 것처럼 여호와를 경외하는 데서 **출발**했어야 마땅했다.

소피스트와 소크라테스

소크라테스 이전 철학의 가장 중요한 기획은 자연 세계를 이해하는 것이었다. 소피스트(주전 5세기)와 소크라테스(주전 469-399)와 더불어 철학은 윤리적이고 정치적인 전환을 맞았다. 인간은 개인으로서(윤리) 그리고 공동체로서(정치) 어떻게 살아야 하는가가 관심사가 되었다. 이 초점은 분명 소피스트의 중요한 공헌이다. 소피스트와 소크라테스는 소크라테스가 살았고 많은 소피스트가 활동했던 도시 국가 아테네의 개별 시민이라는 맥락 안에 있었다.

가장 잘 알려진 소피스트로는 프로타고라스(Protagoras, 490-420), 프로디코스(Prodicus 465-395), 고르기아스(Gorgias, 485-380), 트라시마코스(Thrasymachus, 459-400)가 있다. 이들에 대한 지식 대부분은 플라톤의 대화편에 나오는 부정적 묘사에서 비롯된다. 예를 들어 플라톤의 언어철학을 공부하고 싶어서 『크라튈로스』(*Cratylus*)라는 대화편을 펼치면 거기서 트라시마코스가 소크라테스와 크라튈로스와 더불어 대화를 나누는 것을 보게 된다. 소피스트는 도시 국가의 삶에 참여할 기회가 늘어나고 있던 아테네에서 열심히 일했던 전문직 교사들이었다. 철학사에서 소피스트의 중요성은 소크라테스와 플라톤이 그들이 대표하는 위험에 대한 직접적 대응을 자신들의 독특한 철학적 강조점으로 삼았다는 사실에서 비롯한다.

소피스트는 세속적 인본주의자들이었다.[16] 신들은 인간의 삶에 궁극적 권위를 갖지 않는다. 프로타고라스는 이렇게 말한다. "신들에 관해서, 그들이 존재하는지 존재하지 않는지 알 수 없다. 그들이 어떻게 생겼는지도 알 수 없다. 앎을 방해하는 요소가 많기 때문이다. 주제는 모호하고 인생은 짧다."[17] 따라서 진리를 궁극적으로 판단할 자는 인간 자신이다. 프로타고라스는 한 걸음 더 나아가 "인간이 만물의 척도"라고 강조한다.[18]

하지만 문제는 사람마다 이 세상을 다르게 경험하고 진리에 대해서도 다양한 주장을 편다는 데 있다. 우리는 세계에 대한 자신의 경험—외양(doxa)—만을 접할 뿐 불변적 진리(alētheia)의 본질을 알 수 없다. 소피스트에게 이는 진리가 상대적임을 의미했다.[19] 그들은 그리스 종교뿐 아니라 모든 참된 지식에 관한 주장도 결국 인간의 관습이라고 믿었다. 이들이 여러 나라를 여행하며 살았고 여러 다른 관습을 경험했던 터라 아테네에 왔을 때엔 비판적인 눈을 가지고 있었다. 더욱이 이들에 앞선 두 세기 동안 그리스 철학은 이방 종교에 대한 의심만 불러일으킨 것이 아니라 철학 자체의 토대를 침식하는 데 기여했다. 따라서 소피스트는 세상이나 사회나 도덕에 관한 궁극적 진리를 발견할 가능성에 회의적이었다.

소피스트의 **실용주의**(pragmatism)는 이 회의주의의 산물이었다. 궁극적 진리가 존재하지 않는다면 지식은 단지 실용적 유익으로 판단해야 한다. 당

---

16 소피스트에 관한 1차 자료는 아주 제한되어 있다. 따라서 그들이 무엇을 믿었는지에 대해서는 상당한 논란이 있다. 최근 학계의 경향은 플라톤이 대변하는 소피스트에 대해 회의적이며 소피스트 사이에 다양한 견해가 존재함을 강조한다.
17 Walther Kranz and Herman Diels, eds., *Die Fragmente der Vorsokratiker*, 5th ed. (Weidmann: Berlin, 1934), p. 80b4. 『소크라테스 이전 철학자들의 단편 선집』(아카넷).
18 같은 책, p. 80b1.
19 이에 대해서는 논란이 있다. Kenny, *Ancient Philosophy*, p. 29에서는 인간이 만물의 척도라는 프로타고라스의 주장이 '상대주의 인식론'을 요약하고 있다는 데 동의한다.

시 아테네에서 유용했던 것은 아테네의 정치적 삶에서 출세하기 위해 논리와 수사(언어를 설득력 있게 전달하고자 쓰는 기술)를 활용할 줄 아는 능력이었다. 소피스트는 돈을 낸다면 누구에게나 기꺼이 이 기술을 가르칠 용의가 있었다. 실제로 누구나 이 기술을 사용하여 어떤 입장이건 설득력 있게 옹호하기 위한 그럴듯한 주장을 펼 수 있었다. 누군가를 속이기 위해 허울만 그럴듯한 논리를 펴는 것을 의미하는 **궤변**(sophistry)이라는 단어가 생긴 것은 바로 이런 이유에서였다.

소크라테스는 소피스트의 입장이 명백히 위험하다고 보았다. 소피스트가 옳다면 진리를 알 가능성 혹은 도덕의 기준이나 정치적 생활을 위한 정의의 기준을 알 가능성이 전혀 없다. 소크라테스는 소피스트의 인식론적 상대주의와 윤리적 상대주의에 대항하여 참된 지식과 행위의 초월적 규범을 밝히는 일에 자신을 던졌다.

소크라테스에 관한 정보는 일관성 없는 다양한 자료에서 비롯한다.[20] 그는 글을 전혀 남기지 않았다. 그의 삶이나 성격에 관한 현존하는 여러 기록의 신빙성에 대한 논란이 많다. 그럼에도 그의 삶과 사상에 관해 비교적 신뢰할 만한 묘사가 가능하며, 특히 플라톤과 아리스토텔레스의 글을 통해 그러하다.

소크라테스는 이전의 철학이 인간의 삶에 부적절하고 만족스럽지 못했다고 보았다. 그는 우주론적 관심에서 구체적인 사안으로 돌아섰다. 키케로(Cicero)는 소크라테스에 대해 이렇게 말했다. "처음으로 철학을 하늘에서 아래로 불러내 마을에 정착시키고, 사람들의 집에 초대해 일상생활, 윤리, 선악을 연구하지 않을 수 없게 만들었다."[21] 어떻게 선하고 행복한 삶을 살 수 있

---

[20] *Socrates: A Source Book*, comp. and trans. John Ferguson (London: Macmillan, Open University Press, 1970)을 보라.

[21] Paul Johnson, *Socrates: A Man for Our Time* (New York: Viking, 2011), pp. 81-82에서 재

는가? 이것이 그의 철학적 기획이었다. 그러한 질문에 답하기 위해서는 인간됨이 무엇인지 그 본질에 대해 물어야 한다. 소크라테스가 중요하게 여긴 것은 인간성의 정수인 영혼이었다. 영혼은 근본적으로 이성적이고 도덕적이며, 따라서 행복하고 만족스러운 삶을 위한 실마리는 이성적이고 덕스러운 성품을 개발하는 것이었다. 플라톤은 『소크라테스의 변명』(*Apology*)에서 소크라테스가 이렇게 말했다고 전한다. "나는 여러분 가운데 젊은이와 노인을 가리지 않고 여러분의 몸이나 여러분의 재물에 대해 염려하기보다는 오히려 최대한 여러분의 영혼을 최선의 상태로 돌보라고 설득하는 일만을 하고 다녔습니다."[22] 소크라테스는 만일 사람이 선(good, 좋음)이 무엇인지, 덕이 무엇인지, 정의가 무엇인지 알았다면 분명히 그것을 쫓았으리라 믿었다.

아리스토텔레스는 선한 삶을 알고 살아갈 수 있게 만들 소크라테스 철학의 중심에 있는 두 요소를 설명한다. 바로 "귀납적 논증"(inductive arguments)과 "일반적 정의"(general definitions)다.[23] 선한 삶을 살기 위해 사람은 덕, 용기, 경건, 정의, 선의 변치 않는 본질이나 보편적 정의를 알아야 한다. 소크라테스는 소피스트에 대항하여 선과 덕은 단지 사회적 관습의 문제가 아니라 개개인의 역사적 상황을 초월하는 보편적 기준이라고 믿었다.

문제는 **어떻게** 이 보편적 기준을 발견할 수 있느냐는 것이다. 소크라테스에게 그것은 소크라테스 방법이라고 알려진 길, 즉 활발한 토론을 통하는 것이었다. 소크라테스는 토론 상대에게 정의(正義)나 선함의 의미에 대한 질문

인용. 그러나 이 점에서 소크라테스는 적어도 부분적으로 소피스트에게 빚을 졌다. 『그 사람, 소크라테스』(이론과실천).

[22] Plato, *Apology* 30, in *Plato: Complete Works*, ed. John M. Cooper (Indianapolis: Hackett, 1977), p. 28. 『소크라테스의 변명』(이제이북스).

[23] Aristotle, *Metaphysics*, trans. Hugh Lawson-Tancred (London: Penguin, 1998, 2004), Book Mu, 4 = 1978b 27-29.21. 『형이상학』(길).

을 던진다. 상대방은 선함과 정의의 뜻을 설명하거나 정의롭거나 선한 행위의 특별한 예를 제시한다. 정의(定義)가 제시되면, 소크라테스는 그 정의의 약점을 드러내고는 보다 적절한 정의를 이끌어 내기 위한 질문을 던진다. 만일 선함이나 정의의 행위나 특별한 예가 제시된 경우 귀납적 논증―개개인의 정의로운 행위에서 정의에 관한 보편적 정의를 도출하는 논증―으로 몰고 간다. 개별 정의의 경우에서 무엇이 그것을 정의롭게 만들었는가? 진리는 이렇게 **변증법적 방법**(dialectical method)―부적절한 정의와 개별 사례를 넘어서 선함에 대한 영속적이고 보편적인 정의로 나아가는 신중한 추론과 정밀한 대화―을 따라 드러난다. 소크라테스는 인간의 삶을 위한 보편타당한 규범을 발견할 수 있는 인간 이성에 대한 깊은 믿음을 분명히 보여 주었다. 분명 그는 이성으로 진리에 도달할 수 있다고 믿는 이성주의자였다. 이 과정에서 지성(intellect)은 "인간 영혼이 그것을 통해 자신의 본질과 세계의 의미를 발견할 수 있는 신적 능력"이다.[24]

소크라테스는 자신을 등에라고 여겼다. 등에는 가축을 깨물고 괴롭히며 성가시게 한다. 소크라테스가 잘못된 안전 의식에 빠진 사람들을 흔들어 불안하게 만들어서 보편적 진리를 향해 밀어붙이려는 생각으로 질문하고 비판하며 하려던 일이 바로 그것이었다. 등에는 큰 골칫거리다. 사람들이 성가신 등에에게 무슨 짓을 하려는지 모두 잘 안다! 실제로 소크라테스는 많은 적을 만들었고, 결국 그는 아테네 법정에서 무신론과 젊은이들을 타락시켰다는 명목으로 사형 선고를 받았다. 정의를 소중히 여기는 자신의 대의에 따라 소크라테스는 탈출하는 길을 거부하고 독미나리 독약을 마셨다.

소크라테스는 서양 철학사에서 매우 중요하다. 소크라테스는 적어도 두

---

[24] Tarnas, *Passion of the Western Mind*, p. 38.

가지 중요한 철학적 통찰을 남겼다. 첫째, 소크라테스는 윤리적이고 행복한 삶은 인간의 본성에 뿌리내려야 한다는 점을 올바로 파악했다. 윤리적 기준은 외부에서 부과된 임의적 규칙이 아니라 인간됨이 무엇인지와 조화를 이루는 것이어야 한다. 둘째, 소크라테스는 역사를 초월한 보편타당한 기준과 규범의 윤리적 중요성을 올바로 이해했다.

그러나 소크라테스의 사상에서 그의 윤리가 갖는 이성주의 자체는 여전히 문제로 남는다. 이 기준들은 관념, 개념, 정의(定義) 이상의 초월적인 무언가에 기초해야 한다. 옛날 소피스트와 오늘날 그들의 포스트모던적 동지들이 똑똑히 이해하듯이, 모든 정의, 관념, 개념은 그것에 이르는 추론 과정 자체와 마찬가지로 철저히 인간의 문화와 역사에 의해 형성된다. 소크라테스의 윤리적 통찰은 인간의 본성과 초월적 규범을 하나님의 계시를 따라 이해할 때만 그 진가를 발휘할 수 있다. 인간 본성과 인간 행위의 규범을 위한 유일한 궁극적 기초는 하나님과 그분의 안정된 창조 질서 안에서 발견된다. 그래서 잠언이 일깨워 주는 바처럼, **여호와를 경외하는 것이 지혜의 근본이다.**

보낸사람: percy@secular.edu

받는사람: abby@longobedience.edu

제목: 새 친구, 세계관, 소크라테스 이전 철학자들

안녕 애비, 잘 지내고 있지? 기독학생회에서 새 친구가 생겼어. 이름은 다미엔이고 나랑 철학 수업을 같이 듣고 있어. 아주 지적인데 철학을 전공할 생각이래. 이 친구는 이미 철학을 상당히 공부했는데, 오늘 우리가 꽤 멀리까지 조깅하는 동안—오랜만에 얼마나 날씨가 좋던지!—소크라테스 이전 철학에 대한 네 생각을 이야기해 줬지. 나한테 제임스 사이어(James Sire)가 쓴 세계관에 관한 좋은 책—『기독교 세계관과 현대사상』(*The Universe Next Door*, IVP) — 을 소개해 주더라고. 사이어는 그 책에서 한 사람의 세계관을 판별하기 위해 던질 수 있는 일곱 개의 진단 질문을 제시하고 있어. 첫째 질문은 당연히 "무엇이 근본 실재(prime reality)인가?"였어. 다미엔은 이 질문이 무엇이 만물의 기초에 놓여 있는지 묻는 것이라고 설명해 주더군. 다미엔은 소크라테스 이전 철학자들이 주로 이 질문에 답하려고 했다고 생각해. 맞는 것 같아?

퍼시

보낸사람: abby@longobedience.edu
받는사람: percy@secular.edu
제목: RE: 새 친구, 세계관, 소크라테스 이전 철학자들

사랑하는 퍼시에게,

다미엔 이야기는 반가웠어. 당장 도서관으로 달려가서 사이어가 쓴 책을 찾아 봤지. 대단한 통찰이야! 다미엔이 완전히 옳다고 생각해. 소크라테스 이전 철학자들은 대체로 사이어의 첫째 질문에 답하려고 했어. 반면에 소크라테스는 사이어가 제시한 다른 질문에 답하려고 했지. 인간됨이 무엇이며 옳고 그른 것을 어떻게 알 수 있는가 같은 질문 말이야. 좋았어. 정말 고마워.

여긴 날씨가 여전히 험악해. 넌 멀리까지 조깅을 할 수 있다니 좋네.

영원한 너의,
애비

4장 그리스 철학의 최고봉
플라톤, 아리스토텔레스와 그들의 유산

그리스 철학은 플라톤과 아리스토텔레스와 더불어 절정에 달했다. 스토아주의(Stoicism)와 에피쿠로스주의(Epicureanism)도 중요한 사상에 포함된다. 중세 이전에 일어난 가장 중요한 전통인 플로티노스(Plotinus, 주후 205-270)의 신플라톤주의(Neoplatonism)도 이번 장 끝부분에서 살펴볼 것이다. 신플라톤주의는 서양 철학의 다음 이야기에서 중요한 역할을 담당하게 되는 다양한 그리스 철학의 유파들을 놀랍게 종합해 냈다.

플라톤

20세기 영국의 철학자 알프레드 노스 화이트헤드(Alfred North Whitehead)는 플라톤이 철학사에서 차지하는 영원한 중요성을 강조하며 이렇게 썼다. "유럽 철학 전통에 대한 가장 안전한 일반적 묘사는 그것이 플라톤에 대한 일련의 각주라는 것이다."[1] 플라톤은 철학사에 엄청나게 영향을 미쳤을 뿐만 아

---

1 Alfred North Whitehead, *Process and Reality* (New York: Free Press, 1978), p. 39. 『과정과 실재』(민음사).

니라 그의 사상은 교부들을 통해 기독교 전통에도 스며들었다. 그래서 그의 사상의 주요 핵심을 파악하는 일은 매우 중요하다.

플라톤은 주전 5세기 아테네의 유복한 가정에 태어났다. 그는 귀족적 성장 과정을 통해 폭넓은 교육을 받고 그리스 철학 전통에 친숙해질 수 있었다. 아리스토텔레스는 플라톤의 삶이 형성되는 시기에 헤라클레이토스 철학을 신봉하는 크라틸로스를 접했고 아마 그에게서 늘 변화하는 흐름 속에 있는 감각 지각의 세계를 신뢰하지 말 것을 배웠을 거라고 말한다.[2] 이것은 플라톤 철학의 핵심 강조점이다. 그보다 더 중요한 것은 플라톤과 소크라테스의 관계다. 그는 20세에 소크라테스의 제자가 되었다. 소크라테스는 플라톤이 쓴 대화편 대부분의 주인공이자 영웅이다. 소피스트의 상대주의를 향한 소크라테스의 염려와 그를 불의하고도 때 이른 죽음으로 몰고 간 날조된 정죄는 플라톤의 마음에 깊이 새겨졌다. 그리하여 긴박한 기초적 질문들이 플라톤의 철학을 몰아갔다. 건강한 사회적·정치적·개인적 삶이 모두 걸려 있었다. 플라톤은 보편적 기준에 대한 소크라테스의 강조를 확고히 붙잡고 이를 윤리를 넘어 실재(존재론)와 지식(인식론) 전반에 관한 이론으로 확장했다.

플라톤은 아테네에 아카데미아(Academy)라는 학교를 설립했는데, 아카데미아는 아리스토텔레스를 포함해 자랑할 만한 중요한 졸업생들을 배출했다. 플라톤의 철학은 대화편 형식을 통해 전해 온다. 비록 이 대화편에서 플라톤이 자기 목소리를 내진 않지만 그의 철학의 중심 윤곽은 분명하게 볼 수 있다.[3] 플라톤은 존재론(실재에 관한 이론), 인식론(지식에 관한 이론), 인간론(인간성

---

[2] Frederick Copleston, *Greece and Rome*, vol. 1 of *A History of Philosophy* (New York: Image Books, 1946), p. 128. 『그리스 로마 철학사』(북코리아).

[3] 이 점에서 플라톤 사상의 발전에 관해서는 Anthony Kenny, *Ancient Philosophy*, vol. 1 of *A New History of Western Philosophy* (Oxford: Clarendon, 2004), pp. 49-56, 205-216를 보라.

에 관한 이론)을 포함해 철학 전반을 개발한 최초의 철학자다.

플라톤 철학에서 가장 특징적이고 중요한 개념은 이데아(idea) 혹은 형상(form)에 관한 이론이다. 이 원리(doctrine)는 그의 철학 전체에 깔려 스며들어 있다. 플라톤은 세상을 존재론적 혹은 우주론적 이원론으로 이해한다. 즉 세상은 두 세계, 즉 이성에 의해 파악될 수 있는 불가시적이고 영원한 이데아의 세계와 감각 지각으로 알 수 있는 가시적이고 시간 속에 있는 세계로 되어 있다고 본다.

플라톤은 헤라클레이토스에게서 감각 지각에 대한 불신을 이어받았다. 우리가 지각하는 개별자(the particular)는 항상 흐름과 변화의 상태 속에 있기 때문에, 우리의 감각 지각은 불변하는 이데아를 파악할 수 있는 이성적 능력만큼 신뢰할 수 없다. 그렇기에 지식은 개별 사물을 넘어 보편적 본질로 움직여야 한다. 예를 들어 사람은 수없이 많지만 인간됨이 무엇인지 알기 위해서는 개별 사람을 넘어서 인간 본성을 구성하는 것이 무엇인지 물어야 한다. 인간이 인간 되게 하는, 모든 이가 소유하는 '인간됨'의 보편적 본질은 무엇인가? 다양한 외관들을 판단할 변치 않는 영원한 기준이 있어야 한다. 이 불변하는 본질은 이 세상을 초월해 있으며 이성에 의해서만 포착될 수 있다.

플라톤은 이 보편적 본질을 '이데아' 또는 '형상'이라 불렀다. 보통은 세상을 이해하려 할 때 마음속에 형성되는 개념적 추상을 이데아라 부른다. 그러나 그것은 플라톤이 의도한 것과 다르다. 형상이나 이데아는 이 세상과 우리의 정신을 넘어 또 다른 영역에 있는 객관적 실재를 가지고 있다. 형상 또는 이데아는 선의, 아름다움의, 흰색의, 정의의, 나무의, 기타 등등의 완벽한 모형으로 실제로 존재한다. 이 세상에 있는 개별 사물들의 원형을 제공한다. 바른 행동을 위해서는 정의의 이상적 형식을 모방해야 한다. 누군가를 아름답다고 하는 것은 그 사람이 아름다움의 초월적 형식의 구체적인 표현이나 사례라는 의미다. 단지 감각을 통해서 경험 세계의 현재 외적 모양을 파악한 지식은 속견(opinion)일 뿐이다. 속견은 이성을 통해서 이상적 세계의 영원한 형식을 직접 파악한 참된 지식보다 열등한 영역에 위치한다.

플라톤의 중요한 통찰은 세상에 질서를 부여하는 원리가 세상 자체 내에서 발견될 수 없음을 인식했다는 것이다. 그리스도인들이 그의 철학을 아주 매력적으로 생각하는 이유 중 하나가 이것이다. 그러나 플라톤의 형상은 창조 질서에 관한 성경의 관점과 매우 다름을 깨닫는 것이 중요하다. 창세기에서 하나님은 그분의 말씀으로 창조 세계에 질서를 부여하셨고 계속해서 그분의 피조물이 존재하도록 활발히 유지하고 계신다. 창조 질서는 참되고 살아 계신 하나님에게서 나오며 즐거이 순종으로 응답하기를 요구한다. 플라톤의 형상은 비인격적이며, 세상을 존재하게 만든 '신'조차도 복종할 만큼 모든 것을 초월한다. 이성적·이론적 사유만이 형상에 적절히 응답하는 유일한 길이다.

플라톤의 존재론이 가진 또 다른 함축은, 생활 경험(lived experience)은 신뢰할 수 없다는 것이다. 형상에 대한 사유를 통해 얻은 이론이 진리로 가는 왕도라는 것이다. 이것은 엘리트주의적일 뿐 아니라 학문 발전에 장애를 가져온다. 아울러 이는 이론을 생활 경험보다 높이는 일의 초기 형태로, 현대 세계에 재앙을 불러왔다.

동굴의 비유

플라톤이 보기에 지식과 선함은 구속하는 힘을 가지고 있다. 지식과 선함은 실제로 어느 정도는 이 세상의 악으로부터 탈출구를 제공한다. 플라톤의 『국가』(*Republic*) 7권에 나오는 유명한 동굴 비유는 이 차원을 분명히 보여 준다.

플라톤은 지하 동굴을 상상해 보기를 권한다. 거기서 사람들은 오로지 안쪽 벽만을 향하도록 묶여 있다. 동굴 속 사람들은 밖이나 태양 빛을 한 번도 본 적이 없다. 잡혀 있는 이들 등 뒤에 있는 불 앞으로 물체가 지나가면 다양한 이미지와 그림자가 벽 또는 화면에 나타난다. 잡혀 있는 모든 이가 보는 것은 그림자 이미지이기에, 그들은 그것이 실재라고 믿는다. 슬프게도 자신들이 지각하는 그림자가 존재하는 유일한 실재라고 믿는 것이 대부분 세상 사람의 상태다. 그러나 잡혀 있는 이 가운데 하나가 사슬을 벗어나 동굴 밖 태양 빛으로 나아갔다고 해 보자. 이제 그는 참된 실재를 알고 이제껏 그가 보아 온 것이 단지 그림자일 뿐이었음을 깨닫게 된다. 그는 태양 빛에 비추인 세상과 모든 사물을 보게 되었다. 그리고 조금만 더 애쓰면 태양 자체도 볼 수 있게 된다. 플라톤에게 태양은 모든 아름답고 참된 것의 원인인 최고의 형상, 선(the Good)을 의미한다.

바깥세상은 형상의 초월적 세계를, 동굴은 경험적 실재를 나타낸다. 경험 세계의 개별자들에서 느끼는 것은 단지 그림자일 뿐이다. 만일 이성이 이데아의 초월적 세계로 올라갈 수 있다면 태양 빛 속에서 진짜 세계를 볼 수 있을 것이다. 이성은 그 빛 속에서 사물들의 참된 본질과 그것이 선, 아름다움, 진리와 어떤 관계에 있는지 파악할 수 있을 것이다. 좋은 삶을 추구하는 것, 진리를 아는 것, 참된 아름다움을 즐기는 것은 가능하다.

이 비유는 플라톤의 철학적 탐구의 구속적·종교적 차원을 열어 준다. 이성은 우리에게 진리를 주며, 그뿐만 아니라 자유를 가져다주는 구속적 능력이기도 하다. 우리는 어둠을 벗어나 빛으로 들어간다. 우리를 얽매는 사슬에서 벗어난다. 우리는 참으로 선한 생명을 발견한다.

플라톤은 신화적 언어를 사용해 경험 세계의 기원을 설명한다. 데미우르고스(Demiurge, 헬라어로 '만드는 자'―옮긴이)는 불가시적 영역에 있는 이데아를 사용하여 세상을 빚어낸다. 그러나 그에 앞서 존재하는 물질의 완고한 비이성적 '필연'(Necessity, *ananke*)은 이성적 형상이 덧입혀지는 것에 저항한다. 데미우르고스는 세상에 질서를 가져오는 신적 이성(Divine Reason)의 활동을 신화적으로 묘사한 것이다. 데미우르고스는 이성적 질서에 계속해서 완고하게 대항하는 다루기 어려운 물질들조차도 대부분의 경우 극복해 낸다. 그리하여 우리는 우리 세계 대부분에서 질서와 아름다움을 본다. 플라톤은 영지주의자(gnostic)나 그를 추종한 신플라톤주의자(Neoplatonist)처럼 물질세계를 처치 곤란한 악으로 보지는 않았다. 우주에 편만한 이성이 여전히 세상에 질서와 목적을 부여한다. 그러나 물질세계에는 이 필연이 남아 있고, 필연이 계속해서 존재한다는 것이 무질서와 악을 설명해 준다. 데미우르고스는 계속해서 세상에 질서를 부여하고 세상을 다스리는 동일한 이성적 실체로부터 인간 영혼의 이성적 부분도 창조했다. 인간 이성이 세상에 질서를 부여하는 이데아를 알 수 있게 하는 것이 바로 이것이다. 플라톤의 이원론은 다음과 같이 나타낼 수 있다.

높은 영역	이데아	본질	존재	진리	이성
	불변	보편적	영원의	영혼	
낮은 영역	사물	외양	생성	속견	감각
	변화	개별적	시간의	몸	

플라톤의 인간론

플라톤의 인간론은 그의 이원론적 존재론에 따라 이원론적이다. 인간은 두 부분, 즉 불가시적 영역에 연관된 신적 영혼(soul)과 가시적 세계에 속한 몸(body)으로 되어 있다. 영혼은 시간 이전의 불가시적 세계에 이미 있었으며 그곳이 그의 본래 고향이다. 그러나 영혼은 이 가시적 세계 안으로 떨어져 지금은 몸에 갇혀 있다. 몸은 영혼을 끌어내리고 불순함으로 오염시키며, 따라서 참된 지식을 방해하는 것, 불가시적 세계에 있는 영혼의 참된 운명을 추구하는 일을 방해하는 것이다. 플라톤은 이렇게 말한다. "사는 동안 가능한 한 몸과 상관하지 않고 자제하려면 최대한 지식을 가까이해야 한다. 또 신이 우리를 해방시킬 때까지 몸의 본성에 의해 오염되지 않고 자신을 깨끗이 지키려면 필요 이상으로 몸과 접하지 않아야 한다."[4]

인간 영혼은 세 부분으로 되어 있다.[5] 최고는 이성(reason) 부분으로, 불멸하며 인간을 동물과 구별되게 한다. 이 부분이 참된 지식을 갈망하며 불가시적 영역에 있는 본래의 고향으로 돌아가기를 추구한다. 가장 낮은 부분은 욕구(appetite) 부분으로, 육체적 욕망으로 구성되어 있다. 영혼의 이성적 부분은 진리를 향한 열망, 즉 이데아의 세계로 올라가려는 욕망을 가지고 있다. 욕구 부분은 영혼을 오염시키고 끌어내린다. 중간 부분은 기개(spirit)인데, 욕구 부분보다 고상하며 이성의 우군이다.

플라톤은 이 세 부분 사이의 갈등을 생생한 이미지를 사용해 묘사한다. 이성 부분은 전차를 모는 마부와 같고 기개와 욕구 부분은 두 마리의 날개 달린 말과 같다. 기개 부분은 영혼을 영원한 실재의 영역에 있는 본향으로 올려보내기를 소망한다. 욕구 부분은 몸의 욕망으로 오염시키고 불가시적 영역으로 돌아가려는 노력을 방해하면서 영혼을 끌어내린다.

이생에서의 해방은 이성을 개발하고 윤리적 삶을 추구할 때, 특히 육체적 욕망을 통제할 때 찾아온다. 그럴 때 지상을 벗어나 천국 또는 신들이

---

[4] Plato, *Phaedo* 67, in *Plato: Complete Works*, ed. John M. Cooper (Indianapolis: Hackett, 1997), p. 58. 『파이돈』(이제이북스).
[5] Plato, *Republic* 435c-441c을 보라. 『국가·정체』(서광사).

거하는 곳에 이를 수 있다. "이것이 지상을 탈출해 천국에 이르기를 서둘러야 할 이유다. 탈출이란 가능한 한 신처럼 되는 것을 말한다. 인간은 앎(understanding)을 통해 정의롭고 경건해질 때 신처럼 된다."[6] 선과 참(true)에 대한 지식은 주로 변증법적 이성—즉, 선과 참의 본질을 분별하는 일에 가까이 오도록 움직이는 주장과 반대 주장—을 통해 온다. 이렇듯 이성은 이 세상의 악으로부터 해방시킴으로써 인생에서 구속적 역할을 수행한다.

플라톤은 소크라테스와 마찬가지로 도덕적 삶과 정의로운 사회를 위해서는 역사의 개별적 특수성을 초월하는 기준이 있어야 함을 분명히 알아본다. 플라톤은 이것이 개인 윤리와 사회 윤리에서만 옳은 것이 아니라 세상에 대한 지식에서도 마찬가지임을 소크라테스보다 훨씬 더 확실하게 인식한다. 게다가, 플라톤은 소크라테스를 넘어 지각을 통해 경험 세계에 대해 얻는 지식과 이성의 산물인 분석적 지식 사이의 중요한 구분을 인식하는 데까지 나아간다. 중요한 통찰이다.

그럼에도 이런 통찰이 곧 문제이기도 하다. 이성에 대한 플라톤의 높은 평가와 자신감은 그로 하여금 피조된 실재의 이성적 차원을 우상화하도록 이끈다. G. R. F. 페라리(Ferrari)는 『국가』에 나오는 영혼에 관한 플라톤의 생각에 대해 이렇게 지적한다. "여기서 우리가 살펴본 영혼은 이성이 왕인 영혼이다.…그 철학자가 자신을 위해 세운 이 작은 도시에서는…이성의 말이 법이다.…철학자의 이성적 부분은 질서가 온전히 이성적 통제 아래 있는 영역에 질서를 세우려 한다.…그런 영역 중 하나가 개인의 영혼이다. 또 다른 하나는…우주 전체다."[7]

---

6 Plato, *Theaetetus* 176ab, in Cooper, *Plato*, p. 195. 『테아이테토스』(이제이북스).
7 G. R. F. Ferrari, "The Three-Part Soul", in *The Cambridge Companion to Plato's* Republic, ed. G. R. F. Ferrari (Cambridge: Cambridge University Press, 2007), pp. 199-200.

확대된 사람의 그림자가 구름에 투영되어 관찰자 너머의 객관적 실재가 되듯이, 플라톤은 인간 이성의 세계를 또 다른 세상에 투영하고 거기에 객관적 존재를 부여한다. 그러나 확대된 그림자가 단지 관찰자의 이미지에 불과하듯 이데아의 세계 역시 인간 이성의 투영일 뿐이다. 그러나 이성은 플라톤이 인간의 합리성에 높은 위상을 부여한 까닭에 심오한 종교적 질문들에 답하기 시작한다. 그는 지식을 위한 안정된 질서, 선한 삶을 위한 기준, 인간의 본성, 삶의 제일 목적을 모두 이성 안에서 발견한다. 더 나아가 이는 악과 구원을 이해하기 위한 열쇠가 된다. 악은 물질적 영역의 비합리성이고 구원은 이성으로의 도피 안에 놓여 있다.

그러나 이 근본적인 종교적 질문들은 결코 자율적 이성에 의해 답변될 수 없다. 이성은 창조의 한 부분일 뿐이기 때문이다. 사실 이런 종류의 지식은 오로지 만유의 창조주, 통치자, 구원자에게서 비롯한 계시를 통해서만 올 수 있다. 예를 들어 헤르만 도이어베르트는 그리스 철학을 분석하며, 그가 그리스 신화와 종교에 그 기원이 있다고 주장하는 '형상-질료'(form-matter)라는 강력한 종교적 힘—즉 그가 그리스 철학의 **근본 동인**이라 부르는 것—을 감지해 냈다.[8] 이 근본 동인은 플라톤의 이원론적 철학에서 분명히 드러난다. 창조에 관한 성경적 이해가 없는 플라톤은 기원에 관한 두 원칙, 즉 플라톤의 신적 이성인 데미우르고스와 데미우르고스가 형상을 부여한 선재하는 무질서한 물질을 따라 생각했다. 앞서 본 것처럼 양극의 대립을 유발하면 거기엔 불가피한 긴장이 있다. 이를 달리 표현하자면, 변화(질료)와 불변성(형상) 사이에 있는 플라톤의 사유에는 깊은 긴장이 있다. 플라톤은 계속 변화하는 감각

---

8 Herman Dooyeweerd, *Roots of Western Culture: Pagan, Secular, and Christian Options*, trans. John Kraay (Toronto: Wedge, 1979), pp. 15-22.『서양문화의 뿌리』(CH북스).

한복판에서 형상의 영역에 닻을 내리려 했다. 하지만 이는 문제를 해결하기보다 더 많은 질문을 야기했고, 특히 형상을 아는 것에 관하여 그러했다. 여러 의미에서 과학의 아버지라고 할 수 있는 아리스토텔레스가 형상을 현실의 존재들 속에 위치시킴으로써 플라톤을 지상으로 끌어내린 것은 놀랄 일이 아니다.

아리스토텔레스

라파엘로(Raphael)가 그린 "아테네 학당"(The School of Athens)이라는 그림에는 중앙에 있는 플라톤과 아리스토텔레스를 비롯해 많은 철학자가 등장한다. 이 그림이 예술적으로 묘사하고 있는 바는 역사적으로 분명히 옳다. 플라톤과 아리스토텔레스는 단지 그리스 철학만이 아니라 서양 철학 전체를 지배했다. 새뮤얼 테일러 콜리지(Samuel Taylor Coleridge)가 이를 두고 말한 것처럼, "모든 사람은 아리스토텔레스주의자 아니면 플라톤주의자로 태어난다.… 이들은 인간의 두 종(種)이다. 그 외 제3의 종을 생각하기란 불가능에 가깝다."[9] 앞에서 모든 서양 철학은 플라톤에 대한 각주라는 화이트헤드의 말을 언급했다. 조너선 반즈(Jonathan Barnes)는 이를 두고 이렇게 평한다. "재치 있는 말이지만 틀렸다. 플라톤 대신 아리스토텔레스를 넣으라. 그러면 그 격언은, 이를테면 덜 틀린 말이 될 것이다."[10]

---

9 Samuel Taylor Coleridge, *Table Talk of Samuel Taylor Coleridge* (London: George Routledge and Sons, 1884), p. 102.
10 Jonathan Barnes, introduction to *The Cambridge Companion to Aristotle*, ed. Jonathan Barnes (Cambridge: Cambridge University Press, 1995), p. xv.

아리스토텔레스는 17세에 플라톤의 아카데미에 학생으로 와서 플라톤이 죽은 주전 347년까지 거의 20년을 머물렀다. 그는 아테네를 떠난 12년 동안에도 철학 활동을 계속하면서, 훗날 '대제'라고 불리며 세계 왕국을 형성함으로써 확실히 그리스 사상이 널리 퍼지게 만들 소년 알렉산드로스(Alexander)의 가정 교사를 했다. 아리스토텔레스는 주전 335년에 아테네로 돌아와 뤼케이온(Lyceum)이라는 자신의 학교를 설립했다. 그의 학교에서는 철학을 넘어 자연과학, 음악과 예술, 정치학, 심리학, 윤리학, 심지어 신학까지 포함해 엄청나게 넓은 범위의 학과를 다루었다. 플라톤의 철학이 문학적 대화편으로 전해진 반면 아리스토텔레스의 저작 유산은 그의 학교에서 사용한 강의 노트와 교과서다.

라파엘로의 그림을 다시 살펴보는 일은 우리가 아리스토텔레스 철학에 들어가게끔 해 준다. 불(적색)과 공기(백색)-위로 올라가는 요소들-색을 입은 플라톤은 오른손으로 하늘을 가리키고 있는데 이는 진리가 다른 세상에서 발견될 수 있음을 시사한다. 땅(갈색)과 물(청색)-아래로 내려가는 요소들-색을 입은 아리스토텔레스는 손바닥을 땅과 평행하도록 펴고 있는데 이는 진리가 이 경험 세계를 조사함으로써 발견될 수 있음을 의미한다. 불변하는 보편자(universals)를 발견하는 수학이 플라톤의 전형적 학과라 한다면, 아리스토텔레스의 전형적 학과는 보편적 형태를 이해하기 위해 반드시 관찰, 분석, 분류하는 작업을 해야 하는 생물학이라 할 수 있다.[11] 그러나 아리스토텔레스도 플라톤과 마찬가지로 목적과 의미에 관한 깊은 질문에 대해 지식이나 지혜를 얻고자 경험 세계를 넘거나 통과하기를 원했다. 아리스토텔레스의 작업에는 실재를 바라보는 다른 견해가 나타나 있지만, 그는 여전히 플라톤과 근

---

[11] Marjorie Grene, *A Portrait of Aristotle* (London: Faber and Faber, 1963)을 보라.

본적인 연속성을 가지고 있다.

아리스토텔레스는 무생물에서 식물로, 동물로, 인간으로 이동하는 계층적 존재론을 펼쳤다. 동물과 인간은 감각 지각을 통해 세상을 이해할 수 있다. 그러나 오직 인간만이 세상에 대해 이성적으로 생각할 수 있는 능력을 소유한다. 이는 인간을 세계의 다른 모든 것과 구별되게 하는 것이다.

이 기본 구조는 왜 아리스토텔레스에게 감각이 중요한지 보여 준다. 세상을 알고 이해하는 가장 기본적인 길은 감각을 통하는 것이다. 플라톤이 감각을 불신한 반면 아리스토텔레스는 참된 지식이 감각 지각과 더불어 시작된다고 믿었다. 하지만 지식은 단지 감각 경험을 통해서 오는 게 아니라 세상을 명료하게 만들고, 분류하고, 분석하고자 이성을 사용할 때 온다. 이처럼 아리스토텔레스에게 지식은 경험적 관찰과 논리적 분석을 필요로 한다.

아리스토텔레스는 이 분석 작업을 수행하기 위해 다수의 분석적이며 논리적인 도구를 개발했다. 그는 논리의, 또는 형식적으로 바른 추론의 과정을 분석한 최초의 인물이다.[12] 그는 구체적 관찰 모음에서 일반적 결론을 도출하는 **귀납적 논리**와 반박할 수 없는 논거로 결론을 입증하는 **연역적 논리**를 구분했다. 그는 두 종류의 추론 모두 세상을 이해하는 데 유용하다고 보았다. 하지만 그가 귀납적 논리를 받아들였다는 사실은 플라톤보다 감각과 가시적 세계에 훨씬 더 깊은 확신을 가지고 있었음을 보여 준다.

아리스토텔레스는 **본질적인 것**(essence)과 **우연적인 것**(accidents)을 구분

---

[12] Graham Priest, *Logic: A Very Short Introduction* (Oxford: Oxford University Press, 2000), pp. 102-104에서는 논리학의 발달을 위대한 세 단계로 구분한다. 첫째는 주전 400년에서 주전 200년까지 고대 그리스이며 이 시기를 지배하는 인물은 아리스토텔레스다. 둘째는 둔스 스코투스(Duns Scotus)와 오컴의 윌리엄(William of Ockham) 같은 출중한 인물이 활동했던 12-14세기 중세 대학이다. 셋째는 20세기에 고틀로프 프레게(Gottlob Frege)와 버트런드 러셀 같은 사상가와 더불어 일어났다.

했다. 본질적인 것은 무언가를 구별 짓고 그것으로 하여금 그것이 되게 하는 것이다. 우연적인 것은 특정 사물의 특성들로 본질적이지 않은 것이다. 예를 들어 인간의 본질은 한 사람의 인간 본성이나 인간됨을 말한다. 그러나 신장, 몸무게, 머리와 눈의 색 등 한 사람이 가지고 있다고 할 수 있는 여러 우연적인 것이 있다. 더 나아가 아리스토텔레스는 유(類, genus), 종(種, species), 개체(individual)를 구분했다. 예를 들어 그의 견해로는 동물의 범주는 개, 고양이, 쥐, 인간 같은 여러 종을 포함하는 유다. 김철수는 동물(유)이라는 보다 넓은 범주의 일부인 인간(종)이라는 개인인 셈이다. 아리스토텔레스는 더 나아가 세상의 사물들을 분석하고자 10개의 범주(category)를 분류했다. 실체(substance, 어떤 것의 참된 본질), 양(quantity, 얼마큼 또는 몇 개), 질(quality, 무슨 종류), 관계(relations, 어떤 것과의 관계), 장소(location, 어디에), 시간(time, 언제), 위치(position, 자세 또는 어떻게 놓여 있는가), 상태(state, 형편), 능동(action, 무엇을 만들거나 함), 수동(passivity, 무엇을 당함)이 그것이다. 이 모든 분석적 도구는 아리스토텔레스로 하여금 그가 관찰한 감각적 현상들을 이해하는 데 이성을 사용하도록 준비시켰다. 이 도구 중 여럿이 지금까지 과학자들의 도구함 속에 남아 있다.

아리스토텔레스는 매우 관찰력이 예민한 자연과학자였지만, 자연(physis)에 대한 연구를 넘어서 자연 이후 또는 자연을 넘어서는 것(metaphysis)으로 나아가기를 원했다. 단지 지식이 아니라 지혜를, 단지 세상이 무엇인지가 아니라 왜 그렇게 있는지를 알기 원했다. 그는 이를 형이상학, 제일철학, 심지어 신학이라고 불렀다. 그의 연구는 그를 깊은 질문으로 몰아갔다. 그의 철학은 근본적 성격의 질문에 답하려는 시도였다.

아리스토텔레스의 존재론과 인식론을 위한 출발점은 개별 **실체**(substance)다. 실제 세계는 개별 실체로, 즉 불변하는 본질과 독립적 존재를 가진 구체적 존재로 구성된다. 실체는 특정 종류의 사물로 존재하며 그것이 존재하기 위해 자신 외에 다른 무엇도 필요로 하지 않는다. 사람, 개, 탁자, 나무, 정의로운 행위 등이 존재한다. 우리는 철수나 바둑이나 이 특정 식탁을 바라볼 때 각기 개별 종류의 사물로 인식한다. 일정한 특성이 이 사물들 각각에 융합되어 그것─사람이든 개든 무엇이든─이 되게 만든다. 이것들 하나하나가 다른 것들과는 다른 본질적 성질을 가진다. 형이상학에서는 이 실체들의 본질적 성질을 파악하려 한다.

아리스토텔레스는 **실체**─존재의 근본 범주─의 의미를 두 가지로 사용한다. 근본 실체는 개별 사물─이 김철수라는 사람 또는 이 바둑이라는 개 또는 이 식탁─이다. 그러나 아리스토텔레스는 참된 지식이 단지 개별자(particulars)에 관한 것이 아니라 보편자(universals)에 관한 것일 수 있다고 한다는 데서 플라톤에 동의한다. 따라서 실체는 둘째 의미로도 이해된다. 즉 실체는 개별 사물(사람, 개, 탁자)이 바로 그렇게 존재하는 본질적 성질이나 존재의 종류를 가리키기도 한다.

아리스토텔레스는 보편적 본질 또는 어떤 것의 성질을 형상(form)이라고 부른다. '개됨'이나 '인간됨'이나 '탁자됨'의 보편적 본질은 개, 사람, 탁자의 형상이다. 아리스토텔레스는 참된 지식과 윤리적 기준을 위해서는 플라톤이 주장하는 불변하는 형상이나 보편적 본질이 있어야 함을 인정한다. 그러나 아리스토텔레스는 플라톤이 모든 것을 거꾸로 뒤집었다고 믿었다.

아리스토텔레스는 형상이나 이데아는 그 자체의 객관적 존재를 가지고 있지 않으며 개별 대상의 질료(matter)와 떨어져 있지 않다고 믿었다. 형상은 사물 자체 안에, 즉 관찰될 수 있는 질료 안에 있다. 따라서 이 보편적 본질은 여러 개별적 개나 사람이나 탁자나 정의로운 행위를 살펴봄으로써만 파악될 수 있다.

이는 여전히 변화의 문제를 남겨 놓는다. 이 형상들이 영원하다면 변화는 어떻게 가능한가? 아리스토텔레스는 가능태(potentiality)와 현실태(actuality)의 구분을 통해 변화를 설명한다. 태아는 성숙한 인간이 될 가능성을 가지고 있다. 도토리는 떡갈나무가 될 가능성을 가지고 있다. 가능성은 때로 밖으로부터 실현된다. 이를테면 사람이 나무를 잘라 탁자를 만드는 경우가 그렇다. 하지만 가능성은 어떤 것이 그 본성을 실현하여 그 자체의 본질을 성취함으로 본래 의도된 것이 될 때 현실화될 수도 있다. 아리스토텔레스는 형상이 개별 실체에 본질적 구조뿐 아니라 발달할 동력도 제공한다고 믿었다. 각각의 형상에는 실현을 향한 목적론적 노력이 들어 있다. 아리스토텔레스는 이렇게 가능태와 현실태의 구분을 가지고 세상의 변화를 설명했다.

그러나 더 깊이 들어가면 과연 무엇이 변화를 일으키느냐는 질문이 나온다. 아리스토텔레스는 원인(cause)을 네 종류로 나누었다. 첫째는 질료인(material cause)이다. 질료는 변화 가능성을 제공한다. 예를 들어 벽돌과 나무 없이는 집을 지을 수 없다. 둘째는 형상인(formal cause)이다. 건축을 통해 형상이 현실화될 때 집이 지어진다. 셋째는 작용인(efficient cause)이다. 누군가 집을 짓기 시작하여 건설을 초래해야 한다. 넷째 원인은 목적인(final cause)이다. 이는 개별 실재가 발전하여 도달할 목적이다. 집을 짓는 목적은 누군가가 거기 사는 것이다. 아리스토텔레스의 세계에는 목적론적 구조가 있다. 모든 것은 어떠한 목표, 어떠한 목적을 가지며 그 목적을 향해 나아간다.

아리스토텔레스는 탈레스부터 자신의 시대에 이르는 그리스 철학에 대한 간략한 스케치를 제공했다.[13] 아리스토텔레스는 자신 이전의 어느 누구도 불변성과 변화를 설명할 수 없었음을 보이려 했다. 그들이 이 네 가지 동인을

---

[13] 따라서 아리스토텔레스는 최초의 철학사가다.

활용하기를, 특히 목적인을 활용하기를 간과했기 때문이다. 이는 무엇이 세상 전체의 목적과 의도를 구성하느냐는 질문으로 귀결된다. 만물의 통합된 목적을 성취하는 목적인은 무엇인가? 변화와 발전의 최종 방향은 어디인가? 아리스토텔레스의 치밀한 논리는 그가 최상의 존재(Supreme Being)인 부동의 동자(Unmoved Mover)를 상정하도록 이끌었다.[14] 이 최상의 존재는 아브라함, 이삭, 야곱의 하나님과는 전혀 다르다. 그것은 세상을 이해하기 위해 만들어 낸 순수한 추상이다. 아리스토텔레스의 신은 순수한 이성(Reason)이며 다른 모든 사물과 달리 어떤 물질적 요소도 갖지 않는다. 플라톤처럼 아리스토텔레스도 결국 이성을 우상으로 만들어 낼 수밖에 없었다. 인류는 신적 이성에 참여한다. 플라톤과 다른 점이 있다면 아리스토텔레스는 세상의 목적론적 성격에 큰 관심을 기울였다는 것이다.

아리스토텔레스는 서구인들에게 귀한 유산을 남겼다. 세상에 대한 수많은 통찰과 관찰은 우리의 이해를 깊게 했다. 그의 위계적 존재론은 그에 앞선 철학자들의 환원주의(reductionism)를 극복할 수 있게 했다. 그가 만들어 낸 많은 범주적 구분과 논리학에 관한 그의 통찰은 하나님의 창조 세계를 분석하는 데 도움이 된다. 철학은 특화된 다양한 학문에 유용한 포괄적 체제와 기본 범주를 제공할 수 있으며, 아리스토텔레스의 철학이 뛰어난 예다.

그럼에도 아리스토텔레스는 결국 자신의 형이상학을 통해서 이룩하려던 일―왜(why)라는 질문에 대답함으로써 지혜를 얻는 일―을 성취할 수 없었다. 성경의 하나님께 의지하지 않고서 아리스토텔레스는 창조의 목적과 의미

---

[14] Peter A. Angeles, *Dictionary of Philosophy* (New York: Harper & Row, 1981), pp. 305-307 에서는 아리스토텔레스의 부동의 동자가 다음과 같은 특성을 가진다고 지적한다. 그것은 영원하고, 스스로 움직이며, 자충족적이고, 단일한, 실체다. 사실 부동의 동자는 다른 모든 것의 근원―완전히 현실화된, 비물질적인, 바뀌지 않는(unchanging), 불변하는(immutable), 신적인 사유나 정신―인 제일실체(Primacy Substance)다.

에 대한 질문에 대해 답할 수도, 질서와 불변성과 변화에 대해서도 충분히 설명할 수 없었을 것이다. 목적, 질서, 불변성, 변화를 설명하기 위한 형상 개념은 아리스토텔레스의 우상숭배적 상상력의 산물이었다.

필연에 관한 모든 철학은 분석 작업을 수행하기 위해 개념 체제를 개발한다. 물론 이는 철학을 어렵게 만든다. 여러 개념 체제와 체제에서 사용하는 전문 용어에 익숙해져야 하기 때문이다. 기억해야 할 중요한 사실은 개념 체제들이 중립적이지 않다는 것이다. 개념 체제는 철학자 개인의 세계관이라는 보따리-좋든 싫든-를 함께 짊어지고 다니는 일을 피할 수 없으며, 정밀 검사도 견뎌 낸다. 아리스토텔레스의 사상 중 엄청난 영향을 미쳐 온 핵심 개념은 실체에 관한 이론이다. 이미 살펴보았듯 아리스토텔레스에게서 이 이론은 충분히 복잡하지만, 문제를 단순화하기 위해 아리스토텔레스의 이론과 유사한 현대의 실체 정의를 살펴보자. E. J. 로우(Lowe)는 이렇게 지적한다. "대체로 개별 실체는 독립적으로 존재할 수 있는 개별 대상-또 다른 그러한 대상이 없더라도 존재할 수 있는 것-으로 간주된다."[15] 헤르만 도이어베르트는 바로 이 **독립적** 존재에 대한 강조를 날카롭게 비판한다.[16] 피조물 가운데 실체-**독립적**으로 존재하는 것-는 하나도 없다. 세계는 창조하시고 유지하시는 하나님의 말씀에 의존한다. 그래서 도이어베르트는 다소 모호하긴 하지만 실체라는 말을 피하고 그 대신 **창조를 의미로** 생각하기를 제안했다. 이는 만물이 자기 존재를 하나님의 붙드시는 창조적 능력에 의존하고 있으며 창조의 다른 부분과 상호 의존적임을 강조하는 방식이다. 여러 기독교 철학자가 계속 애써 온 것처럼 강력히 독립성을 강조하지 **않고도** 실체에 관한 이론을

---

[15] E. J. Lowe, "Individuation", in *The Oxford Handbook of Metaphysics*, ed. Michael J. Loux and Dean W. Zimmerman (Oxford: Oxford University Press, 2003), p. 79.
[16] Dooyeweerd, *Roots of Western Culture*, pp. 30-31.

개발할 방안은 분명히 존재하긴 하지만, 그것은 철학을 하기 위해 채용한 개념들에 어떤 위험이 담겨 있는지를 상기시키는 일을 한다.

플라톤은 그의 이데아 이론을 가지고 하나님의 세계에 있는 수많은 피조물을 지배하는 영속적 질서 또는 법을 설명하려고 했다. 하지만 이데아는 창조의 다양한 존재와 동떨어져 있었으며, 아리스토텔레스는 이 점을 가차 없이 비판하며 폭로했다. 아리스토텔레스는 그가 관찰한 피조물들의 질서 정연함 또는 법칙성을 설명하려 했다. 하지만 그는 이 질서의 초월성을 설명할 수 없었다.

헬레니즘 시대와 로마 제국의 그리스 이교 철학 유산

전통적으로 고대 그리스 문명은 세 시대로 나누어진다. 헬라 시대(Hellenic age, 약 주전 800-323), 헬레니즘 시대(Hellenistic age, 주전 323-31), 그리스로마 시대(Greco-Roman age, 주전 31-주후 476). 헬레니즘 시대는 알렉산드로스 대제의 죽음과 더불어 시작되었다. 그의 제국은 장군들에 의해 작은 왕국들로 나누어졌다가 결국 모두 주전 31년에 로마의 지배 아래 들어갔다. 이 마지막 부분에서는 헬레니즘 시대에 뿌리를 박고 로마 제국에서 계속해서 꽃을 피운 철학에 대해 알아보고자 한다.

소크라테스 이전 철학자들, 소크라테스, 플라톤, 아리스토텔레스가 살았던 헬라 시대에는 폴리스(*polis*), 즉 도시 국가가 사회와 정치의 기본 단위였다. 그러나 세계 제국이 도시 국가를 쇠퇴시켰다. 폴리스는 코스모폴리스(*cosmopolis*)―세계 문명―가 되었다. 그리스인들은 훨씬 더 크고 복잡하며 혼란스러운, 그들의 안정과 삶의 방식에 더욱 위협적인 세계에서 길을 찾아야 했다.

이런 상황에서 좋은 삶에 대한 철학적 성찰은 이 시대의 특징인 혼란, 불안, 방향 상실을 감안해야 했다. 더 이상 자율적 개인이 자신의 운명을 통제하는 것으로 보이지 않았다. 오히려 그들은 훨씬 더 거대한 힘들의 지배하에 있었다. 철학은 불확실성과 삶의 방향 상실에 대처하기 위한 실제적이고 윤리적인 통찰에 집중했다. 여기서 우리는 스토아주의, 에피쿠로스주의, 회의주의가 이 도전에 어떻게 응전했는지 다룰 것이다. 이 셋 모두 헬레니즘 시대에 일어났다.

스토아주의

세 철학 학파 중 가장 중요한 것은 스토아주의다. 설립자는 아테네에 자신의 학교를 세운 시티움의 제논(Zeno of Citium, 주전 335-263)이었다. 스토아주의는 향후 5세기간 영향력을 가진 체제로 존속했고, 키케로(주전 106-43), 세네카(Seneca, 주전 4-주후 65), 에픽테토스(Epictetus, 주후 60-117), 마르쿠스 아우렐리우스(Marcus Aurelius, 주후 121-180) 같은 대표 인물을 포함하고 있다. 스토아주의는 윤리와 섭리에 관한 견해를 위시해 기독교의 발전에도 중요한 영향을 미쳤으며, 자연법에 관한 서구적 견해가 그 위에 건설되는 기초이기도 했다.

스토아 철학의 목적은 지혜라는 의미로 정의된 인간 행복이었다. 지혜는 우주에서 발견되는 섭리와 이성적 질서에 자신을 순응시키는 것이다. 이는 역경을 만났을 때 품위 있게 감수하기를, 심지어 죽음도 평온하게 마주하기를 요구한다. 여기서 재난을 당했을 때의 '의연'(stoic)함이란 개념이 생겨났다. 이런 종류의 철학이 소란스런 세상에서 어떤 유익이 있을지 이해할 수 있다.

스토아 철학자들은 세계가 이성적으로 질서 잡혀 있다고 이해했다. 질서 잡힌 세상의 기초는 헤라클레이토스가 생각했던, 세상에 편만한 빛나는 이성적 실체인 로고스로 돌아감으로써 발견된다. 스토아 철학은 결정론적(deterministic)이다. 모든 일은 인과적으로 모두가 그에 복종해야 하는 깨뜨릴 수 없는 불가피성에 의해 결정되어 있다. 일어날 일은 반드시 일어날 것이다. 있을 것은 꼭 있을 것이다. 하지만 그 과정은 아무렇게나 이루어지지 않고 섭리에 따라 일어난다. 만유에 퍼져 있으면서 그것을 다스리는 신적이고 이성적인 실체가 그 과정을 인도하기 때문이다. 스토아 철학자들은 또한 범신론적(pantheistic)이었다. 우주에 편만하며 질서를 부여하는 로고스는 신-인격적 신은 아닌 비인격적 실체-과 동등하다고 여겨진다.

인간은 이 거대한 드라마에 등장하는 배우다. 이는 섭리가 지정한 역할을 평온한 마음으로 받아들이는 것을 의미한다. 따라서 지혜로운 사람은 자연을 좇아 살 것이다. 사실 선택의 여지는 없는데, 피할 수 없이 확실한 냉정한 운명만이 있기 때문이다. 하지만 행복과 지혜는 자신을 기꺼이 우주의 자연 질서에, 움직일 수 없는 운명에, 신의 섭리적 뜻에 맞출 때 찾아온다. 에픽테토스는 이렇게 말한다. "일이 네가 원하는 대로 일어나기를 바라지 마라. 오히려 벌어지는 대로 일어나기를 바라라. 그러면 평온한 삶의 흐름을 누릴 것이다."[17] 따라서 지혜로운 사람은 냉정하다. 슬픔이나 공포, 욕망, 기쁨에서 자유롭다.

모든 사람은 세상에 질서를 부여하는 이성적 로고스를 분유(share)하고 있으며 세상을 지배하는 정의의 법을 분별할 수 있다. 개별 공동체를 초월하는

---

[17] Epictetus, *Enchiridion and Selections from the Discourses of Epictetus*, trans. George Long (Stilwell, KS: Digireads.com, 2005), p. viii.

정의의 보편적 자연법이 존재한다. 모든 인간이 이성을 분유하고 있으므로 만인이 공동적 인류의 일원이자 자연적 정의에 기초한 범세계적 코먼웰스(commonwealth)의 일부로 여겨져야 한다. 이는 사람들에게 세계 제국의 드라마 속에서 세계 시민으로서 자신들의 역할을 발견하기 위해 씨름할 기초를 제공한다.

스토아학파의 가장 중요한 통찰은 창조의 우주적 질서를 인식했다는 것이다. 안타깝게도 범신론, 이성주의, 운명론적 거미줄에 걸린 탓에 인간의 자유는 위험에 처했고 규범성(normativity)이라는 개념은 지적인 것으로 치부되었다.

에피쿠로스주의와 회의주의

에피쿠로스(Epicurus, 주전 341-270)도 제논이 스토아주의를 위한 기초를 놓고 있던 때와 같은 시기에 아테네에 자신의 학교를 세웠다. 에피쿠로스에 따르면 인생의 목적은 쾌락(pleasure)이다. 그의 설명에 의하면 쾌락은 향락적 삶(hedonism)과는 다르다. 인간이 직면하는 원초적 문제는 신에 대한 두려움과 죽음 이후에 올 응보에 대한 불안이다. 이 두려움과 불안에서 벗어나는 것이 목적이다. 쾌락은 자연적이고 필수적인 욕구를 만족시키되 단순한 쾌락에 만족하는 것이며 지적 자극을 불러일으키는 친구들과의 모임을 즐기는 것이다.

에피쿠로스는 스토아 철학과 마찬가지로, 이 목적을 지지하기 위해 세상과 인류에 대한 소크라테스 이전 철학자들의 이해를 부활시켰다. 그는 모든 존재하는 것은 비인격적인 힘에 의해 무작위로 움직이는 원자라고 믿은 유물론자 데모크리토스의 사상을 재활용했다. 신들은 인간사에 아무런 통제력을 행사하지 못하며 이 세상을 상관하지 않는다. 더욱이 죽음은 단지 영혼의 원자가 해체되는 것일 뿐이다. 죽음 이후의 삶은 없고 응보도 없다. 존재는 죽을 때 끝난다. 세계와 인생에 대한 이런 견해는 인간을 신과 죽음의 공포에서 해방시킨다.

회의주의도 스토아주의나 에피쿠로스주의처럼 변화하는 무질서한 세계 한가운데서 평화와 평온을 추구했다. 회의주의자들을 괴롭힌 문제는 무오한 진리를 찾고자 할 때 늘 끼어드는 불확실성에서 비롯되는 계속되는 좌절과 실망이었다. 행복은 탐구자처럼 판단을 중지하고 열린 마음으로 삶을 접할 때 온다. 이렇듯 회의주의는 모든 독단적 진리 주장을 반박하기 위한 강력한 논증으로 무장하는 전략을 개발했다.

퓌론(Pyrrho, 주전 371-270)은 회의주의의 창시자로 여겨진다. 아테네의 초기 회의주의자들과 다음 몇 세기 동안의 회의주의는 감각이 과학적 지식의 확실한 기초를 제공한다고 믿는 스토아 철학자들을 주요 표적으로 삼았다. 감각은 우리를 기만할 수 있으며 오로지 사물의 외양만을 알려 줄 수 있기 때문에 독단론으로 떨어지게 만들고 만다는 것이다. 마찬가지로 보편적 일치가 없다는 점과 당황스러울 정도로 많은 도덕 이론은 인식론적 겸손으로 이끌어야 한다. 확실성을 찾으려면 진리를 위한 기준을 제공할 필요가 있다. 그러나 그런 기준을 세우기 위해서는 또 다른 기준, 그리고 이를 위한 또 다른 기준이 필요하며, 이는 끝없이 회귀하며 반복된다.

회의주의는 철학 체계가 아니라 추론 절차나 방법이었고, 그 목적은 독단론의 김을 빼려는 것, 또한 사람들로 하여금 일반화된 사회적 관습과 본능적 감정을 따라 보다 평온한 삶을 살게 하려는 것이었다. 회의주의자들은 진리를 손에 넣을 수 없다고 독단적으로 주장하지 않는다. 도덕적 삶을 배격하지도 않는다. 그들은 확실한 진리를 아는 척하는 모든 사람의 자신감에 구멍을 내기 위해 자신들이 개발한 날카로운 논증을 사용하는 탐구자로 남아 있었다.

플로티노스와 신플라톤주의

이 철학 학파들이 가진 모든 통찰은 이 시대를 살아가던 이들의 가장 깊은 갈망을 결코 진정으로 만족시키지 못했다. 오히려 이는 신비 종교의 종교적 자극과 그리스의 이성적 철학을 결합시킨 새로운 형태의 철학의 태동을 불러왔다. 이 새로운 학파는 신플라톤주의로 알려졌는데, 플라톤의 유산을 새 시대에 부활시켰고 그리스 사상의 주요 학파를 종합하기를 추구했기 때문이다. 플라톤을 따르는 철학자들은 플라톤의 철학에서 몇 가지 주제를 발전시켰고, 신플라톤주의에서 이를 찾아볼 수 있다. 신플라톤주의는 후기 로마 제국의 지배적인 철학 사조가 되었지만 그 중요성은 2-3세기의 영향력 너머에 이른다. 위대한 라틴 교부 아우구스티누스는 복음에 신플라톤주의를 결합시켰는데 그 영향력은 중세 시대를 거쳐 사실상 현재까지 미치고 있다.

신플라톤주의의 창시자이자 가장 대표적인 인물은 플로티노스(주후 205-270)였다. 그는 로마에 학교를 세웠는데 가장 뛰어난 학생은 플로티노스의 전기를 쓰고 작품들을 편집한 명사 포르피리오스(Porphyry, 234-305)다. 포르피리오스는 『기독교를 반대하며』(Against Christianity)라는 기독교 논박으로도 알려져 있다. 의사인 에우스토시오스(Eustochius)에게 한 플로티노스의 마지막 말은 그의 철학의 목표를 요약하기에 의미심장하다. "당신을 기다리고 있었소. 내 속에 있는 신이 우주에 있는 신에 연합하러 떠나기 전에 말이오."[18]

플로티노스의 철학에 따르면 우주는 일자(the One)와 선(the Good)으로 다양하게 불리는 신으로부터 흘러나왔다. 이 신은 성경의 하나님이 아니라 무한하고 모든 단정적 묘사를 넘어서는 비인격적인 초월적 실재다. 우주의 생

---

[18] Copleston, *History of Philosophy*, I: p. 464.

성은 성경에서 말하는 것 같은 인격적 하나님의 자유롭고 창조적인 행위가 아니라 무한자(the infinite)에게서 필연적으로 흘러넘치는 것으로 조명이 빛에서 필연적으로 뿜어져 나오는 것과 흡사하다. 연쇄적인 유출(emanation)의 첫째 파생물은 우주에 널리 퍼져 그것을 조직하는 이성적 질서를 제공하는 신적 지성(Divine Intellect, Nous)이다. 신적 지성은 세상에 지성적 질서를 부여하는 플라톤의 이데아 또는 형상의 전체 대열을 갖추고 있다. 신적 지성으로부터 세상에 생기를 불어넣고 생명을 주는 세계영혼(World Soul)이 나온다. 세계영혼은 인간을 포함한 모든 생명체의 개별적 영혼의 근원이며, 따라서 영적인 것(이성적인 것)을 물질적인 것(질료)에 연결시킨다. 가장 낮은 차원의 존재인 물질은 일자로부터 가장 멀리 떨어진 흑암의 영역이다. 물질세계는 신적 지성과 세계영혼의 질서로 인해 아름다움을 드러내지만 물질 자체는 이성적 구조를 결여한 악과 동일시된다. "하지만", 빌헬름 빈델반트(Wilhelm Windelband)가 바르게 지적한 대로 플로티노스의 "자연에 대한 종합적 관점은 이 둘로 쪼개진 전제 아래 있다."[19]

인간은 본질상 영혼으로, 영혼은 이 세상에서 임시로 체현되어 존재하기 위해 몸을 이용한다. 사실 인생은 이 물질적 존재로부터 해방되어 영혼과 지성의 차원으로 올라가기 위해 사는 것이다. 인류는 이를 통해 영적인 것으로 되돌아 올라가며 마지막 순간에는 일자와 다시 연합한다.

물질세계의 열등함과 악 및 영적 세계의 우월함과 선이라는 플라톤의 충동(impulse)이 플로티노스에게서도 나타나는 것을 본다. 영적 영혼은 인간을 구성하는 몸에 갇혀 있다. 인생의 목적은 물질적 존재의 속박을 벗어버리고

---

[19] Wilhelm Windelband, *History of Ancient Philosophy*, 3rd ed. (New York: Charles Scribner's Sons, 1910), p. 373.

영적 삶의 고지에 도달하는 것이다. 영적 실재는 이성적이기 때문에, 바로 철학을 통해서 그러한 영적 고지를 획득할 수 있다.

신플라톤주의는 고대 이교 철학의 최종 표현으로 가장 강력해졌다. 그리하여 플라톤은 주로 이 형태를 통해 초기 중세 시대에 계속 살아남았다.

보낸사람: percy@secular.edu
받는사람: abby@longobedience.edu
제목: 플라토닉하지 **않은** 내 친구에게

안녕, 애비.
우리는 이제야 논리학을 벗어나 초기 거물 철학자들에 대해 공부하기 시작했어. 너처럼—내 생각엔—우리도 플라톤과 아리스토텔레스의 몇몇 작품을 다뤘어. 우리 교수님이 이들에게서 이끌어 낸 것으로 보이는 핵심은 철학이 전적으로 자율적 이성에 기초하고 있다는 거야. 내가 스스로에게 묻는 건 이거야. 우리에게 성경과 복음이 있는데 왜 이 모든 이교 사상에 신경을 써야 하지? 알아보니 심지어 거물들—플라톤과 아리스토텔레스—도 세계에 대한 아주 다른 견해를 갖고 있는데 말이야.

혼란과 낙심에 빠진 너의 퍼시

보낸사람: abby@longobedience.edu
받는사람: percy@secular.edu
제목: RE: 플라토닉하지 **않은** 내 친구에게

퍼시, 안녕.

그래. 나도 네가 플라토닉한 친구 이상이라 정말 좋아!

좌절하는 거 이해해. 내 친구 몇 명도 비슷한 생각을 보이곤 했거든. 사실 네 생각은 아주 오래된 족보를 가지고 있어. 우리 교수님은 이 문제에 대한 토론의 일환으로 우리에게 초기 교부 테르툴리아누스가 쓴 『이단에 대한 처방』(*Prescription against Heretics*) 7장을 읽도록 했어. 너도 꼭 읽어 봐야 해! 그는 철학에 대해 호통을 치고, 그리스도인은 철학과 상관하지 않아야 한다고 생각해. 철학은 단지 이단을 낳을 뿐이니까! 하지만 교수님이 지적했듯, 테르툴리아누스처럼 철학을 배격했던 그리스도인도 비록 무의식적이긴 했지만 결국 철학에 영향을 받았어. 우리 교수님은 또한 수업 때 우리들이 얼마나 그리스인들의 기여를 당연하게 여기는지 의식하게 했지. 말하자면 처음으로 논리, 정의, 정치철학 – 플라톤의 『국가』와 아리스토텔레스의 『정치학』(*Politics*, 길)을 생각해 봐 – 생물학, 언어철학, 미학 등의 주제를 탁자에 펼쳐 놓고 체계적으로 제시한 것은 그리스도인들이 **아니라** 그들이었거든! 서구 세계는 그들이 차려 놓은 탁자 없이는 상상할 수 없어!

보낸사람: percy@secular.edu

받는사람: abby@longobedience.edu

제목: RE: RE: 플라토닉하지 **않은** 내 친구에게

맞아. 근데 그럼 그걸 곧이곧대로 그냥 받아들이라는 거야?
여전히 좌절함.

퍼시

보낸사람: abby@longobedience.edu

받는사람: percy@secular.edu

제목: 아냐, 아냐, 아냐

할 얘기가 더 있어. 그런데 숙제를 해야 하거든. 가능한 한 빨리 답장할게. 하지만 아냐. 우리는 그리스 철학을 그냥 받아들이지는 않아.

서둘러…그리고 사랑을 담아,

애비

5장 중세의 종합 철학

아우구스티누스에서 아벨라르두스까지

보낸사람: abby@longobedience.edu

받는사람: percy@secular.edu

제목: 곧이곧대로!

안녕 퍼시,

마침내 전에 했던 논의를 계속할 시간이 되었어. 좌절한 거 이해해. 거기엔 단 두 가지 선택만 있는 것처럼 느껴지더라고. 철학을 이교적인 것인 양 배격하던지 아니면 그걸 곧이곧대로 껴안든지 말이야.

우리 교수님은 최근 수업에서 『창조 타락 구속』(*Creation Regained*)의 저자 월터스 교수가 이교 철학에 어떻게 접근할지에 대해 쓴 논문을 소개해 주셨어.[1] 월터스의 조언은 진짜 큰 도움이 되었지! 처음에는 틀림없이 우상숭배를 탐지하겠지만, 그다음에는—내게는 이게 핵심 통찰이었는데!—항상 우상숭배 지점 **가까이**에 있는 진정한 통찰을 본다는 거야. 그러니 기독교 학문의 고된 작업은 바로 우상숭배 보따리는 버리고 그 통찰을 취하려는 데서 비롯되는 거지. 이 철학자들이 하나님의 세계에 대해

---

[1] Albert M. Wolters, "Facing the Perplexing History of Philosophy", *Tydskrif vir Christelike Wetenskap* 17 (1981): pp. 1-17.

제대로 본 것을 주시하면서도 어떻게 그들의 **종교적 지향**이 그들의 시야를 왜곡하는지에도 주의를 기울여야 해.

서론

'중세' 정의하기

고대 이교 철학과 중세의 종합 철학 사이에는 엄청나게 중요한 사건이 있었다. 바로 예수 그리스도의 성육신, 죽음, 부활이다. 이 사건 이후에 사는 기독교 신학자와 기독교 철학자들은 당연히 그리스도 사건 속에서 일어난 일이 자신들의 사고 전반에서 결정적이라는 것을 그들의 출발점으로 여긴다. 그들은 우리가 예수 안에서 가장 온전한 하나님의 계시와 온 세상을 위한 그분의 목적을 가진다고 믿는다.

복음은 세상에 대한 포괄적인 견해를 제시하기 때문에, 복음과 마찬가지로 대등하게 포괄적인 시야를 제시하는 그리스 철학이 기독교 신앙과 마주치는 것은 피할 수 없는 일이었다. 따라서 중세 시대는 철학자들이 그리스 철학 전통을 기독교 신앙의 빛 속에서 정리하기 시작한 시기였다.

중세(medieval 또는 Middle Ages) 또는 **암흑시대**(Dark Ages)라는 말을 쓸 때 이 명칭에 내포된 경멸적 성격에 주의해야 한다. '중세'란 더 중요한 두 시대―이 경우에는 고전과 근대―사이의 시대 또는 시기다. 중세 철학에 대한 이 조소의 특징은 이성주의자인 옥타브 아믈랭(Octave Hamelin)이 던진 말에서 잘 드러난다. "데카르트는 고대인을 계승했다. 거의…그 둘 사이에 아무것도 없었던 것처럼 말이다."[2]

우리는 때때로 **이교**(pagan)라는 말을 소위 고전 시대를 지칭하기 위해 채용하고 '중세' 시대를 가리키기 위해서는 **종합**(synthesis)이라는 말을 사용할 것이다. 이렇게 하는 것은 자율적 이성 대신에 복음을 '이야기의 주인공'으로 삼으려 하기 때문이다. 중세 시대는 종합의 시대다. 복음과 그리스 인본주의가 하나의 복합물로 합쳐졌기 때문이다.

아우구스티누스(354-430)에 의해 개시된 초기 종합 시대에 철학은 특히 플라톤 철학과 신플라톤 철학의 융합이었다. 후기 종합 시대에는 아리스토텔레스 철학이 전면에 나서면서 기독교-플라톤 철학 종합에 연결되었다. 이 종합의 절정은 토마스 아퀴나스였다.

중세 시대와 복음과 그리스 철학의 관계

중세 시대가 복음과 그리스 철학의 혼합이라는 점은 의심의 여지가 없다. 그러나 이 종합을 어떻게 해석하고 평가할 것인가에 대해서는 논란이 많다. 아돌프 폰 하르낙(Adolf von Harnack)은 이 종합을 기독교 신앙의 타락으로 보았다. 이에 비해 에티엔 질송(Étienne Gilson)은 비록 그리스 철학이 기독교 신앙을 해석하고 변호하기 위해 채용되었을지라도 중세 사상은 예수의 진정한 가르침에 신실했다고 믿는다. 여기서 우리가 내리는 선택은 중요하다. 우리가 복음을, 또한 복음이 심긴 그리스 철학 및 헬레니즘 세계관과 복음이 맺는 관계를 어떻게 이해할 것인지가 이 시대의 중세 철학을 이해하는 방식을 결정할 것이다.

기독교 신앙과 그리스 철학이 진리를 이해하는 방식에는 근본적인 차이가 있다. 그리스도인에게 궁극적 진리는 하나님이 역사 속에서 행하신 일들에

---

2 Octave Hamelin, *Le Système de Descartes* (Paris: Felix Alcan, 1921), p. 15.

대한 이야기, 예수 그리스도에 중심을 두고 있는 이야기 속에 위치한다. 그리스인에게 믿을 수 있는 진리란 역사를 초월해 존재하는 무시간적 이데아 속에서 발견되며 자율적 이성을 통해 접근할 수 있다.[3] 복음의 진리는 보편사(universal history)에 의미를 부여하는 인격적 존재(Person)이자 사건(event)이기 때문에, 복음은 실재에 관한 다른 시야를 전적으로 배제할 필요가 없다. 사실 복음은 모든 문화의 상황 속으로 번역될 수 있다. 반드시 그래야 한다! 복음은 세계와 인간 삶 전반에 관한 관점이며 다른 모든 전망과 충돌할 것이기에 이는 하나의 근본적인 만남(radical encounter)이 될 것이다. 그러나 만남이 근본적이더라도 복음이 삶의 다른 관점을 완전히 밀어내고 대신 들어앉지는 않는다. 오히려 복음은 모든 문화 전통의 선한 것과 통찰을 포용하여 세상의 다양한 정황의 색조를 띨 것이다.

이는 우리가 번역을 본래 메시지에 대한 반역으로 보는 하르낙에게 동의할 수 없음을 뜻한다. 그럼에도 이교의 범주를 사용하는 일은 위험하다. 우리는 초기 교부들이 그리스 철학의 용어를 사용하여 복음을 표현하고 명료하게 진술하기 시작하면서 그리스 문화의 이교 사상이 상당 부분 수용되었다고 생각한다. 그러므로 질송에게도 완전히 동의할 수 없다.

따라서 우리는 이 시대를 이해할 때 복음을 그리스의 범주로 번역하는 일이 정당함을 인정하는 데서 출발하겠지만, 그와 동시에 신실하게 거두어들인 통찰과 그 와중에 흡수된 우상숭배 모두를 통해서 기독교 신앙이 상황화되어 나타난 것도 바르게 평가하고자 한다.

---

3 Lesslie Newbigin, *Proper Confidence: Faith, Doubt, and Certainty in Christian Discipleship* (Grand Rapids: Eerdmans, 1995), pp. 4-5. 『타당한 확신』(SFC출판부).

중세 철학의 뿌리: 이교 로마 시대의 기독교 철학

교부 시대

그리스도인들은 신약성경 속에서부터 그리스 철학과 씨름하기 시작했다. 그 이후 3세기 동안(2세기에서 5세기까지) 교회가 그리스 철학과 씨름하게 한 자극이 적어도 두 가지가 있었다. 첫째는 변증이었다. 그리스 철학의 범주가 이교 사상가의 공격으로부터 기독교 신앙을 방어하기 위해 채용되었다. 둘째는 신학이었다. 그리스 철학은 그리스도인들에게 고전 이교 문화의 상황에 맞게 복음을 명료하게 진술하고 해석할 수 있는 용어와 통찰을 제공했다. 이 기간에는 기독교 철학을 향한 체계적 접근을 찾아볼 수 없고 그 대신 철학이 신학과 변증학의 시녀로 채용되었음을 볼 수 있다. 따라서 우리는 철학적 통찰 ― 인간론, 존재론, 인식론 ― 을 신학과 구별하며 접근할 것이다.

기독교 사상의 최초 몇 세기 동안에는 플라톤주의가 지배했다. "그러므로, 초기 기독교 작가들의 철학 사상을 아주 대략적으로 일반화해 보면 그 성격이 (스토아 철학이 섞인 것과 더불어) 플라톤적이거나 신플라톤주의적이며 철학적 관점에서 볼 때 플라톤 전통은 기독교 사상을 꽤 오래 계속해서 지배했다고 할 수 있다."[4] 질송은 초기 중세 시대에 대해 이렇게 말했다. "플라톤 자신은 전혀 보이지 않았지만 플라톤주의는 어디에나 있었다."[5]

그리스 철학 수용에 대해서는 현저하게 달리 접근했다. 테르툴리아누스 (155-220)에게 그리스 철학은 사도 바울의 말처럼 세상의 어리석은 것이었다.

---

[4] Frederick Copleston, *Medieval Philosophy*, vol. 2 of *A History of Philosophy* (New York: Image Books, 1950, 1985), p. 14. 『중세철학사』(서광사).

[5] Étienne Gilson, *History of Christian Philosophy in the Middle Ages* (New York: Random House, 1955), p. 144. 『중세철학사』(현대지성사).

그는 이렇게 물었다. "예루살렘이 아테네와 무슨 상관이 있는가?" 이 수사적 질문에는 분명 "아무 상관도 없다"라는 답이 들어 있다. 반면에 알렉산드리아의 클레멘스(Clement of Alexandria, 150-215)에게 그리스 철학은 신학과 복음 전도의 목적을 위한 하나님의 선물이었다. 테르툴리아누스가 그리스 철학의 우상숭배를 우려했던 반면 클레멘스는 같은 철학적 성찰에 담긴 통찰을 인식했다. 이처럼 교회는 우상숭배를 배격하는 한편 통찰은 수용하려 했다. 틀림없이 어떤 이는 다른 이보다 낫긴 했지만, 일반적으로 모두가 성경 저자들보다는 덜 비판적으로 플라톤주의를 수용했다.

그리스 철학과 씨름한 초기 기독교 사상가들은 이교도의 다양한 비난에 맞서 기독교 신앙을 옹호했던 변증가였다. 헬라어로 저술했던 최초의 변증가 중 가장 중요한 사람은 순교자 유스티노스(Justin Martyr, 103-165)다. 순교자 유스티노스가 복음과 플라톤 철학을 종합한 방식은 아주 폭넓은 영향을 미쳤다. 그리스 철학의 목적은 신을 찾아 아는 것이었으며, 유스티노스도 이 추구를 만족시키기 위해 여러 철학자를 하나씩 찾아보았다. 그는 스토아 철학, 피타고라스 철학, 마침내는 주요 플라톤주의자에게 접근했다. 그의 목적을 성취할 수 있게 해 준 것은 플라톤 철학자였다. 플라톤 철학이 영적 실재에 대한 감각으로 인도하고 궁극적 목적-신을 바라보는 것-으로 이끌어 주었기 때문이다. 그러나 훗날 유스티노스는 플라톤 사상의 불충분성을 인식할 수밖에 없도록 압박한 한 노인을 만나게 된다. 유스티노스가 말하기를, 그 노인은 성경에서 보다 적절한 대안을 제시했고 자신의 영혼에서는 성경을 향한 불길이 일어났다고 한다. 계시가 철학 추구에 답을 주었으며, 따라서 유스티노스는 "나는 철학자다"라고 말했다. 그는 기독교가 참된 철학임을 상징하는 의미에서 계속해서 철학자의 망토를 걸치고 다녔다.

순교자 유스티노스의 여정에서 볼 수 있는 것처럼 철학은 그리스도에게로 오는 준비로 여겨졌다. 그리스도는 철학이 동경하는 바를 성취하신다. 철학은 바른 질문을 던지지만 계시는 대답을 준다. 기독교는 참된 철학을 제공한다. 하지만 어떻게 복음이 이교 철학의 질문에 답할 수 있는가? 유스티노스는 그것이 로고스 – 말씀, 곧 예수(요 1:14) – 가 세상에 오셔서 모든 사람에게 빛을 비추신 사실의 결과라고 믿었다. 이 견해는 오늘날에도 여전히 널리 받아들여진다. 예를 들어 추기경 안토니오 카니자레스(Antonio Cañizares)는 토머스 우즈(Thomas Woods)의 『가톨릭교회는 어떻게 서양문명을 세웠나』(How the Catholic Church Built Western Civilization) 서문에서 이렇게 주장했다.

성 요한의 복음서 첫머리에서는 이성(로고스)이 본질적으로 신의 성품의 일부라고 확언한다. 더 나아가, 로고스라는 단어의 사용 자체가 그리스 철학 사상과 계시의 합병이 그저 우연이 아님을 입증한다. 오히려 아브라함, 이삭, 야곱의 살아 계신 하나님과 초기 그리스 사상가들의 진리 추구 사이에 본래적 유사성이 있다. 우리는 이 연관성을 참 하나님이요 참 인간이신 예수 그리스도의 부활에서 결정적 방식으로 발견한다. 우리의 목적을 위해서, 부활하신 주님은 또한 참 헬라인이시다.[6]

유스티노스의 경우가 나타내는 걸 보았을 때, 우리는 사태가 더 복잡하다고 생각한다. 유스티노스는 요한의 로고스 개념을 그리스 철학의 이교적 이해 속에 함몰시켰다. 유스티노스에게 모든 사람을 비추는 그 말씀(the Word)은 세상에 편만한 신적 이성의 불꽃이다. 로고스는 모든 사람 속에 거하는 자

---

6 Cardinal Antonio Cañizares, foreword to *How the Catholic Church Built Western Civilization*, by Thomas E. Woods (Washington, DC: Regnery, 2012), p. xiv. 『가톨릭교회는 어떻게 서양문명을 세웠나』(우물이있는집).

연적 이성의 빛이다. 이성을 따르는 철학자는 이미 성육신하신 로고스가 계시하는 진리에 참여하기 시작했다. 참된 말씀이신 예수는 철학자들이 구원과 하나님 보기를 추구하는 데 대한 대답이다. 예수 그리스도는 영혼이 영적 실재로 올라가도록 중보하신다.

유스티노스의 기독교 신앙 이해는 용어뿐만 아니라 내용에서도 상당 부분 플라톤주의의 신세를 지고 있다. 이 점은 그의 이원론적 존재론(정신과 물질 영역), (인간을 몸속에 있는 영혼으로 보는) 이원론적 인간론(인간은 몸속에 담긴 영혼), 정신적 영역으로의 도피라는 구원관, 더욱 성경적인 이해와 대조되는 이성주의적 로고스 이해에서 잘 드러난다.

이레나이우스(Irenaeus, 125-202)는 이교 철학의 위험성에 대해 유스티노스보다 잘 인식하고 있었다. 그의 사상은 기독교 신앙의 역사적이고 우주적인 성격에 대한 강력한 이해를 보여 준다. 이것은 부분적으로 그가 하나님과 물질의 이원론을 상정하는 영지주의와 싸웠기 때문이다. 이레나이우스는 무에서 창조하는 자유롭고 선한 창조자의 사역에 의한 선한 창조, 예수를 믿음을 통한 구원, 자유의지의 결과로 인한 악, 유일하고 참된 '지식'(gnosis)인 사도들이 전한 복음, 성경에 나오는 구속사의 통일성에 대한 강조, 첫째 아담이 행한 일을 원래대로 돌리신 둘째 아담인 예수의 역사적 사역을 힘주어 말했다.

오리게네스(Origen, 185-254)는 초기 기독교 사상가 중에서 플라톤 철학에 가장 덜 비판적이었다. 여기서 플라톤 철학과의 종합은 복음을 상당히 절충시켰다. 하나님은 그분의 선하심이 갖는 필연성에 의해 영원 속에서 세상을 창조하셨다. 하나님이 로고스를 창조를 위한 원형으로 사용하시기에, 말씀으로 만물이 창조되었다고 말할 수 있다. 인간은 하나님의 신적 생명에 온전히 참여하는 운명을 가진 영으로 창조되었다. 그러나 죄에 빠진 결과로 이제 우리는 몸을 입었다. 언젠가는 모든 영혼이 하나님과 영적 연합에 이를 것이다.

이렇게 간략하게 그려 봄으로써 기독교 신앙과 플라톤 철학 사이의 최초의 종합에 대해 몇 가지 알 수 있다. 첫째, 우리는 초기 기독교 사상가들에게서 어떤 철학 체계도 발견할 수 없다. 둘째, 플라톤주의가 모든 사상가들에게 어느 정도 부정적 영향을 미쳤긴 하지만, 오리게네스의 치명적인 적응(accommodation), 유스티노스와 클레멘스의 의미 있는 평가(appreciation), 이레나이우스의 보다 분별 있는 채용(appropriation), 테르툴리아누스의 배격(rejection)7 사이에는 상당한 차이가 있다. 셋째, 기독교 신앙에 접목된 플라톤 철학의 여러 주제는 계속해서 교회에 장애가 되었다. 이성적 로고스라는 우상숭배적 개념과 예수 안에서 육신이 되신 하나님의 창조적 말씀이라는 유대교적 개념과 종합하는 것, 구원의 역사적·공동적·우주적 차원을 축소하는 것, 이 세상에서 정신적으로 탈출하는 것으로서의 구원, 열등한 곳인 물질세계, 몸과 세상에서의 육체적 삶을 평가 절하하는 몸과 영혼의 이원론이 그렇다. 넷째, 일반적으로 그리스 철학과 특히 플라톤 철학은 많은 통찰(예를 들어 인생의 최고 목표인 하나님에 관한 지식)을 주었고, 신학에서 복음을 변호하고 정교하게 설명하는 데 이용할 수 있는 여러 분석적 도구를 제공했다.

아우구스티누스

아우구스티누스(354-430)는 초기 기독교 사상가 중 단연코 가장 위대한, 심지어 역사상 가장 위대한 사람 중 하나다. 스콧 맥도널드(Scott MacDonald)는

---

7 테르툴리아누스가 이교적인 그리스 철학을 명백히 배격하더라도, 철학 자체를 피하는 일은 결국 불가능하다.

이렇게 말한다. "그는 기독교를 철학에서 추구하는 참된 지혜라고 옹호했던 첫 사람은 아니었다. 그러나 무엇보다도, 대단히 중요한 역사적 시점에 기독교가 철학적 통찰을 위해 채굴될 수 있음을, 철학적으로 세련된 방식으로 철학적 질문들에 답할 수 있음을, 이교 철학 체계들에 필적할 만큼 철학적으로 만족스러운 세계관으로 제시될 수 있음을 보여 준 사상가였다."[8]

아우구스티누스의 생애와 작품

아우구스티누스는 354년 북아프리카의 타가스테에서 태어났다. 그의 어머니 모니카(Monica)는 헌신적인 그리스도인이었지만 아버지는 이교도였다. 모니카는 아우구스티누스를 그리스도인으로 양육했지만 아우구스티누스는 370년에 카르타고로 수사학을 공부하러 가서 신앙을 잃었다. 그는 정인을 얻어 10년을 같이 살면서 아들을 보기도 했다. 아우구스티누스는 조숙했고 수사학에 매우 재능이 있는 학생이었다. 그는 19세에 키케로의 『호르텐시우스』(Hortensius)를 읽었고, 그 책은 그의 마음을 철학과 지혜를 향한 사랑으로 불붙게 했다. 그는 어려서 가르침을 받았던 기독교보다 마니교에서 악에 대해 더 만족스러운 답을 찾고 마니교로 돌아섰다. 마니교에서는 두 개의 궁극적 원리, 즉 선인 빛과 악인 어둠이 영원히 함께 존재한다고 믿었다. 인간의 영혼은 물질세계에 몸에 갇히게 된 빛의 파편이라고 보았다. 금욕적 삶이 영혼을 해방시켜 빛에 다시 연합하게 해 줄 것이다. 아우구스티누스는 마니교를 받아들이면서 기독교와 완전히 결별했다.

아우구스티누스는 잠시 고향에 돌아온 이후 374년에 카르타고에서 수사

---

8 Scott MacDonald, "Augustine, Confessions (ca. 400): Real-life Philosophy", in *The Classics of Western Philosophy: A Reader's Guide*, ed. Jorge J. E. Gracia et al. (Oxford: Blackwell, 2003), p. 103.

학을 가르치기 시작했다. 384년에는 먼저 로마에서, 후엔 밀라노에서 수사학을 가르치기 위해 떠났다. 그때까지 그는 마니교를 떠나 학문적 회의주의자로 있었다. 밀라노에서 그는 플라톤주의의 글들―거의 틀림없이 플로티노스와 포르피리오스의 신플라톤주의 문헌[9]―을 읽고 플라톤주의에 끌리기 시작했는데, 이 글들은 그에게 영적 실재의 중요성을 일깨워 주었다.[10] 그는 또한 밀라노의 신플라톤주의적 감독인 암브로시우스(Ambrose)의 설교를 듣기도 했다.

아우구스티누스의 회심은 혼란과 절망 상태에 빠져 있던 386년 여름에 일어났다. 그는 정원에서 아이들이 계속 "톨레 레게! 톨레 레게!"(*Tolle lege! Tolle lege!*, 들고 읽으라)라고 소리치는 것을 듣고 신약성경을 집어 들었고, 무작위로 로마서 13:13-14을 읽었으며, 회심했다. 아우구스티누스의 기독교 이해는 그의 생애의 이른 시점, 그가 자신의 철학 프로그램을 설명한 『아카데미아학파 반박』(*Against the Academics*, 386)을 쓸 때까지는 매우 플라톤적이었다. 아우구스티누스는 387년에 암브로시우스에게 세례를 받았으며 388년에 북아프리카로 돌아갔다.

아우구스티누스는 남은 생애를 북아프리카에서 사제로, 그 이후엔 감독으로 보냈다. 그는 바쁘게 생활하는 가운데서도 엄청나게 많은 책을 출판했고―5백만 자 분량이 남아 있다―그것이 얼마나 많은지 "아우구스티누스의 생산량은 그 이전의 라틴 문학이 존속하는 전체 분량과 양적으로 대등하다!"

9　아우구스티누스가 플로티노스 혹은 포르피리오스의 어떤 글들을 읽고 영향을 받았는지 대해서는 논란이 있다. Lewis Ayres, *Augustine and the Trinity* (Cambridge: Cambridge University Press, 2010), p. 14를 보라.
10　루이스 아이레스(Lewis Ayres)는 사실상 최신 학계에서는 아우구스티누스가 기독교에 귀의하기에 앞서 먼저 플라톤주의로 전향했다는 생각을 거부하는 데 모두 동의한다는 점을 지적한다(같은 곳).

라는 말이 있을 정도다.[11] 가장 유명한 작품으로는 『고백록』(*Confession*, 397-400, 경세원), 『삼위일체론』(*On the Trinity*, 417, 분도출판사), 『신국론』(426)이 있다. 『고백록』과 『신국론』은 중세 시대 내내 널리 읽혔으며 중세뿐 아니라 그 이후에도 엄청난 영향을 끼쳤다. 아우구스티누스는 반달족이 히포를 포위한 430년에 죽었다.

아우구스티누스의 작품은 많은 주제를 다루었으며 분명한 발전을 보여 준다. 아우구스티누스는 기독교 사상가로 성숙해 갔으며 그의 후반기 철학은 훨씬 더 성경과 조화를 이룬다. 아우구스티누스는 철학을 별개의 학문으로 보지 않았다. 그의 철학은 신앙적이며 신학적인 글에 섞여 있으며, 따라서 우리가 할 수 있는 최선은 넓은 문학적 옷감에서 철학적 실을 뽑아내는 것이다.

지혜 추구로서의 철학

『아카데미아학파 반박』에 나오는 아우구스티누스 자신의 말이 좋은 출발점인데, 이 책이 회심 직후에 나왔다는 점을 기억해야 한다.

> 나의 프로그램 전체를 이야기해 보려고 한다.…나는 언젠가 죽을 이 세상 사람들이 선하다고 여기는 모든 것으로부터 돌아섰다. 그리고 이 지혜를 추구하는 일에 매진하려는 목표로 세웠다.…누구나 우리가 권위와 이성의 이중 충동(urge)에 의해 배움을 강요받고 있다는 데 동의한다. 나는 이 순간 이후로 그리스도의 권위에서 결코 떠나지 않겠다고 결심했다. 그보다 더 강력한 것을 발견하지 못했기 때문이다. 그러나 나는 최고로 예리한 이성의 통찰을 가지고 그리

---

[11] Anthony Kenny, *An Illustrated Brief History of Western Philosophy* (Oxford: Blackwell, 2006), p. 115.

스도의 권위를 따라야 한다. 이제는 믿는 것뿐만 아니라 이해하는 것을 통해서도 진리를 파악하려는 무한한 욕구를 가지는 경향을 갖기 때문이다. 이와 더불어 나는 플라톤주의자 가운데서 우리 종교의 가르침에 반대되지 않는 것을 발견하게 되리라고 확신한다.[12]

아우구스티누스의 철학적 목표는 **지혜**, 즉 하나님을 아는 지식에서 절정에 이르러 인간이 갈구하는 행복을 가져오는 진리의 지식이다. 우리는 이 점이『고백록』의 앞선 장에서 신플라톤주의와 복음이 뒤섞인 범주들로 표현되는 것을 볼 수 있다. 『고백록』은 하나님께 드리는 놀랍도록 긴 기도로, 회심에 이르기까지의 아우구스티누스의 생애에 관한 영적 자서전을 제공한다. 하나님을 알고자 하는 그의 열망은 철저히 성경적이지만, 그 작업을 표현하는 것은 신플라톤주의적이다. 아우구스티누스는 물질세계에 빠져 있고 감각적인 것에서 만족을 추구해 왔다. 그는 물질세계에서 해방되어 하나님을 알게 되기를 갈망한다. 이 갈망은 피조 세계에 집착하지 않는다는 더욱 성경적인 의미를 가질 수 있지만, 아우구스티누스에게 갈망은 그 이상이다. 그의 지혜 추구를 방해하는 것은 바로 피조 세계의 물질적 속성과 그 욕망이다. 더욱이 아우구스티누스의 여정은 내면을 향한 것이다. 그는 자신의 내적 존재에서 진리가 발견되리라 믿으며 그것을 면밀히 살폈다. 그것은 또한 개인적이어서 1인칭 단수로 점철된다.

그러나 아우구스티누스는 특히 마니교뿐만 아니라 플로티노스와도 달리 창조의 물질성을 악으로 보지 않는다.[13] 그는 하나님이 세상을 무로부터 자유

---

12 *Contra Academicos* III, 20, 43. Armand A. Maurer, *Medieval Philosophy*, rev. ed. (Toronto: Pontifical Institute of Medieval Studies, 1982), p. 4에서 재인용.『중세철학』(서광사).
13 아우구스티누스는 창세기와 창조 교리를 놓고 거듭거듭 씨름했다.

롭게 세상을 창조하셨다는 것과 그것이 선함을 인정한다. 문제는 그것이 시간의 제약을 받고 변화한다는 것이다. 그것은 만족을 주지 못하며 영원하시고 변함없으신 하나님을 보여 주지 못한다. 철학은 영원하고 불변하며 비물질적인 진리를 추구하는 것이다.

시간적이며 변화하는 열등한 물질세계와 영원하고 불변하는 우월한 세계의 대조는 아우구스티누스의 하나님 이해에 영향을 미쳤다. 이 첫 단계에서 이따금씩 지혜의 목표는 아브라함과 이삭과 야곱의 하나님이기보다는 철학자들의 신이었다. 예를 들어 이는 아우구스티누스가 출애굽기 3:14을 해석하는 방식에서 볼 수 있다. 야훼(YHWH)라는 이름은 하나님을 바뀌지 않고 결코 변치 않으며 영원한 존재로 계시하기에 다른 이름보다 하나님을 잘 지시한다. 아우구스티누스는 이 이름을 "나는 나인 자다"(I am who I am)라는 뜻으로 해석했다. 오늘날 몇몇 구약성서학자는 하나님이 그분의 역사 속 행위에서 알려진다는 점을 강조하고자 이 이름을 "나는 나일 자일 것이다"(I will be who I will be)라는 의미로 본다. 하지만 아우구스티누스의 생각에는, 바로 역사의 흐름 위에 서 계시는 하나님의 불변적 성격이 하나님을 참되신 존재로 만든다. 하나님에 관한 지식은 (렘 22:16에 나오는 반대 예처럼) 하나님의 사명에 능동적으로 참여하기보다는 철학과 사색을 통해서 온다. 이런 이유로 관조적 삶이 활동적 삶보다 우월한 것이다.

그러나 아우구스티누스는 하나님을 존재(Being)이자 일자(One)로 보는 신플라톤주의 견해를 단순히 계승하지는 않는다. 그는 플로티노스와 달리, 성경에서 하나님의 성품을 보여 주는 대로 하나님을 철저히 인격적 방식으로 인식한다. **진리와 선** 같은 말을 하나님과 흡사한 말로 사용하기는 하지만 이 용어들은 성경적 내용으로 채워진다. 따라서 아우구스티누스의 신관은 신플라톤주의와 성경의 종합이다. "그리스 전통(예컨대 필연성, 불변성, 초시간적 영원성) 속 신적 속성들을 지극히 높이 평가하는 데서도 그것들은 어떻게든 아브라함, 이삭, 야곱의 하나님의 인격적 속성(예컨대 의지, 공의, 역사적 목적)과 결합된다."[14]

존재론, 인식론, 인간론

아우구스티누스는 플라톤의 이원론이 아니라 플로티노스의 통합적 위계(hierarchy)를 승인한다. 그러나 아우구스티누스는 플로티노스 사상의 추상적 일자를 성경의 살아 계신 하나님으로 대체한다. 아우구스티누스는 실재를 하나님의 존재가 점점 약해지며 나타나는 유출로 보지 않았다. 그는 하나님의 존재와 창조 사이의 창조주/피조물 구분을 확고히 주장했다. 이제 아우구스티누스에게 플라톤적 형상은 하나님의 마음속에 자리 잡는다. 세상을 신성으로부터 나오는 필연적 유출이라고 본 플로티노스와 달리, 하나님은 세상을 일종의 청사진 같은 기능을 하는 이데아를 따라 무에서 자유롭게 만들어 내셨다. 따라서 변화하는 세상은 영원하고 초월하시는 하나님에게서 안정된 기초를 발견한다. 하나님은 어떤 것들을 온전하고 완성된 형태로 창조하셨다. 다른 어떤 것들은 씨앗처럼 점진적으로 자라 완전히 발달할 배아로 또는 '발생적 원리'를 따라 창조하셨다. 이는 세상에서 일어나는 변화를 설명해 주며, 물론 그 변화도 여전히 하나님의 마음속에 있는 안정된 이데아를 따르고 있다.

아우구스티누스는 악의 본질에 관한 오랜 씨름의 답을 이 통합적 위계에서 발견했다. 아우구스티누스의 성경 읽기에 따르면, 악은 인생의 제일 목적

---

[14] Michael Mendelson, "Saint Augustine", in *The Stanford Encyclopedia of Philosophy*, Winter 2010 edition, ed. Edward N. Zalta, http://plato.standford.edu/archives/win2012/entries/augustine/.

이 창조주 하나님을 아는 것임을 망각하고 의지적으로 세상의 여러 면에 우상숭배적으로 집착하는 데서 비롯된다.

생명이 있는 모든 것에는 그들을 살아 움직이게 하는 영혼이 있다. 하지만 오직 인간에게만 몸에 생기를 불어넣는 영혼 위에 이성적 능력이 덧붙여져 있다. 바로 이 인지 능력이 인간이 물질세계 속에 몰입되지 않도록 자신을 풀어낼 수 있는 힘이다. 이성적 영혼은 인간의 참된 중심, 인격을 규정하는 본질이다. 아우구스티누스는 영혼을 "이성에 참여하여 몸을 다스리는 일에 적합한 어떤 실체"로 규정한다.[15] 아우구스티누스가 영혼의 이성적 기능을 두 종류―즉, 스키엔티아(scientia, 지식)와 사피엔티아(sapientia, 지혜)―로 나눈다는 사실을 아는 것이 중요하다. 전자는 우리 주위의 세상을 이해할 수 있게 해 준다. 후자는 초월적 이데아를 파악하고 궁극적으로는 하나님을 볼 수 있게 해 준다. 인간은 진리를 발견하기 위해 이성(사피엔티아)을 사용하기 시작할 때 물질을 초월할 수 있게 되며 그로써 영혼이 스스로 비물질적임을 알게 된다. 또한 이성(사피엔티아)은 영원하고 변치 않는 진리를 파악할 때 스스로가 불멸함을 알게 된다. 이처럼 영혼은 이성적이고 비물질적이며 불멸한다.

그러나 인간은 영혼 이상의 존재다. 인간은 몸과 영혼으로 구성된 복합적 피조물이다. 아우구스티누스는 "몸을 인간의 본질로부터 분리하려는 사람은 어리석다"고 말한다.[16] 영혼은 언젠가는 죽을 땅의 몸을 목적 성취를 위한 도구로 지배하고 사용한다. 몸은 영혼에 무거운 짐이긴 하지만 플로티노스가 말했던 것과 같은 악은 아니다. 창조는 매우 선하기 때문이다. 정확히 말하면, 몸은 감각적 세계에 마음을 빼앗기고 거기에 열중해 영원한 진리와 하나

---

15 Maurer, *Mediaeval Philosophy*, p. 8.
16 같은 책, p. 9에서 재인용.

님을 아는 데로 올라가야 할 궁극적 운명에서 벗어나 곁길로 빠질 수 있다.

아우구스티누스는 이처럼 지식 이해가 그 자체를 위한 것이 아니라 진리를 알고 하나님 안에서 참된 행복을 발견하는 길을 제공하는 것임을 분명히 말한다. 문제는 시간의 제약을 받고 변화하는 세상에 사는, 시간의 제약을 받고 변화하는 피조물인 우리가 어떻게 영원불변의 진리에 대한 확실한 지식을 얻을 수 있느냐는 것이다. 가장 낮은 수준의 앎은 감각을 통해서 온다. 그러나 참된 지식(사피엔티아)은 진리에 대한 판단을 하기 위해 감각을 넘어서야 한다. 영원한 진리를 파악하는 것은 이성(사피엔티아)의 역할이다. 따라서 이성은 인간 영혼의 극치다. 그것이 영원불변의 진리를 우리에게 줄 수 있기'때문이다. 로널드 내쉬(Ronald Nash)의 말처럼 "인간은 이성을 소유하지만 짐승은 그렇지 않기" 때문에 "인간은 감각적 사물에 대한 이성적 지식을 가질 수 있다. 인간은 감각적 사물에 대한 이성적 판단도 할 수 있으며 나아가 그것을 영원한 형상의 예시로 여길 수도 있다."17

문제는 이성이 어떻게 감각적 정보로부터 영원한 이데아에 관한 영원한 진리를 파악할 수 있느냐는 것이다. 아우구스티누스는 여기서 **조명**(illumination) 개념을 채용한다. 하나님의 빛이 은혜를 통해서 마음이 그것을 파악할 수 있도록 이성(사피엔티아)에 변치 않는 진리를 조명하신다는 것이다. 이 진리와 이데아는 하나님의 마음속에 있으며 우주를 짓는 데 사용되었다. 하나님은 우리 마음에 빛을 비추심으로써 우리가 '올곧음'이건 '정의'건 무엇에 관해서든 참된 판단을 할 수 있게 하시고, 우리 마음은 하나님의 마음속에 있는 영원불변의 진리와 참된 접촉을 하게 된다. 인간의 합리성과 하나님의

---

17 Ronald H. Nash, *The Light of the Mind: St. Augustine's Theory of Knowledge* (Lima, OH: Academic Renewal Press, 2003), p. 9.

마음속 이데아를 따라 만들어진 세상의 이성적 구조 사이에는 조화가 존재한다.

역사와 하나님의 도성

『신국론』은 로마의 멸망이 기독교가 제국에 끼친 영향의 결과라는 이교도의 비난으로부터 기독교를 변호하기 위해 쓰였다. 실제로, 『신국론』은 로마의 멸망에 관한 로마인들의 내러티브를 '이야기로 압도'하려는 시도였다는 커티스 챙의 주장은 옳다. 챙은 로마인들의 내러티브가 종교, 철학, 역사라는 세 가닥 실로 꼬여 있었음을 보여 준다. 종교적으로 보면, 로마의 지성인들은 로마가 신들을 저버렸다고 주장했다. 역사적으로 보면, 베르길리우스(Virgil) 및 다른 이들이 말하는 것처럼 로마는 로물루스/레무스(Romulus/Remus)의 건국 신화를 저버렸다. 철학적으로 보면, 로마는 플라톤 전통을 저버렸다. 아우구스티누스는 성경의 줄거리를 추적하여 이 셋 모두를 논박한다.[18]

『신국론』은 눈에 보이지 않는 두 사회에 관한 이야기다. 하나님의 도성(예루살렘)과 세상의 도성(바빌론)은 최후의 심판 때까지 역사 내내 싸운다. 전자는 하나님 사랑, 후자는 자기 사랑으로 묶여 있다. 이 도성들이 교회와 국가(political state)와 동일시되어서는 안 된다. 오히려 이 둘은 세상에서 작동하는 영적 권세와 같다. 하나님의 도성이 주로 교회 안에서 발견되고 세상의 도성이 로마를 포함한 다양한 역사상의 국가에서 발견되는 것은 사실이지만, 엄격하게 보아 동일시할 수는 없다.

이 책에서 아우구스티누스는 신플라톤주의의 정적이고 영성주의적인 기

---

[18] Curtis Chang, *Engaging Unbelief: A Captivating Strategy from Augustine and Aquinas* (Eugene, OR: Wipf and Stock, 2000).

독교로부터 역사 속에서 나타나는 하나님의 목적에 대한 보다 역동적인, 역사적인 전망으로 나아가고 있다. 그것은 역사 위에 서 있는 이데아가 아니라 하나님의 섭리적 통치에 의해 의미를 부여받는 보편사 내러티브다. 마이클 멘델슨(Michael Mendelson)이 주장하듯, "아우구스티누스는 성경이 역사적 차원을 가지고 있음을 민감하게 인식한다. 그는 또한 성경의 전통과 그가 의존하는 신플라톤주의 체계 사이의 긴장에 대해서도 민감하다.…아우구스티누스가 점차 성경 내용에 익숙해지자, 그것은 그를 플라톤주의자들의 책에서 보는 지성주의와는 차원이 다른 성경 전통의 역사적 차원에 더욱 집중하도록 이끌었다."[19] 그리하여, 예를 들면 악과 선의 싸움은 실재의 물질적 양상과 정신적 양상 사이에서 일어나는 것이 아니라 이야기가 전개되는 맥락 속에서 작동하는 영적 권세로 설명된다.

그렇지만 아우구스티누스가 역사에 주의를 기울였음에도 신플라톤주의 요소를 버리지는 못했다. 하나님의 섭리가 바빌론의 문화 발전을 포함해 모든 역사를 관장하기에 결국 이 도성은 파괴될 것이다. 단지 악뿐만 아니라 도성 자체가 파괴될 것이다. 문화 발전과 이 세상 삶의 의미는 약화된다. 역사의 종말은 창조의 회복이 아니라 새 창조와 플라톤적 천국이 흥미롭게 혼합된 하나님의 도성을 건립하는 것이다. 그곳에서 선택받은 이들은 결국 이 시간의 제약을 받는 세상의 변화를 벗어나 다음 세상의 영원으로 들어갈 것이다.

평가

아우구스티누스는 지금까지도 계속하여 심대한 영향을 끼치고 있는 철학적 거인이다. 그의 『고백록』은 자전 문학에 심대한 영향을 미쳤다. 내향성을 다

---

[19] Mendelson, "Saint Augustine."

루는 그의 이론은 르네 데카르트(René Descartes)[20]와 에드문트 후설(Edmund Husserl)에게 깊은 영향을 주었다. 『신국론』은 지금까지 한 번도 절판된 적 없이 역사철학과 정치사상을 형성해 왔다. 이런 이야기는 계속할 수 있다. 현대 가톨릭 철학자인 알래스데어 매킨타이어는 계몽주의, 아리스토텔레스-토마스주의, 아우구스티누스 전통을 오늘날 우리가 활용할 수 있는 3대 조류로 꼽는다. 실제로 우리는 스스로 이 세 전통 중 아우구스티누스 전통에 서 있다고 할 수 있다.

그러나 기독교적 관점에서 아우구스티누스를 평가하는 것은 그의 철학이 이교적인 신플라톤주의와 어느 정도까지 타협했는지에 대한 평가를 수반할 수밖에 없다. 완전히 신실했다는 견해에서 완전히 훼손되었다는 견해까지 다양한 견해가 있다. 간략히 세 가지를 지적하면서 평가를 마치려 한다.

첫째, 아우구스티누스가 단순히 신플라톤주의를 무비판적으로 채용하지 않았다는 것은 분명하다. 앞서 보았듯이 실제로 신플라톤주의의 상당 부분이 변혁되고 우상숭배적 범주들이 성경적 내용으로 채워졌다.

그러나 둘째, 아우구스티누스가 기독교 신앙과 플라톤 철학을 종합하는 가운데 성경의 여러 강조점이 훼손되진 않았다 하더라도 약화되고 심지어는 가려지고 말았다. 궁극적으로 아우구스티누스 철학의 수직화, 개인화, 내면화가 하나님이 창조를 회복하시는 이야기인 역사의 의미를 평가 절하한다. 게다가 이 맥락에서 사피엔티아는 하나님과 영혼을 아는 일에만 사용되는 능력이 되며, 세상을 검토하는 일은 열등한 기능인 스키엔티아에 할당되

---

20 아우구스티누스의 "나는 스스로를 의심하기에, 나는 존재한다"라는 말은 데카르트의 "나는 생각한다. 그러므로 나는 존재한다"(Cogito ergo sum)를 예기한다. 아우구스티누스와 데카르트의 관련성에 관해서는 Stephen Menn, *Descartes and Augustine* (Cambridge: Cambridge University Press, 1998)을 보라.

었다.

끝으로, 우리는 점점 성경적 신실함을 향해 나아가는 여정이 아우구스티누스에게 있었음을 인정해야 한다. 비록 신플라톤주의 체계가 생애 마지막까지 그의 생각 중심에 남아 있을지라도, 386년에 쓴 『아카데미아학파 반박』(3.20.43)에서 397-400년에 쓴 『고백록』(7.20.26)을 거쳐 426년에 쓴 『신국론』(8권)에서 드러나듯 복음이 플라톤 철학과 완전히 융화될 수 없다는 인식은 점점 증가한다.

초기 중세 철학(5세기에서 11세기)

서론

아우구스티누스가 죽음을 맞은 430년, 게르만족이 히포를 포위했다. 세 세계관―게르만적 이교, 이교적 고전, 기독교―의 융합은 중세 전반에 걸쳐 마침내 유럽 문화를 형성했다.

문화적 빈곤의 상황 속에서 몇몇 철학자는 옛 이교적 고전 시대와 떠오르는 기독교적 유럽의 여명기 사이를 중개하는 역할을 담당했다. 이 철학자들은 이교적 고전 철학을 구조하고 번역하여 다음 세대에 전달했다. 이들 중 가장 중요한 사람은 보에티우스(Boethius, 480-524)와 위-디오니시오스(Pseudo-Dionysius, 500년경)라고 알려진 익명의 작가다.

보에티우스에서 아벨라르두스까지

보에티우스는 한 발을 옛 그리스 로마 세계에 걸치고 다른 발은 승리한 침략자들이 정착시킨 세계를 믿고 있었다. 그는 아테네에서 훈련받은 로마인이었는데, 거기서 고대 철학 전통과 헬라어와 라틴어를 통달했다. 그는 동고트의 지배자 테오도리쿠스(Theodoric)의 황실에서 고위직에 올랐던 신플라톤주의류의 정통 그리스도인이었다. 불행히도 그는 테오도리쿠스와 관계가 틀어지고 반역죄로 기소당해 524년에 처형되었다.

보에티우스는 플라톤과 아리스토텔레스의 모든 작품을 번역하고 주석하여 사실은 두 거인의 철학이 조화된다는 것을 증명하려는 야심적 기획에 착수했다. 하지만 자신의 목표에 훨씬 못 미치는 결과에 만족할 수밖에 없었다. 그는 긴 수감 생활을 하면서 『철학의 위안』(The Consolation of Philosophy)이라는, 그의 작품에서 가장 영향력 있는 작품을 썼다. 그것은 자신에게 닥친 불행의 의미를 이해하려 애쓴 신플라톤주의적 작품이었다. 그가 남긴 가장 중요한 유산은 최초로 그리스 철학 전통이 라틴어로 중세의 후대 학자들에게 전해지는 주요 통로 역할을 했다는 것이다.

보에티우스는 신플라톤주의자였다. 그의 사상은 대부분 아우구스티누스와 흡사했다. 그러나 보에티우스는 복음으로 이교적 플라톤주의를 변혁하는 데 아우구스티누스만큼 주의를 기울이지는 않았다. 보에티우스가 인식론과 존재론에서 가장 씨름한 사안은 보편자(universals) 문제였다. 그는 이 문제를 아퀴나스까지 이르는 후대의 중세 시대 철학자들에게 전수했다. 참된 지식과 도덕은 모든 역사적 상황의 특수성을 초월하는 보편적 진리를 아는 데 달려 있다. 이 보편자는 단지 마음속에 있는 개념일 뿐인가?[유명론(nominalism)] 아니면 개별 사물과 독립된 실재하는 존재를 가지고 있는가?[실재론(realism)] 보에티우스는 보편자가 단순히 개념이 아니라 개별 사물 안에서 하나님의 마음속에 있는 이데아를 반영하는 실재하는 비물질적 존재(real incorporeal existence)를 가지고 있다고 믿었다. 이에 대한 그의 긴 논의는 중세 시대 내내 실재론자와 그 이후의 유명론자 사이에서 일어난 다양한 싸움, 아퀴나스가 마침내 하나의 해결책을 제시했던 그 싸움에 원인을 제공했다.

보에티우스는 교황에게 보낸 편지에서, 그에 앞서 아우구스티누스가 그랬던 것처럼 스콜라 철학의 유명한 경구를 만들어 냈다. "가능한 한 최선을 다해 신앙을 이성에 결합시켜라." 질송은 "이것이야말로 그가 스콜라 철학의 창시자 중 하나로 여겨져야 마땅한 이유"라고 평가한다.[21] 삼위일체에 관한 보에티우스의 작품들에서 우리는 이성과 신앙이 결합되는 길을 어렴풋이 볼 수 있다. 이성은 성경 계시의 권위에 의해 신앙으로 받아들인 교리를 합리적으로 검토하는 데 사용된다. 이렇듯 이성은 신학을 위해 봉사하도록 압박을 받는다. 하지만 흥미롭게도 보에티우스는 삼위일체에 관해 쓸 때 "신학적 주제만을 다루고 있음에도 이 논문들에는 단 하나의 성경 인용구도 없다. 논리와 분석이 전부다."[22] 신앙에 기초하여 계시의 내용을 받아들이고, 그다음에 성경의 내용과는 별개로 그 내용을 검토하기 위해 자율적 이성을 사용한다. 신앙은 이런 방식으로 이성과 결합되었다. 여기서 우리는 스콜라주의의 원칙을 본다. "철학은 신학으로부터 독립하여, 그러나 신학을 보완하며 스스로의 힘으로 설 수 있다."[23]

철학사에 엄청난 영향력을 행사한 또 다른 일군의 글은 디오니시오스 아레오파기타(Dionysius the Areopagite)라는 필명으로 쓰인 신플라톤주의적 작품이다. 디오니시오스는 아테네의 아레오바고의 일원으로 바울이 그 도

---

21 Gilson, *History of Christian Philosophy*, p. 106.
22 Josef Pieper, *Scholasticism: Personalities and Problems of Medieval Philosophy*, trans. Richard Winston and Clara Winston (New York: McGraw-Hill, 1964), p. 38. 『중세 스콜라 신학』(가톨릭대학교출판부).
23 Richard Tarnas, *The Passion of the Western Mind: Understanding the Ideas That Have Shaped Our World View* (New York: Ballantine, 1991), p. 181.

시에 들렀을 때 바울에게서 복음을 듣고 믿어 예수를 따른 사람 중 하나다(행 17:34). 한 익명의 작가는 주후 500년경에 디오니시오스를 자처하며 책을 썼다. 그는 기독교 신앙과 신플라톤주의 철학을 조화시키려 했다. 놀랍게도 7세기 초엽에 이르자 그 책은 거의 정경의 권위를 가진 것으로 여겨졌다. 디오니시오스가 바울의 제자였기 때문이다. 그 책은 대단한 영향을 미쳤는데, 그 중요성은 하르낙이 초기 중세 전통 전체를 자주 "아레오파기타-아우구스티누스주의 관점"(Areopagitic-Augustinian view)이라고 부른 데서 드러난다.[24]

그 책에서 복음과 신플라톤주의의 경계선은 모호하다. 기독교의 창조 이해가 신플라톤주의 개념인 유출과 종합되었다. 하나님을 정점으로 그분과 인간 사이에 일련의 영적 존재들이 배치되어 있는, 신플라톤주의와 유사한 위계가 분명히 나타나 있다. 영혼이 하나님과 연합하기 위한 영적 상승은 "정화-조명-연합"이라는 삼중 과정을 거쳐 이루어지며, 이 용어는 훗날 신비주의자들이 신비적 상승을 설명하는 데 사용한다.

신플라톤주의의 영향은 또한 디오니시오스의 종교 언어인 **부정**철학(*apophatic* philosophy)에도 나타나 있다. 우리는 하나님이 어떤 분인지 긍정적으로 말할 수 없다. 우리는 그분이 어떤 분이 아닌지에 대해서만 말할 수 있다. 여기서 또다시 하나님을 아는 일을 돕는 철학이 성경과 이교 철학의 불안정한 종합으로 인식되고 있음을 본다.

보에티우스 이후 11세기까지 철학은 침체기를 겪는다. 그러나 이 시기에도 언급할 가치가 있는 한 철학자가 등장한다. 요하네스 스코투스 에리우게나(John Scotus Eriugena, 815-877)는 중세 시대를 형성하는 영향력을 행사한

---

24 Adolf von Harnack, *History of Dogma*, trans. from the 3rd German edition by Neil Buchanan, 7 vols. (Boston: Little, Brown, 1907), e.g., 6: pp. 156, 160.

또 다른 주요 신플라톤주의자 그리스도인이다. 그는 프랑크 제국의 황제 카롤루스 대머리왕(Charles the Bald)의 궁정 학교에 가르치러 갔던 아일랜드 출신 수사였다. 그는 위-디오니시오스의 모든 작품을 라틴어로 번역했으며 그의 신플라톤주의-기독교적 전망을 상세히 설명하기 위해 복잡한 존재론을 발전시켰다.

에리우게나의 존재론적 위계는 아우구스티누스의 것과 마찬가지로 성경을 통해 하나님을 안다는 목적을 가지고 있다. 철학은 하나님을 겸손하게 예배하며 이성적으로 연구하는 참된 종교를 설명한다. 따라서 에리우게나는 이렇게 쓸 수 있다. "철학을 통하지 않으면 아무도 천국에 들어갈 수 없다."[25] 하나님을 알게 되고 예배하며 이해하는 것은 하나님이 세상을 체계화하신 방법을 이해함으로써 인간이 사다리를 타고 다시 하나님께 올라갈 수 있게 됨을 의미한다. 이 수많은 초기 철학자들이 그랬듯이, 에리우게나도 철학에서 종교적 목적을 발견했고 그 목적을 실현하기 위해 신플라톤주의의 범주들을 활용했다.

에리우게나는 위-디오니시오스처럼 창조와 유출을 결합해 하나님으로부터 흘러나오는 위계를 제시했다. 그는 『자연구분론』(The Division of Nature)이라는 책에서 세상의 구조에 관한 설명을 제시하려 했다. 에리우게나에게 '자연'은 존재하는 모든 것을 뜻한다. 심지어 하나님도 포함된다. 그러므로 자연은 실재와 동의어다. 책 제목을 '실재의 구조'(the structure of reality)로 바꿔도 무방할 것이다. 에리우게나는 세계를 네 개의 기본 범주로 나누었다. 근원으로서의 하나님(창조하되 창조되지 않은 자연), 이데아(창조되었고 창조하는 자연), 사물의 세계(창조되었고 창조하지 않는 자연), 목적으로서의 하나님(창조하지도 창

---

[25] Maurer, *Medieval Philosophy*, p. 37.

조되지도 않은 자연). 이 위계에는 하나님으로부터 보편적 이데아를 거쳐 사물 세계로 내려와 다시 하나님께로 돌아가는 존재론적 운동이 있다. 하나님은 창조와 인생의 원천일 뿐 아니라 목적이기도 하다. 인생의 목적은 궁극적으로 하나님께로 돌아가 잃어버린 연합을 회복하는 것이다.

프랑스는 10세기 들어 쇠퇴, 정치적 혼란, 전쟁, 폭력의 시대로 빠져들었다. 지성적 삶의 가냘픈 빛이 3, 4세기에 그랬던 것처럼 베네딕투스 수도원 속에 남아 있었다. 하지만 질송은 이렇게 말했다. "만사가 끝난 지금 돌아볼 때, 에리우게나의 죽음부터 11세기 초반의 '변론가들'(dialecticians)과 '반-변론가들'(anti-dialecticians) 사이의 신학 논쟁에 이르기까지 황폐한 땅에서는 철학사가들이 거둘 수 있는 것이 별로 없다."[26] 질송이 언급한 논쟁은 신앙 탐구를 위한 이성 사용에 대한 싸움이었다. 어떤 이들은 변증법적 이성 사용에 대해 극도의 자신감을 드러낸 반면 다른 이들은 이에 대해 의심을 표하거나 심지어 비난하기도 했다. 안셀무스(Anselm, 1033-1109)와 그의 스승 란프랑코(Lanfranc, 1005-1089)는 이성의 가치를 인정하는 중간 입장을 취했으나 그것을 제한된 범위 내에 두려 했다. 그렇다 해도 "이성의 해석 능력에 대한 성 안셀무스의 자신감은 무제한적"[27]이었는데, 이는 안셀무스가 한때 기독교 이성주의자로 지칭되던 것 이상이었다. 요셉 피퍼(Josef Pieper)도 "켄터베리의 안셀무스가 출현시킨, 이후 서구 기독교 내에서 좀처럼 사라지지 않는 연역적 이성주의의 위험"을 이야기한다.[28]

안셀무스는 베네딕도회에 들어가 베크 수도원의 부원장을 거쳐 대수도 장이 되었다. 이어서 1093년에는 물리적 강요로 켄터베리의 대주교가 되어

---

26 Gilson, *History of Christian Philosophy*, p. 128.
27 같은 책, p. 129.
28 Pieper, *Scholasticism*, p. 61.

1109년에 사망할 때까지 그 직을 수행했다. 안셀무스는 아우구스티누스의 충실한 제자로 그의 작업은 스승의 신플라톤주의 정신과 범주들을 물씬 풍긴다. 그러나 그의 신학과 철학 작업은 후기 스콜라주의 사상에서 보다 일반화된 훨씬 변증법적인 형식을 보여 준다. 그래서 안셀무스는 스콜라 철학의 아버지라 불린다.

안셀무스는 지식에는 두 원천-이성과 신앙-이 있다고 보았다. 그가 이성이 신앙과의 관계에서 하는 역할을 어떻게 이해했는지를 보여 주는 두 어구가 있다. 바로 "이해하기 위해 믿는다"와 "이해를 추구하는 신앙"이다. 안셀무스는 『모놀로기온』(Monologion) 서문에서 자신의 방법론을 분명히 밝힌다. 안셀무스는 동료 수사들의 요청에 응해, 성경의 권위에 기초하지 않고 오로지 부정할 수 없을 정도로 강한 이성적 논증의 힘으로 하나님의 존재를 증명할 논증을 제시하기로 한다. 그는 신 존재, 삼위일체의 필연성, 성육신을 통한 구원의 필수성을 이성적 논증으로 입증하는 작업에 착수한다. 안셀무스에게 이 논증은 신앙으로 인도하는 것이 아니다. 오히려 그리스도인에게 신앙은 출발점이다. 그리스도인은 이런 교리 속으로 보다 깊이 들어가고 반대에 대항하여 그것을 옹호하기 위해 변증법적 이성을 사용한다. 그렇게 하지 않는 것은 태만이다.

안셀무스는 이 입장에 서서 이성의 힘에 대해 엄청난 자신감을 드러낸다. 그의 논증은 어떤 경우에는 성경을 전혀 참조하지 않으며 전개된다. 대부분의 다른 경우에도 성경과 깊이 씨름하지 않는다. 이성적 논증을 통해서 기독교 신앙의 필수성이 증명될 수 있는 것이다.

안셀무스는 역사 속에서 특히 하나님의 존재에 대한 존재론적 증명이라 불리는 것으로 잘 알려져 있다. 그 논증은 이렇다. 하나님은 그보다 더 위대한 존재를 생각할 수 없는 존재다. 따라서 하나님은 반드시 존재한다. 만일 하나님이 존재하지 않는다면 그보다 더 위대한 존재-즉, 어떤 존재하는 존재-를 생각할 수 있다. 존재하는 존재는 항상 존재하지 않는 존재보다 위대하기 때문이다. 이 논증을 반박하기는 어렵다. 그러나 적어도 소박한 차원에서 뭔가 석연치 않은 점이 있다는 성가신 느낌을 누르기 어렵다. 이 논증은 즉각 안셀무스 시대로부터 내내 조롱과 반박에 시달렸으며, 그 신빙성에 대한 이야기는 오늘날까지 계속되고 있다.[29]

중세 시대 초기와 후기의 경계선에 선 두 번째 철학자는 페트루스 아벨라르두스(Peter Abélard, 1079-1142)다. 그의 삶은 가는 곳마다 논쟁으로 점철되었다. 항상 학생들이 모여들었고 새로운 적들이 생겨났다. 가장 악명 높은 사건은 노트르담 학교 교수 시절 16세 제자였던 엘로이즈(Héloïse)를 유혹한 일이다. 둘은 아이를 가졌고 비밀리에 결혼도 했다. 불행하게도 이 연애 사건은 행복한 결말로 이어지지 않았다. 엘로이즈의 후견인이 이를 알게 되었고, 두 자객을 사주하여 아벨라르두스를 붙잡아 거세하는 끔찍한 복수를 했다. 그의 삶 역시 논쟁으로 마쳤다. 그는 1140년에 상스에서 열린 공의회에서 19가지 이단적 항목으로 정죄당했다. 하지만 철학사에서 그의 위치는 논리학과 스콜라 철학 방법론 발전에 기여했다는 두 가지로 인해 확고하다. 아벨라르두스는 보편자 문제, 윤리학, 신학이라는 세 영역에서 논리의 변증법적 힘을 활용했다.

아벨라르두스는 보편자가 실재 사물이나 본질이 아니라 어떤 것들이 실제로 공동으로 가지고 있는 실재의 비슷함이나 유사성을 묘사하는 이름이라고 주장했다. 윤리학에서 그는 의도성 또는 동기를 검토했고, 행위는 객관적 도덕 질서가 아니라 의도만으로 판단해야 한다는 결론을 내렸다. 신학에서

---

[29] Alvin Plantinga, ed., *The Ontological Argument from St. Anselm to Contemporary Philosophers* (London: Macmillan, 1968)를 보라.

는 그의 작품 『예와 아니요』(Sic et Non)에서 스콜라 철학 방법론의 기초를 정립했다. 여기서 그는 반성적 사고를 촉진시키기 위해 성경과 교부의 저작에서 150개의 신학 주제에 관한 상충하는 의견을 모아 서로 나란히 배치해 놓았다. 그는 이 상이한 입장들을 변증법적 이성의 적절한 사용을 통해 조화시킬 수 있다고 믿었다. 훗날 페트루스 롬바르두스(Peter Lombard, 1100-1160)는 『명제집』(Sentences)이라는 제목을 붙인 책을 썼는데 거기서 이 신학 방법론을 사용했으며, 그 책은 대학에서 사용하는 표준 교과서가 되었다.

아벨라르두스는 단연코 이 시기의 가장 중요한 철학자로 우뚝 서 있으며 이성을 신앙의 문제에 적극적으로 활용한 것으로 유명하다. 그의 논적 클레르보의 베르나르두스(Bernard of Clairvaux, 1090-1153)는 아벨라르두스가 "감히 자신의 이성을 활용하여 하나님을 완전히 파악할 수 있으리라 상상한다"고 평했다.[30] 실제로 아벨라르두스는 신앙의 문제를 지지하기 위해 변증법적 이성이 징집되어야 한다고 믿었다. 그러나 그를 신앙보다 이성을 우위에 두는 것을 지지한 사람으로 본다면 그를 크게 오해하는 것이다. 그는 인생의 끝 무렵 엘로이즈에게 보낸 편지에 이렇게 썼다. "바울을 부정해야 한다면 나는 철학자가 되길 원치 않소. 그리스도에게서 분리되어야 한다면 나는 아리스토텔레스가 되길 원치 않소. 하늘 아래 내가 구원받을 다른 이름이 없기 때문이오(행 4:12)."[31] 이성은 신앙을 돕기 위해 채용되었다.

아벨라르두스는 유럽을 뒤흔들고 철학을 하나의 학문 분야로 변혁시킨 격변이 일어나기 이전의 마지막 주요 철학자였다. 다음 장에서는 그 변화들을 살펴볼 것이다.

---

[30] Pieper, *Scholasticism*, p. 83에서 재인용.
[31] Maurer, *Medieval Philosophy*, pp. 59-60에서 재인용.

요약과 결론

인간의 이성을 바르게 평가하고 인간의 이성적 능력을 신앙과 올바로 연관 짓는 과제는 이 중세적 종합의 시대에서 일어난 중요한 통찰이었다. 합리성은 하나님에게서 온 선한 선물이며, 그리스인들은 이 창조주의 선물을 충분히 개발했다. 중세 기독교 철학자들이 그들의 통찰을 포용하여 정화하려던 시도는 중요한 몸부림이었다. 그러나 이 기독교 철학자들은 너무도 자주 이성의 자율성을 건드리지 않고 방치했다. 그로 인해 지식의 두 근원―하나는 계시로부터, 하나는 이성으로부터 오는―사이에 있는 이원론이 전체 논의를 병들게 만들었다.

6장 중세
아리스토텔레스의 재발견

보낸사람: percy@secular.edu

받는사람: abby@longobedience.edu

제목: 암흑시대

안녕 애비,

아우구스티누스와 아퀴나스에 대해 많이 공부하고 있다는 이야기를 듣고 놀랐어. 네가 권해 준 아우구스티누스의 『고백록』을 읽고 있는데 엄청 흥미로워. 토마스 아퀴나스의 『신학대전』—가톨릭 친구 로이가 정말 신뢰하는—에도 발을 담가 봤는데 진도가 거의 안 나가. 내게 전혀 익숙한 문체가 아니거든. 로이는 중세가 '암흑시대'이기는커녕 기독교 철학의 **황금기**라고 생각해. 어떻게 생각해?

언제나 변치 않는,

퍼시

후기 중세 스콜라 철학(12세기에서 14세기)

서론

중세 시대 전반기엔 삶이 저 세상을 향해 위로 조율되어 있었고 이 세상의 삶은 위축되어 있었다. 그러나 하나님의 창조의 선한 측면이 억압되면, 꽉 눌린 스프링처럼 결국에는 튀어 오르게 마련이다. 실제로 그 일이 1000년 이후에 벌어지기 시작했다. 이 세상에 대한 새로운 관심이 중세 사회를 뒤덮기 시작했고, 철학에 극적인 영향을 미친 문화의 갱신이 일어났다.

수 세기에 걸친 전쟁과 침입이 지나가고, 유럽은 어느 정도 안정을 되찾고 사회적 활동과 문화적 활동이 살아났다. 13세기에 후기 중세 철학을 변혁시킨 이른바 "세 혁신적 충격"은 이 문화 부흥의 일부였다.[1] 첫째는 새로운 교육 기관인 대학의 설립으로, 이는 학문적 작업의 극적 증가와 철학자 수의 기하급수적 증가를 초래했다. 둘째로는 여러 고전 저작이 번역되었다. 셋째는 (프란치스코회, 도미니코회라는) **탁발수도회**(mendicant orders)의 설립이다. 후기 중세의 가장 위대한 철학자 5명이 모두 이 수도회 중 하나에 속했다. 알베르투스 마그누스(Albert the Great)와 토마스 아퀴나스는 도미니코회 수사였고 보나벤투라(Bonaventure), 요하네스 둔스 스코투스(John Duns Scotus), 오컴의 윌리엄(William of Ockham)은 프란치스코회 수사였다.

이 문화적 부흥의 맥락 속에서 아리스토텔레스의 작업이 소개되었다. 아리스토텔레스 철학─정교한 추론, 경험주의 정신, 놀라울 정도로 해박한 폭을 겸비한─을 접하는 일은 아우구스티누스적 신플라톤주의 시야로 훈련된

---

[1] Anthony Kenny, *Medieval Philosophy*, vol. 2 of *A New History of Western Philosophy* (Oxford: Clarendon, 2005), p. 57. 『중세철학』(서광사).

이들에겐 현란하고도 충격적이었다. 아리스토텔레스 철학의 상당 부분은 기독교 교리와 정면으로 충돌했다. 예를 들어 이 세상이 영원하다는 것, 인간의 영혼이 불멸하지 않다는 것, 하나님은 세상을 섭리로 다스리지 않는다는 것 등이다. 교회는 떠오르는 아리스토텔레스주의에 저항하려 했으나, 13세기 중반에 이르면 그의 철학을 교육하는 일이 다반사였고 결국 그의 철학은 교육 과정 속에 정착되었다. 타계적인(otherworldly) 플라톤적 형태의 기독교 신앙을 이 새로운 철학과 종합하는 과정은 이 시기의 철학자들이 전념했던 가장 중요한 기획이었다.

기본 열망은 여전히 동일했다. 바로 신앙과 이성을 조화시키는 것이다. 그러나 아리스토텔레스의 도입과 더불어 이성은 새로운 의미를 갖게 되었다. 관찰과 실험이 앎의 과정에서 필수가 되면서 이제 이성은 이 창조 세계를 향한 주목과 감각에 대한 새로운 이해를 포함했다. 이 종합을 이룩한 것은 토마스 아퀴나스(1225-1274)의 놀라운 업적이었다. 그러나 그를 이런 길로 이끈 것은 그의 스승인 알베르투스 마그누스(Albertus Magnus, 1206-1280)였다.

알베르투스 마그누스

아리스토텔레스의 도전을 진지하게 받아들인 최초의 철학자는 알베르투스 마그누스였다. 그의 백과사전적 정신은 당대의 모든 지식에 정통했다. 그는 교회 활동을 적극적으로 했음에도 중세 시대 전반을 통틀어 가장 많은 글을 쓴 작가 중 하나로 남았다.

알베르투스는 두 가지에 확고하게 헌신했다. 첫째는 성경과 교부들로부터 물려받은 기독교 신앙이다. 이는 기독교 신앙을 묘사했던 신플라톤주의 형식을 포용함을 의미한다. 둘째는 자연 세계에 대한 증가하는 지식의 양이었는

데, 이는 아리스토텔레스의 작품과 인간 이성에 대한 새로운 인식을 통해 일어났다. 알베르투스 시대에 많은 이는 이 둘에 대한 충성이 대립된다고 생각한 반면, 알베르투스는 이 둘이 양립불가능하지 않다고 보았다. 그는 아리스토텔레스를 통달하여 중세 세계에 소개하려는 일에 나섰다. 그러나 "알베르투스의 작품에 쌓여 있는 어마어마한 양의 자료는 그의 융합 능력과 아직 어울리지 않았다."[2] 아랍 자료와 기독교 자료 이곳저곳에서 나온 아리스토텔레스주의와 신플라톤주의 가닥들이 조화되지 않은 채 나란히 놓여 있었다. 따라서 주석가들은 알베르투스의 작품을 아리스토텔레스적이라거나 신플라톤주의적이라며 다양하게 분류해 왔다. "알베르투스의 작업은 질서 정립보다는 정복하는 성격을 가지고 있다. 통합의 과업은 그의 제자 토마스 아퀴나스에게 남겨졌다."[3]

그럼에도 알베르투스가 토마스의 사상에 기초를 형성할 하나의 구분을 도입한 것은 분명했다. 알베르투스는 계시로부터 나오는 지식(신학)과 자연 세계로부터 유래하는 지식(과학)을 구분했다. 자연 세계의 지식은 창조와의 경험적 대면으로 시작해야 한다. 하나님이 세상을 창조하시고 다양한 피조물에게 나름대로 개별 존재를 부여하셨기 때문이다. 게다가 영혼이 몸속에 깃들어 있기 때문에 지성은 지식을 얻기 위해 감각에 의존한다. 따라서 피조물의 개별 본성을 알 수 있게 되는 것은 오로지 관찰과 실험을 통해서다. 신앙과 계시와 상관없는 경험적 이성이 자연 세계에 대한 참된 지식을 가질 수는 있다. 하지만 이성은 신학적 문제에 관한 지식을 얻기에 불충분하다. 신학적 지식은 계시에 의존한다.

---

2 Josef Pieper, *Scholasticism: Personalities and Problems of Medieval Philosophy*, trans. Richard Winston and Clara Winston (New York: McGraw-Hill, 1964), p. 113.
3 같은 곳.

스콜라주의적 중세 철학의 최고봉: 토마스 아퀴나스

엄청난 몸집과 수줍음 타는 토마스 아퀴나스의 성격 때문에 그의 쾌른 친구들은 그에게 그리 상냥하지는 않게 "말없는 황소"(Dumb Ox)라는 별명을 붙였다. 하지만 당시 생존했던 가장 위대한 학자일 스승 알베르투스 마그누스는 그의 스콜라 철학 논쟁[4]을 보며 그에게서 그 이상의 대단한 무언가를 보고 유명한 예언을 남겼다. "우리는 그를 말없는 황소라고 부르지만 그 황소의 울음이 온 세상에 울려 퍼질 것이다."[5] 토마스가 행한 복음, 아우구스티누스적 기독교, 플라톤과 아리스토텔레스 철학의 놀라운 포괄적 종합은 의심할 나위 없이 중세 시대 절정기 철학의 최고점이었고, 그의 종합은 기독교 신앙뿐 아니라 서구 문명의 전 역사를 지배할 하나의 전통을 확립했다.

토마스 아퀴나스의 생애와 시대

토마스는 1224년 또는 1225년에 아퀴노의 유명 가문에서 태어났다. 그의 가족은 그에게 높은 기대를 걸었다. 그는 신앙과 지성 훈련을 위해 강력한 몬테카시노 수도원에 '헌아'(offered child)로 바쳐졌다. 그는 15세에 나폴리로 이동해 교양학과인 삼학(trivium)과 사과(quadrivium)를 공부했다.[6] 여기서 토마스는 그의 삶을 형성할 두 요소인 도미니코회와 아리스토텔레스의 작품을 만났다. 나폴리에서는 파리와 달리 아리스토텔레스의 작품이 금지되어 있지

---

4 형식을 갖춘 토론 방법으로 중세 시대에 교육 목적으로 사용되었다.
5 James A. Weisheipl, *Friar Thomas D'Aquino* (Washington, DC: Catholic University Press of America, 1977), pp. 44-45. 『토마스 아퀴나스 수사』(성바오로).
6 삼학은 먼저 배우는 세 과목 — 문법, 논리학, 수사학 — 이다. 사과는 대수학, 기하학, 음악, 천문학이다. 이 과목들이 함께 철학 교육을 위한 기초로 여겨지는 교육 과정을 구성한다.

않았고, 바로 여기서 토마스는 그 위대한 철학자를 처음 접하게 되었다. 그는 또한 복음적인 도미니코회도 만났다. 도미니코회는 갓 조직된 교단으로 자발적 가난, 경건, 진지한 성경 연구, 복음전도에 헌신한 단체였다. 또한 학문 연구에도 전념하여 새로 설립된 대학들과 제휴를 맺고 있었다. 이 모든 것이 토마스에게 매력적이었고, 그리하여 19세에 그는 도미니코회 수사가 되기로 결심했다. 이 결정은 가족들에게 환영받지 못했으며, 그는 형제들에게 납치당하는 일까지 당했다. 2년 후 간신히 풀려난 토마스는 1245년에 파리로 향했다. 파리에서 3년, 그리고 쾰른에서 4년을 더 보내며, 토마스는 알베르투스 마그누스에게 지도를 받는 행운을 누렸고 이것이 그의 인생 경로를 결정했다.

토마스는 1252년 그의 나이 27세에 파리로 돌아왔다. 거기서 그는 남은 생애 20여 년을 보낸다. 파리에서의 첫 4-5년 동안 성경과 신학을 강의했고, 특별히 페트루스 롬바르두스의 『명제집』을 가르쳤다. 신학 교과서로 확고히 자리 잡은 이 책은 하나님, 창조, 그리스도, 구속, 성례, 종말론이라는 여러 주제에 관한 교부들, 특히 아우구스티누스의 글을 체계적으로 모은 것이었다. 토마스는 이처럼 아우구스티누스 신학 전통에 깊이 들어갔다.

토마스는 1256년에 신학 마기스터(magister), 즉 교수가 되었다. 그가 파리에서 직면했고 또한 그의 생애에서 작업할 때 그 상황을 계속해서 형성한 것은 아리스토텔레스의 도입을 둘러싼 혼란이었다. 기독교 계시의 진리에는 거의 관심 없이 아리스토텔레스를 무비판적으로 포용한 시제 드 브라방(Siger of Brabant) 같은 이들—아베로에스(Averroës)가 해석한 아우구스티누스에 몰두했기에 때로는 "라틴 아베로에스주의자"(Latin Averroist)라 불리던 사람들—이 있었다. 아베로에스주의자들 가운데 있던 세속주의와 자연주의, 이성주의의 위험은 매우 실제적이었다. 보나벤투라와 요하네스 페캄(John Peckham)

같이 매우 영향력 있는 '중세 아우구스티누스주의자들'도 있었다. 이들은 아리스토텔레스의 유입에 맞서 아우구스티누스 신학의 전통적인 타계성을 계속 옹호했다. 토마스는 이 두 길을 모두 배격하고 아리스토텔레스를 이해하여 아우구스티누스 전통의 정통 기독교 신학 속으로 통합시키는 초인적인 필생의 과업에 자신을 던졌다. 그는 자신의 글 전반에서 아리스토텔레스를 "그 철학자"로 지칭했다.

가장 잘 알려진 토마스의 작품으로는 그의 두『대전』(Summa)이 있다. 하나는 이교도에 맞서 쓴『대이교도대전』(Summa Contra Gentiles)이며 또 하나는 기독교 신앙을 적극적으로 해설하는『신학대전』(Summa Theologica)이다. 둘 다 동일한 분야―하나님, 세상, 인류―를 살피는 기독교 신앙에 관한 포괄적 해설을 제시한다. 더욱이 두 책 모두 세상의 목적은 최상의 존재인 하나님을 향하는 것이라는 아리스토텔레스의 목적론 개념과 결부된 신플라톤주의의 순환 구조를 이용하고 있다. 두 작품 모두 첫 부분에서 만물이 하나님(근원으로서의 하나님)**으로부터** 나온다(exitus)고 했고 둘째 부분에서는 만물이 하나님(목적으로서의 하나님)**께로** 돌아간다(reditus)고 했다. 하지만 두 작품은 각기 다른 목적을 가지고 있다.『대이교도대전』은 무슬림이나 유대인, 이단과의 선교적 만남을 위해 그리스도인을 준비시키는 변증적이고 선교적인 목적을 위한 것이다. 여기서는 "모든 사람이 동의할 수밖에 없는 자연 이성에 호소하는 것"이 필수다.[7]『신학대전』은 신학의 초보자를 위해 기독교 교리를 체계적으로 살피는 보다 적극적인 목적을 가지고 있다. 전반적으로 기독교 신앙의 진리와 계시의 권위가 전제되고 인용된다.

---

7 Thomas Aquinas, *Summa Contra Gentiles*, ed. Joseph Kenny (New York: Hanover House, 1955-57), 1,2,3.『대이교도대전』(분도출판사).

토마스는 무엇보다도 먼저 그리스도인, 그리스도의 제자로, 학자, 교사, 설교자로서 학문을 위한 성경과 기도의 중요성에 전념했다. 토마스의 기도 습관은 모범적이었다. 아퀴나스가 사망한 직후 그의 비서 중 하나인 피페르노의 레기날드(Reginald of Piperno)는 이렇게 언급했다.

그분은 연구나 토론이나 강의나 저술이나 구술에 앞서 탐구해야 하는 신비한 것들에 관한 진리를 보여 주시기를 항상 마음으로부터 눈물로 간구했습니다.… 그리고 어떤 어려움이 생기면…호소 덕분에 문제가 놀랍도록 말끔해지기를 기도로 호소했습니다. 이렇듯 그분의 영혼 속에선 지성과 열망이 어떻게든 어울려 두 기능이 앞서거니 뒤서거니 하며 서로 이끄는 방식으로 자유롭게 서로를 도왔습니다. 그분의 열망은 기도를 통하여 신적 실재로 나아갔습니다. 그리고 이성은 그것을 깊이 이해함으로써 사랑의 불꽃을 더욱 강렬히 타오르게 하는 빛 속으로 끌려 들어갔습니다.[8]

에이던 니콜스(Aidan Nichols)는 토마스의 신학 방법론에 대해 이렇게 말한다. "토마스가 이 주제에 대해 비교적 할 말이 거의 없었다는 사실은 주목할 만하다. 그는 방법론 속에서 길을 잃지도, 지나치게 세련되어 결국에는 혼란을 주는 해석학에 휘말리지도 않았다. 그는 성경, 적절한 형이상학, 선행하는 신학 전통을 가지고 작업을 해 나갔다."[9] 앙드레 에이엥(André Hayen)의 말처럼 토마스는 "성 아우구스티누스뿐 아니라 아리스토텔레스의 깊은 의도

---

[8] *The Life of Saint Thomas Aquinas: Biographical Documents*, trans. and ed. Kenelm Foster (London: Longmans, Green, and Company, 1959), p. 70n44.
[9] Aidan Nichols, *Discovering Aquinas: An Introduction to His Life, Work and Influence* (London: DLT, 2002), p. 167.

에 충실하려 했다. 신적 신앙뿐 아니라 인간 이성의 깊은 목적에 대해서도 마찬가지였다."[10]

토마스는 신학자로서 교회를 섬기기 위해 세상에 대한 보다 충실하고 포괄적인 신학적 전망을 제공하고자 철학을 이용했다. 아리스토텔레스를 채용한 것도 "신학적이고 목회적인 의도를 가지고 요즘 사람들을 위해서"였다.[11] 오웬스(Owens)는 이렇게 평한다. "아퀴나스는 모든 글을 철학자가 아니라 신학자로서 썼다. 그럼에도 아리스토텔레스적 형성이 신학 작업에 스며들었다. 그 자신의 비유를 사용하자면 철학의 물이 신학의 포도주에 흡수된 것이다. 그러나 그것은 철학으로 남아 있었다.…증류를 거쳐 물이 간단히 분리되더라도 물이 포도주에 필수인 것처럼 철학은 그의 신학적 사고에 필수였다."[12] 따라서 토마스의 철학을 평가하려면, 물을 포도주로부터 증류하듯이 그의 철학적 믿음을 신학 작업에서 증류해야 한다.

출발점과 이층 구조

토마스의 기본적 충성에는 세 요소가 있다.

1. 아우구스티누스적 중세 신학 전통

---

[10] André Hayen, Josef Pieper, *Guide to Aquinas*, trans. Richard Winston and Clara Winston (San Francisco: Ignatius, 1962), p. 21에서 재인용.
[11] Hans Küng, *Great Christian Thinkers*, trans. John Bowden (New York: Continuum, 1995), p. 106.
[12] Joseph Owens, "Aristotle and Aquinas", in *The Cambridge Companion to Aquinas*, ed. Norman Kretzmann and Eleonore Stump (Cambridge: Cambridge University Press, 193), p. 38.

2. 분석적 도구 및 자연 세계와 그 적법성 인정을 동반한 아리스토텔레스 철학
3. 아우구스티누스와 아리스토텔레스를 교정하고 비판할 수 있는 하나님의 계시인 성경

그의 최종적 종합이 아우구스티누스적 플라톤주의나 아리스토텔레스의 자연주의와 이성주의를 성경의 빛에 따라 신실하고도 충분히 바로잡았는지 여부는 여전히 핵심 질문으로 남아 있다. G. K. 체스터턴(Chesterton)이 던진 질문처럼, 과연 토마스가 아리스토텔레스를 그리스도에게로 인도했는가 아니면 그리스도를 아리스토텔레스에게로 인도했는가?[13]

아퀴나스가 추구한 바는 지상 영역에 초점을 둔 아리스토텔레스 철학을 천상 영역에 초점을 둔 유력한 아우구스티누스의 신학 전통에 통합시키는 것이었다. "따라서 시대가 요청한 과제는 이것, 즉 상호 거부로 인해 부서질 위험에 처한 두 영역 사이에 정당한 연합을 이루는 것이었다."[14]

첫째, 아퀴나스는 아리스토텔레스에게서 성경적 통찰을 찾아냈다. 성경에 의하면 창조는 선하다. 아퀴나스는 요한복음 주석에서 **세상**이라는 단어에 세 가지 다른 용법이 있음을 강조했다. 둘은 긍정적인 의미로, 선하게 창조된 세상과 그리스도에 의해 새롭게 된 세상이다. 세 번째 용법은 죄로 인해 왜곡된 "창조 세계"를 뜻한다.[15] 따라서 창조 세계는 선하다. 성(性)이 선하고, 몸이 선

---

[13] G. K. Chesterton, *St. Thomas Aquinas: "The Dumb Ox"* (New York: Doubleday, 1956), p. 10.
[14] Pieper, *Guide to Aquinas*, p. 120.
[15] Thomas Aquinas, *Commentary on the Gospel of St. John; Part I: Chapters 1-7*, trans. James A. Weisheipl (New York: Magi, 1998), 1. Lecture 5, 128. Commentary on John 1:10.

하고, 육욕과 열정이 선하고, 심지어 분노도 선하다.¹⁶ 하나님은 세상을 질서 정연하게, 각 피조물은 각각의 본성을 갖도록, 인간은 이 세상을 이해할 수 있는 이성적 능력을 갖춘 하나님의 형상으로 지으셨다. 토마스는 단지 선한 창조만이 아니라 성육신과 성례-둘 다 본질상 물질적이다-를 근거로 하여 자연 세계를 긍정했다. 그러므로 타계적인 자세로 자연 세계를 폄하하는 것은 기독교적이지 않으며 자연에 대한 아리스토텔레스의 높은 평가는 포용되어야 한다. 더욱이 인간의 합리성과 창조의 질서는 세상에 대한 이성적 지식의 발전을 가능하게 한다. 체스터턴이 지적하듯, 프란치스코회를 창설한 존경받는 수사 프란치스코(Francis, 1181-1226)와 토마스 둘 다 창조의 선함을 긍정하는 데 성육신 교리를 회복하려 했다는 점은 흥미롭다.

그러나 아퀴나스는 이 모든 사안에서 아우구스티누스의 수직적인 '하나님을 향한 지향'을 잃지 않았다. 이 지식은 궁극적으로 우리의 지성을 하나님께로 인도할 것이다. 하르낙은 토마스의 체계 전체가 여기로 이어진다고 지적했다. "완벽한 고딕 대성당이…단일한 건축학적 사상을 표현하고, 모든 것을 이에 종속시키며, 심지어 예배의 모든 실제적 필요도 이에 종사하도록 만드는 것처럼, 이 사상 체계도…영혼은 하나님께 근원을 두고 있으며 그리스도를 통해서 그분께로 돌아간다는 단 **하나**의 사상을 표현한다. 심지어 토마스는 이 사상에 주어진 아우구스티누스-아레오파기타적 전환, 즉 하나님은 만유의 주로서 만유 안에 계신다(God *is* all in all)는 점조차도 부정하지 않았다."¹⁷

하지만 토마스는 창조를 긍정하는 일 이상을 한다. 그는 아리스토텔레스

---

16 Pieper, *Guide to Aquinas*, pp. 122, 174에서 아퀴나스를 언급한 내용을 보라.
17 Adolf von Harnack, *History of Dogma*, trans. From the 3rd German edition by Neil Buchanan, 7 vols. (Boston: Little, Brown, 1907), 6: p. 160.

의 자연 영역을 아우구스티누스 신학 전통의 영적 영역에 위계적으로 연관 짓는다. 두 영역이 존재하지만, 위에 있는 은혜의 영적 영역이 아래 있는 자연 영역의 결함을 보완할 필요가 있다. 토마스는 자연과 초자연을 구분한다. 그의 "출발점은 분명히 구분되지만 결코 분리되지는 않는 두 영역, 지식의 두 수준, 비유적으로 말하면 두 층의 분리였다. 하나는 더 높은 확실성이 있고, 다른 하나는 기초적이고 이성적인 면에서 분명 탁월하다. 이 둘은 궁극적으로 상충하지 않으며 근본적으로 조화를 이룬다."[18] 이성은 아래 영역에서 지식을 얻는 기능을 하며 신앙은 위의 영역에서 그리한다. 자연법은 아래 영역에서 지식을 주고 계시는 위의 영역에서 그리한다. 이성의 자연적 빛에 기초한 철학적 지식은 아래 영역에 타당하며 신학은 위의 영역에서 계시에 대한 믿음의 산물이다. 이 종합에서 은혜는 자연을 파괴하지 않고 **완성하고 완전하게 한다**. "계시는 (비록 거짓된, 잘못된 철학을 반대하긴 하지만) 근본적으로 인간의 철학을 적대하지 않으며 오히려 그것을 보완하여 완성하고 완전하게 한다. 토마스의 체계는 이층집과 같다. 아리스토텔레스 철학은 기초이자 일층을 제공한다. 가톨릭 신학은 (철학의 도움으로) 거기에 이층과 지붕을 덧붙임으로써 이를 완성하고 완전하게 한다."[19] 이렇듯 철학은 그 자체로 설 수 있다. 신학에 봉사하는 것과는 별개로 스스로 가치를 가진다.

위층	은혜	신앙	계시	아우구스티누스 신학
아래층	자연	이성	자연법	아리스토텔레스 철학

---

[18] Küng, *Great Christian Thinkers*, p. 111.
[19] Tony Lane, *The Lion Concise Book of Christian Thought* (Herts, UK: Lion, 1984), pp. 94-95. 『기독교 인물 사상 사전』(홍성사).

은혜는 자연을 완성하고 보완하며 완전하게 하고 충족시킨다. 이 모든 말은 아래층이 왜곡되고 타락한 것이 아니라 단지 불충분하다는 뜻이다. 이성은 상당히 (믿을 수 있게) 이끌어 가겠지만 충분치는 않다. 신앙과 계시가 덧붙어 완성해야 한다. 철학은 진리의 사다리에 상당히 높게 올려 줄 수 있지만, 나머지 부분은 신학이 맡아야 한다.

문제는 이런 방식으로 은혜를 자연에 연결시키는 것이 충분히 근본적이냐는 것이다. 이것이 아리스토텔레스의 자연주의와 이성주의를 충분히 뒤엎고 거기에 도전하는가? 죄와 죄가 '자연 영역'과 이성에 미친 영향에 관해 충분히 강한 관점을 가지고 있는가? 은혜와 은혜가 자연 영역과 인간 이성을 (단지 완성이 아니라) 변혁하는 것에 관해 충분히 강한 관점을 가지고 있는가? 이성의 자율성이 충분히 도전받고 있는가? 즉, 이성이 죄에 의해 어떻게 손상되었는지와 은혜가 이성의 방향을 돌려놓을 필요가 있음을 충분히 알고 있는가? 달리 말하자면, 토마스는 이교 철학을 신약성경처럼 근본적으로 다루고 있는가? 기독교적 전용이란 단지 완성인가 아니면 전복이나 반박적 충족인가?[20] 아퀴나스가 아리스토텔레스 철학을 변혁시키고 거기에 새로운 의미를 부여했다는 것은 의심할 여지가 없다. 그가 아리스토텔레스를 그리스도에게 화해시켰다는 것도 의심할 수 없다. 그러나 그 변혁이 충분히 근본적이었는가? 아니면 그의 사상 체계 안에는 여전히 그리스도를 아리스토텔레스에게로 끌고 간 부분이 상당히 남아 있는가?

이 종합 체계가 어떻게 작동하는지 신론—물론 철학적 교리이기보다는 신학적이다—에서 그 예를 볼 수 있다. 이성은 하나님이 **존재한다는 사실을** 보

---

[20] Hendrik Kraemer, "Continuity and Discontinuity" in *The Authority of the Faith* by the International Missionary Council, Tambaram Series 1 (London: Oxford University Press, 1939), p. 4.

여 줄 수 있지만 계시는 그분이 **누구신지**를 말한다. 토마스는 신 존재에 대한 다섯 가지 증명 또는 길을 채용했다.

> 세상에 운동이 있다면, 동인(Mover)이 있어야 한다.
> 세상에 다양한 결과가 있다면, 힘 있는 원인자(Efficient Cause)가 있어야 한다.
> 세상에 개연적 존재가 있다면, 필연적 존재(Necessary Existence)가 있어야 한다.
> 세상에 완전함의 여러 단계가 있다면, 완전자(Perfection)가 있어야 한다.
> 세상에 질서가 있다면, 그것을 명한 지적 존재(Intelligent Being)가 있어야 한다.

이 모든 논증은 창조에 대한 감각적 경험에 기초한 것이며 신의 존재로 움직이기 위한 인과적 규칙으로 채용된다. 그러나 이 증명은 최선의 경우 단지 신이 존재함을 입증할 수 있을 뿐이며, 그가 누구인지를—인격적인 삼위일체 하나님임을—증명할 수 없다. 계시가 자연신학에 이 초과 정보를 보충해야 한다.

토마스 아퀴나스의 인간론, 인식론, 존재론

토마스는 인간론에서 영혼의 자유와 합리성을 강조하면서 몸과 영혼에 관해 그리스적이고 기독교적인 중세 이원론을 주장한다. 그러나 아리스토텔레스의 영향으로 아퀴나스는 몸과 감각에 훨씬 더 높은 가치를 부여하기에 이른다. 물론 여기에 아리스토텔레스만 있었던 것은 아니다. 몸의 부활에 대한 성경적 소망도 있었다. 인간이 존재하기 위해서는 반드시 몸이 필요하다. 실제로 영혼이 몸과 떨어져 존재할 수 있다는 의미에서 불멸이긴 하지만, 그런 상태는 부자연스러우며 앞으로 있을 몸의 부활을 가리킨다. 그래서 토마스는 몸과 영혼 사이에 아주 긴밀한 연합이 있다고 믿었다. 그는 이성적 영혼은 몸의 실질적 형상이라는 아리스토텔레스의 형상과 질료의 언어를 채용한다. 불가시적 영혼이 바로 이 불가시성에서 하나님을 가장 닮았다는 당시의 널리 퍼져 있던 신학적 가설에 반대하여 토마스는 전인-몸과 영혼-이 하나님의 형상 안에 있다고 주장했다. "몸과 연합한 영혼이 몸과 분리된 영혼보다 더욱 하나님을 닮았다. 왜냐하면 그것(몸속의 영혼)이 보다 완전한 방식으로 그 본질을 소유하기 때문이다."[21] 이러한 주장은 성을 포함하여 육체적 삶이 선하며 감각이 지식을 위해 중요하다는 것과 같은 중요한 함의를 가진다.

그럼에도 영적인 것을 물질적인 것보다 가치 있게 여기는 태도는 여전하다. 토마스는 심지어 타락 이전의 아담에게서도 본성의 높은(영적인) 부분과 낮은(물질적인) 부분을 나눈다. 물질적인 것보다 영적인 것이 높다고 여기는 것은 특히 토마스의 완전성 위계에서 분명히 드러난다. 인간에게는 순수하게 육체적인 것(예를 들면 심장박동)으로부터 감각으로, 또 지성이라는 가장 높은 능력으로 이어지는 능력의 위계가 존재한다.

아리스토텔레스에 대한 토마스의 관심은 그의 존재론에도 깊은 영향을 끼쳤다. 하나님은 모든 피조물을 그 종류대로 창조하셨기 때문에 세상에는 질서가 있다. 토마스는 아리스토텔레스에 의지해 피조물들을 현재 모습으로 만들게 하는 질료 안의 다양한 형상과 유형을 말한다. 이 이데아나 형상은 하나님의 마음속에 존재하며 하나님이 세상을 창조하실 때 건축가의 청사진 같

---

[21] Pieper, *Guide to Aquinas*, p. 122에서 재인용.

은 역할을 했다. 그러나 이 형상들은 또한 실체를 현재 있는 모습으로 만든다. 아리스토텔레스에게 이 형상들은 사물을 현재 모습으로 만들었을 뿐 아니라 역동적 변화의 원리였다는 사실을 기억해야 한다. 창조는 정적 질서가 아니라 역동적인 것이었다.

아퀴나스의 사상에서 하나의 중요한 구분은 그의 신학을 아리스토텔레스의 자연주의에서 보호해 주는데, 바로 존재(존재하는 무언가)와 본질(그것이 있는 모습)의 구분이다. 인간적(본질) 존재(있음) 또는 천사적(본질) 존재(있음) 또는 동물적(본질) 존재(있음)가 있다. 오직 하나님 안에서만 존재와 본질이 하나다. 그러나 하나님은 자유로운 사랑의 행위 속에서 그분의 존재를 피조물에게 알려 소통하신다. 따라서 창조와 모든 피조물은 그분의 존재에 참여(participate)하거나 그분을 분유(share)하기 때문에 존재한다. 여기서 아퀴나스는 플라톤의 참여 개념을 긍정한다. 그러나 이 참여가 개체들이 각각 이상적 형상에 참여한다는 것은 아니다. 오히려 각 피조물이, 사실 피조물 전부가 하나님의 존재에 참여한다. 창조는 이런 방식으로 하나님께 깊이 의존한다. "모든 피조물의 존재가 하나님께 의존하기에, 신적 능력의 활동에 의해 존재가 유지되지 않는다면 한순간도 존속할 수 없고 무(nothingness)로 떨어지게 될 것이다."[22]

아리스토텔레스 용어를 사용하는 방식으로 이렇게 창조를 강조할 때, 우리는 세상에 존재하는 죄와 악에 대해 물어야 한다. 아리스토텔레스에게 의존하는 아퀴나스는 죄의 능력, 범위, 심각성에 대해 적절한 답을 제공하지 못하는 것처럼 보인다.

---

[22] Thomas Aquinas, *Summa Theologica*, in 5 vols. (Notre Dame, IN: Ave Maria, 1948), 1a 104, 1. 『신학대전』(바오로딸).

피조물의 유한한 성격은 또한 그 안에서 발견하는 결함과 물질적 해악들을 설명해 준다. 악은 존재가 아니다. 모든 존재는 그 자체로 선하다. 최상의 선인 신적 존재의 반영이기 때문이다. 악은 자연적으로 갖추었어야 하는 존재의 결여다.···하나님은 그러한 악의 원인이 아니다.···그러나 하나님이 그 속에서 이차 원인들의 상호 작용이 피조물들 속으로 결함과 물리적 해악들이 들어올 수 있도록 유한한 우주를 만드시기로 뜻하신 한에서는 우연히(*per accidens*) 악을 유발하셨다고 말할 수 있을지도 모른다. 도덕적 악은 인간의 자유의지에서 유래하는데, 그것은 단지 모든 피조물 속에서 발견되는 제약의 또 다른 표지(sign)일 뿐이다.[23]

아퀴나스의 인식론은 그의 인간론과 존재론에서 나온다. 몸과 영혼의 밀접한 연합은 모든 지식이 우선 감각을 통해서 나와야 함을 뜻한다. "이제 우리의 모든 지식이 감각에서 비롯되기 때문에 감각적 대상들을 통해서 이성적 진리에 도달하는 것은 자연스러운 일이다."[24] 지식은 감각을 통해 관찰되는 구체적인 것에서 지성으로 인식되는 보편자로 움직인다. 지성의 기능은 "개별자로부터 보편자를 떼어 냄으로써 이들의 유사성으로부터 지성으로 인식할 수 있는 성질들을 추상하는 것이다. 예를 들어 개별 인간들이 가진 각자의 성격으로부터 인간의 본성을 추상하는 것이다."[25] 아우구스티누스에게는 신적 조명이 인류에게 보편자를 알게 해 주는 것이다. 그러나 아퀴나스에게는 이성의 자연적 빛이 참된 지식에 도달할 능력을 가지고 있다.

---

[23] Armand A. Maurer, *Medieval Philosophy*, rev. ed. (Toronto: Pontifical Institute of Medieval Studies, 1982), p. 184에서 재인용.
[24] Thomas Aquinas, *Summa Theologica*, 1a, 1, 9.
[25] Maurer, *Medieval Philosophy*, p. 184.

아퀴나스는 알베르투스 마그누스를 따라서 중세 철학 내내 지속되는 보편자 문제에 대한 해결책을 제시했다. 실재론자에게 보편자는 영적 세계나 사물 자체 속에 '정말로 존재한다.' 중세의 신학 전통 대부분은 아우구스티누스를 따라서 이 이상들이 하나님의 마음속에 실제로 존재한다고 믿었다. 그러나 유명론자들은 이에 반발하며 이 이데아들은 단지 마음속에만 존재한다고 믿었다. 보편자들은 단지 이름들(nomina)일 뿐이다. 토마스는 이 보편자들이 세 가지 방식, 즉 하나님 마음속의 유형으로, 실재 피조물 속에서 본질적 형상으로, 마음속의 개념으로 존재한다고 보았다. 이처럼 보편자에 관한 삼중적 설명 체계(elaboration) 속에 참된 지식의 기초가 있다. 사유(마음속 개념)와 존재(피조물 속 형상)의 동일성은 초월적 하나님과 그분이 가지고 있는 창조의 청사진에 뿌리내리고 있다. 따라서 참된 지식은 지성이 사물 자체에 맞추어 하나님의 창조 속에서 그 존재와 본성을 발견할 때 일어난다.

또한 아퀴나스가 결코 하나님이 창조의 궁극적 목적이라는 아우구스티누스적 감각을 잃지 않았음을 인식해야 한다. 모든 지식은 지금 신앙 안에서 시작하여 하나님의 복을 보는(the beatific vision of God, 지복직관) 데서 극치에 이름으로써 그 최종 목표를 궁극적으로 하나님 안에서 발견한다. 아퀴나스는 아우구스티누스를 따라서 하나님만이 인간의 갈망을 만족시킬 수 있다고 믿었다. "지성의 목표가 보편적 진리이듯이 이제 의지, 즉 인간 욕구의 대상은 보편적 선이다. 따라서 보편적 선을 제외하고는 인간의 의지를 진정시킬 수 있는 것은 아무것도 없다는 사실이 분명하다. 그것은 그 어떤 피조물 속에서도 발견될 수 없으며 오직 하나님 안에서 발견된다. 모든 피조물은 참여를 통해서 선함을 갖기 때문이다."[26]

---

[26] Thomas Aquinas, *Summa Theologica*, 1a, 2ae, 2, 8.

평가

알베르투스 마그누스는 확실히 옳았다. 온 세상이 말없는 황소의 울음소리를 듣게 되었다. 토마스는 "이후 세대에 영속적인 영향을…행사했으며, 그의 영향은 오늘날에도 여전히 작용하고 있다."[27] 후대의 서구 역사 관점에서 볼 때, 리처드 타나스는 "아퀴나스가 서양 사상에 미친 엄청난 영향은 특히, 그리스인들에 의해 개발되고 능력 있게 된 인간의 경험적이고 이성적인 지성의 현명한 활용이 이제 기독교의 목적에 놀랍게 봉사할 수 있게 되었다는 그의 확신에 놓여 있다"는 말을 통해 아퀴나스의 가장 위대한 업적을 아마도 정확하게 집어낸다. 하지만 이 엄청난 영향을 평가하기 어렵게 만드는 것에 대해 타나스는 그다음 페이지에서 이렇게 말한다. "이와 같이 아퀴나스는 아리스토텔레스 사상에 새로운 종교적 의의를 부여했다. 아니, 앞서 말했듯 아퀴나스는 아리스토텔레스를 기독교로 개종시키고 세례를 주었다. 그러나 길게 보았을 때, 아퀴나스가 중세 기독교를 아리스토텔레스와 그가 대표하는 가치로 전향시킨 것 또한 사실이다."[28] 여기의 문제의 핵심이 있다. 아리스토텔레스가 기독교로 개종했는가 아니면 기독교가 아리스토텔레스에게로 전향했는가? 답은 물론 둘 다. 그러나 이 문제의 다양한 부분이 어떤 식으로 중시되고 다듬어지는가에 따라 큰 차이가 만들어진다.

아퀴나스가 만들어 낸 종합을 이원론적이라고 보는 강력한 개신교적 비판이 있다. 헤르만 도이어베르트는 아퀴나스가 "기독교와 그리스 이념 세계를 인위적으로 종합"했다고 생각했다.[29] 이 종합은 두 개의 다른 종교 정신—창

---

27 Harnack, *History of Dogma*, 6: p. 155.
28 Richard Tarnas, *The Passion of the Western Mind: Understanding the Ideas That Have Shaped Our World View* (New York: Ballantine, 1991), pp. 188-189.
29 Herman Dooyeweerd, *A New Critique of Theoretical Thought*, trans. David H. Freeman and William S. Young, 4 vols. (Jordan Station, ON: Paideia, 1984), 1: p. 183.

조-타락-구속의 정신과 자연/은혜의 정신―을 합친 것이다. 아퀴나스는 세계를 자연적인 것과 초자연적인 것으로 나누고 타락과 구속의 범위를 초자연적인 것에 국한했다. 이와 같이 죄는 인류의 가장 깊은 종교적 뿌리를 부패시키지 않았다. 인류는 단지 타락으로 약해졌을 뿐이며 자연의 영역에서 "자율성, 즉 상대적인 독립과 자기 결정"을 유지한다. 따라서 자연도 "모든 면에서 은혜와 접촉점을 잃은 채 독립적이다."[30]

이러한 비판을 제기하는 이들은 서구 문화를 낳은 세속주의를 이 종합의 잘못으로 본다. 한스 퀑(Hans Küng)은 그 결과를 이렇게 요약한다.

> 근대는 이로부터 결론을 이끌어 냈다. 세상과 동떨어진 신에 대한 믿음과 신앙 없는 세속성, 실재하지 않는 신과 무신론적 실재. 물론 그것은 토마스 자신이 전혀 의도하지 않은 것이다. 하지만 아퀴나스의 이성과 신앙, 자연과 은혜, 철학과 신학, 세속과 영적 권세의 웅장하고 균형 잡힌 종합은 이 분열로부터 충분히 지켜졌는가?…그가 끼친 영향의 역사와 관련하여 이 사실은 간과될 수 없다. 바로 토마스에 의해 제시된 기독교적 중세의 종합이 극도의 긴장을 가진 것이요, 역사적 발전의 역학에서 자기 파괴적인 것으로 입증된 결과를 가졌다는 사실이다. '낮은 차원에서' 전례 없이 모든 것을 포괄하는 **세속화와 해방의 운동**이 대두되었다."[31]

요셉 피퍼와 에티엔 질송을 포함한 다른 사람들은 토마스 아퀴나스를 극

---

30 Herman Dooyeweerd, *Roots of Western Culture: Pagan, Secular, and Christian Options*, trans. John Kraay (Toronto: Wedge, 1979), pp. 117-118.
31 Hans Küng, *Christianity: Essence, History, and Future* (New York: Continuum, 1995), pp. 425-426(강조는 원문의 것). 참고. pp. 685-686. 『그리스도교』(분도출판사).

찬한다. 이들은 그의 포괄적이고 통합적인 종합을 철학사의 정점으로 본다. 피퍼는 이렇게 생각한다. "성 토마스에게 주어진 아주 특별한 위상은…다음과 같은 사실을 의미할 수밖에 없다. 그가 그의 작품에서 진리 전체를 독특하고도 모범적인 방식으로 진술하는 데 성공했다는 사실 말이다."[32]

우리는 질송이나 피퍼처럼 토마스의 위대한 종합에 매료되지 않는다. 우리 생각에는 그의 체계 전반에 내재적인 구조적 불안정성이 있다. 다른 한편, 도이어베르트의 비판은 다른 많은 이와 마찬가지로 아퀴나스에 대한 그 당시 토마스주의자들의 해석에 빚진 것이 많은 것 같다.[33]

위대한 토마스에게는 칭찬할 게 아주 많다. 하지만 그의 체계 전반을 볼 때 나오는 물음이 있다. 은혜가 자연을 완성한다고 할 때 과연 '완성'은 무엇을 뜻하는가? 불완전한 것을 완성함, 끝나지 않은 것을 끝냄, 부족한 것을 채움이라는 말이 가진 문제는 은혜가 자연에 무언가를 더한다는 말로 보인다는 것이다. 물론 토마스에게도 교정이 있다. 하지만 비틀려 망가진 것들의 근본적인 교정, 갱신, 변혁을 요구하는 강조는 없다. 인생과 이성은 단지 부족한 것이 아니라 죄에 의해 훼손되고 부패되었다. 따라서 죄의 근본적 깊이, 포괄적 범위, 왜곡시키는 성격이라는 면에서 죄가 이 체계 속에서 충분한 위치를 가지고 있느냐는 질문이 여전히 남아 있다. 헨드릭 크래머(Hendrik Kraemer)는 우리가 보기에 훨씬 더 성경에 가까운 용어를 사용한다. 그는 신

---

32 Pieper, *Guide to Aquinas*, p. 20.
33 참고. Arvin Vos, *Aquinas, Calvin, and Contemporary Protestant Thought: A Critique of Protestant Views on the Thought of Thomas Aquinas* (Washington, DC: Christian University press; Grand Rapids: Eerdmans, 1985), pp. 152-158. 그는 "후기 토마스주의자들은 16세기와 17세기 들어 아퀴나스의 본래 가르침에서 상당히 이탈했으며, 이 점에서 후기 토마스주의 전통은 개신교도들이 아퀴나스 자신에게 오랫동안 돌려온 입장과 매우 닮았다"고 지적한다(pp. 152-153).

약성경 저자들이 비기독교 사상과 관습들을 다루는 방식의 "반항적이고 전복적인 성취"를 말한다.[34] 즉, 은혜는 단지 완성만 하지 않았다. 은혜는 또한 비기독교 사상을 근본적으로 전복시켰다. 은혜는 이성을 포함해 모든 인간의 삶을 새롭게 하고 회복시키며 화해시키는 변혁적 능력이다.

아퀴나스는 조심스레 두 '영역'을 짜 맞추어 결합했다. 그러나 두 영역의 융합은 충분히 근본적이지 않았으며, 따라서 그보다 부족한 후대의 사상가들이 "항상 토마스가 만들어 낸 조심스러운 구분을 따르지는 않은 것"은 놀랄 일이 아니다.[35] 실제로 이미 다음 세기에 이르러 조심스레 구성된 이층 구조는 "점차…깨져 나갈" 것이고,[36] 이성과 철학을 포함한 자연 영역은 자율적 방향으로 나아갈 것이었다. 따라서 피퍼는 이렇게 말했다. "먼 지평선 위로 한편으로는 이성을 불신하는 신학과 다른 한편으로는 딜타이가 '과학적 사고의 무신론'이라 규정한 정신적 태도 사이의 대립이 감지될 수 있었다."[37]

계시에 대한 토마스의 이해에 관한 질문이 이와 밀접하게 연관된다. 탁월한 성경 해석 작업을 했음에도, 토마스는 성경적 통찰을 "겉보기엔 무시간적인 교리의 원칙들의 엄격한 체계 속으로" 통합시켰다.[38] 그의 진리관은 근본적으로 그리스적-이데아가 역사 위에 서 있는-이었다. 이에 따르면 우리에겐 신앙과 이성 사이의 긴장이 있다. 신앙은 세상에 관한 확실한 무시간적 진리를 제공하며, 이성은 세상에 관한 진리를 경험적이고 이성적인 과정을 통해 습득한다. 진리를 획득하는 이 두 근원과 방법을 어떻게 연관시킬 것인

---

34 Kraemer, "Continuity and Discontinuity", p. 4.
35 Lesslie Newbigin, *Proper Confidence: Faith, Doubt, and Certainty in Discipleship* (Grand Rapids: Eerdmans, 1995), p. 18.
36 F. C. Bauer, Harnack, *History of Dogma*, 6: p. 161n1에서 재인용.
37 Pieper, *Scholasticism*, p. 135.
38 Küng, *Christianity*, p. 426.

가? 오히려 우리는 "교리, 즉 믿음으로 받아들이도록 주어진 것은 일련의 무시간적 명제들이 아니다. 하나의 이야기다"라고 말한 레슬리 뉴비긴이 바른 길에 서 있다고 믿는다. 기독교 신앙은 "신, 자연, 인간에 관한 무시간적인 형이상학적 진리 체계"가 아니라 이성이 그 안에서 세상을 이해하기 위해 활용해야 할 이야기다.[39]

토마스 아퀴나스의 발자취를 따라: 요하네스 둔스 스코투스, 오컴의 윌리엄, 그리고 중세의 종말

교회는 도무지 막을 수 없는 아리스토텔레스 철학의 진격에 대응하여 1277년에 (욥 38:11에 끄덕이며) 이렇게 선언했다. "여기까지 오고 더 넘어가지 못하리라. 여기가 네 교만한 이성이 멈출 곳이니라." 대표적인 두 대학의 도시-파리와 옥스퍼드-에서 공포된 공식적 교회 칙령을 통해 아베로에스파 이단들이 정죄되었으며, 거기에는 심지어 토마스의 글도 일부 포함되어 있었다. 질송은 이 날을 "중세 철학 역사의 이정표"라고 보았다. "그 이후 철학을 향한 많은 신학자의 태도가 인지할 수 있을 정도로 달라진 것이 그들의 작품에서 보일 정도의…분기점"이 되었다는 것이다.[40] 14세기에는 상충하는 두 흐름이 나타났다. 한편으로는 아리스토텔레스 철학과 이성을 마비시킬 정도의 의심, 다른 한편으로는 아리스토텔레스적 이성의 범위를 새로운 영역으로 계속 확

---

39 Lesslie Newbigin, *The Gospel in a Pluralist Society* (Grand Rapids: Eerdmans, 1989), pp. 12-13.
40 Étienne Gilson, *The Spirit of Medieval Philosophy* (Notre Dame, IN: University of Notre Dame Press, 1991), pp. 408, 385.

장시키는 급성장하는 경험주의 정신이었다. 다양한 역사적 요인이 "신학자의 초자연적 신학과 철학자의 자연신학 사이의 철저한 절연"을 초래했다.[41] 토마스가 그토록 정성스레 건설해 놓은 신앙과 이성의 종합은 해체되었다. 피퍼는 이것이 "중세의 종말"이었다고 말하는데, 중세란 거의 천 년에 걸쳐 이 종합에 모든 힘을 쏟아부었던 헌신으로 정의되던 시대였기 때문이다.[42] 비록 그들이 의도하진 않았다 하더라도 이 절연을 만들어 낸 시대의 가장 중요한 철학자는 요하네스 둔스 스코투스(1266-1308)와 오컴의 윌리엄(1288-1347)이었다.

스코투스와 오컴 모두에게 신앙과 이성의 분리는 기독교 신앙을 이성주의의 침입, 특히 하나님이 필연에 따라 행하신다는 그리스 철학에서 나온 관점의 침입으로부터 기독교 신앙을 지키려는 열망에서 비롯되었다.[43] 기독교 신앙을 보호하기 위해서는 수정이 필요했다. 이성을 자연 세계에 국한하고 신학적 문제에서는 신앙의 권위만을 인정하는 것이 필수인 듯 보였다. 진리는 두 종류로, 오직 신앙으로 접근할 수 있는 계시의 진리와 이성으로 접할 수 있는 자연 세계에 관한 진리다. 이 두 진리를 각각의 구획에 잡아두게 되면 이성은 자연 세계에 국한될 것이고 위험도 야기하지 않을 것이다. 그래서 이성을 제자리에 붙잡아 두기 위해 이중 진리 세계(double-truth universe)가 14세기에 점차 떠올랐다.

요하네스 둔스 스코투스는 1266년경에 스코틀랜드 던스에서 둔스 가문에 태어났다. 그는 당시 수학과 과학 정신이 팽배하던 옥스퍼드에서 공부했는데, 이 정신은 그의 섬세하고 치밀한 논리를 형성하였다. 그는 프란치스코회

---

41 같은 책, p. 465.
42 Pieper, *Scholasticism*, pp. 150-151.
43 같은 책, pp. 137-139.

사제로서 파리 대학에서 강의를 했으며, 이후에 쾰른에 있는 프란치스코회의 스타디움(stadium)으로 옮긴 직후 42세의 젊은 나이로 죽었다.

스코투스는 중세를 벗어나는 첫 발을 뗀 두 철학적 혁신을 제시했다. 첫째는 하나님의 자유 옹호, 둘째는 보편자 문제를 바라보는 새로운 관점이다. 스코투스의 표어는 "자유"—특히 하나님의 자유—였다. 그것은 질송이 "그리스 필연주의"(Greek necessitarianism)라고 부른 것에 대한 반발이었다.[44] 아리스토텔레스 철학의 수용은 신학으로 하여금 이성적으로 행동**해야 하는** 신이라는 견해를 펴도록 만들었다. 스코투스에게 이는 신의 자유 자체를 위협하는 용납할 수 없는 견해다. 오히려 그는 창조에서 하나님의 의지가 작용했다고 믿는다. 하나님은 창조에 대한 여러 가지 생각을 가지실 수 있지만, 그분이 존재하기 원하시는 그런 피조물을 자유롭게 선택하실 수 있다. 하나님은 그분이 원하시는 것을 그분이 원하시는 대로 창조하시는 자유로운 분이시다. 이런 생각은 세상에 대한 경험주의적 접근을 분명 강화시킨다. 우리는 오직 관찰과 실험을 통해서만 하나님이 실제로 창조하신 세상을 파악할 수 있다.

중세 시대 동안 인식론적 성찰을 지배했던 보편자에 관한 성가신 질문이 이와 밀접하게 물려 있다. 스코투스는 보편자로 시작해서 모든 개별자를 전체의 일부로 보는 대신 개별자로 시작한다. 그는 구체적 피조물의 개별성과 개체성을 강조한다. 그는 '이것임'(thisness)—각각 특별하며 별도의 특별한 (each particular and discrete particular) 사물이 그것을 독특하게 만드는 개성 (individuality)을 가지고 있음—을 뜻하는 라틴어 전문 용어 *haecceitas*(하이케이타스)를 사용한다. 한 피조물을 독특하게(distinct) 만드는 것은 그것이 가진

---

44 Étinne Gilson, *History of Christian Philosophy in the Middle Ages* (New York: Random House, 1955), p. 409.

매우 특별한 개체성(particularity)이다. 따라서, 예를 들어 스코투스는 소크라테스를 특별하게(unique) 만드는 것과 그는 보편적 '인류'의 한 개별적 경우가 아님을, 또는 정의의 이 개별적 경우가 보편적 정의의 한 개별적 예가 된다는 것보다는 이 개별적 경우를 만드는 것을 강조한다. 그럼에도 그는 '이것임' 개념을 '공통적 속성'(common nature) 개념과 짝지었다. 각 피조물은 독특한 개별적 존재를 소유하는 동시에 이 모든 별개의 개체들은 같은 부류나 종, 유의 다른 개별자들과 공통의 특성을 지닌다. 소크라테스는 모든 다른 사람과 다른 특별한 개인이었지만, 동시에 다른 인간들과 공유하는 공통적 속성을 지녔다.

따라서 개별자만이 아니라 그것들 속에 존재하는 공통적 속성도 지식의 적합한 대상이다. 스코투스에게 지식은 감각과 추상의 인지 능력을 통해 온다. 감각은 다양한 개별적 개체를 관찰하지만 지성은 추상 능력을 가지고 있다. 추상이란 관찰한 바로부터 다양한 개체에 공통적인 것을 뽑아내는 것을 뜻한다. 지식 대상의 공통적 속성이 "말하자면, 하나의 보편자의 상태를 온전히 성취하기 전에 지성의 추상 능력에 의해 개별자의 예속으로부터 풀려나야 한다는 것이다. 간단히 말해, 보편자는 지성 속에만 존재한다."[45]

이러한 변경 사항은 모두 경험주의 정신을 고취시킬 것이었다. 인간이 세상을 이해하려면 반드시 관찰과 실험을 통해서 세상을 살펴보아야 한다. 그러나 하나님과 구속의 본질은 계시에 의해서만 알려질 수 있다. 피퍼가 올바로 지적한 바와 같이 "둔스 스코투스의 신학적 출발점은 모든 면에서 신앙인과 알려진 것이 맺는 연결을 시제 드 브라방의 세속주의 철학적 관점만큼이나 매우 어려운 문제로 만들어 놓았다. '이중 진리'는 다시금 양편 모두에서

---

[45] Maurer, *Medieval Philosophy*, p. 235.

위협받는 위험으로 대두되었다."⁴⁶ 그럼에도 스코투스는 여전히 초기 중세 전통에 머물렀다. 최후의 발걸음을 떼는 일은 오컴에게 남겨졌다. 그러나 "오컴은 그 일을 하기 위해서 먼저 신과 우주에 일종의 필연성을 들여온 스코투스 철학의 요소를 제거해야 했다. 그것은 다름 아닌 신적 이데아와 공통적 속성들이었다."⁴⁷

오컴의 윌리엄은 1288년 런던 근교의 오컴에서 태어났다. 그는 유년 시절 프란치스코회 교단에 헌아되어 런던 회색수도회(Greyfriars)의 명망 있는 학교에서 교육받았다. 또 한동안 옥스퍼드 대학에서 신학 공부를 한 후 다시 회색수도회의 활기 넘치는 지적 환경으로 돌아갔다. 거기서 그의 신학 작품과 철학 작품 대부분을 썼는데, 이로 인해 그의 정통성에 대한 의문이 제기되었다. 그는 이단으로 정죄되던 1328년에 아비뇽으로 도피해 교황과 다투고 있던 신성 로마 제국의 황제 휘하에서 피난처를 찾았다. 윌리엄은 프란치스코회 교단의 청빈과 재산 소유권에 관한 교황과의 논쟁에 연관된 정치적 문제들에 대해 저술하면서 여생을 뮌헨에서 보냈다. 그는 1347년 60세의 나이로 죽었다.

오컴도 스코투스와 마찬가지로 이성의 능력을 제한함으로써 계시의 진리를 지지하려 나섰다. 그의 철학 기획 전반의 핵심은, 보편자는 하나님의 마음 속에서나 개별적 사물 속의 형상으로나 실재하는 존재를 갖지 않는다는 **유명론**을 옹호하는 것이었다. 참되고 확실한 지식은 감각 경험을 통해서 오는 개별자들에 관한 것이다. 오컴에 관한 명확한 최신 연구로 널리 알려진 글을 쓴 메릴린 맥코드 애덤스(Marilyn McCord Adams)는 다음과 같이 주장한다.

---

46 Pieper, *Scholasticism*, p. 146.
47 Maurer, *Medieval Philosophy*, p. 241.

오컴은 플라톤주의뿐 아니라 자연이 지성 속의 보편자이지만 개별자에서 수적으로 증가됨으로써 이중 존재 양식을 누리게 만드는 '근대 실재론' 교리도 배격했다. 그는 모든 실재하는 것은 개별자요 개체들이며, 보편성은 단지 이름과 그 의미 관계에 의한 특성일 뿐이라고 주장한다. 오컴은 시초적 이름(primary names)을 정신적인 것(즉, 자연적으로 의미 있는 개념)으로 이해하기 때문에 그의 보편자 이론은 **개념주의**(conceptualism)의 한 형태로 분류하는 것이 최선이다.[48]

오컴의 유명론의 둘째 면모는 '존재론적 환원'에 관한 그의 프로그램으로, 특히 아리스토텔레스의 범주 목록 열 개를 실체(substance)와 속성(quality) 둘로 축소시키는 일이다. 이는 우리가 오컴에 대해 듣게 되는 가장 흔한 내용 중 하나―즉, '오컴의 면도날'(Ockham's razor)―와 관련된다. 이는 존재가 필요 이상으로 증가되어서는 안 된다는 원칙이다. 따라서 이론은 간단할수록 좋다. 그러나 엘레오노어 스텀프(Eleonore Stump)가 인식에 관해 아퀴나스와 오컴을 비교하면서 통찰력 있게 지적한 바처럼 "단순한 이론은 그보다 더 복잡한 이론이 설명할 수 있는 것만큼 설명할 수 있을 경우에만 더 복잡한 이론보다 선호되어야 한다."[49] 오컴의 유명론은 언어와 사고가 세상과의 관계에서 어떻게 작동하는지 설명하기를 요구한다. 이 부분에 관한 그의 작업은 복잡하다. 클로드 파나치오(Claude Panaccio)는 의미론과 정신적 언어에 관한 오컴의 견해를 다음과 같이 요약했다. "오컴의 전체 의미론 체계의 기초는 존

---

[48] Marilyn McCord Adams, "Ockham, William, in *The Cambridge Dictionary of Philosophy*, 2nd ed., ed. Robert Audi (Cambridge: Cambridge Univeristy Press, 1999), p. 627.

[49] Eleonore Stump, "The Mechanics of Cognition: Ockham on Mediating Species", in *The Cambridge Companion to Ockham*, ed. Paul Vincent Spade (Cambridge: Cambridge University Press, 1999), p. 194.

재론적이다. 오직 단일한 존재만을 실재로 받아들인다. 그것들은 자연적인 내적 개념에 의해서든 관습적 단어에 의해서든 어떤 식으로만 지칭될 수 있다. 오컴은 광범위한 분석 도구를 동원하여 참된 지식과 언어를 위해서는 오직 단일한 존재만이 필요함을 강조하려고 끊임없이 애쓴다."[50]

오컴의 일관된 유명론은 경험적 관찰과 실험을 통한 세계 이해에 특권을 부여했다. 경험주의에 대한 격려는 하나님의 전능성과 자유에 대한 종교적 옹호에 의해 강화되었다. 하나님은 그분이 하신 것처럼 세상을 창조하시는 데 어떤 이성적 필요에 의해서도 강제되지 않으신다. 하나님의 자유란 그분이 원하시는 방식대로 세상을 창조하실 수 있으셨음을 의미한다. 그것은 또한 그분이 원하시는 방식으로 세상을 구속하실 수 있음을 뜻한다. 하나님은 우리의 이성에 부합하는 식으로 무엇을 하실 필요가 없다. 하나님의 자유에 대한 이런 일관되고 열렬한 변호는 두 가지 일을 했다. 첫째, 부상하는 경험주의를 촉진시켰다. 이것이 실제로 어떻게 하나님이 세상을 만드셨는지를 알 유일한 방법이었기 때문이다. 둘째, 신학적 진리 탐구의 범위에서 이성을 억제했다.[51]

오컴이 모든 종류의 자연신학을 부정하리라는 점은 분명하다.[52] 토마스는 자신의 감각과 이성을 활용하여 신의 존재를 증명할 다섯 논증을 구성할 정도로 대단한 자신감을 가졌다. 오컴에 따르면 인간 이성은 그런 능력을 가지고 있지 않다. 하나님이 어떻게 세상을 구속하시는지에 대해 알 유일한 길은

---

50 Claude Panaccio, "Semantics and Mental Language", in Spade, *The Cambridge Companion to Ockham*, pp. 71-72.
51 Pieper, *Scholasticism*, pp. 147-151를 보라.
52 Alfred J. Freddoso, "Ockham on Faith and Reason", in Spade, *The Cambridge Companion to Ockham*, pp. 326-349를 보라. 프레도소는 오컴의 견해가 "극단적인 지성적 분리주의 방식으로 자연적 이성의 빛을 경멸하기 직전에 멈춘" "평화적 분리주의"라고 설명한다.

그분의 계시를 믿는 것이다. 자연 세계를 아는 유일한 길은 하나님이 그것을 어떻게 만드셨는지를 알기 위해 자세히 살피고, 관찰하며, 실험하는 것이다. 이성은 이 세상을 이해하는 데 국한되며, 신앙은 계시의 진리를 이해할 수 있다.

이렇듯 오컴은 잠재적 이중 진리 세계를 열어 놓았다. 종교적 또는 신학적 진리는 신앙에 의해서만 알려질 수 있으며, 자연적 또는 철학적 진리는 경험적 이성에 의해서만 알려질 수 있다. 오컴은 이로써 아퀴나스가 아주 공들여 만든 통일성을 치명적으로 약화시켰다. 신학적 진리와 철학적 진리, 즉 신앙에 의한 계시의 지식과 경험적 이성에 의한 자연 세계의 지식이라는 두 진리가 존재한다. 피퍼가 지적하듯, "정신의 영역에서…신앙과 이성 사이의 점진적 분리가 일어나고 있었다. 냉혹하게도, 양편 모두에서 이성에 의해 정당화되면서 신앙(fides)과 이성(ratio)―거의 천 년의 노력을 쏟아부어 병합하려 했던―의 분리가 일어나고 있었다. 간단히 말해, 중세의 종말이 벌어지고 있었다."[53]

피퍼에 따르면 중세로부터의 이탈은 이처럼 오컴을 통해서 일어났다. 토마스 아퀴나스의 길, 사실상 중세 시대 전체인 신앙을 이성에 결합하는 길은 비아 안티쿠아(*via antiqua*, 옛 방식)라고 불렸다. 반면에 이 관계를 갈라놓고 유명론을 경험주의에 결합하는 것은 비아 모데르나(*via moderna*, 새 방식)라고 널리 알려졌다.

살며시 다가오는 이성의 잠식은 새 방식을 통해 저지되었다. 하지만 그 대가는? 토마스의 종합을 가능하게 했던 기초 존재론과 인식론적 가정이 침식되었다. 이제 포괄적인 체계란 가능하지 않았다. 가장 궁극적인 재난은 이성

---

[53] Pieper, *Scholasticism*, pp. 150-151.

이 신앙으로부터 해방된 것이었다. 인간의 합리성은 점차 자율적으로 작동하도록 해방되었다. 이성은 결코 중립적으로 또는 진공 속에서 기능하지 않고 언제나 어떠한 신앙적 헌신에 봉사함으로써 작동하기 때문에, 이성은 이제 다른 신을 섬기도록 해방되었다. 모든 철학은 어떠한 신, 어떠한 신앙적 헌신에 봉사하게 마련이다. 그리스도인의 사명은 그 섬김의 대상이 복음에서 계시된 하나님과 성경에 의해 양육된 신앙인지를 살피는 일이다. 오컴의 철학은 그 가능성 자체를 차단했다. 그는 계시를 이성으로부터 보호하기 위해 나섰지만, 자신의 작업이 정반대의 목적을 이루리라는 사실을 알지 못했다. 그 뒤를 잇는 몇 세기에 걸쳐 아리스토텔레스에 의해 처음으로 명시된 자연주의, 이성주의, 세속주의는 서구 문화의 지배적 정신이 되었다.

보낸사람: abby@longobedience.edu

받는사람: percy@secular.edu

제목: RE: 암흑시대

사랑하는 퍼시에게,

빨리 답장하지 못해서 미안해. 중세라는 게 어찌나 지겹게 내 머리를 쥐어짜는지!! 교수님과 커피를 여러 잔 마시고 학교 친구들과 몇 잔을 더 마시고 나서야 이 모든 것에 대해 머리가 돌아가는 거 있지. 내 생각에 핵심 사상은 이거야.

- a. 지나치게 단순화한 것이긴 해도, 플라톤=아우구스티누스, 그리고 아리스토텔레스=아퀴나스로 놓는 것이 생각하는 데 도움이 되었어.
- b. 기독교 철학은 철저히 **선교적**이야. 이것이 아우구스티누스와 아퀴나스가 이룬 업적의 위대함이지. 그들은 복음과 그들 시대의 철학 사이의 선교적 만남을 주선했고

모든 사상을 그리스도께 사로잡아 오려고 했거든.

c. 평가는 그들이 실제로 플라톤주의와 아리스토텔레스주의를 변혁시키는 데 얼마나 성공적이었느냐 하는 점으로 물어야겠지. 나는 지금 단계에선 '부분적'이었다고 말할 거야. 내가 이해한 한에서, 아우구스티누스의 상향적 초점과 아퀴나스의 자연/은혜 이원론이 문제로 보여. 아우구스티누스는 창조의 선함을 손상시키고 아퀴나스는 **도움받지 않는**(unaided) 인간 이성을 너무 높게 보거든.

그래서 암흑시대일까 황금기일까? 나는 둘 다 아니고 그 중간 어디쯤인 것 같아.

영원한 너의,
애비

7장 르네상스와 종교개혁

보낸사람: percy@secular.edu
받는사람: abby@longobedience.edu
제목: 이성은 창녀다!

안녕 애비,
내가 오늘 뭘 발견했는지 믿지 못할 거야. 마르틴 루터가 진짜로 이성은 창녀라고 했다더군. 이성은 돈을 가장 많이 내는 누구와도 같이 잘 거라고 했다는 거야! 이런 견해는 이성이 신인 우리 수업에서 **결코** 잘 넘어갈 수 없을 거야. 루터가 철학에 대해 테르툴리아누스와 같은 견해를 가졌다고 생각해?

너의,
퍼시

주의: 이 메일은 여기저기 전달하지 않는 게 좋을 거야. 특히 가족들에게는 말야!

르네상스

우리는 스코투스와 오컴 같은 인물에게서 아퀴나스의 이층집이 해체되는 것을 목격했다. 그러나 그 해체가 계몽주의에서 열매를 맺기까지는 몇 세기가 더 걸릴 것이었다. 중세와 계몽주의 사이에는 르네상스와 종교개혁이 자리하고 있다. 르네상스는 새로운 사상과 발명이 중세 전통과 뒤섞이는 문지방에 해당하는 시기였다.[1] 르네상스는 프랑스어로 '재생'(rebirth)이라는 의미로 세상에 대한 새로운 발견과 인간됨의 의미에 관한 변화된 견해를 나타낸다.

르네상스는 엄청난 활력이 넘치는 시기로, 이미 당시 사람들도 새 시대에 접어들었음을 인식했다. 화가 조르조 바사리(Giorgio Vasari)는 1550년에 그의 유명한 책 『예술가들의 삶』(Lives of the Artists)을 출판했는데, 그 책에서 고대와 그의 시대 사이의 퇴보한 시기라 보았던 것을 가리키고자 "중세"(the middle ages)라는 어구를 만들었다. 12세기의 대학 출현과 아리스토텔레스의 재발견으로 인해 르네상스에 이르러 삶의 모든 영역에서 에너지가 폭발할 배경이 마련되었다. 후기 중세의 풍요, 손수레 같은 중간 기술의 발명, 마차를 끄는 말의 품종 개량, 인쇄술의 발전과 확산은 이 재생의 시간을 위한 촉매 역할을 했다. 폴 존슨(Paul Johnson)은 이렇게 주장한다. "이렇듯 우리가 르네상스라고 부르는 것의 배경에는 세계 역사상 이전에는 결코 경험하지 못했던 부의 점증하는 성장과 확산, 중간 기술이 규범이 된 사회의 도래, 글이 출판되고 배포되는 방식에서의 놀라운 혁명이 때맞추어 일어난 일이 있었다."[2]

---

[1] 르네상스라는 용어는 19세기에 와서야 쥘 미슐레(Jules Michelet)가 *History of France*에서 쓰기 시작했다.
[2] Paul Johnson, *The Renaissance* (London: Phoenix, 2000), p. 17. 『르네상스』(을유문화사).

르네상스는 대체로 이탈리아에서 시작되었지만 인쇄술은 독일의 발명품이었다. 이 새로운 세계의 첫 번째 베스트셀러는 토마스 아 켐피스(Thomas á Kempis)의 『그리스도를 본받아』(Imitation of Christ)였는데, 이 책은 1471년에서 1500년 사이에 99판을 찍었다. 그 책은 성경을 제외하면 기독교 영성에서 가장 영향력 있는 글로 남아 있다.[3] 르네상스는 문학, 조각, 회화, 건축, 건설, 과학 등 문화에서 엄청난 꽃을 피우는 장이었다. 피렌체는 이탈리아 르네상스에서 최고로 힘 있는 도시였고 단테 알리기에리(Dante Alighieri, 1265-1321)는 가장 잘 알려진 작가였다. 자국어를 쓰는 것이 유럽 전역에 걸쳐 르네상스의 핵심이었으며 단테가 자신의 책들, 특히 가장 유명한 그의 『신곡』(Divine Comedy)을 라틴어가 아니라 이탈리아어로 출판함으로써 이를 주도했다. "단테는 단지 이탈리아어를 고급 예술의 도구로 만들었을 뿐 아니라, 어떤 의미에서는 전례 없는 재능을 갖춘 개인들에 의한 창조적 노력의 새로운 시대인 르네상스 자체를 출발시켰다."[4]

르네상스인들은 마치 여행을 하며 새로운 나라를 발견하듯이 갱신을 이루는 일을 위해서 고대를 되돌아보고 다른 문화들의 통찰을 살폈다. 고대 문서를 찾기 위해 수도원을 찾아 다녔다. 고대 세계의 문헌과 예술을 회복하기 위해 온갖 노력을 쏟아부었으며, 이 일은 콘스탄티노플에서 들어오는 수입품에 의해 더욱 부추겨졌다. 헬라어와 히브리어 학습에 대한 관심이 다시 일어나 성경 연구에서 중요한 결과를 내게 했는데, 그중에서도 가장 선도적인 것은 에라스무스(Desiderius Erasmus)가 편찬한 새 판본의 헬라어 신약성경이었다. 1497년에는 이탈리아에서 4년간 고대 문헌을 어떻게 해석하는지 공부했

---

[3] 토마스 아 켐피스의 *Imitation of Christ*는 시작부터 히에로니무스(Jerome)에게서 물려받은 전도서 해석인 플라톤적 *contemptus mundi*(세상에 대한 경멸)에 의해 형성되었다.
[4] Johnson, *Renaissance*, p. 24.

던 잉글랜드인 존 콜렛(John Colet)이 옥스퍼드에서 바울의 로마서에 대해 선풍적 인기를 모은 연속 강의를 했다. 콜렛은 이 강의에서 스콜라주의적 접근을 버리고 로마서를 역사적 배경에 비추어 해석했다.

예술은 폭발했다. 르네상스 예술의 특징은 사실주의였다. 인간의 형상이 사실적으로 묘사되고 찬양되었다. 이런 의미에서 우리는 철학자 찰스 테일러(Charles Taylor)가 "평범한 것"(the ordinary)이라 부른 것의 회복을 목격한다.[5] 이렇듯 니콜라 피사노(Nicola Pisano, 약 1220-1284)는 피사 성당의 강대상에 새긴 대리석 부조(浮彫)에서 중세 예술의 성인과 천사들의 모습과는 지극히 다른, 고생에 찌든 얼굴을 한 실제 인간을 묘사했다.

르네상스는 부흥을 추구하는 데 혁신적이지 않을 수 없었다. 르네상스의 혁신적 면과 더불어 진보의 교리가 부상하였고, 이것이 근대에 핵심이 되었다. 진보 개념은 확고히 자리 잡았는데 특히 예술에서 그러했으며, 근대인들—그들 스스로를 그렇게 생각했다—은 단지 고대의 영광을 회복할 뿐 아니라 이를 발판 삼아 그 영광을 넘어서야 한다고 믿었다. 르네상스 최고의 예술가 중 하나인 레오나르도 다 빈치(Leonardo da Vinci)는 이렇게 말했다. "스승을 능가하지 못하는 제자는 비참한 자다."[6]

인문주의자들(humanists)은 세상에 매혹되었고 과학에서 중대한 진보를 이루었다. 유럽에서 화약을 알게 되고 화기를 만들어 내면서 새로운 형태의 국가가 생겨났다. 나침반은 콜럼버스(Columbus)와 바스코 다 가마(Vasco da Gama) 같은 탐험가의 지리상 발견을 가능하게 했다. 프란시스 베이컨(Francis Bacon)은 1620년에 저술을 통해 이렇게 주장했다. "인쇄술, 화약, 항해용 나

---

[5] Charles Taylor, *Sources of the Self: The Making of the Modern Identity* (Cambridge: Cambridge University Press, 1989).『자아의 원천들』(새물결).
[6] Johnson, *Renaissance*, p. 107.

침반은…지구 전체의 얼굴과 사물의 상태를 바꾸어 놓았다. 셀 수 없이 많은 변화가 뒤따랐다. 그 어떤 제국이나 집단이나 스타도 이 기계들보다 인간사에 더 큰 권력과 영향을 행사한 적은 없었을 것이다."[7]

20세기 후반 들어서는 르네상스 철학에 관한 새로운 연구가 폭발했다. 이 연구들은 르네상스 철학의 복잡성, 역동성, 다양성을 제대로 깨우쳐 주었다. 여러 분야에서 벌어지고 있는 토론을 통해 르네상스 철학에 대한 전통적인 견해가 개정되고 심화되며 도전받고 있다.[8] 철학에서는 세 주요 전통이 르네상스를 특징짓는다.[9]

인문주의

인문주의는 13세기 말 이탈리아에서 일어났다. 인문주의의 특징적 강조점은 고전적 그리스와 라틴 저자들에 관한 연구였다. 인문주의자들은 이 텍스트를 해석하는 규칙을 고안하고 수사학과 글쓰기에서 로마 작가들을 모방하기를 장려했다. 그들은 수사학, 시, 역사, 윤리에 집중하여 인문학(*studia humanitas*, study of humanity)이라는 용어를 만들었고, 그리하여 그들 스스로를 '인문주의자'라고 불렀다. 그들은 스콜라 철학의 가장 중요한 관심사였던 논리와 자연철학 연구를 경멸했다. 하지만 그들은 결코 반종교적이지 않았다. 인문주의자들은 인류를 위해 바람직한 형태의 교육을 추구했으며, 철학

---

7 Francis Bacon, *The New Organon*, ed. Lisa Jardine and Michael Silverthorne, Cambridge Texts in the History of Philosophy (Cambridge: Cambridge University Press, 2000), I, p. cxxix. 『신기관』(한길사).
8 James Hankins, ed. *The Cambridge Companion to Renaissance Philosophy* (Cambridge: Cambridge University Press, 2007)를 보라.
9 이것은 하나의 일반화로, 모든 고대 그리스 철학을 회복시키려는 진지한 시도가 있었다.

적으로는—특히 아우구스티누스를 통해서—윤리와 종교적 상상력에 적합한 신플라톤주의에서 자원을 발견했다. "피렌체 아카데미의 신플라톤주의 또는 에라스무스나 르페브르 데타플(Lefèvre d'Étaples)의 '그리스도의 철학'은 과학적 질문으로부터 도덕적 삶과 종교적 상상력으로의 전환이다."[10] 인문주의는 폭넓은 관심사를 통해 르네상스의 철학 연구를 풍성하게 만들었으나 그 자체가 위대한 철학자들을 만들어 내지는 못했다.

페트라르크(Petrarch)로 알려진 프란체스코 페트라르카(Francesco Petrarca, 1304-1374)는 인문주의의 아버지로 여겨져 하나의 상징이 되었다. 사실 그는 이탈리아 인문주의의 제3세대 중 핵심 인물이었다.[11] 그는 세네카와 그가 애독했던 키케로 같은 로마의 작가에게 깊은 영향을 받아 그들의 스타일을 모방하여 구현했다. 아우구스티누스의 『고백록』 읽기는 그에게 깊은 인상을 남겼고, 그래서 "그는 아우구스티누스의 영적 자서전을 탐독한 후, 그 교부의 지도 아래 들어가 14세기 사람이 될 수 있는 최대로 아우구스티누스주의자가 되었다."[12] 페트라르카의 『비밀』(*The Secret*)에서 아우구스티누스는 페트라르카가 자신의 내면적 삶과 슬픔을 쏟아내 고백하는 고해 신부로 등장한다. 페트라르카는 아리스토텔레스적 자연주의와의 위험한 연관성이라고 본 것에서 신학을 분리시키고 그것을 자신의 학습 방식과 연결 지으려 했다. 그의 삶은 고대 인본주의에서 영감받은 이 세상에 대한 찬양을 중세적 종교성과 화해시키려는 씨름, 그가 결코 해소하지 못할 씨름으로 점철되었다. "페트

---

[10] Paul O. Kristeller and John H. Randall, general introduction to *The Renaissance Philosophy of Man*, ed. Ernst Cassirer, Paul O. Kristeller and John H. Randall (Chicago and London: Phoenix, 1948), p. 6.
[11] James Hankins, "Humanism, Scholasticism, and Renaissance Philosophy", in Hankins, *Cambridge Companion to Renaissance Philosophy*, p. 39.
[12] Hans Nachod, introduction to Cassirer et al., *The Renaissance Philosophy of Man*, p. 27.

라르카의 내면세계는 키케로와 아우구스티누스 사이에서 분열되었다.···그는 지적 만족과 삶의 지적 가치로 여겼을 다른 것들을 종교적 관점에서 하찮게 여겼다."[13]

플라톤주의

이 상황에서 재발견된 플라톤은 자석과도 같았다. 페트라르카의 프로그램은 초기 인문주의자들이 플라톤의 대화편 일부를 번역하도록 만들었고, 이는 비잔틴 (신)플라톤주의와 혼합되면서 더욱 강화되었다. 니콜라우스 쿠자누스 (Nicholas of Cusa, 1401-1464)는 최초의 서구 르네상스 플라톤주의자였다. 그는 『박학한 무지』(*On Learned Ignorance*, 1440, 지만지)에서 하나님의 불가해성(incomprehensibility of God)을 출발점으로 삼고 이 빛 안에서 인식론을 탐구함으로써 우리 앎의 구성적 차원을 강조한다. 흥미롭게도, 유한자와 무한자(하나님) 사이의 (플라톤주의의 영감을 받은) 근본적 구분에 쿠자누스의 강조는 그를 모든 지식이 상대적이고 불완전하지만 여전히 습득 가능한 것으로 여기도록 이끌었는데, 이는 무한자가 개별자에게로 주입되기 때문이다. 에른스트 카시러(Ernst Cassirer)에 의하면, "지식의 문제에 대한 이런 입장은 쿠자누스를 최초의 근대적 사상가로 만든다."[14] 최근 학계에서는 그만큼 직접적으로 연관 짓기를 더 조심스러워한다.[15] 니콜라우스는 페트라르카와 마찬가지로 신앙이 공적 활동 및 지식 추구와 맺는 관계를 놓고 씨름했다. 그는 기독

---

[13] Ernst Cassirer, *The Individual and the Cosmos in Renaissance Philosophy* (New York: Harper & Row, 1963), p. 37. 『르네상스 철학에서의 개체와 우주』(민음사).
[14] 같은 책, p. 10.
[15] 보다 온건한 견해는 Dermot Moran, "Nicholas of Cusa and Modern Philosophy", in Hankins, *Cambridge Companion to Renaissance Philosophy*, pp. 173-192를 보라.

교에 대한 자신의 이해를 깊게 하는 데서 해법을 찾았다. 그는 그리스도가 유한자와 무한자를 하나로 묶는 "세계의 괄호(bracket)"라고 주장한다.[16] 이는 플라톤주의 및 대부분의 중세 사상과 대조적으로 세상에 대한 긍정적인 견해로 나아간다. "소우주인 인간이 자신 속에 모든 것의 본성을 품고 있다면 그가 신성에게로 높아지는바 **그의** 구속은 만물의 높아짐을 포함해야 한다. 아무것도 고립되어 떨어져 나가거나 어떤 식으로든 배척되지 않는다. 아무것도 구속의 근본적인 종교적 과정 밖으로 떨어져 나가지 않는다. 그리스도를 통해 인간이 하나님께로 올라갈 뿐 아니라 우주도 인간 안에서 그를 통하여 구속을 받는다."[17]

피렌체에 새로 플라톤 아카데미를 설립하는 일을 이끌었던 마르실리오 피치노(Marsilio Ficino, 1433-1499)는 플라톤뿐만 아니라 플로티노스도 번역했다. 심지어 프란체스코 파트리치(Francesco Patrizi)의 기이한 자연철학도 신플라톤주의적 유출 체계를 구현했다. 그러나 피치노에게서 "신플라톤주의의 이원론적 요소들이 완전히 벗겨져 나가고 일원론적 성향이 보다 순수하고 온전하게 나타난 것"은 매우 중요하다. "이 점에서 르네상스의 신플라톤주의자는 **우주의 아름다움**을 전면에 내세웠다.…심지어 그에게 신성이란…장엄한 세계 통일성(world-unity)이었다."[18]

플라톤주의자 가운데 피코 델라 미란돌라(Pico della Mirandola, 1463-1494)를 언급하지 않을 수 없다. 그는 『인간 존엄성에 관한 연설』(*Oration on the Dignity of Man*, 1486)에서 르네상스의 중요 주제 중 하나인 인류의 존엄성, 독특함, 영광을 깊이 성찰했다. 그는 셋째 단락에서 창조 때 하나님이 인간에게

---

[16] Ernst Cassirer, *The Individual and the Cosmos*, p. 39.
[17] 같은 책, p. 40(강조는 원문의 것).
[18] Wilhelm Windelband, *A History of Philosophy* (New York: Macmillan, 1901), p. 358.

다음과 같이 말하는 장면을 상상한다.

> 아담아, 우리는 너에게 일정한 자리도, 고유한 면모도, 특정한 임무도 부여하지 않았노라! 어느 자리를 차지할지, 어떤 면모를 취할지, 어떤 임무를 맡을지는 너의 희망대로, 너의 의사대로 취하고 소유하라.…너는 어떤 경계로 제한되지 않으니 너 스스로 본성의 법칙을 세우라.…너는 명예롭게 임명된 심판자처럼, 너 자신의 조형자요 제작자로서, 네가 원하는 모양대로 너 자신을 빚어내리라. 너는 너 자신을 짐승 같은 낮은 존재로 퇴화시킬 수도 있으리라. 그리고 네 정신의 의사에 따라 신적이라 할 높은 존재로 다시 자랄 수도 있으리라.[19]

근래의 연구에서는 이 인용문을 인간의 자율성에 대한 시대착오적인 근대적 주장으로 읽지 않고 그것이 쓰인 역사적 맥락에서 읽는 것의 중요성을 제대로 강조해 왔다. 그럼에도 피코는 그리스도인으로서 인간의 자유와 상대적 자율성을 강조하면서 인간의 피조성에 대한 비성경적 사상을 무심코 드러냈다. 인간의 자유와 자율성에 대한 이런 강조는 계몽주의에 이르러 전면에 나타나 중심에 서게 된다.

철학적 배타주의: 아리스토텔레스주의

아리스토텔레스주의는 지배적인 철학은 아니더라도 르네상스와 그 이후 시대에 다양한 형태로나마 남아 있었다. 이 단락에서 우리의 관심은 철학의 자

---

[19] Pico della Mirandola, *On the Dignity of Man*, trans. Charles G. Wallis et al. (Indianapolis: Hackett, 1965), pp. 4-5. 『피코 델라 미란돌라: 인간 존엄성에 관한 연설』(경세원).

율성을 강조하는 다양한 종류의 아리스토텔레스주의에 초점을 맞추는 일이다. 도미니크 이오리오(Dominick Iorio)는 철학이 진리의 자율적 근원이라는 주장에 대해 중세의 신앙인들은 네 가지로 반응했다고 말한다.[20]

1. 신학적 배타주의: 테르툴리아누스가 취했던 것 같은 견해로, 복음과 신학을 특권화하고 철학이 거의 가치가 없거나 무가치하다고 보는 입장이다. 클레르보의 베르나르두스가 대표적인 예다.
2. 신학적 환원주의: 계시 진리에 우선권을 부여하지만 신학을 다듬고 발전시키는 데서는 이성의 자리를 인정한다. 대표적인 예는 보나벤투라와 안셀무스다.
3. 신학적 이성주의: 신앙과 이성은 진리의 두 길이며 각각 고유한 방법과 증거의 규칙들을 가진다. 신앙과 이성 사이의 충돌은 신앙에 호소하여 해소해야 하지만 이성은 여전히 신학의 시녀로서, 또한 자연 세계를 분석하는 중요한 역할을 수행한다. 대표적인 예는 페트루스 롬바르두스와 토마스 아퀴나스다.
4. 철학적 환원주의(배타주의): 철학의 모험은 고유한 완전성을 가지며, 신학이나 신앙과 충돌하는 경우라도 철학 고유의 방식으로 수행되어야 한다는 접근이다. 대표적인 예는 시제 드 브라방과 장 드 장뎅(John of Jandun)이다.

르네상스 철학의 셋째 주요 유파는 만토바의 피에트로 폼포나치(Pietro

---

[20] Dominick A. Iorio, *The Aristotelians of Renaissance Italy: A Philosophical Exploration*, Studies in the History of Philosophy 24 (Lewiston: Edwin Mellen Press, 1991), pp. 14-18.

Pomponazzi of Mantua, 1465-1525)와 야코포 자바렐라(Jacopo Zabarella 1533-1589) 같은 사상가의 인본주의적 아리스토텔레스주의로, 이는 철학적 배타주의 범주에 속한다. 파리에서는 아리스토텔레스주의가 (긍정적이건 부정적이건) 신학과 밀접한 관계를 맺고 있었던 반면, 이탈리아의 대학에서는 그러한 제약이 없었다는 점이 중요하다. "피치노와 플라톤주의자들은 헬레니즘 세계와 알렉산드리아의 종교철학자들에게로 돌아갔다. 그와 달리 폼포나치가 시작해 자바렐라에게서 절정에 이른 자연주의적 인본주의는 부상하는 자연과학 정신과 조화를 이루고 현저히 스피노자를 예견하게 하는 독창적 철학인 이탈리아의 오랜 아리스토텔레스주의 전통에 기초를 두었다."21 이런 아리스토텔레스주의는 아베로에스주의(Averroism)로 알려졌다. 이는 아리스토텔레스의 전 작품에 관한 수많은 무슬림식 주석을 펴내어 최대의 영감을 준 아베로에스(1126-1198)에게서 비롯된 명칭이다.

이 접근은 토마스와 달리, 아리스토텔레스가 기독교 신앙과 불일치하는 데서도 그를 따르기를 주저하지 않으며 발전해 나갔다. 14세기의 첫 20년 동안 파리에서 가르쳤던 장 드 장댕은 그의 철학에서 이성과 경험을 떠나서는 어떠한 권위도 인정하지 않았다. 그는 열려 있는 이성주의자임을 공언하면서 신앙을 조롱하고 토마스에게 타협적 신학자라는 딱지를 붙였다. 폼포나치의 작업은 점점 커져 가는 철학과 신학 사이의 관계를 단절시키려는 의도를 보여 준다.22

이 아리스토텔레스주의자들을 판단할 때 시대착오적 오류에 빠지지 않으려 주의해야 한다. 이를 후대의, 근대의 철학 발전과 강하게 연결시키는 것에

---

21 Kristeller and Randall, general introduction, p. 9.
22 Iorio, *The Aristotelians of Renaissance Italy*, pp. 114-140를 보라.

대해 학자들의 의견이 분분하다. 제임스 핸킨스(James Hankins)는 "병합파"(lumpers)와 "세분파"(splitter)라는 두 접근 방식이 있음을 환기시킨다.[23] 병합파는 후대의 철학 발전과의 연관성을 강하게 주장하는 반면에 세분파는 차이를 강조한다. 물론 이 두 접근은 상호 배타적이지 않다. 핸킨스의 지적처럼 "근대성의 계보와 속성을 이해하려는 그 어떤 기획이라도 르네상스 철학에 중심적 위치를 부여하는 일을 하지 않을 수는 없다."[24] 그 자신이 주요 '세분파'인 크리스텔러(Kristeller)는 폼포나치에 대해 이렇게 말했다. "그는 이성과 신앙, 철학과 신학 사이에 분명한 구분선을 긋고 신앙의 요구나 이성에 기초를 두지 않은 어떠한 주장에도 침해받지 않는 그 고유의 영역 안에서 이성과 철학의 자율성을 확립하려 했던 사상가들의 긴 행렬에 속한다.…이성에 지분이 있는 모든 이는…이 태도에 감사해야 하며 기꺼이 이를 포용해야 한다."[25] 근대성으로 이끈 것이 바로 이 이분법이며, 우리가 포용하지도 권하지도 않는 것이다.

아리스토텔레스주의자들 일부에서 점점 힘을 얻어 가던 자연주의적이며 과학적인 철학은 인문주의자들의 강한 반발에 부딪쳤다. "이처럼 16세기 초 이탈리아의 두 커다란 철학의 경쟁자는 자연주의적 인문주의와 상상력 풍부한 종교적 인문주의였고, 그중 전자가 널리 퍼져 나가며 급속도로 세력을 확장했다."[26] 전자의 영향력은 매우 강한 것으로 밝혀졌다. 16세기의 이성주의자들은 17세기 자유사상가들, 특히 프랑스의 자유사상가들에게 영감을 주었

---

23 James Hankins, *Humanism*, vol. 1 of *Humanism and Platonism in the Italian Renaissance* (Rome: Edizione di Storia e Letteratura, 2003), pp. 573-590.
24 같은 책, p. 3.
25 Paul Oskar Kristeller, *Eight Philosopher of the Italian Renaissance* (Stanford: Stanford University Press, 1964), p. 90.
26 Kristeller and Randall, general introduction, p. 11.

다. 갈릴레오(Galileo)는 플라톤주의에 별로 빚진 게 없지만 이탈리아 여러 대학의 비판적 아리스토텔레스주의에는 크게 신세를 졌다. 바루흐 스피노자(Baruch Spinoza)와 고트프리트 라이프니츠(Gottfried Leibniz)는 이탈리아 아리스토텔레스주의의 영향력이 17세기 중반에도 계속되고 있었음을 보여 주는 예다.

르네상스는 맨 앞에서 본 것처럼 하나의 문턱을 넘어가는 엄청난 활력을 지닌 시기였다. 긍정적인 면에서 그것은 이 세상에 대해 다시금 매혹을 느끼게 했다. 존 듀이(John Dewey)는 "다른 세상에서 이 세상으로, 중세의 특징인 초자연주의에서 자연과학, 자연적 활동, 자연적 접촉에서 즐거움을 갖는 것으로" 초점이 바뀌었다고 말한다.²⁷ 많은 그리스도인이 르네상스에 깊이 관련되어 있었으며, 그들 없이 종교개혁을 상상하기란 불가능하다. 사실 당시에 르네상스가 어떤 결과를 낳을지 알기란 분명 어려웠을 것이다. 기독교는 여전히 힘이 있었지만, 세속적 인본주의의 씨앗이 특히 인본주의적 아리스토텔레스주의 속에 이미 존재했다. 따라서 로널드 웰스(Ronald Wells)의 말이 옳다. "다른 상황, 종교적 덮개가 잘려 나간 상황 속에서는, 새로운 형태의 인간적 **자기주장**은 (필연적으로) 세속적 세계관이 되고 말 것이다. 그러나 르네상스에서 최종적 돌파가 이루어지지는 않는다. 그럴 가능성이 분명 거기에 있고 때가 되면 나올 것이긴 하지만 그 일이 14세기에서 16세기에 일어나지는 않는다."²⁸

이렇듯 14세기에 '다시 태어난' 인문주의는 18세기 계몽주의 운동 이전까

---

27 John Dewey, *Reconstruction in Philosophy* (1920; repr., Boston: Beacon Press, 1957), pp. 47-48. 『철학의 재구성』(아카넷).
28 Ronald A. Wells, *History through the Eyes of Faith* (New York: Harper Collins, 1989), p. 75. 『역사』(IVP).

지는 '세상의 빛'의 지위를 주장하지 않았다. 아퀴나스의 이층집은 쪼개졌다. 자연 세계-세속(saeculum)-는 은혜의 영역에서 분리되었고 학문적 관심의 주된 초점이 되어 갔다. 하나님의 선한 창조에 대한 새로운 즐거움은 그 자체로는 틀림없이 건강한 발전이었지만, 점차 이 세상 속에서 하나님의 관여와 권위를 감소시키거나 심지어 부정하는 대가를 치르게 될 것이었다. 따라서 빈델반트는 이렇게 주장한다.

> **순수하게 이론적인 정신의 새로운 탄생**이 과학적 '르네상스'의 진정한 의미이며, 거기에는 또한 그 발전에 결정적 중요성을 가진 **그리스 사상과의 정신적 친족 관계**가 존재한다.…실재에 대한 지식이 다시 과학 연구의 절대적 목적인 것처럼 나타났다.…그 최초의 독립적인 지적 활동은 무관심한 자연 개념(disinterested conception of Nature)으로의 복귀였다. 르네상스의 전체 철학은 이 목적을 향해 나아갔으며, 이 방향에서 그 위대한 결과들을 성취했다.[29]

종교개혁

이냐시오 데 로욜라(Ignatius Loyola, 1491-1556)-예수회의 창시자로, 반종교개혁을 이끌었다-와 초기 종교개혁자들이 동시대인이었다는 것은 역설적이다. 이냐시오와 장 칼뱅(John Calvin)은 물론 데시데리우스 에라스무스 또한 모두 파리의 콜레주 드 몽테규에서 큰 영향력을 가졌던, 일찍이 하우다의 공동생활 형제단에서 교육받았던 얀 스탄동크(Jan Standonck) 교장의 지도하에

---

29 Windelband, *History of Philosophy*, p. 350(강조는 원문의 것).

공부했다. 에라스무스는 르네상스 기독교 인문주의의 위대한 상징이 되었으며, 그가 출판한 신약성경 헬라어 판은 1522년 루터(Martin Luther)의 독일어 번역본과 함께 시작된 16세기의 자국어 번역본들의 기초를 제공했다. 인문주의자들은 앞서 살펴본 바와 같이 이전 세기의 스콜라 철학에 반발했으며 교회에 무비판적이지 않았다. 결정적 문제는 그 비판이 어디까지 가느냐는 것이었다. 에라스무스는 중세 교회에 대한 루터의 저항으로부터 물러섰으며 의지의 자유에 관한 질문을 놓고 루터를 불쾌하게 생각했다. 칼뱅은 루터를 이어받았고 종교개혁을 아주 중요한 방식으로 형성하는 데 인문주의 자원을 활용했는데, 특히 기념비적인 『기독교 강요』가 그러하다. 이냐시오는 반종교개혁에 병력을 제공했다.

종교개혁이 흐려진 복음의 여러 차원을 회복함으로써 철저히 기독교의 갱신을 가져왔다는 사실을 인정해야 한다. 종교개혁자들은 창조의 선함을 다시금 확언했다. 종교개혁자 마르틴 루터(1483-1546)와 장 칼뱅(1509-1564)은 수사와 사제를 높이 '신성한' 층에 올려놓은 이원론에 반대해 우리는 모든 문화적 소명 가운데 이웃을 섬김으로써 하나님을 섬긴다고 주장했다. 따라서 루터는 마리아가 천사 가브리엘의 방문을 받은 직후(눅 1:26-38)에 그저 집안일—젖 짜기, 요리, 설거지, 청소—로 돌아갔으리라 생각한다. 루터에게는 모든 인간의 책임이 거룩한 소명이다. 그리스도를 수태하도록 부르심받건 저녁상을 차리건 동등하게 거룩하다. 종교개혁자들은 또한 죄의 범위와 깊이도 강조했다. 그들은 인본주의가 다시 떠오르면서 그에 도취하여 죄 개념이 간과되어 왔다고 믿었다. 나아가 종교개혁자들은 (늘 일관성 있게 하지는 못했어도) 구원이 창조된 인간적 삶의 갱신임을 가르쳤다.

종교개혁자들은 신학에 집중했으며, 그들이 철학에 직접 남긴 유산은 많지 않았다. 루터는 그의 죄 관점으로 스콜라 철학뿐 아니라 철학을 지배하던 도움받지 않는 이성이라는 관점도 강력히 질타했다. 철학은 창녀요, 돈을 가장 많이 내는 누구와도 같이 자리라는 그의 선언은 악명 높다. 칼뱅의 철학 비판은 그보다 온건했는데, 실제로는 루터주의자나 칼뱅주의자 모두 자신의 학문에서건 그들이 정립한 교육 프로그램에서건 아리스토텔레스를 활용했다.

따라서 철학에 관한 한 종교개혁자들의 수사법과 실천을 구분하는 것이 중요하다. 많은 르네상스 사상가와 마찬가지로 종교개혁자들도 중세 스콜라 철학에, 따라서 아리스토텔레스에 강하게 반발했다. 루터와 칼뱅은 신학에서의 철학적 개념 사용을 반대했으며 기독교적 아리스토텔레스 세계관 같은 모델을 어떤 식으로건 명시적으로 사용하기를 배제했다. 그들은 신적 본질과 속성에 관한 형이상학적 논의를 경계했지만 단순성, 무한성, 영원성, 편재성, 전지(全知) 같은 하나님의 전통적 속성에 관한 진리를 부정하지는 않았다.

일부 학자는 종교개혁자들과 그들을 뒤이은 개혁파 정통주의(Reformed orthodoxy) 사이에 명백한 단절이 있다고, 적어도 철학에 관해서는 그렇다고 보기도 한다. 리처드 멀러(Richard Muller)와 몇몇 학자는 이것이 이따금씩 제기되는 것만큼 명백하지는 않음을, 16, 17세기에 대학과 학계에 몸을 담은 경우라면 특히 그러함을 보여 준다. 1520년에서 1523년 사이 루터파 지역에서 일어난 개혁에서 아리스토텔레스의 **물리학**, **형이상학**, **윤리학** 강좌는 중단되었지만 그의 **논리학**, **수사학**, **시학** 강좌는 유지되었다.[30] 논리학과 수사학의 도구들은 신학과 설교를 가르치는 데 필수적인 것으로 간주되었다. 독일의 스승(Praeceptor Germaniae, Teacher of Germany)이라 불린 필립 멜란히톤(Philipp Melanchthon)은 1529년에 아리스토텔레스의 『니코마코스 윤리학』

---

[30] Richard Muller, *Post-Reformation Reformed Dogmatics: The Rise and Development of Reformed Orthodoxy, ca. 1520-ca. 1725*, 2nd ed., 4 vols. (Grand Rapids: Baker Academic, 2003), 1: pp. 363-364. 『신학 서론』(부흥과개혁사).

(*Ethics*, 길)에 대한 주석을 출판했으며 곧 뒤이어 교육과정 속에 물리학과 자연신학을 도입했다. 빈델반트는 이렇게 지적한다.

> 루터의 신앙심 깊고 강렬한 영혼의 힘은 이론-심미적이고 종교에는 무관심한 인문주의자들의 본성과는 거의 조화될 수 없었다. 그럼에도 루터는 학문적 형식으로 글을 쓰고자 할 경우 자신의 기초를 놓을 개념들을 철학에서 빌려와야 할 필요성을 받아들여야 했다. 하지만 루터가 스콜라주의적 아리스토텔레스주의를 격렬하게 배격했던 것과는 달리 멜란히톤의 유화적 성격은 바로 여기에 들어왔다. 이 박식한 루터의 동료는 또한 바로 여기서 옛 전통을 개편된 전통과 대립시키면서…**인문주의적 아리스토텔레스주의를 개신교 철학**으로 도입했다. 이 경우 소요학파의 체계는 단지 세속적 과학 학과에서 신학의 대체물로만 여겨졌을 뿐이며…개신교 대학에서는 그러한 것을 두 세기 동안 가르쳤다.[31]

철학이 복음과 조화되지 않기에 배격한다는 테르툴리아누스 주장의 중심에는 골로새서 2:8이 있었다. 이 구절에 관한 종교개혁자의 주석에는 철학에 대한 그런 배격이 나타나지 않는다.[32] 칼뱅은 2:8이 그리스도에 뿌리를 내리고 굳게 서라고 독자들을 권면하는 문맥 속에 있음을 옳게 지적한다. 칼뱅에 따르면 이렇다. "많은 이가 바울이 여기서 철학을 정죄하고 있는 것으로 **잘못**

---

31 Windelband, *History of Philosophy*, p. 364(강조는 원문의 것). 참고. Richard Muller, *Post-Reformation Reformed Dogmatics*, 1: pp. 364-365. 소요학파의 체계란 아리스토텔레스의 철학 학교를 의미하는데, 그러한 이름이 붙은 것은 아리스토텔레스가 걸어 다니며 강의를 했기 때문이다.
32 프랑스 위그노 목사 장 달레(Jean Daillé, 1594-1670)는 골로새서에 관한 중요하고도 방대한 주석을 썼다. 2:8에 대한 그의 견해는 Muller, *Post-Reformation Reformed Dogmatics*, 1: p. 367를 보라.

생각해 왔으나 우리는 바울이 그 말을 무슨 뜻으로 했는지 바로 밝혀야 한다. 내가 보기에 바울은 인간들이 스스로의 이성으로 지혜롭기를 바라여 고안해 낸—그리고 이성의 그럴듯한 평계와 외견상 가능성을 갖춘—모든 것을 말하고 있다."[33] 아버지께서 그리스도를 우리의 유일한 선생으로 세우셨고, 칼뱅은 복음의 단순성을 유지하는 데 관심을 기울인다. 골로새서 2:9은 왜 어떤 철학이 배격되어야 하는지 우리에게 경고한다. 그런 철학은 뭔가를 덧붙여 부족함을 채우려 한다. "그러나 그리스도 안에 아무것도 더할 수 없는 완전함이 있다."[34]

칼뱅은 플라톤이 고대인 중에서 가장 종교적임을 분명히 밝히고 영혼의 불멸성에 관한 그의 이해를 두고 그를 칭찬했다. 칼뱅은 스콜라 철학과의 연관성 때문에 아리스토텔레스를 비판하지만, 세계 질서와 인과성에 관한 견해에서는 아리스토텔레스에게 의존함을 분명히 밝힌다. 이처럼 철학에 관한 칼뱅의 견해는 복잡하다. 철학에 관한 그의 정확한 견해는 논란거리이며, 이는 특히 그에게 뿌리내리고 있다고 주장하는 다양한 개혁주의 전통 속에서도 그러하다.

분명한 기독교적 철학의 중요성을 강조해 온 아브라함 카이퍼와 여러 신칼뱅주의 유파는 자신들의 뿌리를 칼뱅에게서 찾는다. 예를 들어 헤르만 도이어베르트는 "근본적 기독교 철학은 오로지 칼뱅의 종교적 출발점에서 이어지는 선상에서만 발전할 수 있다"고 강조했다.[35] 이는 칼뱅이 타락으로 인

---

[33] Jean Calvin, *Paul's Epistles to the Galatians, Ephesians, Philippians and Colossians*, trans. T. H. L. Parker, ed. David W. Torrence and Thomas F. Torrence (Grand Rapids: Eerdmans, 1965), p. 329(강조는 추가됨).
[34] 같은 책, p. 230.
[35] Herman Dooyeweerd, *A New Critique of Theoretical Thought*, trans. David H. Freeman and William S. Young, 4 vols. (Jordan Station: On: Piadeia, 1984), 1: p. 515.

한 이성의 부패를 강조했기 때문이다. 그러나 칼뱅의 신학은 결코 그러한 주장에서 비치는 것처럼 명료하지는 않다. 듀이 호이텡가(Dewey Hoitenga)는 하나님에 관한 지식에 대한 칼뱅의 견해를 면밀히 검토한 후 이렇게 결론 내린다.

> 그러나 칼뱅은 이해를 추구하는 신앙이라는 아우구스티누스의 공식을 그의 입장이나 사상에 통합시키지 않는다. 이는 **그가 인간 이성에 미치는 은혜의 인식적 영향을 명확히 설명하지 못하기 때문이며** '헛된 사변'을 강력히 배격하는 가운데 경건한 철학적 탐구의 가능성을 의심하는 경향이 있기 때문이다.…칼뱅의 종교적 인식론의 중심은 신자와 불신자에게 공통으로 있는 인간이 하나님을 아는 지식의 직접성과 활력에 있었다.[36]

칼뱅은 인간이 신의식(*sensus divinitatis*)을 부여받고 창조되었다고 가르쳤다. 우리는 본성으로 하나님이 존재하심을, 그분이 우리의 창조주이심을, 그분은 웅대하심을 안다. 이 지식은 직접적이며 생생하다. 또는 요즘 식으로 말하자면 실존적이다. 이 지식의 한 근원은 하나님의 솜씨를 온전히 드러내 보여 주는 증거인 우주다. 존 베일리(John Baillie)가 말한 대로 "자연은 하나님을 위한 논증이 아니라 그분의 성례전이다."[37] 따라서 인류는 하나님께 **항상 응답하지만** 그 응답의 성격은 기독교 신앙의 유무에 따라 결정된다. 신앙을 떠난 인간은 공허한 사변과 우상숭배에 빠진다. 그러나 기독교 신앙은 하나

---

36 Dewey J. Hoitenga Jr., *Faith and Reason from Plato to Plantinga: An Introduction to Reformed Epistemology* (Albany: SUNY, 1991), p. 174(강조는 추가됨).
37 John Baillie, *Our Knowledge of God* (New York: Charles Scribner's Sons, 1939), p. 178. 『하나님과의 만남의 신학』(보이스사). 이 문제에 관해서는 Hoitenga, *Faith and Reason*, pp. 156-157를 보라.

님에 대한 타락한 자연적 지식을 타락 이전 인간의 특징이었던 하나님을 바르게 예배하는 경건한 지식으로 회복시킨다. 칼뱅은 『기독교 강요』 첫머리에서 하나님에 관한 지식과 우리 자신에 관한 지식은 뗄 수 없이 묶여 있다고 주장한다. 그리고 타락이 이성처럼 우리에게 있는 선한 선물들을 부패시켰다는 점도 명확히 한다. 하지만 칼뱅에게 타락은 주로 "천상의 것들"과의 관계에서 모습을 드러낸다.[38] 학예, 정부, 가정 살림, 기계적 기술 같은 "지상의 일"에서는 "누구도 이성의 빛을 결여하고 있지 않기 때문이다."[39]

그러므로 한 해석에 따르면 칼뱅은 도움받지 않는 인간 이성이 영적이지 않은 영역들에서는 완전히 제대로 기능한다고 본 반면 이성의 타락이 영적 지식에 영향을 미치는 것으로 보는 인식론적 이원론을 포용한다고 이해할 수 있다. 따라서 알빈 보스(Arvin Vos) 같은 사람이 칼뱅과 토마스 아퀴나스가 보통 생각하는 것보다 철학적으로 더 가깝다고 주장한 것은 놀랄 일이 아니다.[40] 마찬가지로 벤저민 워필드(Benjamin B. Warfield)와 프린스턴 개혁주의 신학은 적절하고 객관적으로 수행된 과학이 하나님의 기록된 계시와 일치하리라고 주장하는 것이 칼뱅의 노선을 따르는 것이라고 여겼다. 호이텡가가 하듯이 칼뱅에 대한 부드럽고 보다 '너그러운' 해석으로 보면, 칼뱅은 어떻게 은혜가 이성에 영향을 주는가에 관한 자신의 견해를 개발하지 못했다고 주장할지도 모른다. 물론 이 견해에 대해서는 분명히 할 말이 있다. 유럽이 개신교와 가톨릭 국가들로 나누어지면서 정치철학이 매우 중요해졌는데,

---

[38] Hoitenga, *Faith and Reason*, pp. 163-164.
[39] John Calvin, *Institutes of the Christian Religion*, ed. John T. McNeill, trans. Ford Lewis Battles (Philadelphia: Westminster Press, 1960), II, ii, 13. 『기독교 강요』(생명의말씀사).
[40] Arvin Vos, *Aquinas, Calvin, and Contemporary Protestant Thought: A Critique of Protestant Views on the Thought of Thomas Aquinas* (Washington, D.C: Christian University Press; Grand Rapids: Eerdmans, 1985).

이 점에서 칼뱅 사상의 중요성이 근래에 인정받고 있다. 칼뱅의 정치, 사회, 경제 사상은 그의 신앙에 깊이 영향을 받으며 분명 '객관적'·중립적 학문은 아니다. 요컨대 철학에 대한 칼뱅의 견해에는 어느 정도 모호성이 있으며 프린스턴의 접근이나 신칼뱅주의의 접근 모두 철학에 대한 그들의 입장을 지지할 자원을 칼뱅에게서 발견할 수 있다.

분명히 칼뱅도 루터도 확연한 기독교 철학을 개발하기는커녕 주장하지도 않았다. 실제로 철학적 결실은 겨우 20세기에 들어 칼뱅주의에서, 특별히 네덜란드 칼뱅주의를 통해 이루어졌다. 그러나 칼뱅의 사상 안에 이런 발전의 잠재력이 있었음은 인정되어야 한다. 창조가 하나님 영광의 극장이라는 칼뱅의 사상 및 그가 루터와 더불어 이성이 죄의 영향을 입었다고 주장한 것은 독특한 기독교적 철학의 원리를 위한 기초 요소다.

종교개혁자들의 뒤를 이은 개혁파 정통주의에서는 철학을 더 긍정적으로 바라보는 관점을 취하는 경향이 있었고, 스위스와 잉글랜드의 종교개혁에서 중요한 역할을 했던 피에트로 마르티레 베르밀리(Pietro Martire Vermigli, 1499-1562)는 이를 보여 주는 예다. 베르밀리는 참된 철학은 하나님의 선물로, 이성적 피조물은 그것을 통해 하나님이 마음에 심어 두신 정의, 선, 여타의 진리를 분별한다고 주장했다. 참된 철학은 "영혼 자체를 육성하고 교육한다."[41] 따라서 철학은 타락했을 때만 거부되어야 한다.

멀러의 지적처럼 만일 아리스토텔레스주의가 더욱 느슨하게 일차 원인과 이차 원인―도구적·형식적·질료적 원인을 통해 일차 원인과 최종 원인의 작용을 상정하고 또한 그것을 통해서 필연적이고 우연적인 존재의 차원을 설명할 수 있게 하는―을 긍정하는 것으로 정의된다면, 그것은 17세기 개혁신

---

[41] Muller, *Post-Reformation Reformed Dogmatics*, 1: p. 366에서 재인용.

학의 안정적인 철학적 배경이라고 이해되어야 마땅하다.[42] 형상의 좌소가 어디인지에 대해 17세기 내내 논쟁이 있었지만 기독교 아리스토텔레스주의는 형상의 좌소를 하나님의 마음에 두었다. 이 기독교 아리스토텔레스주의는 17세기 철학적 발전과의 관계뿐 아니라 여러 면에서 유동적이고 유연했다. 예를 들어 일부 개혁주의 사상가는 데카르트의 전제들을 받아들였지만 그 역시 논란이 없지는 않았다.[43]

16세기 후반과 17세기 들어 이중 진리에 대한 중세의 논쟁이 다시 불붙었다.[44] 개혁주의 전통 내에서 바르톨로마우스 케커만(Bartholomaus Keckermann, 1572-1609) 같은 신학자는 진리의 통일성을 확언함으로써 논쟁의 길을 열었다. "그러므로 진리는 신학에서 제시되건 철학에서 제시되건 그 자체로 모순되지 않는다."[45] 이는 오늘날 철학을 위해 발굴할 가치가 있는 매우 흥미로운 몇몇 논쟁을 개혁주의 사상가들 사이에서 이끌어 냈다. 니콜라스 타우렐루스(Nicolas Taurellus, 1547-1606)와 테오필루스 게일(Theophilus Gale, 1628-1678)은 또 다른 방식으로 독특한 기독교적 철학을 개발하려 했는데 특히 이성에 미친 죄의 영향은 중요한 기초가 되었다.[46]

개혁주의 사상가들은 소치니파와 데카르트주의자들에 대응하여 **도구적 이성관**을 개발했다. 이성은 비판적 도구로서 제한은 있지만, 기독교 신앙을 명료하게 표현하고 옹호하며 그로부터 결론을 이끌어 내는 일을 도울 하나님이 주신 도구라고 보았다. 그러나 이성은 항상 성경의 진리 아래 있어야 한다. 그러므로 멀러의 말처럼, "결국 아리스토텔레스주의가 16세기 후반에 단

---

42 같은 책, pp. 371-373.
43 같은 책, p. 381.
44 같은 책, pp. 382-405.
45 같은 책, p. 385에서 재인용.
46 같은 책, pp. 390-394를 보라.

순히 재발했다고 말할 수 없으며, 오히려 살아 움직이는 철학 전통의 변화 과정을 밝혀 주는 일련의 전통과 변형들을 검토해야 한다. 아울러 정통의 시대 끝자락에서 아리스토텔레스주의가 소실되었다는 주장도 크게 수정할 준비를 해야 한다."[47]

가톨릭에서는 종교개혁에 반종교개혁으로 응수했다. 트리엔트 공의회(Council of Trent, 1563)에서는 토마스주의가 본질적으로 철학에 대해 권위를 가진다고 공포했다. 실제로 16세기와 17세기를 때때로 제2토마스주의의 시대라고 일컫는다. 토마스에 대한 관심이 되살아나는 움직임은 장 카프레올루스(John Capreolus, 1380-1444)의 『토마스 신학 변호』(*Defense of Thomas's Theology*)에서 추진력을 얻었다.

결론

르네상스, 종교개혁, 반종교개혁은 철학적으로 위대한 혁신이나 발전의 시기는 아니었다. 되돌아보면, 계몽주의의 세속적 철학을 향해 나가는 움직임을 볼 수 있으며 특히 르네상스의 아리스토텔레스주의 속에서 그러하지만, 철학과 종교가 뒤엉킨 채로 있던 시기였다. 기독교 철학의 관점에서 보면 서구 교회가 로마 가톨릭과 개신교 진영으로 분열한 것은 매우 중요하며, 시간이 흐름에 따라 독특한 개혁주의 철학의 발달을 위한 문이 열리게 된다. 그 씨앗은 칼뱅의 사상 속에 있었다고 할 수 있겠으나 그것이 실제로 이루어지기까지는 여러 세기가 걸릴 것이었다.

---

[47] 같은 책, pp. 381-382.

보낸사람: abby@longobedience.edu

받는사람: percy@secular.edu

제목: RE: 이성은 창녀다!

안녕 퍼시,

루터가 저속한 수사로 유명하다는 이야기는 들었어! 루터가 이성에 대한 중세의 과장된 강조에 반발한 건 이해할 법해. 하지만 종교개혁자들은 글을 쓰고 교육하면서 계속 아리스토텔레스에게 기댔지. 참 안타까운 일이지만, 아니야, 루터를 테르툴리아누스와 함께 묶을 수는 없다고 봐. 나는 종교개혁자들이 하나님의 말씀과 주권을 강조한 것이 너무 좋아. 칼뱅이 말한 창조가 하나님 영광의 극장이라는 개념도 좋고. 하지만 그들은 개혁이라는 당면 과제에 얽혀 기독교와 철학의 관계를 충분히 생각할 여지가 없었던 것 같아. 그 일은 해야 할 일로 남아 있지!

애비

주의: 우리 엄마는 루터에 관한 네 이메일을 정말 좋아하셨어! 그냥 농담이야!

8장 초기 근대 철학
베이컨에서 라이프니츠까지

보낸사람: abby@longobedience.edu
받는사람: percy@secular.edu
제목: 인식론

안녕 퍼시,

우리 교수님은 지난 강의에서 근대 철학 서론으로 근대 철학의 **일대** 전환을 강조하셨어. 교수님은 그것이 하나님과 그분의 세계(**존재론**)에서 출발하는 데서 **인식론**―즉, **우리가 어떻게 세상을 바르게 알 수 있는가**―에서 출발하는 데로 돌아서는 것이었다고 하시더라고. 이 지각 변동―교수님 표현이야―은 결국 초점을 앎의 주체인 인간에게 맞추기 때문에, **인간론**도 주목해야 해. 이 과정에서 근대 철학에는 인간에 대한 기대가 지나치게 커진 나머지 해소될 수 없는 긴장이 생긴다는 거지. 근대를 공부하면서 그렇다고 생각하지 않았어?

애비

신이 차지했던 중심적 위치와 주도적 역할은 점차 고조되는 인간 주체성에 대한 관심으로 대체되었다. 이는 오늘날 우리가 그것을 당시 부상하던 근대성과 연관 짓는 식으로 데카르트의 코기토(*cogito*)에서 구체화된 것이다. 성경적인 인간 경험의 양식은 각성(disenchantment, 탈주술화)에 길을 내주고, 신의 뜻은—완전히 가려지지 않았다면—자율적인 인간 주체와 경쟁하는 관계에 놓이고 말았다.[1]

근대 철학의 부상은 흔히 일반적으로 두 거인인 르네 데카르트와 임마누엘 칸트(Immanuel Kant), 그리고 그 사이에 있는 데이비드 흄(David Hume)에 의해 이루어진 일이라고 말한다. 데카르트와 흄은 각각 대립하는 전통인 **합리론**(rationalism)과 **경험론**(empiricism)을 대표하고, 둘 사이의 긴장을 칸트가 그의 **관념론**(idealism)으로 해소하려 했다는 것이다. 이런 식의 이야기는 칸트와 헤겔(Georg Wilhelm Friedrich Hegel)로 거슬러 올라가지만 이는 중립과는 거리가 멀다. 블레즈 파스칼(Blaise Pascal), 토머스 리드(Thomas Reid), 요한 게오르크 하만(Johann Georg Hamann), 프리드리히 하인리히 야코비(Friedrich Heinrich Jacobi) 같은 기독교 철학자도 그들 나름대로 대가였다. 근대 철학의 부상을 이야기하는 방식은 우리 자신의 철학적 관점에 크게 의존하기 마련이다.

이 시기의 중요한 철학자 다수는 수학자와 과학자였다. 그들은 꼭 수학적 지식처럼 객관적이고 확실한 지식을 얻는 방법을 개발하려 했다. 근대 철학은 발생 시점부터 삶의 전 영역에서 객관적·과학적 지식을 지향했다. 그러나 이를 서술하며 특히 지속적으로 신을 주변으로 몰아내고 결국엔 소거해 버

---

1 Gordon E. Michalson Jr., *Fallen Freedom: Kant on Radical Evil and Moral Regeneration* (Cambridge: Cambridge University Press, 1990), p. 2.

림으로써, 자연 전체에 관한 과학적 지식을 강조한 것은 인간의 자유를 심각한 문제에 빠뜨렸다. 인간은 자연의 일부로서 동일한 과학 법칙과 분석에 종속되어야 하는가? 하지만 그럴 경우 인간의 자유를 어떻게 설명할 수 있는가? 이런 식으로 자연과 자유라는 양극 사이의 해소 불가능한 긴장이 근대 철학에서 제기되었다. 도이어베르트는 예리하게 이렇게 말한다.

> '자연'과 '자유', 즉 과학의 이상과 인격의 이상은 대놓고 서로를 적으로 보고 대립하는 것으로 드러났다. 이 적대적 동인들(motives) 사이에 진정한 내적 화해란 불가능했다. 둘 다 종교적이며 따라서 절대적이었기 때문이다. 비록 자유의 동인이 새로운 자연의 동인을 불러일으키긴 했으나 각 동인은 서로를 배척했다. 인본주의에는 둘 중 하나에 종교적 우선권을 주는 것 외에 선택의 여지가 없었다.[2]

프란시스 베이컨

프란시스 베이컨의 작업에는 자연에 대한 과학적 지식에 대한 강조가 표면에 분명히 드러난다. 베이컨에 대한 평판은 주로 아리스토텔레스의 『기관』(Organon)을 대체하려는 야심찬 시도인 그의 『신기관』(New Organon)에서 펼친 과학적 방법에 대한 그의 작업에 기초를 두고 있다. 베이컨(1561-1626)은 지식의 진보는 새로운 방법을 요구한다는 점을 분명히 했다.[3] 우리는 진정 기

---

2 Herman Dooyeweerd, *Roots of Western Culture: Pagan, Secular, and Christian Options*, trans. John Kraay (Lewiston: Edwin Mellen, 2003), pp. 153-154.
3 Francis Bacon, *The New Organon*, ed. Lisa Jardine and Michael Silverthorne, Cambridge

초부터 새롭게 시작해야 한다.[4] 일상의 감각은 자연에 관한 지식을 위한 확실한 기초를 제공하지 못한다.[5] 이성이 지식의 열쇠이며, 이 점에서 연역과 귀납이라는 두 길이 열려 있다.[6] 베이컨은 연역적 추론의 약점을 분석하고, 참되고 유용한 지식을 얻기 위한 귀납적 방법을 주장했다. 그는 독자에게 개별적인 것과 사실에 집중하기를 촉구했다.[7] 베이컨은 이 세상에 초점을 맞추는 것에 대해 변명하지 않았다. 이 세상의 구체적 사물에 집중함을 통해서 "피조물에 새겨진 창조주의 참된 표지"에 주목하게 된다는 것이다.[8]

베이컨에 따르면, 그런 새로운 접근을 방해하는 장애물을 과소평가해서는 안 된다. 중대한 네 종류의 우상이 진보를 가로막고 서 있다.[9] **종족의 우상**은 우리의 관점을 세계에 투영한 것으로, 그로 인해 세상을 왜곡하여 인간의 오성이 잘못된 거울처럼 작용하게 한다. **동굴의 우상**―플라톤의『국가』에 나오는 동굴 비유에 대한 암시―은 우리가 가진 개인적 편견이다. **시장의 우상**은 사회적 교류와 관계를 통해 갖게 된 견해들이다. **극장의 우상**이란 "사람들이 배우거나 고안해 낸 모든 철학으로, 우리가 보기에는 허위로 꾸며 낸 세계를 만들어 공연해 온 연극이 너무 많다."[10] 이 우상들은 매우 심각하기 때문에 오성은 이들로부터 반드시 해방되고 정화되어야 한다. "그래야 천국이 '갓난아이와 같지 않으면 들어갈 길이 없는 것처럼' 인간의 왕국으로 들어가는 입

Texts in the History of Philosophy (Cambridge: Cambridge University Press, 2000), I, p. xviii; I, p. xxxi.
4 같은 책, I, p. xcvii; I, p. c.
5 Wilhelm Windelband, *A History of Philosophy* (New York: Macmillan, 1901), p. 383.
6 Bacon, *New Organon*, I, p. xix.
7 같은 책, I, p. xxxvi.
8 같은 책, I, p. cxxiv.
9 같은 책, I, pp. xxix-lxviii.
10 같은 책, I, p. xliv.

구가 과학에 기초를 둔 단 하나의 입구만 있게 될 것이다."¹¹ 그렇게 될 때만이 인간은 지식에서 진보를 이룰 수 있을 것이다. 베이컨에게 그러한 지식과 진보는 이해관계와 무관하지 않다. 과학의 참된 목적은 인간이 새로운 발견을 하여 새로운 힘을 갖는 것이다. "과학은 인간 지성이 자연을 승리하는 여행으로 통과할 수 있게 하는 안내자가 될 것이다. 과학의 발명을 통해서 인간의 삶은 완전히 혁신되어야 할 것이다."¹² 베이컨은 종교를 반대하지는 않았지만 세계에 대한 과학적 탐사를 방해하는 유형의 기독교에는 비판적이었다. "그러나 참으로 하나님의 말씀에 따라 자연철학을 생각해 보면, 그것은 미신에 대한 가장 강력한 치유이자 가장 잘 증명된 신앙의 양식(糧食)이다. 그러므로 자연철학은 당연히 가장 충성된 시녀로 종교에 제공되어야 마땅하다. 종교는 하나님의 뜻을 나타내고 과학은 그분의 권능을 보여 주기 때문이다."¹³

베이컨의 귀납적 방법은 개별적인 것으로부터 공리(axiom)로 올라가는 것을 포함한다.¹⁴ 그러나 그 방법의 실행은 스콜라주의적이다. "모든 근대 철학의 시초는 '스콜라 철학'에 대한 강박적 반대라는 공통점을 갖고 있으며, 그와 동시에 그것들 모두가 차용하고 있는 그 전통의 어느 하나에 의존하고 있다는 공통적 태도를 순진하게도 이해하지 못한다는 데서도 역시 공통적이었다."¹⁵ 아리스토텔레스에 따르면, 자연에 대한 지식은 사물의 네 **원인**(cause)에 대한 이해를 수반한다. 그러나 베이컨의 작업에서는 오직 '형상적' 원인만 고려되고 있다. 예를 들어 베이컨이 열의 형상을 연구한다고 할 때, **형상**은 불변하는 본질 또는 현상의 속성이라는 스코투스주의적 의미로 이해되고 있

---

11 같은 책, I, p. lxviii.
12 Windelband, *A History of Philosophy*, p. 387.
13 Bacon, *New Organon*, I, p. xxxix.
14 같은 책, p. civ.
15 Windelband, *A History of Philosophy*, p. 384.

다. "그러므로 베이컨이 귀납이라고 제안한 것은 분명히 단순 열거가 아니라 스콜라적 형식주의의 형이상학적 가정들에 기초한 하나의 복잡한 추상 과정이다."[16]

베이컨의 중요성은 새로운 과학은 사물 자체에게로 돌아가야 한다는 그의 주장에 있다. 그러나 그의 철학에는 초기 **자연주의**가 들어 있다. 우리는 베이컨에게서 과학 발전을 위해 없어서는 안 될 실재로의 귀환과 창조의 내재적 질서를 보게 된다. 훗날 계몽주의에서 완전하게 표현될 많은 강조점이 이미 존재한다. 그중에는 감각과 생활 경험에 대한 불신, 자연에 대한 진리로 가는 왕도로서의 과학적 방법에 대한 필연적 이해, 인식론적 기초들에 맞춘 초점, 새롭게 시작하는 것에 대한 필요성 인식, 진보에 대한 낙관론, 자연 지배에 대한 강조 등이 있다. 베이컨이 신앙인으로 남아 있지만 불신앙이 우상의 하나로 인식되지 않고 있다는 점은 주목할 만하다. 신앙과 확실한 지식 사이의 간격은 벌어지고 있고 조만간 다리를 놓을 수 없는 거대한 구렁이 될 것이다.

코페르니쿠스와 갈릴레오

과학은 서구 세계관 발전에서 중심 역할을 했다. 자연이 초월적 성격을 가진 단순한 수학적 용어로 이해될 수 있다고 본 것은 르네상스 신플라톤주의요, 특히 피타고라스적 확신이었다. 이는 니콜라우스 코페르니쿠스(Nicholaus Copernicus, 1473-1543)가 새로운 견해를 갖도록 동기를 부여했다. 그의 천문학 논제는 1543년에 발표되었는데, 그에 따르면 태양이 태양계의 중심이며

---

[16] 같은 책, p. 385.

행성들이 태양의 둘레를 돌고 있다. 그의 통찰은 고대와 중세의 세계관에서 근대의 세계관으로 나아가는 분기점을 상징하며 또한 그 분기를 촉진했다. 개신교에서는 가장 먼저 코페르니쿠스의 이론에 부정적으로 반응했는데, 이는 그의 이론이 성경에 반하는 것으로 보였기 때문이다. 가톨릭교회도 갈릴레오 시대에 이르러 그의 이론을 중대한 위험으로 보기 시작했다. "기독교 세계관은 스콜라 철학자들과 단테가 그리스 과학을 수용하고 거기에 종교적 의미를 부여한 이래 헤어 나올 수 없을 정도로 아리스토텔레스-프톨레마이오스적인 지구 중심적 우주관에 박혀 버렸다."[17] 그러므로 코페르니쿠스의 혁명이 기독교 신앙의 정수를 위협하는 것으로 비친 것은 놀라운 일이 아니다.

옛 우주론을 처음 깨뜨린 이는 코페르니쿠스였지만 남은 문제를 해결하여 광범위한 과학 이론을 제시하는 일은 요하네스 케플러(Johannes Kepler, 1571-1630), 갈릴레오 갈릴레이(Galileo Galilei, 1564-1662), 아이작 뉴턴(Isaac Newton, 1642-1727)에게 떨어졌다. 신플라톤주의의 영향 아래 있던 케플러는 숫자와 기하학적 형태의 초월적 힘을 열렬하게 신봉했다. 그는 갈릴레오에게 보낸 편지에서 "플라톤과 피타고라스, 우리의 참된 교사여"라고 외쳤다.[18] 케플러는 10년에 걸친 더딘 작업 끝에 행성들의 궤도가 타원형이며 따라서 행성들은 수학적 비율로 정확하게 서로 연관되어 있다는 결론을 내렸다. 중요한 점은 그의 수학 공식들이 가장 엄밀한 관찰과 일치했다는 것이다.

아리스토텔레스의 하늘은 어떻게 생겼는가? 그것은 엄청나게 크지만 유한한 구형이었다. 그 바깥의 층과 경계에는 별들의 구체를 품고 있으며, 그것

---

[17] 같은 책, p. 253.
[18] 같은 책, pp. 255-256에서 재인용.

은 중심이 같은 일련의 또 다른 투명한, 액상의, 또는 공기 같은 물질의 구체들로 둘러싸여 있다. 거기서 유일하게 볼 수 있는 요소는 행성들이며 그들의 회전 운동은 바깥 구체를 따라 돌지만 변화는 없다. 지구의 층은 중심에서 안정되어 있지만 변화하고 부패할 수 있다. 갈릴레오는 망원경을 통해서 달의 분화구와 태양의 흑점―천체들이 균질한 수정 같은 물질이 아니라 지구와 비슷한 물질로 만들어졌다는 증거―을 관찰했다. 갈릴레오는 이런 발견을 1610년에 『별에서 온 사신』(*A Messenger from the Stars*, 한국어판은 『갈릴레오가 들려주는 별 이야기』, 승산)으로 출판했다. 이는 아리스토텔레스적 일치를 기초부터 흔들었다.

더 나아가 갈릴레오의 금성 관찰은 행성들이 태양 주위를 돌고 있다는 코페르니쿠스의 주장이 옳았음을 보여 주었다. 결국 갈릴레오는 1632년에 『대화: 천동설과 지동설, 두 체계에 관하여』(*Dialogue on the Two Chief World System*, 사이언스북스)를 출판했다. 책에는 코페르니쿠스의 체계를 보여 주는 살비아티와 전통적인 아리스토텔레스 체계를 보여 주는 심플리치오가 등장한다. 심플리치오는 아리스토텔레스에 대한 가장 위대한 그리스 주석자 중 한 사람의 이름이긴 했으나 또 다른 면에서는 '바보'(simpleton)라는 뜻일 수도 있었다. 교황은 갈릴레오가 코페르니쿠스의 손을 들어 주었다고 결론 내렸다. 비극적이게도 갈릴레오는 종신 징역을 선고받았는데 교황 요한 바오로 2세(John Paul II)는 1992년에 공식적으로 이것이 불의한 일이었음을 인정했다.

철학적으로 보면, 갈릴레오는 철학이 과학적이며 수학적이어야 한다고 주장한다는 점에서 대단히 중요하다. 갈릴레오 철학의 새로운 요소는 우주의 수학적 의미를 사실을 통해서 입증하려는 그의 관심에 있다. 갈릴레오는 피타고라스적 강조를 통해 "철학은 우주를 우리 모두의 눈앞에 펼쳐 놓은 위대한 책 속에 쓰였다"고 강조했다. 그러나 그 글자를 알고 그 언어를 배워야 그 것을 읽을 수 있다. 그것은 수학의 언어로 쓰였으며 그 언어는 삼각형, 원, 여러 기하학 도형이다. 이 수단들을 통하지 않으면 인간은 단 한 글자도 이해할 수 없다."[19]

갈릴레오의 접근 방식에서 자연과학의 귀납법은 측량에 의해 관계가 결정되는 일련의 현상 속에서 변치 않는 수학적 연관을 찾아내는 일을 포함한다. 그는 자연에 관련된 정확한 판단을 하기 위해서 과학자는 측정 가능한 '객관적' 특질(크기, 형태, 수, 무게, 운동)에만 초점을 맞추어야 하고, 반면에 감지 가능할 뿐 '주관적'인 것(색, 소리, 맛, 촉감, 냄새)은 무시해야 한다고 주장했다. "과학은 오직 배타적인 양적 분석을 통해서만 세상에 대해 확실한 지식을 얻을 수 있다."[20]

레우키포스와 데모크리토스의 원자론의 부흥을 통해 갈릴레오의 이론에 유물론적 차원이 더해졌다. 원자론에서는 무한한 허공 속에서 자유롭게 움직이며 충돌을 통해 모든 현상을 만들어 내는 작고 더 이상 쪼개질 수 없는 입자들로 우주가 구성되어 있다고 가정한다. "**갈릴레오**는 **수학적 운동 이론인 역학**(mechanics)을 창출했다."[21] 역학의 새 원리는 물질적 현상의 근원을 영적 힘에서 찾기를 거부한다. "자연은 탈영성화되었다. 과학은 그 속에서 어떤 하나가 다른 하나의 원인이 되는 최소 물체들의 운동 이외에는 아무것도 살피지 않을 것이다.…초자연적 힘이 작동할 여지는 전혀 남아 있지 않았다."[22]

---

19 Christoph Delius et al., *The Story of Philosophy: From Antiquity to the Present* (New York: Konemann, 2000), pp. 39-40에서 재인용.
20 Richard Tarnas, *The Passion of the Western Mind: Understanding Ideas That Have Shaped Our Worldview* (New York: Ballantine, 1991), p. 263.
21 Windelband, *A History of Philosophy*, p. 388(강조는 원문의 것).
22 같은 책, p. 401.

레오나르도 다 빈치는 세계가 자연적 요인들에 의해서 설명되어야 한다고 이미 주장한 바 있다. 이제 목적론도 마찬가지로 무너질 수밖에 없었다. 우리는 바로 여기에 근대성에서 '자연'이라는 극을 특권화시키고 있는 분명한 예를 본다. 그리고 여기서 자연은 더 이상 놀랍도록 풍요로운 창조로 인식되지 않고 수학과 운동으로 환원되고 있다는 데 주목하는 것이 중요하다. 훗날 요한 하만이 통찰력 있게 꼬집듯이 "최초의 피조물인 빛을 끄자 이 극도로 아름다운 세상의 모든 색이 창백해졌다."[23]

르네 데카르트

르네 데카르트(1596-1650)는 근대성의 아버지라고 불린다. 그가 자율적인 과학적 이성을 진리의 최종 판관으로 모시는 데 헌신했기 때문이다. 데카르트는 베이컨처럼 인간이 과학을 통해서 자연 법칙을 파악할 수 있으며 기술을 통해서 그 법칙을 활용함으로써 인간을 "자연의 주인이자 소유주"요 진보의 창조자로 만들 수 있다고 믿었다.[24] 그는 또한 이 비전을 실현하기 위해 지식을 엄밀하게 객관적으로 만들고 모든 주관적 편견—감각, 상상, 감정, 전통, 권위, 속견이라는—으로부터 정신을 정화시킬 방법론도 제시했다.[25]

데카르트 자신도 참여했던 유럽의 종교 전쟁이 한창일 때, 그는 확실한 지

---

23 Johann G. Hamann, *Writings on Philosophy and Language*, Cambridge Texts in the History of Philosophy (Cambridge: Cambridge University Press, 2007), p. 78.
24 René Descartes, *Discourse on Method and Meditations*, trans. Laurence J. Lafleur (New York Liberal Arts Press, 1960), p. 45. 『방법서설』(문예출판사), 『성찰』(나남).
25 데카르트는 "우리가 그 어떤 확실한 지식보다 관습과 사례에서 훨씬 더 대단한 영향을 받는다"고 주장했다(같은 책, pp. 13-14).

식—자신이 훈련받았던 수학을 통해 주어지는 것과 같은 확실한 지식[26]—을 확보해 줄 방법을 찾으려 했다. 그의 첫 번째 저작은 『방법서설』(*Discourse on the Method of Rightly Conducting Reason*)이라는 제목의 얇은 지적 자서전이었다. 데카르트는 독일에서 난로를 땐 방 안에 은둔하고 있던 어느 날 이 방법에 도달했다고 했다. 그는 새 출발점을 찾으려 했고, 그 자신의 말처럼 "전적으로 나에게 속한 지반 위에 집을 짓기" 원했다. 그의 아르키메데스 점은 체계적 의심이다. 그는 지식의 확고한 출발점을 발견하기 위해, 의심할 수 없는 것을 발견하기까지 모든 것을 의심하기로 결심했다. 이 과정을 통해 그는 그 유명한 '코기토 에르고 숨'(*cogito, ergo sum*), 즉 '나는 생각한다. 그러므로 나는 존재한다'에 도달했다. "그러나 나는 머지않아 이렇듯 모든 것이 허위라고 생각하려는 때조차도 그렇게 생각하는 나는 무엇이어야 한다는 것이 필연적으로 옳음을 깨달았다. **나는 생각한다, 그러므로 나는 존재한다**라는 이 진리는 아주 확고하기 때문에 회의주의자들의 터무니없기 그지없는 모든 추측도 그것을 흔들 수 없음을 확신했고, 나는 그것을 내가 찾던 철학의 제일원리로 안전하게 받아들일 수 있다고 판단했다."[27] 그의 요점은 사고(思考)와 무관한 모든 것을 분리해 낸다면 의심할 수 없는 순수 의식 영역이 남겨지리라는 것이다.

데카르트의 해결책은 건축의 은유로 표현되었다. **방법론적 의심**은 지식 체계를 건축할 탄탄한 기초다. 그러므로 안다고 생각하는 모든 것을 의심하는 데서 시작한다. 그런 기초 위에서 모든 진리 주장을 오로지 이성을 통한 판단에 회부하고, 양적으로 분석되고 측정될 수 있는 것만을 참으로 수용하

---

26 예를 들어 데카르트는 기하학적으로 계획된 마을은 자연적으로 진화한 고대 도시들보다 훨씬 낫다고 주장했다(같은 책, p. 12).
27 같은 책, p. 24.

는 이성적 방법을 따라 확고한 지식 체계를 건축할 수 있을 것이다.

데카르트는 이 출발점에서 곧바로 신의 존재를 입증하는 데로 이동한다. 그러나 역설적이게도 그는 여기서 스콜라 철학의 자원을 활용했다.[28] 데카르트에게 그가 의심한다는 사실은 그가 완전하지 않다는 의미다. 그런데 이 완전의 개념은 어디서 얻은 것인가? "남겨진 유일한 가정은 이 개념이 진짜로 나보다 훨씬 더 완전한…한마디로 신이 태어날 때부터 내 마음속에 심어 놓았다는 것이다."[29] 그가 의존하고 자신의 모든 것을 그로부터 부여받는 훨씬 더 완전한 또 다른 존재가 필연적으로 있어야 했다. 몸과 정신(물질적인 것과 비물질적인 것) 사이의 구분이 데카르트 철학의 기초에 깔려 있으며 양자의 혼합은 불완전의 증거이므로 완전한 존재인 신은 비물질적이어야 한다. 데카르트는 신 존재의 확실성을 삼각형 내각의 합이 180도가 된다는 것을 아는 방식에 비유했다. 그 사실은 삼각형이라는 **개념** 속에서 분명하다. "따라서 이 완전한 존재인 신이 존재한다는 것은 최소한 기하학의 모든 공리가 그럴 수 있는 것만큼이나 확실하다."[30]

데카르트의 출발점과 신에 대한 믿음에는 일종의 순환성이 있다. 그는 우리가 명료하고 뚜렷하게(clearly and distinctly, 명석판명하게) 인식하는 모든 것—'코기토 에르고 숨'의 확장—이 참되다는 그의 원칙조차도 신이 존재하기 때문에 확실하다고 주장한다. 마찬가지로, 우리의 명료하고 뚜렷한 관념들이 신으로부터 나오기 때문에 그것들은 틀림없이 참되다. 그럼에도 데카르트는 우리가 무엇이건 이성의 기초 위에서만 참된 것으로 받아들여야 한다는 점을 아주 분명히 했다.

---

28 Windelband, *A History of Philosophy*, p. 393를 보라.
29 Descartes, *Discourse*, p. 26.
30 같은 책, p. 28.

알래스데어 매킨타이어는 『누구의 정의인가? 어떤 합리성인가?』에서 하나 이상의 합리성 전통이 존재한다는 사실을 우리에게 주지시켜 주었다. 따라서 데카르트가 이성을 말할 때 그것이 무엇을 의미하는지 자세히 살펴볼 필요가 있다. 데카르트는 『방법서설』에서 자신의 탐구를 수행하는 네 원리를 설명한다.

1. 정신에 의심할 수 없을 만큼 명료하고 뚜렷하게 주어진 개념들을 수용해야 한다. 이 점에서 코기토는 그 증거가 즉각적인 직관적 확실성의 증거인 제일의 기초적인 이성적 진리다.[31] 데카르트는 갈릴레오처럼 다른 모든 것이 그것으로부터 설명될 수 있는 기초적이고 자명한 요소를 찾으려 한다. 개념들은 자의식처럼 **명료하고 뚜렷해야** 참되다. 데카르트에게 개념은 정신에 직관적으로 주어졌을 때 '명료'하다. 개념은 그 자체로 명료하고 그 확정성에서 정확할 때 '뚜렷'하다. 생득 관념(innate ideas)은 명료하고 뚜렷한 것이며 그것들에 대한 증거는 다른 어떤 것에서 연역되지 않는다.
2. 검토 과정에서 어려움에 봉착할 경우 문제를 해결에 필요한 만큼 가능한 여러 부분으로 나누어서 살펴야 한다.
3. 가장 알기 쉽고 가장 단순한 대상에서 시작해 점진적으로 보다 복잡한 것을 파악하기 위해 올라가야 한다.
4. 아무것도 빠뜨리지 않을 정도로 확실히 포괄적이어야 한다. 실제로 데카르트는 진리가 모든 점에서 일의적(univocal)이기 때문에 진리를 파악한 사람은 그에 대해 알아야 할 모든 것을 알 수 있다고 주장한다.

---

[31] Windelband, *A History of Philosophy*, p. 392.

이 원칙들로부터 유한한 것들에 관한 한, 알려질 수 있는 만큼 명료하고 뚜렷하게 인식될 수 있다는 것이 따라 나온다. 데카르트가 양적 측정과 불분명하고 모호한 감각적-질적인 것들 사이를 구분하는 바로 여기서 그의 철학에 담긴 수학적 차원이 전면으로 나온다. 진정한 과학적 통찰은 감각적인 것과 관계하는 상상력이 아니라 지적 지식에 기초한다. 그러한 지적 지식은 데카르트 철학의 중심인 실체의 이원론을 만들어 낸다. 과학적으로 알 수 있는 모든 것은 공간적 종류거나 의식적 존재다. 공간성과 의식(연장과 사유)은 궁극적으로 단순한, 원초적인 실재의 속성들이다. 이 둘은 같지 않다. 물체는 그것이 공간적-연장과 운동인 한에서 실재다. 물체는 공간의 일부이며 따라서 빈 공간은 불가능하다. 모든 것은 물체이거나 정신이다. 이 둘은 유한하지만, 신은 무한한 존재다.

데카르트는 그리스도인이었으며 여러 면에서 "매우 아우구스티누스주의적"인 것처럼 평가되곤 했지만,[32] 그의 철학은 혁명적이며 여러 면에서 기독교와 상충한다. 윌리엄 템플(William Temple)은 데카르트가 '오븐'(oven, 난로를 피운 따듯한 방—옮긴이)에서 깊은 생각에 빠졌던 그날이 유럽 역사에서 가장 불운한 날이었다고 서술한다.[33] 마이클 버클리(Michael Buckley)는 데카르트주의가 신 개념의 합리성에 가져온 변화를 이렇게 분석한다. "신학자들은 신 존재 증명 연구에서 그리스도와 종교적 경험 속에서 규정되고 밝혀진 신에게서 비인격적 자연 속에서 밝혀지는 신에게로 돌아섰다."[34]

데카르트는 코기토를 정립한 후 신 존재를 증명하고자 나섰지만, 기독교

---

32 Charles Taylor, *Sources of the Self: The Making of the Modern Identity* (Cambridge: Cambridge University Press, 1989), p. 143.
33 William Temple, *Nature, Man and God* (Edinburgh: T&T Clark, 1934), p. 57.
34 Michael J. Buckley, *At the Origin of Modern Atheism* (New Haven: Yale University Press, 1987), p. 350.

적 관점에서 보면 이미 손해를 끼친 후였다. 이제 신 지식은 먼저 정립된 타당한 인간적 지식에 의존했다. 시간이 지나면서 데카르트의 스콜라적 신 존재 증명은 폐기되었지만, 타당한 지식의 출발점과 중심으로 자리 잡은 자율적 자아에 대한 그의 입장은 오늘날에도 여전히 남아 있다. 마이클 버클리가 주장한 것처럼 이런 종류의 인식론이 "근대 무신론의 원천"이며, 그리스도인들이 위험을 무릅쓰고 채용했던 것이 바로 이것이다.

찰스 테일러는 데카르트의 인간론이 "유리된 자아"(disengaged self) 중 하나라고 말한다. 도이어베르트는 이렇게 말한다. "데카르트는 자연과 자유의 이원론적 동인에 맞추어 인간의 실존을 둘로 엄격히 분리된 부분, 즉 물질적 몸과 생각하는 영혼으로 나눴다. 과학적 확실성의 궁극적 근거와 도덕적 자유의 근거도 이로 해서 '나는 생각한다' 속의 의식에 자리한다."[35]

테일러는 데카르트가 분리 개념을 통해 근대성의 중심 개념 중 하나를 명시했다고 올바로 지적했다. 우주는 **알아내거나 발견된** 것이 아니라 **만들어진** 지식으로 구현된 개념의 질서를 통해 기계적으로 이해되어야 한다. 이렇게 실재를 재현하여 구성하는 것은 데카르트의 인간관과 본질적으로 관련이 있다.

한 사람의 존재를 완전히 비물질적인 것으로 만드는 일에는 둘 사이의 존재론적 단절을 분명히 인식하는 일이 따른다. 여기에는 물질세계를 단순히 연장으로 파악하는 것도 포함된다. 여기서 물질세계는 몸을 포함하기에, 진짜 구분을 지으려면 보통의 신체적 관점에서 벗어나는 일이 요구된다. 보통 사람은 주위의 사물들이 색이나 냄새와 열에 의해 실제로 파악되고, 아픔이나 간지러움이

---

[35] Dooyeweerd, *Roots of Western Culture*, p. 154.

이와 발에 있는 것으로 생각하는 경향이 있다. 우리는 자신의 몸을 포함해 세계를 객관화해야 한다. 이는 세계를 중립적인 외부 관찰자가 하는 것과 같은 방식으로 기계적이며 기능적으로 바라보는 데 이르러야 함을 뜻한다.[36]

우리는 여기서 중대한 근대성의 교리가 출현하는 것을 본다. 생활 경험은 믿을 수 있는 것이 아니며, 그것으로부터 자유로운 이성과 과학이 세계에 대한 진리를 보여 주리라는 것이다. 테일러가 올바로 지적한 바와 같이 이는 "우리의 일상적·신체적 경험 방식에 해를 끼친다."[37] 파괴적인 환원주의가 그 결과다. 다채로운 창조의 주요 요소들이 중요하지 않거나 혼란스러운 것인 양 걸러지는 것이다. 테일러는 이렇게 지적한다. "물론 아우구스티누스의 유신론은 존속한다.…그러나 인간적·자연적 수준에서 엄청난 변화가 일어났다. 만일 마법에서 풀려난 자연계를 정신적으로 지배하는 일이 이성의 지배라면, 그 좋은 삶에 대한 우월감과 이를 성취할 영감은 주체가 이성적 존재로서 갖는 그의 고유한 존엄성이라는 의식에서 나와야 한다."[38]

토머스 홉스

영국 경험론의 창시자 토머스 홉스(Thomas Hobbes, 1588-1647)는 잉글랜드의 맘스버리 근처 웨스트포트의 목사 아들이었다. 그는 옥스퍼드 모들린 칼리지를 졸업한 후 대륙을 여행하면서 프란시스 베이컨과 친분을 갖게 되었다. 베

---

36 Taylor, *Sources of the Self*, p. 145.
37 같은 책, p. 146.
38 같은 책, pp. 151-152.

이컨은 이미 홉스에게 있던, 스콜라 철학과 아리스토텔레스 철학에 대한 반감을 굳게 해 주었다. 홉스는 1629년에 두 번째로 대륙을 방문하는 길에 기하학을 접하고 거기 빠져들었다. 그는 삶의 모든 영역에서 참된 지식은 기하학자의 방법으로 얻어야 한다고 믿게 되었다. "이런 의미에서 이성(REASON)은 우리의 생각을 **표시**하고 **나타내기** 위해 합의된 일반적인 이름들의 결과들에 대한 계산(Reckoning, 즉 더하기와 빼기)과 다름없기 때문이다."[39] 그는 세 번째로 대륙을 방문했을 때 유물론으로 개종했으며 프랑스 유물론의 대표자 피에르 가상디(Pierre Gassendi)와 가까운 친구가 되었다.

홉스는 1641년에 데카르트의 『성찰』(Meditations)에 대해 논평하도록 초청받은 소수의 뛰어난 학자 중 하나였다. 홉스와 데카르트는 둘 다 수학에 대한 열정에 불탔고 아리스토텔레스에 대한 경멸도 공유했다. 둘은 물질세계가 오직 운동에 입각해서 설명되어야 한다는 데 동의했다. "감각의 근원은 각각의 감각에 적합한 기관에 인상을 남기는 외형적 몸 또는 물체다.…우리 속에 인상을 남기는 것은 여러 가지 운동 외에는 아무것도 없다. (운동은 운동 외에는 아무것도 만들지 않기 때문이다)."[40] 실제로 홉스는 모든 우유성(accidents)의 객관적 실재를 부정했다. 홉스가 데카르트에게 동의하지 않는 것은 정신의 철학에 관한 부분이다. 홉스의 생각에는 적어도 데카르트가 정의하는 식의 정신은 존재하지 않았다. 홉스의 유물론에 따르면 감각적 인상은 오로지 의식의 요소를 줄 뿐이고 그것들의 조합과 변형으로 기억과 사고가 나온다. 모든 사고의 원천은 **감각**이며, 따라서 하나의 사고는 한 사물의 어떤 특성이나 우유성이다. 일련의 사고는 지도받지 않을 수도 있고 통제될 수도 있으며, 후자는

---

[39] Thomas Hobbes, *Leviathan*, ed. C. P. MacPherson (London: Penguin, 1968), p. 111. 『리바이어던』(나남).
[40] 같은 책, pp. 85-86.

결과를 만들어 내는 원인을 찾거나 그에 의해 만들어진 개연적 결과를 찾아낼 수 있다. "인간 정신은 감각과 사고와 사고 훈련 외에 어떤 운동도 하지 않기 때문이다. 그럼에도 언어와 방법의 도움을 통해 같은 기구(정신-옮긴이)는 다른 모든 생물체에서 인간을 구분 지을 정도의 높은 수준으로 향상될 수 있다."[41] 홉스는 데카르트와 로크(John Locke)와 마찬가지로 바닥에서부터 시작하기 원했다. 우리는 최초의 정의(定義)에서 시작하여, 그다음에 한 결과에서 다른 결과로 움직이고, 그다음에 일반적인 규칙이나 공리나 경구로 나아가야 한다.[42]

홉스는 근대 철학의 자연/자유 변증법에서 분명히 자연 편에 섰다. 그의 유물론은 "근대적이고 인본주의적인 유물론, 그 자체가 자연의 동인 속에 용해된 인본주의적 자유의 동인이 가진 종교적 힘에 의해 움직이는 유물론이다."[43]

홉스는 언어철학에 큰 의의를 부여했다. 그는 유명론자였으며 보편적 이름들이 많은 개별자를 명명한다고 주장했다. 홉스에게 "**진리**는 우리가 긍정하는 이름들의 바른 질서로 구성되기 때문에"[44] 참된 지식을 얻는 일의 핵심은 정의에 세심한 주의를 기울이는 것이다.

찰스 테일러가 근대성의 핵심으로 본 내재화(internalization)가 홉스의 『리바이어던』(*Leviathan*) 서문에 분명히 나타나는데, "스스로 읽으라"라는 그의 명령으로 표현되어 있다.[45] 홉스에 따르면, 그리하면 이를 통해 누구나 유사한 경우에 모든 타인의 생각과 열망이 무엇인지 알게 될 것이다. 홉스는 특

---

41 같은 책, p. 99.
42 같은 책, p. 115.
43 Dooyeweerd, *Roots of Western Culture*, pp. 155-156.
44 Hobbes, *Leviathan*, p. 105.
45 같은 책, p. 82.

히 그의 정치철학에서 그 나름대로 자신의 견해를 성경과 조화시키려 했다. 이 점에서 그는 그다지 성공하지 못했다. 사실 그의 유물론과 기독교 신앙 사이에는 긴장이 있었다. 그는 한편으로 "감각에 속하지 않은 그 어떤 것을 제시하는 사고란 불가능하다"는 점을 매우 분명히 하면서도,[46] 다른 한편으로는 기독교 신앙과 계시를 진지하게 다루기를 원했다. 그는 이 과정에서 앞서 지적한 바와 같이 자연/자유 이원론을 명백하게 드러냈을 뿐 아니라 성경과 자연 이성 사이의 이원론도 드러냈다. "성경은 인간에게 하나님 나라를 보여 주고 그들의 정신을 그 나라에 순종하는 백성이 되도록 하기 위해 쓰였다. 세상과 그 철학은 자연 이성 활용을 위해 인간의 논쟁에 남겨졌다."[47] 그러나 자연 이성은 우리를 제일원인, 즉 홉스의 생각에 '신'을 뜻하는 만물의 영원한 원인으로 이끈다.[48]

존 로크

이제부터는 인간의 정신과 그 깊이를 헤아릴 수 없는 풍요가 인간 탐구의 영역이다.[49]

서머싯에서 태어난 존 로크(1632-1704)는 정치적 이유로 네덜란드에 피신해 있는 동안 그의 유명한 『인간지성론』(*Essay Concerning Human*

---

[46] 같은 책, p. 99.
[47] 같은 책, p. 145.
[48] 같은 책, p. 401.
[49] Paul Hazard, *The European Mind: 1680-1715*, trans. J. Lewis May (Cleveland and New York: Meridian, 1963), p. 244.

Understanding)을 썼고, 평생 동안 네 판본을 냈다. 로크는 잉글랜드의 신플라톤주의자들에 반대하여,[50] 인간 정신 속에 생득 관념(innate ideas)이 없다고—모든 관념은 직접 경험으로부터 오거나 그것들의 조합에서 유래한다고—주장했다. 로크는 생득 관념의 개념에 대해 사람들이 보편적으로 동의하는 원칙은 전혀 존재하지 않는다고 반박했다.

지식은 감각을 통해서 획득된다. 감각은 개별적 개념들을 정신 속으로 들여와 텅 빈 공간을 채운다. 이것이 로크의 경험론이다. 감각은 정신 속으로 사물에 대한 구별된 지각을 전해 준다. 우리는 그로 인해 노랑, 하양, 차가움, 부드러움 등의 개념을 갖게 된다. 정신은 이것들에 친숙해지고, 개념들은 기억에 의탁되어 이름이 붙는다. 개념에는 **단순** 개념과 **복합** 개념이 있다. 이 개념들은 단순하고 섞이지 않은 형태로 정신에 들어오지만, 오성(understanding)은 그것들을 반복, 비교, 결합하여 복합 개념을 만들어 내는 능력이 있다. 정신은 감각을 통해서 주어진 개념들로부터 추상을 통해 일반 명사를 도출할 수 있다. 이런 방식으로 거대한 개념 창고가 정신 속에 개발된다. 따라서 모든 개념은 **감각** 아니면 **반성**으로부터 온다. **반성**은 우리 내부에서 행해지는 정신 작용을 말하며, 우리 밖에서부터 올 수 없다. 인식, 사고, 의심, 믿음, 앎, 의지까지, 이 근원을 "모든 사람이 전부 그들 속에 가지고 있다."[51] 로크는 이렇게 쓴다. "말하자면 나에게는 이 둘, 즉 감각의 대상인 외부의 물질적 사물들과 반성의 대상인 정신 내부의 작용만이 우리가 가진 모든

---

50 케임브리지의 플라톤주의자들은 홉스와 데카르트 둘 다와 대립했던 6명 정도의 집단이었다. 이들은 반(反)-청교도이자 반(反)-칼뱅주의자들이었지만 홉스의 유물론에는 강력히 반대했다. "영혼이 없다면 하나님도 없다"(No Spirit, No God)가 그들의 표어였다.

51 John Locke, *An Essay Concerning Human Understanding*, 27th ed. (London: T. Tegg and Son, 1836), p. 51. 『인간지성론』(한길사).

개념이 시작되는 유일한 근원이다."⁵² 로크는 인지 활동 간의 관계를 그것들에 주어진 대중적 불특정성을 띤, 지극히 다양한 것을 재형성해 내는 본래 감각의 내용에 맡겼다.⁵³

니콜라스 월터스토프는 자아에 관한 로크의 관점이 최선의 경우 **폐쇄 공포증적** 자아관으로 분류되어야 한다고 주장한다.⁵⁴ 로크가 보기에 우리는 우리의 정신과 개념 및 그 변형을 이성으로 포착한다. 이 결과가 갖는 아이러니는 반드시 인지되어야 한다. 로크는 경험론을 통해 자연에 대한 과학적 지식을 정립하려 했으나 자신의 정신을 숙고하는 데 그치고 말았다. 도이어베르트는 로크에게서 자연을 알려는 과학의 이상에 대한 비판적 반성의 씨앗을 볼 수 있다고 했는데, 그 씨앗은 자유 및 인격의 이상이라는 반대편 극을 강조하는 열매를 맺게 될 것이었다.⁵⁵ 이 전환은 예컨대 뒤에서 볼 버클리의 작품에서 밝히 드러난다.

정치철학에서 로크의 『통치론』(*Of Civil Government*, 까치)은 제한적 대표 정부를 주장하여 고전적 자유주의에 철학적 기초를 제공했다. 그의 정치사상은 1688년 영국 '명예혁명'(Glorious Revolution)을 정당화하는 근거로 이바지했으며 18세기에는 미국과 프랑스에서 일어난 혁명에 영향을 끼쳤다. 그는 정부의 기초를 개인의 자연권과 사회 계약에 두었다. 정부의 기원은 세속적이며 개인주의(individualism)에 기초한다.

---

52 같은 책, p. 52.
53 Windelband, *History of Philosophy*, p. 451.
54 Nicholas Wolterstorff, *John Locke and the Ethics of Belief*, Cambridge Studies in Religion and Ethical Thought (Cambridge: Cambridge University Press, 196), p. 240.
55 Herman Dooyeweerd, *A New Critique of Theoretical Thought*, trans. David H. Freeman and William S. Young, 4 vols. (Jordan Station, ON: Paideia, 1984), 1: p. 271; 로크에 관해서는 1: pp. 262-271를 보라.

블레즈 파스칼

영재였던 블레즈 파스칼(1632-1662)은 1654년에 삶을 바꾸어 놓은 개종을 경험했다. 그는 포르루아얄 언약에 중심을 둔 얀센파에 가담했다. 얀센파에서는 죄로 인한 인간 본성의 타락과 불가항력적 은혜 개념을 강조한다. 파스칼이 죽었을 때 외투에 꿰매어져 있던 종이가 발견되었는데 거기엔 "철학자와 학자의 신이 아닌 아브라함의 하나님, 이삭의 하나님, 야곱의 하나님"이란 글귀가 써 있었다. 그의 가장 유명한 작품 『팡세』(*Pensées*)는 1670년에 유작으로 출판되었다. 이 책은 문체상 대부분 경구로 이루어져 있으며 그중 잘 알려진 것들이 많다.

파스칼은 인간 이성의 한계를 강조한다. "이성의 마지막 단계는 그것을 넘어서는 수많은 것이 존재한다는 사실을 인정하는 것이다. 이를 깨닫는 데까지 나가지 못한다면 저급할 뿐이다. 만일 자연적 사물들이 이성을 넘어선다면, 초자연적인 것에 대해서 무슨 이야기를 할 수 있겠는가?"[56] 그리고 "회의주의자들이 자주 내세우는 주장에 양보하자. 즉, 진리는 우리의 범위를 넘어서는 데 있으며 도달할 수 없는 추구의 대상이다. 세상에 있지 않으며 하늘의 집에서 하나님의 무릎 위에 놓여 있다. 진리는 하나님이 계시하시기를 기뻐하는 한에만 알려질 수 있다. 창조되지 않고 성육신하신 진리로부터 우리의 참된 본성을 배우자."[57]

파스칼에게 이성은 피조적 본성 때문에, 또한 오직 기독교 신앙의 맥락 속에서만 제대로 기능하기에 제한적이다. 오직 "예수를 통해서만 하나님을 알

---

[56] Blaise Pascal, *Pensées*, trans. A. J. Krailsheimer (London: Penguin, 1966), p. 188. 『팡세』(을유문화사).
[57] 같은 책, p. 131.

며…그렇기에 그 안에서 그리고 그를 통해서 하나님을 안다."[58] 따라서 신 존재 증명은 별 가치가 없다.[59] 그러나 이는 결코 이성의 가치를 부정하려는 것이 아니고 이성을 적합한 자리에 두기 위함이다. "두 가지 과도함이 있다. 이성을 배제하는 것과 이성 외에는 아무것도 인정하지 않는 것이다."[60] "이성에 순종하면서 그것을 사용하는 것, 그것이 참된 기독교를 만든다."[61] "모든 것을 이성에 굴복시킨다면 우리 종교에는 어떤 신비와 초자연적인 것도 남지 않을 것이다. 이성의 원칙을 거스른다면 우리 종교는 불합리하고 우스꽝스럽게 될 것이다."[62]

파스칼은 이성을 '마음'(heart)에 뿌리박는데, 이 용어는 『팡세』에 거듭 등장한다. 그는 "마음은 이성이 전혀 알지 못하는 나름의 합리성을 가지고 있으며, 우리는 이를 무수히 많은 방법을 통해 알고 있다"고 주장한다.[63] "하나님을 경험하는 것은 마음이지 이성이 아니다. 이는 곧 신앙이다. 하나님은 이성이 아니라 마음이 감지한다."[64] 파스칼은 성경에 깊이 빠졌으며 특히 그의 마음 개념은 마음을 인간 인격의 종교적 중심으로 보는 구약성경의 지혜 문학에서 왔다. 마음에 대한 강조가 파스칼을 데카르트와 멀리 떨어지게 만들었다.

파스칼은 합리성에 대한 일종의 아우구스티누스주의적 관점을 개발했는데 이는 오늘날 큰 잠재력을 가진 철학적 자원으로 여겨진다. 그것은 두 가지

---

[58] 같은 책, p. 189.
[59] 같은 책, p. 190.
[60] 같은 책, p. 183.
[61] 같은 책, p. 167.
[62] 같은 책, p. 173.
[63] 같은 책, p. 423.
[64] 같은 책, p. 110.

의미에서 아우구스티누스적이다. 첫째, 파스칼은 사랑에 기초한 믿음을 떠나 하나님께 도달하려는 시도를 배격했다. 둘째, 하나님에 대한 믿음이 비록 증명될 수 없더라도 여전히 합리적으로 옹호될 수 있다.[65]

조지 버클리

조지 버클리(George Berkeley, 1685-1753)는 아일랜드 태생으로 클로인의 주교가 되었다. 그는 철학적으로 "내적 경험의 우월함이 완전히 지배하도록 만들었다."[66] 갈릴레오, 로크, 그 외 다른 사람들은 **우리**가 주관적 감각의 인상에 기초해 사물에 부여하는 특성인 이차 성질(예컨대 색과 온도)을, 물질계에 대한 객관적 지식으로 간주되며 기하학과 수학적 양으로 표시되는 일차 성질(예컨대 공간과 운동)과 구분했다. 그러나 버클리에 따르면 모든 성질은 '이차적'이다. 그는 이런 방식으로 실제 물체들에 대한 우리의 지식에 관한 로크의 망설임에 종지부를 찍었다. 그는 극단적인 유명론을 통해서, 또한 홉스의 개념들로 돌아감으로써 이 일을 해냈다.

버클리는 **물질적 실체**(corporeal substance)라는 관념을 파괴했는데, 그 관념에 따르면 지각이 우리에게 물체 속에서 제시하는 관념들의 복합체 중 일부분을 따로 떼어서 구분하고 다른 부분을 실재로 보존해야 한다. 물체들이 가지는 수학적 성질은 감각적 성질처럼 우리 속에 있는 참된 관념들이다. 따라서 물체는 관념들의 복합체일 뿐이다. "물체에서 관념들의 뭉치 이상을 보

---

65 James R. Peters, *The Logic of the Heart: Augustine, Pascal, and the Rationality of Faith* (Grand Rapids: Baker Academic, 2009)를 보라.
66 Windelband, *History of Philosophy*, p. 469.

지 못하는 **관념론**이 보통 사람의 관점이다. 그것은 또한 철학자들의 관점이어야 한다. 물체는 **지각된** 것 이외의 그 어떤 실재도 소유하지 못한다."[67] 버클리의 철학은 '에세 에스트 페르시피'(*Esse est percipi*)라는 표현에 잘 나타난다. 존재란 지각된 것 또는 지각되고 있는 것이다. 버클리에게는 지각의 관계 외엔 아무것도 존재할 수 없다.

버클리는 이 강력한 관념론을 영적 형이상학과 결합시켰다. 그는 이 형이상학을 통해서 정신들의 다양성에도 불구하고 지각과 세계가 어떻게 상호 일치하는지를 설명했다. 버클리적 접근은 유아론(solipsism)이라는 위험을 가지고 있다. 각각의 개별적 정신은 자신과 자신의 상태에 대해서만 확실하고 직관적인 지식을 가진다. 그 외의 모든 것의 실재는 증명될 수 없다. 그러나 버클리는 관념들이 신에게서 나온다고 보았다. 신은 이 관념들을 모든 정신 속에서 조화롭게 만든다. 신은 물체의 관념들을 유한한 영혼들에게 전달한다. 신이 이 일을 하는 질서의 절차를 우리는 **자연법**(laws of nature)이라고 부른다.

바루흐 스피노자

바루흐 스피노자(1632-1677)는 네덜란드에 살았고 유대인 배경을 가졌다. 그렇지만 그의 견해가 공적으로 알려지면서 유대인 사회에서 출교당했다. 그는 1660년에 자신이 유대교를 떠난 것을 정당화하기 위해 『논고』(*Tractasus*)를 썼다. 그는 철학적으로 데카르트의 자원을 활용해 자기 나름의 체계를 만들

---

[67] 같은 책, p. 470(강조는 원문의 것).

어 냈다. 스피노자는 『에티카』(*Ethics*)에서 자신의 체계를 제시한다.

1. 실체론: 데카르트와 비교해 스피노자는 오직 하나의 실체-즉 신 또는 자연-만 인정하며, 그 실체는 사유(thought)와 연장(extention)을 모두 가지고 있다. 신은 유한한 존재들의 일반적 본질이다. 신은 유한한 존재들 속에서 그들과 함께 존재할 뿐이다.[68] "이것이 스피노자의 완전하고 철저한 **범신론**이다."[69] 빈델반트는 이것을 데카르트와 비교하여 스피노자의 일원론적 조정이라고 불렀다.[70]
2. 정신(mind)은 **사유**의 양식으로 본 인간이다. 몸은 **연장**의 양식으로 본 인간이다. 스피노자의 지각 이론은 상상력, 이성, 직관이라는 세 단계로 이루어져 있다. 직관은 보편타당한(*subspecie aeternitatis*)[71] 지식인 신에게서 온 영원한 논리의 즉각적 파악이다. 스피노자에 의하면 세계는 이성에 의해 이해될 수 있으며, 오류는 부적절한 관념에서 비롯된 지식의 결핍이 낳은 결과다. 적절한 관념은 다른 관념과 논리적으로 연결된 보편적 관념이다. 스피노자에 따르면 성공적인 인생의 열쇠는 적절한 관념의 개발이다. 탐구의 자유를 보호하는 민주 사회는 그러한 관념이 발전할 최선의 정치적 상황이다. 스피노자는 적절한 관념과 관용을 뒤엎는 모든 것을 깨뜨리기 원했다.

스피노자는 자신의 유대교 배경으로 인해 계속 성경에 관심을 가졌다. 스

---

[68] 참고. 같은 책, p. 409.
[69] 같은 곳.
[70] 같은 책, p. 410.
[71] '영원의 측면 아래'(under the aspect of eternity)를 뜻하는 라틴어로, 이는 보편적으로 참이라는 의미다.

피노자는 이성, 종교, 성경 해석 개념이 사회에 막대한 함축을 가지고 있음을 잘 알고 있었다. 스피노자는 "성경이 이성에 맞추어지는 것도, 이성이 성경에 맞추어지는 것도 아니다"라고 주장하긴 하지만, 그의 성경 해석은 그의 철학에 의해 형성되었다.[72] 스피노자는 성경을 편견 없이 새롭게 읽고자 했으며 자연 이성을 통한 문자적 독해를 주장했다. 그런 접근의 주요 요소는 성경 문헌의 역사적 차원이었다. "그렇다면 성경 해석에서 보편적 기준은 우리가 성경을 그 역사의 빛 속에서 검토했을 때 아주 분명하게 인식하지 않는 어떤 것도 권위 있는 성경적 언술로 수용해서는 안 된다는 것이다."[73] 의미와 진리는 명백히 구분되어야 하며, 성경의 의미는 이성에 의해 판단되어야 한다.

여기엔 하나의 긴장이 있다. 스피노자는 한편으로 성경이 자주 계시에 의해서만 알려질 수 있는 것을 담고 있음을 인정한다. 하지만 다른 한편으로는 이성을 성경에 굴복시키기를 반대한다. 이 긴장의 대부분은 그가 하나님 말씀과 성경을 구분하며[74] 구약성경의 역사적이며 예언적인 부분을 대부분 공상적이고 대중에게 맞춰진 것으로 치부함으로 인해 완화된다. 스피노자는 한 걸음 더 나아가 성경이 약간의 핵심 개념들을 담고 있긴 하지만 "신학의 영역은 경건과 순종"인 반면에 "이성의 영역은…진리와 지혜"라고 주장하며 신학과 철학을 구별하고 있다.[75] "철학은 진리 외에는 그 어떤 목적을 염두에 두고 있지 않다. 신앙은 우리가 충분히 증명한 바와 같이 순종과 경건 외에는 아무것도 찾으려 하지 않는다."[76] 신학의 실제적 한계는 스피노자의 다음과

72　Baruch Spinoza, *A Theologico-Political Treatise*, trans. R. H. M. Elwes (New York: Dover, 1951), p. 195. 『신학정치론』(비홍).
73　같은 책, p. 101.
74　같은 책, pp. 169-170.
75　같은 책, p. 194.
76　같은 책, p. 189.

같은 주장에 아주 분명하게 그어져 있다. "신학은 우리들에게 다른 아무것도 말해 주지 않고, 순종 외에 어떤 명령도 하지 않으며, 이성을 반대할 의지도 힘도 없다. 신학은 신앙의 도그마를…오직 순종에 필요한 한에서만 규정하고, 이성으로 하여금 그것의 정확한 진리를 규정하도록 한다. 이성이 정신의 빛이기에, 이성 없이는 모든 것이 꿈이요 환각일 뿐이다."[77]

이렇듯 스피노자는 "성경은 이성을 철저히 자유롭게 놓아둔다"고 주장하며 이성은 성경에 복종해서도 안 되고 그 반대도 안 된다고 말하긴 하지만, 실제로는 그의 철학이 성경적 개념들의 이해를 결정한다.[78]

고트프리트 라이프니츠

고트프리트 라이프니츠(1644-1716)는 17세기와 18세기에 걸쳐 있다. 가장 잘 알려진 그의 책은 『변신론』(*Theodicy*, 1710, 아카넷)이다. 그 책에서 그는 이 세상이 가능한 최선의 세계라고 주장한다. "우리가 보다 계몽되고 하나님의 작품들에 대해 보다 더 잘 알게 될수록, 우리는 점점 더 그것들이 우리가 희망할 수 있는 모든 면에서 탁월하고 만족스럽다는 사실을 발견하게 될 것이다."[79] 라이프니츠가 말하는 가능한 최선의 세계란, 가정은 가장 단순하고 현상적으로는 가장 풍부한 세계다.[80] 볼테르(Voltaire)는 『캉디드』(*Candide*, 1759)라는 풍자 소설에서 이 견해를 무자비하게 비꼰 바 있다.

---

77 같은 책, pp. 194, 195.
78 같은 책, p. 9.
79 Gottfried Leibniz, *Discourse on Metaphysics and Other Essays*, trans. Daniel Garber and Roger Ariew (Indianapolis: Hackett, 1991), p. 1. 『형이상학 논고』(아카넷).
80 같은 책, p. 6.

라이프니츠는 루터교 철학자였으며 그의 철학 중심에는 신앙이 있었다. 실제로 그는 그리스도인을 하나로 만들기 위한 중요 에큐메니칼 프로젝트에 관여하기도 했다. 라이프니츠에 따르면 하나님은 우리가 자연 속에서 발견하는 최고 수준의 완전함을 가진 절대적으로 완전한 존재다. 라이프니츠는 독자들에게 복음이 어떤 변화를 만들어 내는지 상기시키면서 그의 『형이상학 논고』(Discourse on Metaphysics)를 이렇게 끝낸다.

고대의 철학자들은 이 중요한 진리를 지극히 조금밖에 알지 못했다. 예수 그리스도만이 그것을 신적으로 잘 표현했으며, 가장 열등한 정신이라도 그것을 파악할 수 있도록 지극히 분명하고 친숙한 방식으로 보여 주셨다. 그리하여 그분의 복음은 인간사의 과정을 완전히 바꾸어 놓았다. 그분은 우리에게 하늘나라를, 또는 그분이 드러내신 감탄할 만한 율법을 가진 하나님의 도성이라는 칭호에 걸맞은 완전한 정신의 국가를 알려 주었다.[81]

라이프니츠 철학의 기독교적 차원을 진지하게 고려할 필요가 있다. 반면에 그가 위험하게 하나님 나라를 '정신의 국가'와 동등시하고 있다는 점에도 주목해야 한다. 이는 우리에게 그의 철학이 가진 이성주의적 요소에 대해 경각심을 갖게 해 준다.

라이프니츠는 연장—크기, 형태, 운동—이 실체(데카르트)이거나 실체의 속성(스피노자)이라는 견해를 배격했다. 라이프니츠에게 기초적 실체는 모나드(monad), 또는 영적 힘의 단위다. 모나드는 분할되어 있지 않으며 서로 상호 조정과 조화 작용은 하지만 인과적 상호 작용은 하지 않는다. 그것은 공간상

---

[81] 같은 책, sec. 37, pp. 40-41.

위치를 차지하지도 않는다. 모나드는 법처럼 보이는 '욕구'(appetition, 욕망 또는 갈망)라는 내적 원리를 가지고 있고 그 원리가 변화를 야기한다. 모나드는 상호 영향을 미치는 것처럼 보이지만 그것은 하나님이 그것들을 서로 비추도록 창조한 예정 조화(preestablished harmony)를 반영하는 것일 뿐이다. 모나드의 모든 과거와 현재는 그 속에 들어 있기에, 모나드가 무엇을 하건 그것은 필연에 의한 것이다. 모든 모나드는 독특하다. 모두 질적으로 다르며 각기 다른 관점을 가지고 있어 각기 세계를 다르게 반영하며 명료성의 정도에서 차이를 보인다.

모든 모나드는 일정한 영적 생명을 가지고 있어[82] 이를 통해 외면적 사물을 나타낸다. 보다 지각이 분명하고 기억력을 갖춘 모나드는 고등한 단계를 점유한다. 따라서 예를 들어 개의 고등한 모나드는 지각과 지각의 기억을 가지고 있다. 라이프니츠는 이 모나드를 그보다 낮거나 '벌거벗은' 모나드와 구별하기 위해 '혼'(soul)이라고 불렀다. 인간의 고등한 모나드는 '영'(spirit)인데, 이는 반성적 행위를 할 수 있기 때문이다. 영은 우주를 알 수 있고 최고의 모나드-즉, 하나님-와의 관계에 들어갈 수 있다.

인식론적으로 라이프니츠는 스피노자가 진리의 기하학적 성격을 강조한 것에 큰 영향을 받았다. 라이프니츠는 모든 지식이 그 진리로부터 연역될 수 있는 진리를 찾아내려 했다. 갈릴레오처럼 그도 직접적이고 직관적으로 확실하며 그 자체를 정신에 자명한 것으로 강하게 밀어붙일 수 있는 진리를 찾으려 했다. 라이프니츠에게는 두 종류의 직관적 지식이 있다. 이성에 자명한 보편적 진리와 경험적 사실이다. 전자는 무시간적이고 후자는 개별적이다. 라

---

[82] 라이프니츠 철학의 중심에는 기계적 세계관과 목적론적 세계관을 조화시키려는 시도가 있다. 그는 세계의 의미 충만하고 살아 있는 성격을 보존하면서도 자연에 관한 기계적 이해를 정당하게 평가하길 원했다. Windelband, *History of Philosophy*, pp. 420-425를 보라.

이프니츠는 이 두 종류의 기초 진리에 데카르트가 말한 직관적 자명성의 표지인 명료함과 뚜렷함을 부착시켰다. 그는 혼란스러운 것과는 반대되는 뚜렷한 관념과 명목상의 정의(定義)와는 다른 실재의 중요성을 강조했다. 경험에서 온 지식은 혼란스럽다. 오로지 어떤 것이 가능함을 선험적으로(a priori) 증명할 수 있을 때에야 내 지식은 뚜렷하다.[83] 우리는 명목상 정의가 가능한지 여전히 의심할 수 있지만, 실재하는 관념의 가능성을 의심할 수 없다. 라이프니츠는 실재하는 관념을 그의 강력한 플라톤적 생득 관념 교리와 연결 지었다. "우리는 마음속에 이 모든 형상을 가지고 있다. 심지어 늘 형상을 가지고 있다."[84] 이 지식은 하나님에게서 온 것으로 계속해서 우리에게 작용하며 하나님을 직접 알려 준다.

관념은 다른 모든 것으로부터 확실히 구분될 때 명료하다. 따라서 그것은 대상을 인식하기에 적절하다. 관념은 명료하며 개별적 구성 부분들과 그것이 조합된 지식에서조차 뚜렷하다. 이에 따라 **선험적인**(a priori) '기하학적' 또는 '형이상학적'인 영원한 진리는 명료하고 뚜렷하다. 반면에 **후험적인**(a posteriori) 또는 사실에 관한 진리는 명료하긴 해도 실제로 뚜렷하지는 않다.…전자의 경우 직관적 확실성은 **모순율**(Principle of Contradiction)에 근거한다. 후자의 경우 실제 사실에 의해 보증되는 가능성은 여전히 **충족 이유율**(Principle of Sufficient Reason)과 일치하는 설명을 필요로 한다.[85]

라이프니츠는 인간을 영에 의해 지배되는 모나드의 복합체로 본다. 하나

---

[83] Leibniz, *Discourse on Metaphysics*, sec. 24, pp. 26-27.
[84] 같은 책, sec. 26, p. 28.
[85] Windelband, *History of Philosophy*, p. 398.

님의 형상은 우리의 정신 속에 위치하며 – "정신은 그의 이미지로만 만들어졌다."[86] – 하나님은 "그 자신이 모든 정신 가운데 가장 완성된 분이시다."[87] 라이프니츠는 데카르트적 의심의 방식을 배격한다. "라이프니츠에게 데카르트적 의심은 영지주의적 소외의 회의라는 절벽 끝에 서는 무모한 행동이다. 그는 우리가 조금이라도 생각을 한다면, 거기에 뒤따라오는 지식이 아무리 불충분하고 혼란하더라도 원초적 믿음의 행위를 통해 자신과 세상을 주어진 것으로 받아들일 권리를 부여받은 것이라고 주장했다."[88]

라이프니츠의 철학은 자유의 가능성을 배제하는 것처럼 보인다. 각 모나드가 그 속에 미래를 담고 있으며 미래는 필연적으로 펼쳐진다면 영적 모나드와 그보다 낮은 육체적 모나드가 합쳐진 존재인 우리가 어떻게 자유로울 수 있단 말인가? 라이프니츠는 이런 비판을 배격한다. 우리의 행위가 의지로부터 흘러나오고, 우리 행위가 우리의 뜻한 바와 전혀 모순되지 않는 사실을 볼 때 우리는 자유롭다는 것이다.

서양 철학 이야기를 할 때 반복되는 주제 중 하나는 그 이야기를 하는 방식이 결코 중립적이지 않다는 사실이다. 너무도 많은 근대 철학의 일관된 특징 중 하나는 많은 근대 철학자의 기독교 신앙을 중요하게 생각하지 않는다는 점이다. 라이프니츠의 존재는 주목할 만한 사례다. 폴 힌리키(Paul Hinlicky)는 대부분의 현대 루터교 신학이 루터에서 시작해 칸트를 거쳐 현재에 이르는 불행한 방향을 따라 흐른다고 주장했다. "그렇다면 이제 기독교 철학을 위해 여전히 취할 수 있는 길이 있는데 그것은 '루터를 경유하여 라이프

---

86 Leibniz, *Discourse on Metaphysics*, sec. 36, p. 39.
87 같은 책, p. 35.
88 Paul R. Hinlicky, *Paths Not Taken: Fates of Theology from Luther through Leibniz* (Grand Rapids: Eerdmans, 2009), p. 252.

니츠'로 가는 길이다."[89]

힌리키는 라이프니츠가 이성적, 자연적, 또는 철학적 신학의 인지적 주장, 칸트가 해체한 바로 그 접근 방식에 일생을 헌신했다고 주장한다.[90] 힌리키는 라이프니츠가 기독교 철학을 계시된 신학의 반성적 연장으로 인식했지 계시된 신학의 기초라고 생각하지 **않았으며**,[91] 따라서 라이프니츠는 17세기의 루터교적-토마스주의자로 제대로 사유되어야 한다고 주장한다.[92] "그의 목표는 과학을 인식론적으로 정초하는 것이 아니라, 해석학적으로 과학이 발견한 것을 다른 정신들에게 하나님의 작품으로-그리고 다른 정신들 **또한** 하나님의 작품으로-풀이해 주는 것이다."[93] 라이프니츠의 접근 방식은 우리 자신을 하나님의 위치에서 자연보다 우월한 입장에 놓는 게 아니라 하나님 아래서 자연 속에 심긴 것으로 보는 것이다.[94] 그의 철학은 계시된 신학과 일치하는 자연신학을 품고 있다. 그것은 칸트가 그러하듯 주체로의 전환이 아니라, 사물의 본성-궁극적으로는 신의 본성-에서 주체와 객체 모두를 비판적으로 근거 삼는다. 힌리키는 수용된 (칸트적) 신학 전통에 근본적이면서도 유익하게 도전할 수 있는 자가 바로 라이프니츠라고 본다. 라이프니츠의 신학적 철학은 "초기 근대 유럽에서 고전적 루터파 사상가들에 의해 분석적으로 설명된 기독교 창조론에 입각해 문화를 정초하려던 최후의 위대한 시도 가운데 하나"다.[95]

---

89 같은 책, p. 294.
90 같은 책, p. 2.
91 같은 책, p. 4.
92 같은 책, p. 7.
93 같은 책, p. 11.
94 같은 곳.
95 같은 책, p. 10.

헨리키는 그리스도인들에게 철학 이야기를 할 때 주의할 필요가 있다고 경고한다. 라이프니츠는 간단히 이성주의자로 매도될 수 없다. 그의 신앙은 진짜였고 결코 이신론적이지도 않았다. 그러나 우리가 보기에 그의 사상에는 실질적인 긴장이 있었다. 라이프니츠 자신이 이렇게 주장한다. "나는 철학자로 시작해서 신학자로 마쳤다."[96] 그는 루터의 두 왕국 교리를 신봉했다. 그래서 그의 사상에는 신앙과 이성 사이에 불편한 긴장이, 계몽주의 철학의 맹공격을 막아내기에는 충분하지 못한 긴장이 존재한다.

결론

유럽이 종교 전쟁으로 황폐화되었던 점을 감안할 때, 데카르트가 이성 안에서 확고한 기초를 발견하려 한 것은 이해할 만하다. 이해할 만하긴 하지만 치명적인데, 이성과 인간 자율성은 결코 삶과 진리를 위한 충분한 기초가 아니기 때문이다. 이전 철학자들은 존재론으로 시작한 다음 그 맥락에서 세계를 어떻게 바로 아는지를 물은 반면, 데카르트와 그의 후예들은 이 모델을 뒤집어 인간에서, 그리고 우리가 어떻게 아는지를 묻는 데서 출발했다. 이는 하나의 지각 변동으로, 근대 철학에서 인간 자율성에 대한 압도적인 강조로 직접 이어진다. 초기 근대에 근대적 인식론의 양대 조류—즉, 합리론과 경험론—가 탄생했다.

초기 근대가 여전히 매혹적인 것은 기독교가 여전히 상당한 정도로 존재하고 있었고 이 시대의 모든 철학자는 어떤 방식으로든 기독교와 관계해야

---

[96] 같은 책, p. 241에서 재인용.

했다는 사실과 아주 무관하지 않다. 우리가 보기에 가장 큰 가능성은 파스칼이 보여 준 비주류적 관점에서 발견된다. 그러나 이성과 신앙이 분명 분리되는 길에 접어든 것만큼은 확실했다. 이 분열은 근대에 들어, 철학자들이 진리의 적절한 근거를 발견하려 하면서 점점 더 인간 정신에 초점을 맞춤에 따라 더욱 뚜렷해질 것이다.

9장 근대 철학
흄에서 슐라이어마허까지

보낸사람: percy@secular.edu

받는사람: abby@longobedience.edu

제목: RE: 인식론

안녕 애비,

우리 수업에선 칸트를 아주 비중 있게 다뤘어. 내 생각에 인간의 자율성이 힘을 발하는 것을 진짜 볼 수 있는 것은 그의 철학에서야. 믿을 수 없는 사실은 칸트는 우리가 복종해야 하는 도덕률을 **우리**가 만든다고 생각했다는 거야! 창세기 3장이 그대로 재현되는 셈이지!

퍼시

장밥티스트 르 롱 달랑베르(Jean-Baptiste le Rond D'Alembert, 1717-1783)와 드니 디드로(Denis Diderot, 1713-1784)가 편집한 17권짜리 『백과사전』(*Encyclopédie*)이 1750년대와 1760년대에 발간되었다. 달랑베르는 산수와 기하학의 명확성을 모든 과학에 도입하는 것을 목표로 삼았던 뛰어난 수학자

였다. "기독교적 창조의 동인은 자체 내에서만 확실성의 기초를 발견하려 했던 과학적 사유의 창조력에 대한 믿음에 길을 양보했다."[1] 두 사람은 과학 발전의 불가피성에 대한 믿음을 공유했으며 기독교가 인류 발전에 큰 장애물이라고 믿었다. 그들은 인간 본성에 대한 **유물론적** 견해를 견지했다. 도이어베르트의 자연/자유 변증법으로 말하자면, 그들은 자연의 축을 강조했다. 그들은 몽테스키외(Montesquieu)와 볼테르가 포함된, 동일한 생각을 품은 이들을 기고자로 모았다. 이들은 모두 성직자에 대해 반감을 가졌으나 전부가 무신론자는 아니었다. 예를 들어 볼테르는 도덕률이 무게를 갖기 위해서는 어떤 유건 신 개념이 중요하다고 믿었다. 하지만 이것이 유신론의 창조주 하나님은 아니었다.

데이비드 흄

스코틀랜드 태생의 데이비드 흄(1711-1776)은 27세라는 젊은 나이에 『인간 본성에 관한 논고』(*A Treatise of Human Nature*)를 출판했다. 이 책은 처음에는 별로 주목받지 못했지만 훗날 엄청난 명성을 얻었고, 흄은 데카르트 이래 그 어떤 철학자보다 큰 영향력을 행사하게 되었다. 부제목인 "도덕적 주제에 실험적 추론 방법을 도입하려는 시도"(*Being an Attempt to Introduce the Experimental Method of Reasoning into Moral Subjects*)는 흄의 『논고』에서 목표하는 바를 설명해 준다. 뉴턴이 물리학에서 했던 일을 심리학에서 하겠다

---

[1] Herman Dooyeweerd, *Roots of Western Culture: Pagan, Secular, and Christian Options*, trans. John Kraay (Lewiston: Edwin Mellen, 2003), p. 151.

는 것이다.

흄은 철학에서 인간론의 근본적 중요성을 제대로 인식하고 있었고 이 과학의 심장부로 직접 뛰어들기로 결심했다. 흄은 경험주의자였다. 그는 1권에서 정신의 내용을 인상(impressions)과 관념(ideas)이라는 두 종류의 지각으로 분류한다. 감각과 감정을 포함하는 인상은 관념보다 생생하고 강력하다. 관념은 사고 및 추론과 연관된 지각이다. 감각을 통해 들어오는 즉각적인 것을 넘어 펼쳐지는 모든 지식은 원인과 결과 개념에 의존한다. 따라서 이를 면밀히 주목할 필요가 있다. 이 점에서 흄은 아주 혁신적인 결론에 도달한다. 원인과 결과 사이의 필연적 관계에 대한 믿음이 추론이 아니라 관습에서 비롯된다는 것이다. "그러므로 우리는 검토를 통하여 어떤 원인이 필연적임을 주장해 온 모든 증명이 허위요 궤변임을 밝혀야 한다."[2] 흄은 동일한 회의주의를 시간과 공간으로 확장시키고 인간론에도 비슷하게 적용했다. "인격적 정체성에 관한 꼼꼼하고 세밀한 질문들은 결코 결정될 수 없으며, 철학적 난제가 아니라 오히려 문법적 난제로 여겨져야 한다."[3]

2권에서는 인상의 특수 형태인 정념(passions) 또는 감정(emotions)을 다룬다. 흄은 원초적인 것과 이차적 인상을 구분한다. 원초적 인상은 감각적 인상과 육체적 고통과 쾌락이다. 이차적 인상은 교만과 겸손 같은 정념을 말한다. 흄은 정념과 이성 사이의 충돌을 신화로 간주한다. 모든 의지적 행동은 정념에 의해 동기가 부여되기 때문이다. 이성은 정념의 종이며 당연히 그래야 한다. 3권에서는 윤리를 다룬다. 흄은 이성이 아니라 정념만이 우리를 행동으

---

[2] David Hume, *An Enquiry Concerning Human Understanding*, 2nd ed., ed. L. A. Selby Bigge and P. H. Nidditch (Oxford: Oxford University Press, 1978), p. 207. 『인간 오성의 탐구』(고려원).

[3] David Hume, *A Treatise of Human Nature*, 3rd ed., ed. L. A. Selby Bigge and P. H. Nidditch (Oxford: Oxford University Press, 1978), 1, pp. 311-312. 『오성에 관하여』(서광사).

로 이끌 수 있다고 주장한다. 이성은 정념을 유발할 수도 없고 판단할 수도 없다. **당위**(ought)는 결코 **사실**(is)로부터 나올 수 없다. 도덕적 구분의 주된 원천은 타자에 대한 동정심이다.

흄의 경험론은 인간 이성의 한계에 대한 강력한 주장이지만, 그것이 그가 근본적 회의주의를 묵종했음을 의미하지는 않는다. 그는 『논고』 말미에 이르러 분명 우리 사회와 개인의 안녕은 모종의 비이성적 신앙을 확고히 신봉하는 데 달려 있다고 주장했다. 흄은 이런 식으로 처음부터 철학이 상식적 믿음과 관습에서 유리되는 것을 막으려 한다. 그가 주장하듯, "인간은 이성적 존재이며, 그런 관계로 과학으로부터 적합한 양식과 영양분을 받는다. 그러나 인간 오성의 한계가 매우 좁은 관계로 이 특별한 것 속에서 얻는 것의 범위와 안정으로부터는 극히 적은 만족만을 바랄 수 있을 뿐이다.…철학자가 되어라. 그러나 모든 철학 한가운데서, 여전히 인간이 되어라."[4] 그러나 이것이 종교에 대한 개방성을 포함하지는 않는다.

흄은 1755년에 『종교의 자연사』(*The Natural History of Religion*, 아카넷)를 냈고 『자연종교에 관한 대화』(*Dialogue Concerning Natural Religion*, 나남)는 1779년에 유작으로 출판되었다. 두 책 모두 자연신학을 공격하는데, 특히 로크의 자연신학을 근본에서 비판한다. 흄에게는 세속적인 일상생활의 경계를 넘어서는 것은 인간의 능력에 부적절한 오만이나 다름없다. 두 개의 중요한 주장이 그의 반(反)유신론을 뒷받침하기 위해 사용된다. 첫째, 그는 경험적 증거에 의해서 합리적으로 정당화될 수 없거나 자연적 믿음을 만들어 내는 것과 같은 보편적·무의식적 기구의 결과가 아닌 형이상학적 믿음에 동의하는 것은 지혜롭지 못하다고 여긴다. 둘째, 우리는 영적 불안과 사회적 혼란

---

[4] Hume, *Enquiry Concerning Human Understanding*, p. 5.

을 만들어 내는 그런 형이상학적 믿음을 피해야 한다.[5] 제임스 피터스(James R. Peters)가 올바로 지적하듯,

> 흄은…특히 기독교 신앙을 포함해 모든 종교적 신앙을 심리학적으로 파괴적이고 이성적으로도 옹호할 수 없는 것이라며 배격했다. 나는 기독교 신앙에 대한 흄의 부정적 진단에 결함이 있음을 주장해 왔다. 흄은 불안과 무지에 의하지 않고 사랑에 의해 활성화되는 내적 신앙생활을 이해하지 못했다. 더욱이 로크가 제시한 신앙과 이성의 화해에 대한 흄의 강력한 비판조차도 결코 아우구스티누스 전통의 특징인 신앙과 이성에 대한 근본적으로 다른 관점에 도전할 수 있을 만큼 충분히 깊게 들어가지 못했다.[6]

우리는 흄의 회의주의에서 계몽주의 체계 내에 균열이 나타나기 시작하는 것을 본다. 그가 근본적 회의주의에는 이르지 못했을지라도 그의 혹독한 이성적 비판 추구는 바로 이 방향으로 나아가고 있었다. 역설적으로 인간의 자율성과 이성 안에서 확고한 기초를 찾고자 했던 것이 모든 것을 의심하게 만들었다.

토머스 리드

토머스 리드(1710-1796)는 아마도 18세기 말에서 19세기까지 미국과 영국에서

---

5 James R. Peters, *The Logic of the Heart: Augustine, Pascal, and the Rationality of Faith* (Grand Rapids: Baker Academic, 2009), pp. 103-160를 보라.
6 같은 책, p. 160.

가장 인기 있는 철학자였을 것이다. 그는 프랑스에서도 상당한 인기를 누렸다. 니콜라스 월터스토프는 이렇게 말한다. "나 자신은 그가 18세기 후반 두 명의 가장 위대한 철학자 중 하나라고 생각한다. 다른 한 명은 물론 임마누엘 칸트다."[7] 그러나, 비록 근래 들어 그에 대해 새롭게 관심이 일고 있기는 하지만, 리드는 서구 대학의 근대 철학 강좌에서 거의 완전히 사라져 버렸다.

스코틀랜드 사람인 리드는 흄과 동시대인이었으며 최초이자 가장 맹렬한 흄 비판자였다. 그는 1764년에 『인간마음에 관한 탐구』(*Inquiry into the Human Mind on the Principles of Common Sense*, 한길사)를 출판했고, 같은 해에 애덤 스미스의 후계자로 글래스고 대학의 도덕철학 교수로 임명되었다. 그는 1785년에 『인간의 지적 능력에 관한 논고』(*Essays on the Intellectual Powers of Man*)를 냈고, 칸트가 『실천이성비판』(*Critique of Practical Reason*)을 낸 1788년에는 『인간의 능동적 능력에 관한 논고』(*Essays on the Active Powers of Man*)를 출판했다. 리드는 그의 교육 과정에서 3년간 신학을 공부했고, 인허받은 장로교 설교자였다.

철학이 발전하지 못하는 것은 새로운 과학의 실험적 방법을 철학이 활용하는 데 실패했기 때문이라고 본 흄이나,[8] 철학이 '순수이성'을 추구하는 데 문제가 있다고 본 칸트와 달리, 리드는 철학이 진보하지 못하는 것은 대체로 상식(common sense)의 원칙을 진지하게 받아들이는 데 실패했기 때문이라고 주장한다. **상식**이란 바르게 기능하는 성인(成人)이 암묵적으로 믿거나 그들의 일상적 행동과 실천에서 당연시하는 명제들을 말한다.[9]

---

7 Nicholas Wolterstorff, *Thomas Reid and the Story of Epistemology* (Cambridge: Cambridge University Press, 2001), p. ix.
8 리드가 동시대 과학에 대해 무지했던 것은 전혀 아니다. 아마도 이 점에서 그는 18세기 철학자 가운데서 가장 유식했을 것이다.
9 리드의 상식 개념에 있는 애매함에 관해서는 Nicholas Wolterstorff, "Reid on Common

리드는 근대 철학이 '데카르트 체계'를 끌어안은 탓에 상식을 깔보게 되었다고 생각한다. 데카르트 체계는 피치 못하게 회의주의에 봉착한다. "설령 우리 사유의 실존이 가진 단일 원리로부터 추론에만 의존해서 이끌어낼 수 있는 것이 무언가 있다 하더라도 그것은 지극히 적다. 특히 다른 모든 기능을 믿을 수 없는 것으로 가정할 경우엔 더욱 그렇다."[10] 그러므로 우리는 데카르트 체계를 버리고 온건하고 폭넓은 형식의 토대주의(foundationalism)를 받아들여야 한다.[11] 온건해야 하는 것은 어떤 관념은 의심할 나위가 없지 않더라도 믿을 수 있기 때문이다. 폭넓어야 하는 것은 우리들이 믿는 많은 것이 다른 믿음으로부터 추론되지 않더라도 타당성이 보증되기 때문이다. 상식의 제일원리는 의식, 지각, 기억, 도덕적 양식 등의 기능이 내린 개별 판단이 즉각 보증된다는 것이다. 우리는 또한 '관념의 길'에서 벗어나야 한다. 이 기계적 관점은 우리가 실재를 이해하는 방식을 설명해 주지 않는다. 우리는 오히려 우리가 다양한 종류의 실재를 감지하는 반성 이전의 확신을 유지해야 한다.

리드는 일상적 언어 사용, 인간 행동과 행위에서 가정되는 원칙들, 정신 작용, 즉 리드가 "내성"(introspection)이라 부른 것에 주목해 두꺼운 인간 경험에서 출발해야 한다고 주장한다. "철학을 할 때는 어디선가 출발해야 한다. 리드는 우리가 철학 작업장에 들어설 때 담론과 확신의 상식적 방식을 입구에 내려놓아야 할 아무런 이유를 알지 못했다."[12] 리드는 내성적 의식-즉 지

Sense", in *The Cambridge Companion to Thomas Reid*, ed. Terence Cuneo and René van Woudenberg (Cambridge: Cambridge University Press, 2004)를 보라.

10 Thomas Reid, *The Works of Thomas Reid*, 2 vols., Elibron Classics Series (New York: Adamant Media, 2005), 1: p. 464.

11 토대주의란 정당화된 믿음이 모종의 기초적 또는 **토대가 되는** 믿음에 근거해야 한다는 관점을 말한다.

12 Terence Cuneo and René van Woudenberg, introduction to Cuneo and van Woudenberg, *Cambridge Companion to Thomas Reid*, p. 12.

각, 기억, 증거, 연역적 추론, 귀납적 추론-에 우선권을 부여했다. 리드는 이런 근원들은 상호 환원되지 않으며 각기 대등한 권위를 갖는다고 보았다.

왜 우리가 상식을 신뢰해야 하느냐는 질문은 고려할 필요가 없다. 이 점에서 리드가 세계와 인간을 하나님의 선한 창조로 보는 기독교 철학자라는 사실을 기억하는 것이 중요하다. 리드는 인간의 자유의지를 매우 강조하지만, 자유의지를 필연이 지배하는 자연 영역에 대립하는 본체 영역(noumenal realm)에 위치시킨 칸트와 달리 자연 법칙과 인간의 의지적 행위를 적절하게 구분했다. 리드는 칸트의 필연성 교리에 반대하며 우연성을 강조했다. 하나님은 세상을 특정 방식으로 창조하시긴 했지만 꼭 그렇게 하셨어야 하는 건 아니다.

리드는 놀랄 만큼 넓은 범위의 주제에 대해 저술하고 가르쳤다. "리드의 사상은 과학, 기독교 신앙, 근대의 공적 영역의 출현, 민주정에서 흔쾌히 받아들일 수 있는 세계 무대 위에 모습을 드러냈다."[13] 아마도 리드를 면밀히 읽지 않았을 칸트는 그를 통렬히 비판했다. 칸트는 리드의 철학이 "자기 입장에 대한 어떤 합리적 정당화도 제시하지 않고…통찰과 과학은 전무한 반면…철학자가 부끄러워해야 할 대중의 박수갈채에, 그들의 의견에 호소하고 있다"고 생각했다.[14]

리드의 여러 영향 중 우리 목적을 위해서는 두 가지가 특히 중요하다. 그는 미국 프린스턴 신학 학파에 맨 처음부터 큰 영향을 미쳤다. 예를 들어 찰스 하지(Charles Hodge)의 『조직신학』(*Systematic Theology*)은 리드에게 깊은

---

[13] Benjamin W. Redekop, "Reid's Influence in Britain, Germany, France, and America", in Cuneo and van Woudenberg, *Cambridge Companion to Thomas Reid*, p. 313.
[14] Immanuel Kant, *Prolegomena to Any Future Metaphysics*, ed. Lewis White Beck (Indianapolis: Bobbs Merrill, 1950), p. 7.『형이상학 서설』(아카넷).

영향을 받았다. 하지의 리드 활용은 리드의 종교철학이 갖는 전통적·자연적 신학이라는 측면을 반영한다. 이와 달리 앨빈 플랜팅가 같은 개혁주의 인식론자들은 타당한 기초로서의 하나님 믿음을 옹호하는 데 '고전적 토대주의'에 대한 리드의 반론을 활용해 왔다.

장자크 루소

장자크 루소(Jean-Jacques Rousseau, 1712-1778)는 『백과사전』의 기고자 중 하나였다. 하지만 예술과 과학이 인류에게 선한 영향을 미친다는 것을 부정하고, 그럼으로써 과학과 자연에 대한 계몽주의적 강조에 의문을 제기하여 당대의 계몽 철학자들(philosophes)을 흔들어 놓았다. 도이어베르트의 지적처럼, 루소는 "인본주의가 이 비판적 자기 검토를 하길 요청했다.…그는 인간 인격의 뿌리가 정밀한 과학적 사고가 아니라 자유의 감정에 놓여 있다고 보았다."[15] 인간은 본래 선하지만 사회 제도에 의해 타락한다. 루소는 『사회계약론』(The Social Contract, 후마니타스)을 이런 말로 시작한다. "인간은 자유롭게 태어나지만 어디서나 사슬에 묶여 있다." 루소는 고귀한 야만인의 이미지를 불러냈으며 세탁부와 관계를 갖는 가운데 철학을 했다. 그녀는 루소와 관계하며 5명의 자녀를 낳았지만, 루소는 각 자녀를 모두 고아원에 버렸다.

과학적 이성주의를 비판하고 자유를 강조한 루소는 **낭만주의**(Romanticism)의 근본 원천이다. 낭만주의는 10장 시작 부분에서 다룰 것이다. 찰스 테일러는 이렇게 지적한다. "루소는 현대 문화의 많은 부분의, 자기 탐구의

---

[15] Dooyeweerd, *Roots of Western Culture*, pp. 160-161.

철학의, 아울러 **자기 결정적 자유**를 덕의 열쇠로 만든 신조의 원점이다. 그는 근대 문화를 보다 깊은 내면성과 근본적 자율을 향해 변혁시키는 출발점이다."[16]

악의 실재성에 대한 루소의 강조는 파스칼 같은 사상가와 함께 그 역시 인간 본성이 불투명함을 긍정했음을 의미한다. 파스칼에게 혼란에 질서를 가져다줄 수 있는 것은 은혜다. 루소에게 그것은 자연의 목소리다. 자연은 선하며, 우리의 문제는 자연에서 멀어졌다는 것이다. 자연적 충동은 항상 옳으며, 자연은 양심을 통해 우리에게 말한다. "양심은 사회 속에 들어와 언어를 부여받고 그로써 이성을 부여받아 나타나는 자연의 목소리다."[17] 루소는 이런 방식으로 떠오르던 근대 주관주의를 개인의 내면적 목소리가 선이 무엇인지 규정한다는 관점을 향해 더욱 밀어붙였다. 루소는 결코 내면적 목소리와 섭리적 질서의 끈을 완전히 끊어 놓지 않았다. "그러나 그는 비할 바 없이 뛰어난 능변을 통해 이런 급진적 관점을 명시적으로 드러낼 수 있는 언어를 제공한 점에서 중요한 핵심 인물이었다. 이제 유일하게 필요한 것은 내면의 목소리가 그의 동료와 묶인 사슬을 끊고 자신의 완전한 도덕적 권능을 선언하는 일이었다. 새로운 자연의 윤리가 이 과정을 밟은 낭만주의적 표현주의와 더불어 일어난다."[18]

---

[16] Charles Taylor, *Sources of the Self: The Making of the Modern Identity* (Cambridge: Cambridge University Press, 1989), pp. 362-363(강조는 추가됨).
[17] 같은 책, p. 359.
[18] 같은 책, p. 362.

임마누엘 칸트

의심할 나위 없이 칸트는 계몽주의를 가장 혹독하게 비판한 사람 중 하나였다.…하지만 칸트는 계몽주의를 묻어 버리기 위해서가 아니라 구하러 왔다. 그의 목표는 계몽주의가 신봉하는 가장 근본 항목인 이성의 권위에 영원한 기초를 제공하려는 것이었다.[19]

임마누엘 칸트(1724-1804)는 **가장 중요한** 계몽주의 철학자다. "쾨니히스베르크의 철학자가 차지하는 탁월한 위치는 그가 자신을 계몽주의 문헌 속의 다양한 사상적 동기 속에 몰입시켜 그것들을 상호 보완 작업을 통해 철학의 문제와 절차에 관한 완전히 새로운 개념으로 성숙시켰다는 데 있다."[20]

칸트는 쾨니히스베르크에서 태어나 평생 그곳에 머물렀다. 그는 자신의 삶을 의무를 수행하듯 체계화했다. 그는 결혼도 하지 않고 조용하고 절제된 삶을 살았기 때문에 긴장 없이 일할 수 있었다. 그의 부모는 소박한 경건주의자였다. 칸트는 이 전통으로부터 평생 잃지 않았던 양심의 주권 의식을 물려받았다. 그는 31세에 쾨니히스베르크 대학에서 수학과 논리학을 가르치는 자리를 얻었고, 그 이후에는 자신을 철학에 온전히 바쳤다. 칸트는 매우 유명하고 영향력 있는 강사였다. 빈델반트는 이렇게 지적한다.

시간이 지나면서 중년기의 유쾌하고 빛나는 활기와 다재다능함은 진지하고 엄밀한 삶의 개념과 의무에 대한 엄격한 의식의 통제에 길을 내주었다. 그것은 위

---

[19] Frederick C. Beiser, "The Enlightenment and Idealism", in *The Cambridge Companion to German Idealism*, ed. Karl Ameriks (Cambridge: Cambridge University Press, 2000), p. 22.
[20] W. Windelband, *A History of Philosophy* (New York: Macmillan, 1901), p. 532.

대한 철학적 과업을 위한 끈질긴 노력, 학문의 직업적 의무를 노련하게 성취하는 것, 자신의 삶에 대한 강고한 정직함으로 나타났고, 거기에 현학이라는 그늘이 없진 않았다. 그의 고독하고 수수한 학자적 삶의 한결같은 과정은 생애 황혼 무렵에 찾아온 명성의 찬란함에도 불구하고 흔들림이 없었다.[21]

순수이성비판

칸트의 가장 위대한 업적은 57세에 펴낸 『순수이성비판』(Critique of Pure Reason, 1781, 아카넷)이다. 그는 그 책에서 형이상학과 인식론을 다룬다. 윤리학을 다룬 『실천이성비판』(1788), 미학과 목적을 다룬 『판단력비판』(Critique of Judgment, 1790) 같은 주요 작품이 그 뒤를 이었다. 우리의 목적을 위해서는, 논의의 여지가 있는 『이성의 한계 안에서의 종교』(Religion within the Limits of Reason Alone, 1793, 아카넷) 또한 매우 중요하다.

칸트 사상의 중추엔 객관적 지식의 가능성 자체에 대한 점증하는 위기가 있었다.[22] 18세기 후반에 이르러 계몽주의 체계에 균열이 드러나기 시작했다. 계몽주의의 합리적 비판과 과학적 자연주의 원칙을 추구하면 할수록 더욱 심각한 문제가 드러났다. 흄에게서 보듯 비판은 회의주의로 귀결되는 듯 보였고, 이로 인해 상식적 믿음마저 침식될 정도였다. 자연주의는 인간 자유에 대한 믿음과 정신의 역할을 위협했다. 칸트는 라이프니츠와 흄의 영향을 깊이 받았다. 흄이 자신을 독단의 잠에서 깨웠다는 칸트의 말은 유명하다. 라이프니츠의 합리론 체계를 뒤엎어야 이를 해결될 수 있다고 믿었던 칸트에

---

21 같은 책, p. 535.
22 Beiser, "The Enlightenment and Idealism", pp. 19-22를 보라.

게 흄의 회의주의는 엄청난 인상을 주었다. 그리하여 그는 합리론과 경험론을 화해시킬 방법을 찾으려 했다.[23] 칸트는 계몽주의를 구하기 위해 두 가지 목표를 성취하려 했다. 첫째는 회의주의에 빠지지 않는 비판(이성)과 유물론에 빠지지 않는 자연주의를 확보하는 것이고, 둘째는 비판과 자연주의 사이의 긴장을 극복하는 것이다. "유물론에서 면제된 비판은 이성이 자율적 기능이요 보편적 법칙의 근원임을 보장할 것이다.…회의주의로부터 자유로운 자연주의는 물리 법칙이 자연 자체에 적용되며 그것이 단지 인상을 연관시키는 습관이 아님을 보여 줄 것이다."[24]

그의 첫 번째 『비판』에서는 이성과 경험의 종합을 통해서만 진정한, 객관적인 지식이 가능하다고 주장한다. 칸트는 이를 상세히 설명하는 가운데 이성에 대한 초월적 비판을 발전시켰다. 칸트는 현상적인 것(사물이 우리에게 어떻게 나타나는지)과 본체(존재하는 그대로의 사물)를 구분 짓는다. 모든 지식이 이성과 경험의 산물이므로 우리는 사물들 스스로가 존재하는 그대로 알 수는 없다. 이는 그저 불가능하다. 칸트는 지식을 획득하는 데서 정신이 해석적 틀과 비슷한 형성적 역할을 한다고 보며, 그가 특히 집중해 관심을 기울인 부분이 바로 여기다.

칸트는 이 점에서 자신의 논증을 "초월적 연역"(transcendental deduction)이라고, 거기서 유래한 이론을 "초월적 관념론"(transcendental idealism)이라고 불렀다. 초월적 연역이란 "모든 인간의 이해와 경험에 기초적이며 궁극적

---

23 같은 책, pp. 22-25를 보라. Roger Scruton, *Kant: A Very Short Introduction* (Oxford: Oxford University Press, 1982, 2001), p. 21에서는 "논란거리이긴 하지만 편리한 구분, 즉 앞선 철학자들을 합리론자와 경험론자로 나누는 것은 사실 칸트에게서 비롯된 것이다"라고 주장한다. 『칸트』(시공사).
24 Beiser, "The Enlightenment and Idealism", p. 23.

인 한 세트의 범주가 있음을 보이려는 시도에 칸트가 붙인 이름"이다.²⁵ 초월적 연역은 경험적 주장과 구별되어야 한다. 초월적 연역은 대상에 관한 지식이 아니라 어떻게 그런 지식이 선험적으로(a priori) 가능한지에 이르게 한다. 칸트는 이해를 지배하는 사고의 형식이 실재의 선험적 본질과 완전히 일치한다고 생각한다. 인식 주체의 능력과 알려진 것이 가진 본질 사이에는 일치가 있다. "세계는 우리가 생각하는 그대로이며, 우리는 그것이 있는 그대로 생각한다." "칸트를 해석할 때 겪는 주요 어려움의 거의 전부는 이 두 명제 중 어느 것을 강조하느냐에 달려 있다."²⁶

칸트는 우리의 지식이 감성(sensibility)과 오성(understanding)을 모두 요구한다는 점을 단호하게 주장한다. 이 둘이 우리 지식의 원천이다. 첫째는 직관 능력과, 둘째는 개념 능력과 연관된다. 판단은 둘 모두를 요구한다. 그러므로 칸트는 생득 관념 이론이 옳다고 보았다. 실제로 자의식의 전제는 칸트 철학의 유일한 출발점이다. 칸트는 이해의 기초 개념들을 "범주"(categories)라고 불렀다. 그는 모두 12개를 들었는데, 그 예로는 실체(substance)와 원인(cause)도 있다. 흥미롭게도 그는 범주를 선험적 직관(a priori intuition)이라 부른 직관의 두 가지 형식—즉, 공간과 시간—과 구분했다. 칸트는 이 둘이 범주의 지위를 가진다는 것을 부정했는데, 개념들이 일반적이며 사례에 따른 다양성을 허용하기 때문이다. 칸트가 보기에, 필연적으로 오직 단 하나의 시간과 공간만 존재하며, 모든 감각은 시간적 구성, 때로는 공간적 구성에 의해 각인된다.

칸트는 개별적 의식의 통일성을 매우 강조한다. "칸트의 '초월적' 방법의 정수는 그 자기중심성에 있다. 내가 물을 수 있는 모든 질문은 나의 관점으

---

25 Peter A. Angeles, *Dictionary of Philosophy* (New York: Harper & Row, 1981), p. 55.
26 Scruton, *Kant*, p. 34.

로부터 물어야 한다. 그러므로 그것들은 '가능한 경험'의 조망인 내 관점의 표식을 지녀야 한다.[27] 모든 범주는 하나의 원리와 일치해야 하며, 원칙들은 범주를 객관적으로 활용하기 위한 규칙이다. 그것들은 우리가 사유를 하려면 어떤 식으로 생각해야 하는지와 세계가 이해될 수 있으려면 어떻게 존재해야 하는지를 우리에게 말해 준다. 원칙들은 일상생활과 과학적 관찰—즉, **가능한** 경험이 될 대상들—에 관한 종합적인 선험적 진리(synthetic a priori truth)를 규정한다.

가능한(possible)이라는 말은 지식의 한계에 관한 칸트 철학의 중요한 강조점을 일깨워 준다. 칸트에겐 환상의 논리(logic of illusion)라는 게 있다. 이해가 제대로 될 경우 객관적 지식이 생기지만, 거기엔 **순수한** 지식을 얻을 수 있다는 환상의 유혹이 들어 있다는 것이다.[28] 그런 시도는 모두 경험의 한계를 넘어선다. 이 맥락에서 칸트는 앞서 논의한 본체와 현상의 구분을 발전시킨다. 이 제약은 본체계를 이성적 체계 속에 포함시키려는 모든 시도가 결국 실패하고 만다는 사실에서 나오는데, 이런 시도는 언제나 해소할 수 없는 모순이나 이율배반으로 끝나기 때문이다. 우주론에서 제일원인 개념이 그런 환상의 예다. 칸트는 신 존재 증명을 위한 모든 논증이 존재론적인 것으로 환원된다고 주장한다. 존재가 신 개념 자체에 속하는 것으로 여겨진다는 것이다. 그러나 칸트는 존재는 술어가 아니라고 말한다. 하지만 그렇다고 제일원인 또는 신 개념이 가치 없는 것은 아니다. 그 개념은 마치 그것이 사실인 것처럼 그에 따라 행동할 수 있는 **규제적 원리**로 유익하게 기능한다. "최고 존

---

27 같은 책, p. 47.
28 칸트는 **순수**(pure)라는 말을 다양한 방식으로, 우리가 여기서 쓴 것처럼 부정적인 의미로도 긍정적인 의미로도 사용한다. Howard Caygill, *A Kant Dictionary*, The Blackwell Philosopher Dictionaries (Oxford: Blackwell, 1995), pp. 341-342를 보라.

재의 이상은 마치 그것이 완전한 필요충분적 원인으로부터 유래하는 것처럼 세계 내 모든 연관 관계를 바라보도록 우리를 지도할 이성의 규제적 원리일 뿐이다."[29]

칸트는 이성의 한계를 강조할 때 이성의 자율성 또한 강조한다. 그가 보기에 합리론은 너무 야심만만하다. 칸트는 합리론을 바벨탑을 쌓던 이들에 비유했다.[30] 하지만 그 기획에 동기를 부여한 자율성을 향한 열망은 지극히 옳았다. 보다 겸허한 계획이 필요했을 뿐이다. 우리가 사용할 수 있는 노동력과 자재로 무엇을 지을 수 있는지 물을 필요가 있다. "칸트는 일상의 불완전한 추론이 우리에게 제공하는 '자재'와 '노동력'으로 수행해야 할 이성의 업무의 기초를 세우는 시도를, 나아가 이를 생각이나 행동이 무너지거나 마비될 위험을 줄이는 방식으로 재건하려는 시도를 보여 준다."[31]

칸트는 이성을 외적 권위를 배격하는 훈련으로, 자기 훈련과 뗄 수 없고 법과 같다는 점에서 반성적인 것으로 생각하기를 제안한다.[32] 이성과 신앙/종교의 관계에서, 외적 권위를 배격하는 의미에서 부정적이라는 이성의 특징은 특히 중요하다. 칸트는 자율성이 이성의 근본적 특징이라고 본다. "이성은 실로 계몽의 기초다. 하지만 계몽이란 사유와 행동에서의 자율성 – 즉, 적법하지만 입법자의 존재를 인정하지 않는 사유와 행동의 자율성 – 과 다름없다."[33]

---

29 Scruton, *Kant*, p. 69.
30 Onora O'Neill, "Vindicating Reason", in *The Cambridge Companion to Kant*, ed. Paul Guyer (Cambridge: Cambridge University Press, 1992), pp. 289-290.
31 같은 글, pp. 291-292.
32 이성에 대한 칸트의 완숙한 견해를 다루는 유용한 논의는 Onora O'Neill, "Vindicating Reason"을 보라.
33 같은 글, p. 299.

실천이성비판

칸트는 『실천이성비판』에서 윤리학을 전개한다. 도덕적 의지는 이해 능력과 달리 진리가 아니라 의무를 겨냥한다. 칸트는 도덕이 객관적이며 따라서 이성적이라고 주장한다. 그의 출발점은 자유 개념이다. 당위(ought)는 가능(can)을 수반한다.[34]

우리의 자유는 자연 영역이 아니라 인과율 같이 범주가 적용되지 않는 초월적 영역에 속한다. 우리는 오직 자유를 행사함을 통해서 실천적 자아를 알 수 있다. 도덕은 판단이 아니라 의무로 귀결되기에 객관적이다. 칸트는 실천적 사유와 관련해 가언명령(hypothetical imperatives)과 정언명령(categorical imperatives)을 구분한다. 가언명령은 조건적이다. 예를 들어, 인정받고 싶다면 조용히 해라 같은 것이다. 그러나 칸트가 보기에, 가언명령은 보편적이지 않고 개인적이기에 가언명령의 조건성 자체는 결코 객관적일 수 없다. 정언명령은 무조건적이고 보편적이다. 정언명령에는 오직 단 하나의 원칙만 있다. 우리가 행동을 목적 삼아 하고자 결정할 때, 우리는 이성에 의해 "그 자체를 동시에 보편적 법칙으로 만들 수 있는 격률에 따라 행동하도록" 구속받아야 하리라는 것이다.[35] 칸트 윤리의 중심에는 의지의 자율성이 자리한다. "이런 인간 독립성의 감정은 자율성 개념에, 즉 우리가 순수 실천이성을 구성하는 한 신이 아니라 우리 자신이 도덕률의 제정자라는 개념에 가장 분명히 드러난다. 우리는 신을 위해서가 아니라 우리 자신을 위해 법에 복종한다. 이루

---

34 Kant, *Critique of Practical Reason*, trans. and ed. Mary Gregor, Cambridge Texts in the History of Philosophy (Cambridge: Cambridge University Press, 1997), pp. 26-28를 보라. 『실천이성비판』(아카넷).

35 Immanuel Kant, *Groundwork of the Metaphysics of Morals*, trans. and ed. Mary Gregor, Cambridge Texts in the History of Philosophy (Cambridge: Cambridge University Press, 1998), p. 44. 『도덕형이상학 정초, 실천이성비판』(한길사).

어져야 하는 것은 우리의 참된 의지다."³⁶

칸트의 윤리관은 그의 인간관(인간론)을 주목하게 만들며,³⁷ 그의 철학 가운데 자연/자유 긴장이 가장 분명하게 드러나는 곳이 바로 여기다. 리하르트 크로너(Richard Kroner)는 칸트의 세계관의 심장에서 윤리적 주의주의(ethical voluntarism)―인간의 의지가 도덕적 가치를 식별하고 윤리적 결정을 하는 궁극적 기초라는 견해―를 감지해 냈다.³⁸ 앞서 보았듯, 칸트에게 우리의 도덕적 행위에 수반된 자유는 자연의 영역이 아니라 초월적 영역에 속한다. "우리가 도덕적 존재로서 행동하고 목표를 추구하는 세계는 분명 수학적 지식으로 뚫고 들어갈 수 없다. 그러므로 이 세계는 어떤 이론적 수단을 통해서도 그 실재를 파악할 수 없다. 초감성적(supersensible)이며 영원한 세계는 도덕적 행위를 통해서만 접근할 수 있다. 우리는 도덕률을 따르는 삶을 통해 그것을 만들어 가는 과정에 있다.³⁹

크로너는 칸트가 자연과 도덕의 궁극적 통일성을 견지한다는 그의 믿음에서 보면 일원론자지만 이 통일성에 대한 이론적 지식의 가능성을 부정한다는 점에서는 이원론자라고 지적했다. 크로너가 지적한 대로 칸트 사상의 도덕적 동기와 종교적 동기 사이에는 긴장이 있다. 초감성적 통일에 대한 믿음이 칸트 체계의 한 결과다. 신을 믿는 것은 도덕적으로 필수다. 그럼에도 칸트는 자율적 도덕률을 절대화하는 경향이 있다. 종교는 도덕에 굴종하게 되었다. 그럼에도 신은 여전히 도덕률보다 높다. 크로너의 지적대로, 칸트에게

---

36 Richard Kroner, *Kant's Weltanschauung* (Chicago: University of Chicago Press, 1956), p. 36.
37 같은 책, pp. 32-33를 보라. 칸트는 반복해서 인간론을 강의했지만, 이 부분에 관한 그의 사상은 그의 인식론만큼 크게 주목을 받지는 못했다.
38 같은 곳.
39 같은 책, pp. 2-3.

"선의지(good will)는 모든 이해를 넘어선다. 이런 식으로 복음의 말씀도 칸트의 정신에 의해 변질된다."⁴⁰

판단력 비판

칸트의 『판단력 비판』은 근대 미학에서 가장 중요한 저술 가운데 하나다. 이 『비판』은 또한 신학이 전면에 나오는 작품이기도 하다. 심미적 차원은 자신의 고유한 기능을 가지는데, 그 기능은 아름다움으로, 쾌감을 수반하며 보편적 일치를 요구한다. 심미적 판단은 상상력의 자유로운 유희를 특징으로 한다. 칸트는 심미적 판단을 위한 규범을 사심 없는(disinterested) 관점에서 대상을 바라보는 관조(contemplation)에서 찾는다. 나아가 칸트는 아름다움 (beauty)과 숭고(sublime)를 구분한다. 아름다움은 우리 주변의 것들의 지성과 목적성에 대한 느낌(sense)이다. 숭고란 그보다 강한 느낌으로, 그 속에서 세계의 위대함에 압도되어 세계를 파악하여 통제하려는 시도를 단념하게 되는 것이다. 칸트는 숭고에 대한 우리의 느낌은 창조된 세계에 대한 피할 수 없는 관점을 제시한다고 보았다.

종교를 "우리의 모든 의무를 신의 명령으로 인식하는 것"이라고 정의하는 칸트 체계에서는 종교가 도덕에 종속된다.⁴¹ 칸트는 종교 의식을 반대했으며 신조(creeds)를 사유의 내적 자유에 부담을 주는 것으로 여겼다. 도덕은 종교에 도달하며, 종교적 명제들을 주장하는 것은 실천적으로 정당화될 수 있다.

---

40 같은 책, pp. 21-22.
41 Immanuel Kant, *Religion within the Bounds of Mere Reason and Other Writings*, trans. and ed. Allen Wood and George di Giovanni, Cambridge Texts in the History of Philosophy (Cambridge: Cambridge University Press, 1998), p. 154. 『이성의 한계 안에서의 종교』(아카넷).

하지만 종교적 믿음은 도덕의식을 지지하는 한에서만 필요할 뿐이다. 칸트는 종교적 후견을 강하게 배격하며, 로저 스크루턴(Roger Scruton)이 말하듯 "종교에 대한 칸트의 글은 신학을 체계적으로 비신화화하려는 최초의 시도 중 하나를 보여 준다."[42] 신에 대한 예배는 도덕에 대한 숭배로, 신앙은 실천이성의 확실성으로 바뀐다. "최상의 존재가 아니라 이성의 최고 속성이 경의의 대상이다."[43] 칸트 철학은 이런 방식으로 섭리에서 진보로의 이동을 전형적으로 보여 준다.

칸트 철학은 이성의 자율성을 확립하려는 거대한 시도이며 우리의 간략한 논의보다 훨씬 더 복잡하다. 그러나 칸트 철학은 단지 계몽주의의 위기를 잠시 유예시켰을 뿐이었다.[44] 그의 철학은 자연과 자유, 감각적인 것과 초감각적인 것, 현상계와 본체계 같은 이원론의 위험에 둘러싸여 있다. 현상계와 본체계의 이원론이 어떻게 개인 정신 속의 개념 작용에 내맡겨지는 수축된 세계의 가능성을 열었는지 깨닫는 것은 그리 어렵지 않다. 머지않아 회의주의와 유물론의 유령이 되돌아왔고, 요한 피히테(Johann Gottlieb Fichte)는 그 나름의 새로운 윤리적 관념론 체계 위에 계몽주의 철학을 재건하려는 시도로 이를 보여 주었다.

칸트의 관념론은 인간의 유한성에 주의를 기울였지만, 인간의 자율성에 대한 그의 강조는 이성에 대한 그의 평가가 기독교적 관점과 화해할 수 없게 만들었다.[45] 칸트는 계몽주의에서 가장 중요한 이성의 권위와 자율성에 대

---

42 Scruton, *Kant*, p. 78.
43 같은 곳.
44 Beiser, "The Enlightenment and Idealism", pp. 25-28를 보라.
45 Immanuel Kant, *An Answer to the Question: What is the Enlightenment?*, trans. H. B. Nisbet (London: Penguin, 1991), 칸트는 "종교적 미성숙은 모든 것 중 가장 치명적이고 치욕적인 것이다"라고 주장했다(p. 10). 한국어로는 『칸트의 역사철학』(서광사) 첫 장에서 볼 수 있다—편집자.

한 믿음을 강화시켰다. 이것이 공적 진리로서의 기독교적 관점과 얼마나 맞지 않는지는 니콜라스 월터스토프의 『종교의 한계 내에서의 이성』(Reason within the Bounds of Religion)이라는 책의 암시적 제목에 의해 잘 포착된다.[46] 플랜팅가는 칸트의 실재 이해는 기독교적 관점을 뒤집는 것을 보여 준다고, 특히 플랜팅가가 "창조적 반실재론"(creative anti-realism)이라 부르는 것의 논리적 결론을 본다면 그렇다고 올바로 주장한다.[47] 기독교적 관점에서 보면 하나님의 지식은 창조적이다. 칸트의 관점에서는 **우리**의 지식이 창조적이다. 플랜팅가는 우리가 세상의 존재 방식을 좌우한다는 관점에서 우리는 같은 세계에 살고 있는 것이 전혀 아니라는 포스트모던적 관점으로 넘어가는 것은 아주 쉬운 일이라고 말한다. 그래서 플랜팅가는 포스트모던의 창조적 반실재론이 그 뿌리를 칸트의 관념론에 두고 있으며 이 경향은 기독교와 매우 상충한다고 주장한다.

요한 게오르크 하만

요한 게오르크 하만(1730-1788)은 그를 "북부의 마법사"(the Wizard of the North)라고 부르는 독일에선 유명하지만 영미 세계에서는 완전히 무시되었다. 그러나 그는 세계관이 철학 이야기를 하는 방식에 어떻게 영향을 미치는지에 대한 또 다른 예를 제공한다. 20세기의 위대한 선교학자인 헨드릭 크래

---

[46] Nicholas Wolterstorff, *Reason within the Bound of Religion* (Grand Rapids: Eerdmans, 1984). 『종교의 한계 내에서의 이성』(성광문화사).

[47] Alvin Plantinga, "Christian Philosophy at the End of the 20th Century", in *Christian Philosophy at the Close of the Twentieth Century*, ed. S. Griffioen and B. M. Balk (Kampen: Kok, 1995), pp. 30-37.

머는 하만을 "그리스도 안에서 나타난 역사적 계시의 특별한 성격에 관한 그의 깊은 의식을 통해 보면 18세기의 가장 심오한 기독교 사상가라고 주장할 수 있는 사람"이라고 소개한다.[48] 그러나 그의 작업은 기독교계에서조차 거의 알려져 있지 않다.

하만은 칸트와 동시대 사람이고 서로 교분이 있었으며 칸트의 초기 비판자이자 논쟁 상대였다. 칸트와 하만은 쾨니히스베르크 내에서 서로 그리 멀지 않은 거리에 살았다. 하만은 런던에서 외교적 임무를 수행하던 중 극적인 회심을 하기까지 계몽주의 서클의 일부였다. 그는 완전히 회심해 런던에서 독일로 돌아온 후, 그가 줄곧 봉사했던 베렌스 가문을 떠났다. 그러나 베렌스의 아들은 계속해서 하만을 계몽주의 관점으로 다시 회심시키려 온갖 노력을 기울이며 칸트에게 도움을 청했다. 하만은 칸트를 처음 만난 후 편지를 썼는데 그것이 질풍노도(Sturm und Drang) 운동의 시작을 보여 준다. 그 편지는 또한 칸트에게 흄을 소개했을 가능성이 농후하다. 하만은 그의 편지에서 신앙을 특별하고 불가결한 종류의 지식을 제공하는 것으로 강조했다. 부정적으로, 신앙은 이성의 한계를 깨우쳐 준다. 우리의 존재와 외부의 모든 존재는 증명될 수 없으며 믿어야 한다. 긍정적으로, 신앙은 존재가 주어진 것이라는 사실에 대한 깊은 의식이며 감각이다.

하만은 그 나름의 독특한 철학을 문학적으로 상황에 맞추어 공연하듯 글을 쓰기 때문에 어렵지만 읽기에 유쾌하다.[49] 하만 철학의 핵심은 다음과 같다.

---

[48] Hendrik Kraemer, *The Christian Message in a Non-Christian World* (London: Harper and Brothers, 1938), p. 117. 참고. James C. O'Flaherty, "Some Major Emphases of Hamann's Theology", *Harvard Theological Review* 51/1 (1958): pp. 39-50.

[49] John R. Betz, "Reading 'Sibylline Leaves': J. G. Hamann in the History of Ideas", *Journal of the History of Ideas* 70/1 (2009): pp. 97-102를 보라.

1. 이성은 자율적이지 않으며 무의식의 지배를 받는다. 이성은 언어에서 분리될 수 없으며 언어처럼 보편적이지 않고 개별 문화에 따라 상대적이다. 프레더릭 바이저(Frederick Beiser)는 이렇게 지적했다.

> 비록 잘 알려지진 않았지만, 하만의 이성 비판은 칸트의 비판만큼이나 영향력이 있다. 이성의 순수주의에 대한 그의 비판은 특히 칸트 이후 사상에서 중요성이 입증되었다. 헤르더, 슐레겔(Schlegel), 헤겔은 모두 이성을 그것의 체현, 즉 구체적으로 사회적이고 역사적인 상황 속에서 보라는 하만의 권고를 받아들였다. 실제로 칸트 이후 사상에서 매우 중요한 이성의 사회적이고 역사적인 차원에 대한 강조는 그 근원을 찾아 하만에게로 거슬러 올라갈 수 있다.[50]

2. 하나님과 관계없이 기계적 법칙을 통해서 모든 것을 설명하려는 근대 과학의 '자연주의'는 지지될 수 없다. 하만은 근대 과학이 스스로를 신학과 형이상학으로부터 해방시키려는 시도의 핵심에 있는 자연과 초자연의 구분을 논박한다.
3. 인간의 자율성에 대한 계몽주의의 신앙은 불합리하다. "자연과 역사는 하나님 말씀에 대한 두 훌륭한 주석이다."[51]
4. 자의식은 분명히 자기-설명적이지 않다. 우리에겐 자신을 아는 특권적 통로가 없다.

---

50 Frederick C. Beiser, *The Fate of Reason: German Philosophy from Kant to Fichte* (Cambridge, MA: Harvard University Press, 1987), p. 18. 『이성의 운명』(도서출판b).
51 Johann Georg Hamann, *Sämtliche Werke*, 6 vols., ed. Josef Nadler (Vienna: Herder, 1949-1957), 1: p. 303, Beiser, *Fate of Reason*, p. 21에서 재인용.

5. 이성은 진리로 가는 주권적 왕도가 아니다. "이성이 계시하기를 바란다면 그것은 이성을 가장 심하게 부정하고 오용하는 것이다. 자신의 이성을 기쁘게 하려고 하나님의 말씀을 시야에서 벗어나게 하는 철학자는 구약성경에 더욱 매달릴수록 신약성경을 더욱 완고히 부정하는 유대인과 같다."[52]

하만은 1762년에 『미학 개요』(*Aesthetics in nuce*)를 출판했다. 이 책은 질풍노도의 미학과 낭만주의 인식론의 성경이 되었다. 고전주의와 이성주의에 반대하는 하만의 자세는 혁명적이었다. 하만과 질풍노도 운동의 유대를 볼 수 있는 것은 맞지만, 하만의 미학이 보여 주는 명백한 기독교적 차원이 간과되어서는 안 된다. 존 베츠(John Betz)는 이렇게 지적한다. "순수 미학(full-blooded aesthetics)으로 가는 열쇠가 그리스도라는 사실은 이제 분명하다.…우리가 그리스도 없이 완전히 볼 수도 완전히 느낄 수도 없는 반면, 그리스도와 함께라면 '그분의 피조물 속에서…우리는 그분의 사랑스러운 겸손을 더 많이 보고 맛보며 응시하고 만질 수 있다.'"[53] 하만 자신이 말했듯이 "창조의 맏이이신 그 빛을 끄면 가장 아름다운 세계의 색들도 모두 희미해진다."[54]

하만은 칸트가 『순수이성비판』의 출판사를 정하는 일에 도움을 주었다. 그 과정에서 그 책이 출판되기 앞서 교정용 사본을 얻어 최초의 비판적 서평을 썼다. 하만의 『메타비판』(*Metacritique*)이 그 결과물인데, 이를 칸트 이후 철학의 출발점으로 볼 수 있다. 실제로 베츠는 칸트의 『비판』에 대한 하만의

---

52 Hamann, *Werks*, 1: p. 9, Beiser, *Fate of Reason*, p. 22에서 재인용.
53 John R. Betz, *After Enlightenment: The Post-Secular Vision of J. G. Hamann* (Oxford: Wiley-Blackwell, 2012), p. 133; 하만의 미학에 관해서는 pp. 113-140를 보라.
54 Johann Georg Hamann, *Writings on Philosophy and Language*, trans. and ed. Kenneth Haynes (Cambridge: Cambridge University Press, 2007), p. 78.

비판이 "아마도 오늘날까지도 『비판』에 대한 가장 통렬한 비판으로 남아 있다"고 주장한다.[55]

하만과 같이 영향력 있는 철학자가 철학사에서 그토록 철저히 무시되어 왔다는 사실은 놀라운, 실은 부끄러운 일이다. 칸트를 빼놓고 철학 이야기를 하는 사람은 아무도 없겠지만, 하만을 무시하는 것은 일반적 관행이다. 하만은 철학사에서 주요 인물로 복원되어야 할 필요가 있다. 그가 꼭 기독교 철학에서 중요하기 때문만은 아니다. 이사야 벌린(Isaiah Berlin)이 주장했듯, 그는 비이성주의자는 아니었다.[56] 그러나 올바르게도 이성의 자율성을 반대했고 세계 이해에서 신앙의 구성적 역할을 주장했다. 하만은 여러 면에서 기독교 철학의 초기 창도자라고 할 수 있으며, 그의 저서들은 발굴되어 현재로 주입될 필요가 있는 풍부한 자원들을 담고 있다. 특히 성경과의 끈질기고 창조적인 씨름이 그러하다.

주관적 관념론

바이저는 다음과 같이 올바로 지적한다. "계몽주의 위기의 궁극적 결과는 회의주의와 유물론이라는 옛 원수의 귀환이었다. 야코비는 스피노자를 부활시켰고 칸트의 메타-비판은 흄을 되살려 냈는데, 이 괴물들은 어느 때보다 강력해 보인다. 후기 관념론자들의 과제는 이 괴물을 죽이고, 칸트가 실패한 일

---

[55] Betz, "Reading 'Sibylline Leaves'", p. 103. 또한 John R. Betz, "Enlightenment Revisited: Hamann as the First and Best Critic of Kant's Philosophy", *Modern Theology* 20 (2004): pp. 291-301; Betz, *After Enlightenment*, pp. 230-257를 보라.

[56] Isaiah Berlin, *The Magus of the North: J. G. Hamann and the Origins of Modern Irrationalism*, ed. Henry Hardy (New York: Farrar, Strauss & Giroux, 1993).

을 성공시키는 것이었다."⁵⁷

칸트 사상에서 일어난 첫 번째 중요한 학파는 피히테, 셸링(Friedrich Wilhelm Joseph Schelling), 헤겔의 주관적 관념론이었다. 요한 고틀리프 피히테(1762-1814)는 예나 대학에서 신학을 공부했는데 거기서 고트홀트 레싱(Gotthold Lessing, 1721-1781), 스피노자, 칸트에 감탄하게 되었다. 레싱은 역사적인 우연적 진리와 이성의 필연적 진리를 구분한 것으로 잘 알려져 있다. 역사와 이성에 의해 결정된 진리 사이에는 레싱이 건널 수 없는 '넓고 흉한 도랑'이 있었다. 피히테의 첫 책은 『모든 계시에 대한 비판』(*Critique of All Revelations*, 1792)이었지만 명성을 얻은 것은 『앎의 과학』(*The Science of Knowing*, 1804)을 통해서였다. 피히테는 유물론과 회의주의에 대항해 싸우는 칸트의 관심을 공유했으나 칸트 철학이 "흄의 것보다 더 나쁜 회의주의"로 끝나고 만다고 확신하게 되었다.⁵⁸ 피히테는 비판철학을 보다 탄탄한 기초 위에 재건하려는 노력 가운데 자아(ego, 주체)와 비아(non-ego, 경험 대상)를 부분으로 지닌 절대 자아(absolute ego)를 내세웠다. 그러나 이는 푼 문제보다 더 어려운 문제를 만들었다. 예를 들어, 이 절대 자아는 어디에 있는가? 또 그것이 피히테가 정의한 대로 지식의 한계인 경험을 초월한다면 그것을 어떻게 알 수 있는가? 피히테는 그의 "분투"(striving) 개념으로 답했다. 절대 자아는 실재가 아니라 관념이다. 그것은 유한한 자아가 도달하려 분투하는 목표다. "유한한 자아에게 남겨진 모든 것은 부단한 분투이며 자연을 이성적 활동의 요구에 일치하도록 만들기 위해 끊임없이 싸우는 것이다."⁵⁹ 피히테는 이런 식으로 오성뿐 아니라 의지까지 자연의 입법자로 만듦으로써 칸트를

---

57 Beiser, "The Enlightenment and Idealism", p. 29.
58 같은 곳에서 재인용.
59 같은 글, p. 30.

넘어섰다.

프리드리히 빌헬름 요제프 셸링(1775-1854)은 **절대관념론**(absolute idealism)이라고 알려진, 보다 경직된 형태의 관념론을 개발했다. 그는 하나의 원초적 절대가 정신적 의식과 물질적 자연이라는 동등한 두 원리를 나란히 만들어 낸다는 자연철학을 주창했다. 셸링은 새뮤얼 테일러 콜리지(1772-1834)에게 깊은 영향을 주었으며 피히테와 헤겔 사이의 가교 역할을 했다. 실제로 헤겔의 첫 책은 피히테와 셸링을 비교한 것이었다.

게오르크 빌헬름 프리드리히 헤겔(1770-1831)은 철학에 들어서기 전에 신학을 공부했다. 『정신현상학』(Phenomenology of the Spirit, 한길사)이라는 제목의 첫 작품으로 명성을 얻었지만, 그의 대표작은 『논리학』(The Science of Logic, 서문당)이다. 헤겔의 위대한 업적은 철학에 역사적 요소를 부착시켰다는 핵심 중요성에 있다. 그의 시대에는 역사철학에서 잠바티스타 비코(Giambattista Vico)와 요한 고트프리트 헤르더(Johann Gottfried Herder)가 해 놓은 두 고전적 기여가 있었다. "그러나 철학 속에서 역사에 특별한 위치를 부여하고 역사학(historiography) 속에서 철학자에게 특별한 위치를 부여한 이는 헤겔이었다."[60]

헤겔은 오직 철학자만 이성이 세계의 군주이며 세계 역사는 이성적 과정임을 정말로 이해할 수 있다고 보았다. 우주의 역사는 정신(Geist)의 산 이야기로 이루어진다. "하늘과 땅에서 영원 전부터 이루어진 모든 것, 즉 신의 삶과 시간의 모든 일은 정신이 자신을 알고 또 발견하려는 투쟁이다."[61] 헤겔은

---

[60] Anthony Kenny, *The Rise of Modern Philosophy*, vol. 3 of *A New History of Western Philosophy* (Oxford: Oxford University Press, 2006), p. 112. 『근대철학』(서광사).

[61] Georg Wilhelm Hegel, *Lectures on the History of Philosophy*, trans. E. S. Haldane and F. H. Simpson, 3 vols. (Atlanta Highlands, NJ: Humanities Press International, 1966), 1: p. 23. 『역사철학강의』(동서문화동판).

역사를 논리의 현현으로, 다만 논리는 역사적인 것, 투쟁적인 것으로 보았다. 역사의 논리는 변증법적으로, 정(thesis), 반(antithesis), 합(synthesis)을 따라 펼쳐진다. 헤겔은 프로이센 군주제가 이상적 국가의 구현—즉, 역사 속 정신의 실현—에 가장 근접한 것이라 믿었다. 그러나 가장 중요한 정신의 현현은 철학 자체에서 드러난다. 철학의 역사는 절대자(순수 사유)를 스스로 얼굴과 얼굴을 대면하도록 만든다. 헤겔은 철학이 진보한다고 확신했다. "가장 최신의, 가장 현대적인, 가장 새로운 철학이 가장 발전되고, 가장 풍부하며, 가장 심오하다."[62]

프리드리히 슐라이어마허

프리드리히 슐라이어마허의 중요성은 점차 종교를 무의미한 것으로 보던 상황에서 종교와 인간 자율성의 종합을 만들어 냈다는 사실에 있다. 슐라이어마허(1768-1834)에 따르면 종교적 실재는 감정과 직관에 초점을 둔 인간 의식에 대한 분석을 통해 이해되어야 한다.[63] 슐라이어마허는 이런 방식으로 인간의 자율성에 대한 계몽주의의 강조와 어울리는 낭만주의 종교 해석을 개발했다. 버나드 리어던(Bernard Reardon)은 이렇게 지적한다. "계시, 성경, 신앙고백, 교회 같은 전통적 표지가 다 거기 있었다. 하지만 그 모두가 새롭고 약간은 바뀐 관점으로 나타났다.…관점이 바뀌었는데, 즉 신중심주의에서 인간중심주의로 바뀌었고, 그리하여 사람들은 진짜 벌어진 일이 기독교 교의학이

---

62 같은 책, 1: p. 41.
63 Bernard M. G. Reardon, *Religion in the Age of Romanticism* (Cambridge: Cambridge University Press, 1985), pp. 29-58.

다양한 요소가 덧붙은 종교 의식의 철학으로 은밀하게 바뀐 것이라며 의심하기 시작했다.[64]

결론

계몽주의 철학은 칸트와 함께 정점에 다다랐다. 그는 철학의 심장에 인간의 자율성을 견고히 구축했다. 이 전통에서 종교는 그런 자율성을 추종하는 역할만 할 수 있을 뿐이다. 기독교적 관점에서, 인간을 지식의 중심으로 놓은 이 초점의 변화를 결코 과소평가해서는 안 된다. 그것은 여호와를 지식의 근본으로 경외함에 대한 반대 명제를 뜻하며 진리의 기초로는 불충분하다. 이는 곧 일어난 엄청나게 다양한 접근 방식과 서서히 떠오르기 시작한 회의주의의 망령이 잘 보여 준다. 이성을 어떻게든 창조 안에서 기초로 삼으려는 시도는 불가피하게도 모든 철학자가 풀어 보려 했던 해결 불가능한 긴장을 몰고 왔다. 머지않아 헤겔에 의해 초점이 인간에서 역사로 바뀌는 일이 벌어졌고, 결국 11장의 주제인 포스트모더니즘을 향해 움직여 갔다. 근대 철학의 출현과 씨름할 때 그리스도인은 슐라이어마허가 했던, 인식론적 기초를 용인하고 그러한 기초 위에 세워진 지식이 기독교와 조화됨을 증명하려는 실수를 범하지 않아야 한다. 오히려 인식론적 기초 자체에 이의를 제기해야 한다.

우리가 근대 철학의 출현과 발전을 다시 서술하면서 부분적으로 말한 것처럼, 근대 철학 자체에 그러한 반대를 위한 자원이 갖추어져 있다. 파스칼,

---

64 같은 책, pp. 57, 58. 리어던은 주관주의 경향을 동반한 낭만주의적 종교 이해는 "일반적으로 19세기의 특징이었고 신정통주의적(neo-orthodox) 반발에도 불구하고 금세기까지 계속해서 전해지는 종교적 실재의 내재화 과정(process of immanentizing)"의 출발점이라고 주장한다(p. 10).

하만, 리드 같은 철학자는 비기독교 철학자들이 개발한 중요한 통찰을 조금도 내버리지 않고도 어디서부터 근대 철학과 비판적으로 씨름을 시작할 수 있을지 분명한 위치를 가르쳐 준다.

10장 근대 철학
낭만주의에서 가다머까지

존 로크가 죽고 루소가 태어난 18세기 초반엔 기독교 세계(Christendom)의 권세가 몰락하리라는 상상조차 할 수 없었다.…그러나 불과 한 세기도 못되어 전통적 기독교 권세와 그 권세가 세우고 유지시켜 온 사회 조직은 전복되거나(프랑스에서 그랬던 것처럼) 영원히 약화되어 버렸다.[1]

이번 장에서는 곧바로 후기 계몽주의로 넘어가 20세기로 이동한다. 리처드 타나스는 다음과 같이 올바로 지적한다. "계몽주의의 세속적 발전이 그 논리적 귀결을 드러낸 것은 19세기였다. 콩트(Auguste Comte)와 밀(John Stuart Mill), 포이어바흐(Ludwig Feuerbach), 마르크스(Karl Marx), 헤켈(Haeckel), 스펜서(Spencer), 헉슬리(Huxley), 그리고 이들과 정신이 조금 다르긴 하지만 니체(Friedrich Nietzsche)가 다 같이 전통적 종교의 조종을 울린 것처럼 말이다."[2]

---

[1] James Davison Hunter, *To Change the World: The Irony, Tragedy, and Possibility of Christianity in the Late Modern World* (Oxford: Oxford University Press, 2010), p. 75. 『기독교는 어떻게 세상을 변화시키는가』(새물결플러스).

[2] Richard Tarnas, *The Passion of the Western Mind: Understanding Ideas That Have Shaped Our Worldview* (New York: Ballantine, 1991), p. 310.

낭만주의

낭만주의는 18세기 후반과 19세기 전반에 완전히 모습을 드러냈으며 그 후 끊임없이 서구 문화에서 강력한 세력으로 남아 있다. 낭만주의의 공통된 강조점은 "실로 가장 깊은 도덕적·우주적 진리를 얻는 것은 감정을 통해서"라는 것이다.[3] 요한 고트프리트 헤르더는 자연을 만물을 관통하며 흐르는 거대한 공감의 조류로 묘사한다. "자연 전체를 보라. 창조의 위대한 유비를 보라. 만유는 스스로에게 동질감을 느끼고, 생은 생에 화답한다."[4] 인간은 이를 의식하게 되고 표현해 낼 수 있는 피조물이다. 이런 이유로 찰스 테일러는 낭만적 자아를 **표현적** 자아로 분류했다. 낭만주의는 계몽주의의 합리론과 관념론에 대한 반발이지만, 이 점에서 대체로 인본주의 전망에 머무르고 있음을 인식하는 것이 중요하다. 그것은 계몽주의 전망의 테두리 내에서의 반발이지 그것을 넘어서는 것은 아니다.

낭만주의의 반발적 요소는 다음 사항에 대한 강조에서 드러난다.

- 데카르트주의와 칸트주의를 곤란에 빠뜨린, 이원론에 반대하는 일원적 유기체로서의 세계. 이 중심 교의는 해결한 듯 보이는 것만큼이나 많은 문제를 만들었다. 예를 들어, 어떻게 자연이 우리 의식과 별도로 존재함을 아는가? 게다가, 유기체로서의 자연 개념은 유기체로서의 우리 자신의 본성에 대한 유비이자 추정인데 그 근거는 무엇인가?
- 이성보다는, 상상적이며 정신적인 영감. 낭만주의는 기독교 신앙으로

---

3 Charles Taylor, *Sources of the Self: The Making of the Modern Identity* (Cambridge: Cambridge University Press, 1989), p. 371.
4 같은 책, p. 369에서 재인용.

부터 그 나름의 정신적 지주로 빠져들면서, 필요한 '계시'를 공급하고자 점점 더 예술을 바라보았다.
- 추상적 진리로 구성되기보다는 하나의 드라마인 인간의 삶
- 인간 자아의 복잡한 본성
- 실재의 다양성
- 의지. 계몽적 자연주의-모든 사람이 행복을 추구하며 비슷한 동기를 따라 산다고 보는 지적 계몽을 강조하는-와 반대로 낭만주의는 "우리의 의지가 변혁되어야 하고, 유일하게 할 수 있는 일은 우리 속의 자연적 충동과의 접촉을 회복하는 것임"을 강조하며 루소를 따랐다.[5]
- 고전 문화와 전통. 낭만주의자들은 이를 의미와 지혜의 원천으로 매우 긍정적으로 보았다.
- 종교. 낭만주의에서는 흔히 제도화된 종교는 반대한 반면, 점차 범신론적 의미로 나아갔긴 하지만 신적인 것에 보다 개방적인 성향을 가졌다.

19세기를 이해하는 데 낭만주의가 중요하다면 산업 혁명 또한 그러하다. 영국에서 시작된 산업 혁명은 과학과 기술이 서구 문화를 장악하고 지배하는 수단이 되었다. 그 과정에서 자연은 돌이킬 수 없는 상처를 입었으며 실제로 진보하는 가운데 끔찍한 빈곤과 억압이 일어났다. 이 과정에서 자연과의 조화라는 낭만적 의식은 소외(alienation)의 일종으로 변형되었다. "워즈워스의 비전은 프로스트(Frost)의 비전으로 대체되고 말았다."[6]

산업 혁명은 카를 마르크스와 프리드리히 엥겔스(Friedrich Engels)의 급

---

5 같은 책, p. 370.
6 같은 책, p. 376.

진적 사회 비판이 파국적 결과와 함께 대두한 배경이었다. 나아가 인간을 복잡하고 '구원'이 필요한 존재로 보는 낭만주의 인간관은 인간을 특별히 성욕의 본성적 심층 심리에 의해 지배당하는 존재로 보는 지크문트 프로이트(Sigmund Freud)의 무신론적 견해뿐 아니라 카를 융(Carl Jung)의 무의식 강조로 흘러들어 갔다. 하지만 융은 프로이트보다는 종교의 역할에 훨씬 더 긍정적이었다.

제러미 벤담과 존 스튜어트 밀

제러미 벤담(Jeremy Bentham, 1748-1832)은 1789년에 공리주의(utilitarianism)의 헌장이 된 『도덕과 입법의 원칙에 대한 서론』(*An Introduction to the Principles of Morals and Legislation*, 아카넷)을 출판했다. 그는 법률 제도가 건전한 원리 위에서 재구성되어야 한다고 주장했다. 그는 그 원리를 흄에게 빌렸다. 그는 『인간 본성에 관한 논고』를 읽고 말 그대로 눈에서 비늘이 떨어져 나갔다고 했으며, 유용성(utility)이 모든 덕의 시험이자 척도이며 정의의 유일한 근원이라고 믿게 되었다. 시민 다수의 행복이 기준이며, 따라서 입법의 목적은 최대 다수의 최대 행복이어야 한다. 벤담은 공리주의를 가능한 한 행복을 축소시킬 것을 전제로 행동을 승인하는 금욕주의(asceticism) 원리와 대조했다. 여기서 그의 주된 표적은 기독교 도덕이었다.

존 스튜어트 밀(1806-1873)은 교육 과정에서 벤담의 지도를 받았다. 그는 인생 초반에 신경 쇠약을 겪었으나 낭만주의 시인 윌리엄 워즈워스(William Wordsworth)를 통해 신경 쇠약에서 벗어났다고 했다. 그는 나중에 새뮤얼 테일러 콜리지의 열정적 팬이 되었다. 그는 1843년 출판한 『논리 체계』(*System* of Logic)에서 수학의 진리 역시 경험적이라고 주장했다. 밀은 가정 교사였던 벤담을 존경했지만 그의 작업은 개선될 필요가 있다고 생각했다. 사회철학 면에서, 그는 인간의 지식과 사회가 신학적 단계, 형이상학적 단계, 실증적 단계를 거치며 나아간다고 주장한 실증주의(positivism) 발전의 핵심 인물 오귀스트 콩트(1798-1857)의 영향을 받았다. 여기서 실증적(positive)이란 진정으로 과학적이라는 의미다. 밀은 콩트에게서 진보 개념을 취해 "비판적인 것의 최선의 특성을 유기적 시대의 최선의 특성, 즉 사유의 무제한적 자유, 타인에게 해가 되지 않는 한에서 모든 종류의 개인적 행위의 무한 자유, 아울러 조기 교육과 일반적으로 합의된 정서에 의해 감정에 깊이 새겨진 옳고 그름 및 유용함과 해로움에 대한 확신을 통합할 미래"를 고대했다.[7] 일단 성취되면 그 결과로 이룩된 사회는 이성과 필연성에 확고히 기초하게 되므로 더 이상의 진보가 불필요할 것이었다.

공리주의는 최대 다수의 최대 선(the greatest good for the greatest number)의 머리글자인 GGGN으로 요약될 수 있다. 공리주의는 오늘날에도 살아서 상당한 힘을 발휘하고 있지만, 타락한 세상에서 그것이 얼마나 위험할 수 있는지 알고자 면밀히 조사할 필요는 없다. 듣기에는 매우 인상적이지만, 누가 인류를 위해 선한 것이 무엇인지를 결정하는가? 윤리 체계가 빠지면 공리주의는 보다 큰 선이라고 가정된 것의 이름으로 끔찍한 악을 행하는 일에 취약하다. 그런 접근이 아돌프 히틀러(Adolf Hitler)와 이오시프 스탈린(Joseph Stalin) 같은 괴물에 의해 수백만의 집단 학살을 옹호하는 데 사용되었다.

---

[7] John Stuart Mill, *Autobiography*, ed. J. Stillinger (Oxford: Oxford University Press, 1969), p. 100. 『존 스튜어트 밀 자서전』(문예출판사).

아르투어 쇼펜하우어

아르투어 쇼펜하우어(Arthur Schopenhauer, 1788-1850)는 북미 대학의 철학 강의에서는 거의 주목받지 못하지만 독일에서는 매우 널리 읽히는 철학자다. 쇼펜하우어는 무신론자임을 선포한 최초의 철학자 중 하나다. 한 편지에서 그는 신에 대한 전통적 견해가 "칸트에 의해 정말로 축출되었다"고 썼다. "그것은 시체로 내게 전해졌는데, 당신의 편지를 통해서 그 냄새가 다시 풍겨 왔을 때 참을 수가 없었다."[8] 그는 라이프니츠에 대한 반발로 우리는 "가능한 모든 세계 중 최악에 살고 있다"고 선언했다.[9] 실제로 쇼펜하우어 철학의 핵심 강조점은 세상에서 겪는 고통—"우리는 도살자가 쳐다보다가 한 마리씩 골라내는 가운데 들에서 놀고 있는 양과 같다"[10]—및 자신의 철학을 살아 내는 법이다.

쇼펜하우어의 대표작은 『의지와 표상으로서의 세계』(The World as Will and Idea, 을유문화사)다. 쇼펜하우어는 플라톤으로부터 그의 이데아(들) 개념을 개발했으며, 그와 더불어 실제 존재가 오직 이데아에서 기인하는 것으로 보았다.[11] 이데아에 대한 지식은 자연을 인식하는 가운데 그 속에 완전히 빠져들게 되는 구체적 경험으로, 그 결과 우리는 우리가 "세계와 모든 객관적 존재의 조건이며 따라서 후원자임"을 깨닫는다.[12] 세계는 의식과의 연관 속에

---

8 Henri de Lubac, *The Drama of Atheist Humanism* (San Francisco: Ignatius, 1995), p. 48에서 재인용.
9 Wolfgang Schirmacher, ed., *The Essential Schopenhauer* (New York: Harper Perennial, 2010), p. vii에서 재인용.
10 Schirmacher, *The Essential Schopenhauer*, p. 2.
11 같은 책, p. 83.
12 같은 책, pp. 82-83.

서만 존재한다. "세계는 나의 표상이다." 이 점에서 쇼펜하우어는 칸트와 크게 다르지 않지만, 의지에 관한 쇼펜하우어의 주장은 매우 독창적이다. 쇼펜하우어는 과학의 한계를 강조했다. "수수께끼의 답은 개인으로 나타나는 지식 주체에게 주어지며, 그 답은 의지(Will)라는 단어 속에 주어진다. 이것이, 또한 이것만이 그에게 자신의 현상으로 가는 열쇠를 주고, 의미를 드러내 주며, 그의 존재와 행위와 움직임의 내적 구조를 보여 준다."[13]

모든 사물의 내적 본질은 분명 의지다.[14] 의지는 결핍과 부족 및 그에 따른 고통에서 발생한다. 의지의 노예 상태를 탈출하는 길은 두 가지다. 예술-특히 음악-과 포기다. 삶을 향한 의지는 자살이 아니라 금욕으로 포기한다. "우리는 덕을 넘어서 금욕으로 가야 한다. 나는 더 이상 타인을 나 자신처럼 충분히 사랑하기를 또는 나의 쾌락이 타인의 유익을 가로막을 때 그것을 포기하기를 생각하지 않는 이 비참한 세계의 지독한 공포와 씨름해야 한다. 이 이상에 도달하기 위해 나는 순결함, 가난, 절제를 받아들여야 하며, 악으로부터 구원을 가져온다면 죽음도 환영해야 한다."[15]

쇼펜하우어가 그런 금욕주의의 모델로 삼은 것은 기독교, 힌두교, 불교의 성인들이었다. 그러나 그가 보기에 그들의 종교적 믿음은 교육받지 못한 이들이 감히 범접할 수 없는 신비한 진리의 옷이었다.

신정론(theodicy)과 악의 문제는 기독교 유신론의 패착으로 여겨지곤 한다.[16] 실제로 악에는 신비가 있지만, 우리가 쇼펜하우어의 인간중심적·개인

---

13 같은 책, p. 65.
14 같은 책, pp. 59-78를 보라.
15 Anthony Kenny, *Philosophy in the Modern World*, vol. 4 of *A New History of Western Philosophy* (Oxford: Oxford University Press, 2007), p. 15. 『현대철학』(서광사).
16 Alvin Plantinga, *Warranted Christian Belief* (New York: Oxford University Press, 2000), pp. 357-373, 458-499를 보라.

주의적 철학에서 배우는 한 가지 사실은 하나님을 배제하는 것이 이 문제를 덜기보다는 한층 악화시킨다는 것이다. 비슷하게, 고든 마이칼슨(Gordon Michalson)은 악에 대한 칸트의 견해에 대해 이렇게 언급한다. "악의 문제는 칸트를 이성은 스스로를 완전히 통제하지 않으며 오히려 규정하기엔 너무 애매한 힘에 종속된다는 통찰로 점점 더 가까이 이끈다."[17]

쇠렌 키르케고르

쇠렌 키르케고르(Søren Kierkegaard, 1813-1855)는 코펜하겐에서 태어나 삶의 대부분을 그곳에서 보냈다. 그의 여러 책은 대개 500부를 찍어 출판되었지만 그가 42세에 요절하기 전에 매진된 것은 단 하나도 없었다. "그가 마치 오래 지연된 시한폭탄처럼 유럽 지성계에서 폭발하여 그 이후 그의 영향력을 어림할 수 없게 된 것"은 오로지 20세기 초에 들어서였다.[18]

키르케고르는 짧은 생애 동안 놀라운 양의 매우 독창적인 글들을 써냈다. 다양한 관점에서 쓰인 그의 글들은 요하네스 클리마쿠스(Johannes Climacus)와 요하네스 데 실렌티오(Johannes de Silentio) 같은 흥미로운 익명으로 출판되었다. 우리는 1장에서 기독교 철학이 선교적이라 했는데, 키르케고르의 경우 이를 의식하고 있었다고 할 수 있다. 그가 살았던 덴마크는 기독교 세계였다. 훌륭한 덴마크인이라면 틀림없이 그리스도인인 것으로 추정되었다. 키르

---

[17] Gordon E. Michalson Jr., *Fallen Freedom: Kant on Radical Evil and Moral Regeneration* (Cambridge: Cambridge University Press, 1990), p. 141.
[18] C. Stephen Evans, *Kierkegaard: An Introduction* (Cambridge: Cambridge University Press, 2009), p. 1.

케고르는 자신을 "기독교 세계 속으로 기독교를 다시 들여오는" 부름을 받은 선교사라고 생각했다.[19] 주요 저작 중 상당수를 익명을 사용하거나 간접적 소통 방식으로 출판한 그의 스타일은 거기서 비롯되었고, 이 점에서 그는 하만과 비슷하며 하만의 영향을 받았다. 키르케고르는 독자들을 인격적으로 진리와 대면하도록 몰아세우는 현대판 소크라테스가 되기 원했다. 키르케고르는 진리가 인격 전체와 관련된다—"진리는 주체성(subjectivity)이다"—고 보았고, 그는 독자가 존재와 신앙을 두고 인격적으로 씨름하도록 자극하고 밀어붙이듯이 글을 썼다.[20]

키르케고르가 간접적 소통 방식을 사용한 결과, 그는 비이성주의자, 포스트모던, 실존주의(existentialism)의 아버지 같이 다양한 방식으로 해석되었다. 오늘날 서구 지성인들이 기독교 신앙을 진지하게 받아들이기란 어려운데도, 키르케고르 철학의 중심에는 기독교 신앙을 진지하게 받아들인다는 점이 놓여 있다. 그는 철저히 기독교 철학자이며 오늘날에 아주 적실한 인물이다.

키르케고르 철학의 중심은 살아 있는 인간 실존에 대한 관심이다. 이 점에서 그는 내면성과 인간 주체성을 강조했다. 이는 비합리적 이동이 아니라, 자아가 단지 현재 나의 모습만이 아니라 내가 그렇게 되어야 하는 어떤 존재라는 사실을 일깨워 주기 위한 그의 방식이다. 미완성의 자아는 선택을 통해 자신을 만들어 간다. 내가 내리는 모든 결단은 내가 되기 원하는 인간 유형에 대한 결단이기도 하다. 키르케고르는 인간의 자유와 책임을 긍정하지만 근대 철학에서 대두되기 시작한 초연하고 무관심한 자아는 배격한다. 우리는 자

---

19 Søren Kierkegaard, *Kierkegaard's Journals and Papers*, trans. and ed. Howard V. Hong and Edna H. Hong, 7 vols. (Bloomington: Indiana University Press, 1978), entry 6271, 6: pp. 70-71.
20 Søren Kierkegaard, *The Point of View of My Work as an Author: A Report to History*, ed. Benjamin Nelson (New York: Harper & Row, 1962); Evans, *Kierkegaard*, pp. 24-45.

신의 욕망과 열정 때문에 선택을 하며, 따라서 인간 실존에 관한 모든 이해는 이성을 넘어 정서적 삶도 포함하는 데까지 뻗어 나가야 한다. "주체성 또는 내면성이란 단지 우리가 인간 실존을 이해하려면 무대 중앙을 차지해야 한다는 인간적 삶의 정서적 차원을 일컫는 키르케고르적 용어다."[21] 키르케고르가 보기에 인간 자체가 본래 관계적이다. 자신―분명 "자신은 자기 자신과 관계를 맺는다"―에 대해서든, 타인에 대해서든, 특히 하나님에 대해서든 그러하다.

키르케고르는 인간의 삶이 심미적, 윤리적, 또는 종교적으로 분류될 수 있다고 본다. 그는 이를 **단계**(stages)이자 **영역**(spheres)으로 설명한다. 온전한 사람이 되는 일은 저절로 되지 않으며, 인간은 한 단계나 영역에 고착될 수 있다. 그러나 원칙적으로 인간은 한 단계에서 다음 단계로 발전한다. 그러한 진전이 이전 단계를 지우는 것이 아님에 주의하는 게 중요하다. 이전 단계는 존속하지만 보다 큰 틀 속에서 상황에 맞춰 재조정된다. 단계들은 심리학적으로 빈틈없는 이론은 아니나 인간 실존의 가능성을 묘사하는 일종의 개념 지도다.

심미적 영역의 공통 요소는 '즉각적인 것'을 향한, 인간 실존을 의식하는 핵심인 즉시적 감각을 향한 관심이다. 심미주의자는 그가 욕망하는 것에 관심을 쏟고 순간에 그리고 순간을 위해 산다. 키르케고르는 심미주의자의 삶에도 즉시적 심미주의자에서 매우 반성적인 심미주의자에 이르는 연쇄가 있음을 인정한다. 고립된 개인주의는 후자의 특성이다. 권태는 피해야 할 커다란 악이며, 권태를 저지하기 위해서는 상상력이 사용되어야 한다. 키르케고르의 『이것이냐 저것이냐』(*Ether/Or*)에서 인물 "A"는 이를 곡물의 윤작에 비

---

21 Evans, *Kierkegaard*, p. 22.

유했다. 헌신은 반드시 피해야 하고, 환경과 열정은 조심스레 통제되어야 하며, 흥미로운 것을 찾을 때 임의성을 즐겨야 한다.[22]

심미주의자의 문제는 즉시성이 유지되기 어렵다는 것이며 도덕주의자는 흥미로운 것의 추구 사이에 자신이 끼어들기를 고집한다. 심미주의적 삶이 순간적인 것들의 연속이 되고 마는 반면, 도덕주의자의 중심에는 통합된 자아를, 정체성을, 오랜 시간 견뎌 내는 자아를 향한 추구가 있다.『이것이냐/저것이냐』 2권 대부분은 "빌헬름 판사"라는 인물에 의한 심미주의 비판과 도덕주의자를 위한 호소다. 빌헬름 판사는 심미주의에 반대하여 결혼을 강력히 옹호한다. 결혼은 사랑을 지탱해 주는 것이다. 빌헬름 판사는 자신을 의식하게 되는 것이 심미주의자와 도덕주의자의 핵심 차이라고 강조한다. "한 사람 속의 심미적 존재는 그가 있는 그대로 즉시적으로 존재하는 것이다. 도덕적 존재는 그가 되어 가는 그런 존재가 되어 가는 것이다." 도덕적 존재의 핵심은 선택이며, 그 이유로『이것이냐 저것이냐』라는 제목이 나왔다.[23]

빌헬름 판사가 옹호하는 종류의 도덕은 키르케고르의『공포와 전율』(*Fear and Trembling*)에 나오는 요하네스 데 실렌티오의 도덕과 거의 동일하다. 그것은 인간이 사회적 책무를 다함으로써 윤리적이라는 헤겔의 도덕적 삶(Sittlichkeit) 또는 사회도덕과 같은 것이다. 헤겔은 어떤 의미에서 국가를 신성하다고 보는데, 키르케고르가 도덕에 관한 이런 견해를 매우 불충분하게 여기는 것은 놀랄 일이 아니다.

키르케고르는『철학적 단편에 부치는 비학문적인 해설문』(*Concluding Unscientific Postscript*) — 매우 길다! — 에서 종교성 A와 종교성 B를 구분한다.

---

[22] Søren Kierkegaard, *Either/Or*, trans. Howard V. Hong and Edna H. Hong (Princeton: Princeton University Press, 1991), 1: pp. 281-291.『이것이냐 저것이냐』(치우).
[23] 같은 책, 2: p. 178.

전자는 일반적인 종교적 태도의 특성이며 특별히 기독교적이지 않다. A를 대표하는 클리마쿠스는 이렇게 말한다. "나 요하네스 클리마쿠스는 이 도시 원주민으로 이제 30세며, 많은 이와 같은 평범한 인간으로서 영원한 행복이라 불리는 최고의 선이 하녀와 교수를 위해 예비되어 있는 것처럼 나를 위해서도 그렇다고 가정한다. 나는 기독교가 이 선을 얻는 조건이라 들어 왔다. 이제 나는 어떻게 이 교리와 관계를 맺을 수 있을지 묻는다."[24]

클리마쿠스는 수백 페이지에 걸쳐 이 질문을 놓고 씨름한다. 도덕적 존재가 종교적 존재를 전제한다는 사실이 분명해진다. "인간을 인간으로 만드는 것은 실로 신과의 관계다."[25] 인간 존재의 보편적 차원이 있으나, 인간은 또한 각기 자기 자신이 되어야 할 사명을 부여받은 개별자다. 종교적 인간은 어떤 의미에서 자신이 깨어졌으며 다시 온전하게 만들어져야 할 필요가 있음을 인식한다. 따라서 종교는 헤겔의 화해(mediation)가 아니라 포기-창조된 선을 내려놓고 신에 대한 의존을 인식함-를 수반한다.

종교성 A는 내재적인 것이고 B는 초월적인 것이다. B는 기독교 신앙이며 개인에게 주어진 하나님 자신의 계시를, 그 결과 감성과 이성을 포함한 전인의 변화를 수반한다. 키르케고르는 이성이나 역사적 논증이 신앙을 만들어 낼 수 있다고 생각하는 일종의 증거주의(evidentialism)에 매우 비판적이다. 그는 이성도 역사적 논증도 반대하지 않지만 신앙의 문제에 관한 한 그것들의 한계가 분명하다는 강한 견해를 가지고 있다. 이는 그가 성육신을 "절대적 역설"이라고 불러 논란을 일으킨 데서 포착된다. 키르케고르에게 영원한 존

---

[24] Søren Kierkegaard, *Concluding Unscientific Postscript to Philosophical Fragments*, trans. Howard V. Hong and Edna H. Hong, 2 vols. (Princeton: Princeton University Press, 1991), 1: pp. 15-16.
[25] 같은 책, 1: p. 244.

재가 시간적이 되어야 한다는 것은 **논리적** 모순이 아니라 이성을 한계에 봉착하게 만든 사건이었다. "그것은 이성의 경계 또는 한계다. 이성이 이 한계를 파악하려 할 때 이성은 스스로 명백한 모순에 빠짐을 알게 된다."[26] 동시에 이성은 성육신에서 성취를 발견한다. 키르케고르는 성육신에 관한 한 중립 지대란 없다고 본다. 믿음이나 부인으로 응답할 뿐이다.

키르케고르는 헤겔에 대한 반발로 체계를 경계한다. 따라서 키르케고르는 자신의 견해를 체계적으로 제시하는 일이 거의 없다. 그러나 우리는 그의 글에서 인식론을 추정해 낼 수 있으며, 그것은 놀랍게도 여전히 의미가 있다. 키르케고르는 **고전적 토대주의**라 불리는, 오늘날에도 여전히 지배적인 인식론을 완강히 반대한다. 고전적 토대주의에서는 두 가지 주요 주장을 제기한다.[27]

1. 참으로 정당화된 지식은 고도의 확실성을 갖췄다고 알려진 진리의 기초에 근거해야 한다.
2. 그런 확실성은 감정과 주관적 태도를 배제하고 오직 이성에만 근거하여 획득된다.

C. 스티븐 에반스(Stephen Evans)는 키르케고르에 대해서 "그의 전체적 조망은 이 고전적 토대주의의 모습에 대한 도전"이라고 올바로 지적한다.[28] 우리는 인간이며, 고전적 토대주의에서 추구하는 종류의 절대적 확실성은 우리에게 전혀 가능하지 않다. "진리는 주체성이다!" 진리를 소유한다는 것은 삶

---

26 Evans, *Kierkegaard*, p. 156.
27 더 상세한 논의는 13장을 보라.
28 Evans, *Kierkegaard*, p. 56.

이 의도되었던 그대로 그 속에 온전히 참여하는 것이다. 이는 명제적 진리의 중요성을 부정하는 것은 아니지만, 주관적 진리가 동등하게 중요함을 역설하는 것이다. 우리는 살아 냄으로써 진리를 알며, 그리스도라는 실마리를 쫓아갈 때 세계가 우리를 향해 열린다. 에반스는 키르케고르의 인식론과 덕 윤리학자 및 실존주의자의 인식론 사이의 유사성을 지적한다. 전자는 인식 주체 내의 어떠한 덕을 육성하는 역할을 강조하고 후자는 지식이 외부 세계와 바르게 관계를 맺는 문제임을 강조한다.

키르케고르의 기독교 철학이 갖는 특징은 그가 『그리스도교의 훈련』(Training in Christianity, 다산글방) 같이 더욱 신학적인 작품뿐만 아니라 주요 철학 작품들 속에서도 성경과 씨름하고 있다는 데 있다. 『공포와 전율』은 제목에서 여러 성경 구절을 암시하고 있으며, 키르케고르는 첫 장에서 이삭을 제물로 드리도록 부름받은 아브라함을 다루는 창세기 22장 내러티브에 대한 놀라운 통찰을 여러 가지로 펼친다. 키르케고르는 『반복』(Repetition)에서 '그'가 어떻게 욥기를 읽는지 환기하는 통찰을 제시한다.

만일 내게 욥기가 없었더라면!…나는 욥을 다른 책을 읽듯 눈으로 읽지 않는다. 나는 그 책을 마치 나의 마음에 얹고, 투시하는 자(a Clairvoyance)가 매우 다양한 방식으로 한 특정 사안을 해석하듯이 마음의 눈으로 그것을 읽는다.…나는 밤에 그 책을 침대에 가져간다. 그의 모든 말이 내 양식이고 옷이며 나의 비참한 영혼의 치유다.…당신은 진정 욥기를 읽은 적이 있는가?…세상 어디서도 고통의 열정이 그렇게 표현되지 않는다.…밤중에 나는 집 전체가 밝아지도록 모든 불을 켜게 할 수 있다. 그러고는 일어나서 그가 쓴 어구 몇 절을 거의 고함치듯 큰 목소리로 읽는다.…그 책을 읽고 또 읽어 왔지만 각 단어들은 내게 늘 새롭다.…나는 술주정뱅이처럼, 이 길어지는 홀짝거림을 통해 술에 취한 가운데

거의 의식을 잃게 되기까지 열정에 취한 모든 것을 조금씩 흡수한다.[29]

오늘날 기독교 철학이 북미 대륙에서 놀라운 르네상스를 맞고 있는 가운데서도 성경과 이렇게 깊이 씨름하는 경우를 발견하기는 드물다. 키르케고르의 성경 독해가 때로 '주관적'이고 그의 철학에 걸맞도록 씨름하는 것은 놀랄 일이 아니다. 이런 점에서 그의 작업은 하만의 작업을 연상시킨다.

키르케고르의 업적은 놀라웠으며, 그의 유산은 여전히 그 진가를 완전히 인정받아야 한다. 문화를 향한 그의 사명감은 주목할 만하고 그것을 추구한 깊이는 모범적이었다. 동등한 사명감이 후기 근대인 우리 시대에 철학적으로 어떻게 나타날 수 있을지 궁금할 뿐이다.

카를 마르크스

19세기와 20세기 철학은 대체로 앞서 밝혔던 자연/자유 변증법에 의해 계속 지배되었다. 카를 마르크스(1818-1883), 찰스 다윈(Charles Darwin), 오귀스트 콩트(실증주의)는 자연/과학 극(極)에 특권을 부여했다.

마르크스는 헤겔을 가장 격렬하고도 힘 있게 배격했다. 그는 자신의 철학을 "헤겔 거꾸로 뒤집기"라고 불렀다. 마르크스는 헤겔의 변증법적 **관념론**을 자신의 변증법적 **유물론**으로 대치했다. 독일에서 교육받은 마르크스는 헤겔과 브루노 바우어(Bruno Bauer, 1809-1882)에게서 역사를 변증법적 과정으로

---

[29] Søren Kierkegaard, *Fear and Trembling/Repetition*, ed. and trans. Howard V. Hong and Edna H. Hong (Princeton: Princeton University Press, 1983), p. 204. 『공포와 전율』(치우), 『반복/현대의 비판』(치우).

생각하는 것을 배웠으며, 젊은 헤겔주의자들이 소외를 강조하는 것에 매료되었다. 바우어와 루트비히 포이어바흐(1804-1872)는 종교를 소외의 궁극적 형태로 간주했는데, 마르크스는 그들의 생각에 동의하면서도 그들이 제시하는 해법은 부적절하다고 생각했다. 마르크스에 따르면, 헤겔은 인간을 사실 그가 좌우했어야 할 과정을 단지 바라보는 존재로 생각했으며 포이어바흐는 인간 역시 돈을 숭배한다는 사실을 인식하지 못했다. 마르크스는 세상을 변혁시키려는 욕망으로 불탔다. "철학자들은 단지 여러 방식으로 세상을 해석해 왔을 뿐이다. 요점은 세상을 바꾸는 것이다."[30]

정치 언론인이 된 마르크스는 파리로 피신했는데, 거기서 프리드리히 엥겔스(1820-1895)를 만난다. 1848년에 출판된 『공산당 선언』(The Communist Manifesto)은 새로 설립된 공산주의자 연맹을 집약적으로 보여 주기 위한 것이었다. 그 메시지는 엥겔스가 훗날 개정판에 붙인 서문에 잘 요약되어 있다.

인류의 모든 역사는 (토지를 공동으로 소유했던 원시 부족 사회의 붕괴 이래) 줄곧 착취자와 피착취자, 지배계층과 피지배계층의 다툼인 계급 투쟁의 역사였다. 이 계급 투쟁의 역사가 진화해 오는 중, 지금은 착취당하고 억압받는 계층ㅡ프롤레타리아ㅡ이 모든 착취, 억압, 계급 차별, 계급 투쟁으로부터 일시에 그리고 단번에 사회 전체를 해방시키지 않고서는 착취하고 지배하는 계층ㅡ부르주아ㅡ의 지배로부터 해방을 얻어 낼 수 없는 단계에 이르렀다.[31]

---

30 Karl Marx, *Theses on Feuerbach*, p. xi, http://www.marxists.org/archive/marx/works/1845/theses/theses.htm에서 볼 수 있다. 한국어로는 https://www.marxists.org/korean/marx/theses-feuerbach/index.htm 또는 『칼맑스 프리드리히 엥겔스 저작선집 1』(박종철출판사)에서 볼 수 있다.

31 Friedrich Engels, preface to the 1888 English edition of *The Communist Manifesto*, http://www.marxists.org/archive/marx/works/1848/communist-manifesto/preface.htm에서 볼

선언의 가장 유명한 문장은 맨 끝에 왔다. "지배 계층을 공산당 혁명에 두려워 떨게 하라. 프롤레타리아는 사슬 외엔 잃을 것이 없다. 그들에게는 쟁취할 세계가 있다. 만국의 노동자여, 단결하라!"[32]

사상이 다리를 달고 중대한 결과를 낳으며 역사 속으로 행진할 수 있음을 상기시킬 필요가 있다면, 마르크스주의가 그 필요를 제공한다. 마르크스주의는 20세기 초반에 소비에트 연방으로 체현되었고, 그 후 20세기 거의 전부에 그늘을 드리웠다. 마르크스의 자본주의 비판의 많은 면은 당시뿐 아니라 오늘날에도 타당하다. 그 모든 고상한 이상—그리고 마르크스의 시대뿐 아니라 오늘날에도 타당한 것으로 남아 있는 마르크스의 자본주의 비판의 수많은 측면—에도, 마르크스의 유산은 우리가 소비에트 연방의 종말 이래 내내 목격해 온 것처럼 엄청나게 파괴적이었다.

찰스 다윈

"중세 기독교의 우주론은 코페르니쿠스와 갈릴레오에게서 철저히 깨졌다. 기독교 세계관은 다윈에게서 완전히 붕괴의 조짐을 보였다."[33] 마르크스와 찰스 다윈(1809-1882)은 19세기에 가장 영향력 있는 두 사상가였다. 마르크스의 유산은 20세기 말에 이르러 갈가리 찢어졌지만 다윈의 유산은 이제 볼 것처럼 서양 철학에 계속 영향을 미치고 있다.

수 있다. 『공산주의 선언』(박종철출판사).
32 Karl Marx and Friedrich Engels, *Communist Manifesto*, http://www.marxists.org/archive/marx/works/1848/communist-manifesto/ch04.htm에서 볼 수 있다.
33 Tarnas, *Passion of the Western Mind*, p. 305.

다윈은 1840년과 1850년대에 걸쳐 자연 선택(natural selection) 이론을 개발해 『종의 기원』(On the Origin of Species)이라는 책으로 출판했다. 다윈의 진화론에는 세 가지 기본 구성 요소가 있다. 첫째, 생물체는 환경에 적응하는 정도에 따라 엄청난 다양성을 드러낸다. 둘째, 모든 종은 세대를 거치며 그들의 숫자를 늘릴 비율로 번식할 수 있다. 셋째, 그들이 이렇게 하는 것이 '자연 선택' 때문은 아니다. 종들은 생존을 위해 경쟁해야 하며 오직 적자만이 생존한다. 이것이 진화의 구조다.

다윈은 두 가지의 주요 선택 양식을 구분했다. 인공 선택(artificial selection)은 사육자에 의해 오랫동안 행해져 온 것이고, 자연 선택은 목적에 입각한 것이 아니라 종에 가해진 자연적 압박에 의해 일어나는 것을 말한다. 단일 종 내에서 일어나는 자연 선택은 쉽게 증명될 수 있다. 하지만 다윈은 오랜 기간에 걸쳐 식물과 동물의 전혀 새로운 종이 만들어질 수 있다고 믿었다.

뉴턴과 다윈은 아리스토텔레스의 목적론에 심각한 타격을 입혔다. 목적론에서는 사물을 시작이 아니라 목적에 입각해서 이해했으며 선(善) 개념을 불러들였다. 뉴턴의 만유인력 이론에서는 목적을 염두에 두고 설명했지만, 그런 목적에 도달하는 것이 물체에 유익하다는 암시가 없었다. 다윈 역시 목적을 따라 발전을 설명하지만 최종 상태나 완성된 구조에 의한 끌림을 말하지는 않는다. 체계와 환경의 압력이 진화를 설명한다.

19세기 후반에 다윈의 진화론은 기독교에 대한 엄청난 위협으로 인식되었다. 그러나 다윈주의(Darwinism)는 상당히 불명료한 상태였으며 다윈 자신도 그의 이론에서 어떤 무신론적 결론을 내는 일에 조심스러워 했다.

내 생각에는 과거와 현재 지구상에 서식하는 것들의 출현과 멸종은 개체의 출생과 죽음을 결정하는 것 같은 이차 원인들에 기인한다는 사실이, 창조주에 의해 물질에 각인된 법에 대해 우리가 아는 바와 훨씬 잘 맞아떨어진다. 모든 것을 특별한 피조물로 보기보다는 실루리아계의 첫째 지층이 퇴적되기 훨씬 전부터 살았던 몇 안 되는 존재의 직계 후손으로 볼 때, 그것들이 고귀하게 되는 것이 아닌가 싶다.[34]

진화는 엄청난 영향력을 행사해 왔으며, 근래 수십 년 동안에는 지적 설계(intelligent design) 운동과 리처드 도킨스(Richard Dawkins)와 그 동료들이 형성한 소위 신무신론(New-Atheism)의 출현으로 인해 또다시 불붙었다. 지적 설계 학파는 필립 존슨(Phillip Johnson)의 『심판대의 다윈』(*Darwin on Trial*, 1991, 까치)이라는 책이 출판된 날로 거슬러 올라갈 수 있을 것이다. 아마도 지적 설계에 관한 가장 중요한 책은 가톨릭 생물학자인 마이클 베히(Michael Behe)의 『다윈의 블랙박스』(*Darwin's Black Box*, 풀빛)일 것이다. 베히는 생태계가 너무도 복잡하기 때문에 그것이 우연히 생겨났을 가능성은 전혀 없다고 주장한다. 14장에서 앨빈 플랜팅가의 개혁주의 인식론을 다루면서 진화론 문제를 다시 다룰 것이다.

프리드리히 니체

마르크스와 다윈과 견주었을 때, 프리드리히 니체(1844-1900)는 근대 철학의 자유 극(極)을 극단적으로 취했고, 그러면서 모든 형태의 실재론에 파괴

---

[34] Charles Darwin, *The Origin of Species and The Voyage of the Beagle* (New York: Alfred A. Knopf, 2003), p. 912. 『종의 기원』(사이언스북스), 『찰스 다윈의 비글호 항해기』(리잼).

적인 공격을 가했다. 니체는 루터교 목사의 아들이었으나 기독교를 배척했다. 실제로 그의 철학은 적의로 가득 찬 반(反)기독교적이다. 니체는 그의 첫 책 『비극의 탄생』(The Birth of Tragedy, 1872, 아카넷)에서 그리스 정신의 두 양상, 바로 음악과 비극에서 표현된, 디오니소스(Dionysius)로 인격화된 열광적·비이성적 열정과 서사시와 조형 예술에서 표현된, 아폴론(Apollo)으로 인격화된 세련되고 조화로운 아름다움을 대조한다. 니체는 이 둘을 종합한 것이 그리스 문화의 위대한 성취라고 보았다. 그러나 니체는 『이 사람을 보라』(Ecce Homo)에서 자신에 대해 이렇게 말했다. "나는 철학자 디오니소스의 제자다."[35]

니체는 『아침놀』(Daybreak, 1881)과 『즐거운 학문』(The Gay Science, 1882) 같은 책에서 삶을 낙관적으로 긍정하는 세계관을 명확히 보여 주려 했다. 이 과정에서 기독교적 자기 부정, 이타적 윤리, 민주정,[36] 과학적 실증주의를 비난한다. 니체는 1883년에서부터 1885년에 걸쳐 그의 가장 유명한 작품 『차라투스트라는 이렇게 말했다』(Thus Spoke Zarathustra)를 썼다. 니체는 그 책을 두고 이렇게 말한다. "『차라투스트라』는 내 책 중에서도 독보적이다. 나는 이 책을 통해서 인류에게 이제껏 그들이 받은 최상의 선물을 주었다."[37] "『차라투스트라』는 니체의 핵심 사유 안으로 들어갈 수 있게 해 주는 유일한 책이다. 그것은 '나는 다이너마이트다'라고 말할 수 있었던 철학자가 쓴 작품의 폭발적 핵심이다."[38] 니체는 자신의 선지자적 등장인물로 옛 페르시아의 선

---

35 Friedrich Nietzsche, *Ecce Homo*, trans. R. J. Hollingdale (London: Penguin, 1979), p. 2. 『바그너의 경우··우상의 황혼·안티크리스트·이 사람을 보라·디오니소스 송가·니체 대 바그너』(책세상).

36 니체의 관심을 끈 정부 형태는 한 명의 지도자나 소수 우두머리의 절대 권력 행사를 통한 통치였다.

37 Nietzsche, *Ecce Homo*, "Foreword", p. 4.

38 Laurence Lampert, *Nietzsche's Teaching: An Interpretation of* Thus Spoke Zarathustra

지자 조로아스터를 택했다. 그것은 그가 우리가 아는 최초의 이원론적 아리안 종교의 창시자이자 선과 악의 싸움을 만물의 중심에 위치한 수레바퀴로 본 최초의 사상가이기 때문이다. 『차라투스트라는 이렇게 말했다』에서 그 선지자는 시간이란 세상살이의 도덕적 극복에서 진전하는 것이라는 '지난 날'의 견해를 설파하러 돌아온 것이 아니다. 오히려 그는 자신의 엄청난 실수를 인정하고 니체의 견해를 설파하고자 돌아왔다. 따라서 차라투스트라는 니체를 통해서 선과 악의 지배가 끝났음을 선포하는 선지자가 된다.

『차라투스트라는 이렇게 말했다』는 니체 생애 최종 단계의 핵심 사상을 담고 있다. 현존하는 인류는 초인 종족으로 대체될 것이다. 니체는 인류가 아직 온전한 실존적 자기 결정력에 도달하지 못했다고 보았다. 초인(Übermensch)은 불안과 죄책감에서 자유롭고 **자신을 위해** 창조한 가치에 온전히 의존하는, 아직은 오지 않은 인류의 형태를 지칭한다. 이와 더불어 모든 가치의 **전도**(transvaluation) — 전통적인 것, 특히 기독교와 도덕을 근본적으로 뒤집는 일 — 가 따라온다. 니체는 신의 죽음보다는 이 죽음의 온전한 결과가 아직도 문명에 분명히 떠오르지 않았다는 사실에 몸서리친다. "니체는 이 기독교 신의 '죽음'을 선과 악의 도덕의 실질적 종말 및 모든 형태의 이상주의의 종말과 동일시한다. 이것이 그에게는 근대의 역사와 당대 세계의 주요 사건이며 그의 모든 주요 사상 이면에 비치는 유령이다."[39]

니체는 계몽주의 철학과 형이상학에 대한 응답으로 만물이 유전하며 변화/생성한다는 헤라클레이토스의 견해를 지지한다. "인류가 스스로 인식론적이고 도덕적으로 선호하는 것의 보편적 위상을 확증하고자 매달려 온 모

(New Haven: Yale University Press, 1986), p. 5. 니체 인용은 *Ecce Homo*, "Why I Am a Destiny", p. 1에서 가져왔다.
39 J. P. Stern, *Nietzsche*, Fontana Modern Masters (London: Fontana, 1978), p. 92. 『니체』(시공사).

든 것은 편견, 허구, 비진리, 기만으로 드러났다. 신적 확신으로 받아들여지거나 투영된 것들은 교활하고 약삭빠른 창조적 전도(inversion)—의미 없음(meaninglessness)이라는 두려운 의식을 누그러뜨리는 수단—이상은 아닌 것으로 밝혀진다. 허무주의의 시작이다(*Incipit* nihilism)."[40]

유럽적 허무주의에 대한 니체의 분석에는 비관적 양상과 낙관적 양상이 있다. 비관적인 면은 이제껏 유지되어 온 진리와 존재와 이해 가능성에 대한 믿음은 실망으로 끝날 뿐이라는 각성과 관계있다. 그러나 우리는 그런 허구를 있는 그대로 직시해야 하며, 그럴 때 우리는 있는 그대로의 실재라는 빛 아래서 새로운 가치 체계를 만들어 낼 수 있을 것이다. 이것이 초인의 사명이다. 니체는 또한 이 작업에서 영원 속에서 거듭 일어나는 주기적 순환이 있다는 영겁회귀(eternal recurrence) 개념을 상세히 표현한다. 비관적이게도, 니체는 이 사상을 거의 견딜 수 없음을 깨달았다. 그럼에도 그는 이를 열정적으로 껴안으려 했다.

니체의 신랄한 반기독교적 성향은 그의 글 여러 곳에서 분명히 드러난다. 예를 들어 그는 이렇게 주장한다. "나는 기독교를 엄청난 저주, 가장 심각한 타락, 무시무시한 복수 본능이라 부른다. 어떤 것도 그보다 유독하고 은밀하며 비밀스럽고 작을 수 없기 때문이다. 나는 그것을 인류의 불멸하는 오점이라고 부른다."[41]

칼 바르트는 니체를 분석하면서 기독교를 향한 니체의 반감 이면에는 '동료 없는 인간'의 불가능성에 대한 거부가, 특별히 고통받는 이웃에 대한 거부

---

[40] Nicholas Davey, introduction to *Thus Spoke Zarathustra*, by Friedrich Nietzsche, trans. Thomas Common (Ware, Hertfordshire: Wordsworth, 1997), p. xiv.
[41] Friedrich Nietzsche, *The Antichrist*, in *The Portable Nietzsche*, trans. Walter Kauffmann (London: Penguin, 1968), p. 62. 『안티크리스트』(아카넷).

가 있음을 알아차렸다. "니체의 특이점은 그가 시간과 인간 위 1,800미터 '창공에 고립된' 인간이라는 점이다. 그는 같은 우물물을 마시는 동료 피조물을 아주 불쾌해하며 견디지 못하는 인간이다.…그는 선과 악을 넘어서, 오로지 활활 타오르는 불로만 존재할 수 있는 인간이다."[42]

니체는 1900년에 정신 착란 속에서 생을 마감했다. 그는 마르크스와 프로이트와 더불어 의심의 세 위대한 대가에 속한다. 셋 다 관조적 사상가와는 거리가 멀었다. 그들은 구체적 변화를 추구했다. 셋 다 무신론자로 신에 대한 믿음을 인간의 약함과 굴종의 징후로 간주했다. 셋 다 자신의 사상을 하나의 주된 관념, 즉 물질적 이해관계를 관통하는 동기(마르크스), 성적 동기(프로이트), 힘을 향한 의지(니체)로 향하게 했다. 셋 다 20세기에 깊은 영향을 끼쳤다.

니체는 미치광이부터 악한 천재, 실존주의 사상가, 나치즘의 주요 원천, 분석철학의 선구자, 오늘날 딱 맞는 철학자, 포스트모던 철학의 주요 원천에 이르기까지 다양한 방식으로 읽혀 왔다. 앨런 블룸(Alan Bloom)의 유명한 『미국 정신의 종말』(The Closing of the American Mind, 범양사)에서 니체는 서구의 미래에 대한 최악의 가능한 시나리오를 불러일으킨다. 그와 반대로 리처드 샤흐트(Richard Schacht)는 니체의 "시대가 결국 오고 만 것일 수 있으며, 그의 세기와 새천년의 전환점을 향해 가는 이 시점에서, 그와 같은 종류의 철학이 '미래의 철학을 연주하는 서곡'임을 선포한 점에서…그가 옳았음이 밝혀질 수 있을 것"이라고 주장한다.[43]

우리는 J. P. 스턴(Stern)의 니체 평가가 옳다고 생각한다. "'신은 죽었다', 세

---

[42] Karl Barth, *Church Dogmatics*, trans. G. W. Bromiley (New York: T&T Clark, 2004), III/2, p. 240. 『교회교의학』(대한기독교서회).
[43] Richard Schacht, *Making Sense of Nietzsche: Reflections Timely and Untimely* (Urbana and Chicago: University of Illinois Press, 1995), p. 1.

계는 힘을 향한 의지의 산물이다. 참된 가치는 정열의 도덕에 자리한다. 이는 대체로 그 위에 우리 삶을 세우는 확신을 위한 니체의 공식이다. (내가 믿기로는) 그것들은 참된 확신이 아니다. 하지만 그것들이 참이라면, 세상이 어떨지를 보려는 노력에서 니체보다 상상력이 뛰어난 사람은 결코 없었다."[44] 이 예리한 평가 이야기에 담긴 반전을 놓쳐서는 안 된다. 니체의 확신은 틀렸다. 그러나 지금 후기 근대에 우리는 마치 그것들이 참인 것처럼 살고 있다.

실용주의

미국 철학은 찰스 샌더스 퍼스(Charles Sanders Peirce, 1839-1914)와 더불어 성년에 이르렀다. 퍼스는 미국 철학에서 가장 영향력 있는 학파 중 하나인 실용주의의 창시자였다. 퍼스의 실용주의의 중심 주장은 세 가지다.[45]

1. 과학적 방법은 진리에 도달하는 하는 가장 합리적인 길이다.
2. 과학적 방법의 목표는 "의견을 종결"시키는 자기 교정적인 공동의 사회적 과정이다.[46] 퍼스의 실용적 차원은 오직 의견 일치의 정립을 통해서만 철학적 진리에 도달할 희망을 가질 수 있다는 그의 주장에서 분명히 드러난다. 그는 데카르트주의를, 또한 관념론, 경험론, 상식적 실재론의 인식론적 초점을 강하게 비판한다.

---

44 Stern, *Nietzsche*, p. 149.
45 Cornel West, *The American Evasion of Philosophy: A Genealogy of pragmatism* (Madison: University of Wisconsin Press, 1989), p. 43.
46 *Collected Papers of Charles Sanders Peirce*, ed. Charles Hartshorne, Paul Weiss, and Arthur Burks (Cambridge, MA: Harvard University Press, 1933-58), 5: p. 376.

3. 과학적 추구는 진화론적 사랑을 발전시키는 궁극적 선과 연관되어 있다.

퍼스는 **오류가능주의**(fallibilism)라 불리는 관점을 명료하게 진술했다. 이 관점은, 지식은 계속 개선되는 근사치이며 우리는 인식론적 기준에서 오직 대상과 관련된 실천적 유형의 가능한 효과만을 고려할 필요가 있다는 것이다.

퍼스는 분명 과학적 방법에 헌신하지만, 과학적 방법을 인간적 활동으로 여겨 비신화화하기에 종교를 옹호할 수 있다. "많은 과학자와 철학도는 자신이 인간 중 하나임을 알게 해 준 것이 기독교 교회임을 인정한다.…비록 잘 지켜지지는 않더라도, 그가 문명의 영혼이라고 주장한 사랑의 법칙이 기독교를 통해서 유럽에 온 것은 사실이다."[47]

윌리엄 제임스(William James, 1842-1910)는 스베덴보리파[48] 신학자의 아들로 뉴욕에서 태어났다. 제임스는 종교적 주제에 깊은 관심을 가졌고 신, 자유, 불멸성에 대한 믿음을 과학적 세계관과 화해시키기를 열망했다. 그는 1901년과 1902년 기포드 강좌(Gifford lectures)를 『종교적 경험의 다양성』(Varieties of Religious Experience, 한길사)이라는 제목으로 출판했다. 그는 종교적 경험을 정당화하기를 소망하며 실증적으로 검토했다. 1907년에 출판된 『실용주의』(Pragmatism)는 그를 미국 철학의 일인자로 만들었다.

제임스는 퍼스에게 의존하면서도 진리 이론이 아니라 의미 이론을 주장했다. 그는 개인주의적이고 주관적인 것이 아닌 간인격적(interpersonal)이고 객관적인 철학을 추구했다. 그의 실용주의는 사상이 우리 삶에 유익하다면 참

---

47 West, *American Evasion*, p. 48에서 재인용.
48 스베덴보리주의(Swedenborgianism)는 예수 그리스도로부터 새로운 계시를 받았다고 주장한 에마누엘 스베덴보리(Emmanuel Swedenborg, 1688-1772)의 글에서 발전된 기독교의 분파다.

이라는 그의 견해에서 분명히 드러난다. "참된 것은 기능하는 것"이며, "신이라는 가설이 그 말의 가장 넓은 의미에서 만족스럽게 기능한다면 그것은 참이다."[49] 제임스는 이것이 객관적 실재를 부정하는 것이 아니라고 주장한다. 실재와 진리는 서로 다르다. 사물들은 실재성을 갖지만 관념과 신앙은 그것들에 **관해서** 참이다. 제임스는 우리가 "구원 경험이 그로부터 흘러들어 오는 보다 큰 자아"와 "의식의 어머니 바다(mother sea)"를 의식하고 있다고 주장한다.[50] 그러나 고통은 무한한, 절대적인 신성에 대한 믿음을 갖지 못하게 하며, 따라서 초인간적 의식은 지식이나 힘이 제한되어 있다. 우리는 여기서 또다시 칸트, 피히테, 낭만주의처럼 인간 경험을 넘어 궁극적 아르케를 향해 손을 뻗는 것을 본다. 하지만 칸트에게서 그러했듯 신적인 것은, 요청은 되지만 반드시 참이거나 알 수 있지는 않은 무언가다.

포스트모더니즘에 관한 다음 장에서 리처드 로티(Richard Rorty)를 논하며 보게 될 것처럼, 실용주의는 여러 난관과 위험에 둘러싸여 있다. 무엇이 우리 삶에 '유익한지'를 누가 결정할 것이며, 어떤 것이 정말 '기능하는지' 어떻게 알 수 있는가. 미국 문화는 전 세계와 마찬가지로 그러한 정서, 즉 최악의 형태의 개인주의와 자기중심성 속에서 놀아나기 쉬운 정서로 넘쳐 난다.

고틀로프 프레게

---

[49] William James, *Pragmatism* (Cambridge, MA: Harvard University Press, 1975), p. 143. 『실용주의』(아카넷).
[50] William James, *A Pluralistic Universe*, 『다원주의자의 우주』(아카넷), Kenny, *Philosophy in the Modern World*, p. 46에서 재인용.

고틀로프 프레게(Gottlob Frege, 1848-1925)와 에드문트 후설은 20세기 철학에서 가장 영향력 있는 양대 지류의 아버지로 여겨진다. 프레게는 **분석철학**(analytical philosophy), 후설은 (뒤에서 논할) **현상학**(phenomenology)의 아버지다. 프레게는 현대의 수학적 논리의 발명자이며, 그의 철학은 **언어의** 의미 분석에 초점을 맞춘다. 이 점에서 프레게의 강조점은 20세기 철학의 상당 부분을 특징짓는 언어라는 초점으로 이끌었다. 프레게는 체계적인 명제 계산(propositional calculus) 공식을 최초로 만들어 냈다. 하지만 논리학에서 프레게의 가장 큰 기여는 술어 계산(predicate calculus)이다. 그는 술어 계산을 통해 명제의 내적 구조에 주의를 기울였다. 그는 모든 산술의 진리가 논리의 진리를 따르는 일을 확립하고자 했다. 하지만 앤서니 케니(Anthony Kenny)가 지적한 것처럼 "우리는 이제 그 논리학자의 프로그램이 결코 그대로 성취될 수 없음을 알고 있다."[51]

버트런드 러셀

존 스튜어트 밀이 죽은 후, 영국에서는 그의 경험론에 대한 관념론의 반발이 일어났다. 세기의 전환점에 이 관념론은 두 젊은 케임브리지 철학자 G. E. 무어(Moore, 1873-1958)와 버트런드 러셀(1872-1970)에게 단호하게 비판받았으며, 우리는 이들의 작업 속에서 근대 사상의 자연/과학 극의 귀환을 목격한다. 러셀의 초기 작업은 특히 프레게에게 영향을 받은 논리와 수학 영역에서 이루어졌다. 그의 초기 작업은 흔히 영국에서 분석철학의 시대를 열었다는 말

---

[51] Kenny, *Philosophy in the Modern World*, p. 43.

을 듣는다. 분석을 통해 진리에 이르는 길은 전체를 조각으로 나누어 개념을 분석하는 일을 수반한다. 러셀은 『수학 원리』(Principle of Mathematics, 1910-1913)를 출판했을 당시 개념과 판단의 객관성을 담보하기 위해서는 명제들의 존재가 그 표현이나 문장과는 독립적으로 존재한다는 것이 받아들여져야 한다고 믿었다.

러셀이 1905년에 쓴 논문 "지시론"(On Denoting)에서는 분석에 언어로의 전환(linguistic turn)을 도입했다. 그것은 (고유 명사 같이) 세상에 있는 무언가를 지시하는 상징과 그가 "불완전한 상징"(incomplete symbol)이라 묘사한 여타의 상징을 구분하는 데 기초한 것이었다. 후자는 그것이 들어 있는 문장 속에서만 의미를 갖는다. 즉, 문장은 참 또는 거짓인 명제를 표현한다.

러셀은 논리가 분명한 형식으로 개발되기만 하면 그것이 세계의 구조를 보여 줄 것이라 믿게 되었다. 논리는 개별 변수(individual variables)와 명제 함수(propositional functions)를 가진다. 이에 대응하여, 세계는 개별자와 보편자를 가지고 있다. 논리에서 복합 명제는 단순 명제들이 이루는 진리 함수들로 만들어진다. 마찬가지로, 세상에는 단순 명제에 대응하는 독립적인 원자 사실들이 존재한다. 이 이론은 논리적 원자론(logical atomism)이라 불린다. 러셀은 우리가 이해할 수 있는 모든 명제는 우리가 획득하는 항목들—즉, 우리의 감각 소여(sense data)와 같이 즉각 재현되는 것들—전부로 구성되어야 한다고 주장하기에 이르렀다.

실증주의와 전기 루트비히 비트겐슈타인

루트비히 비트겐슈타인(Ludwig Wittgenstein, 1889-1951)은 러셀 철학의 영

향 아래 『논리-철학 논고』(*Tractatus Logico-Philosophicus*)를 썼다. 당시 그는 군인으로 제1차 세계대전에 참전 중이었다. 거기엔 번호가 매겨진 7개의 주요 명제만 담겨 있다. 비트겐슈타인의 기본 개념은 종합적 언어(synthetic language)는 세계에 대한 논리적 관점을 보여 준다는 것이다. 사실과 그것들 사이의 관계는 언어에 의해 논리적으로 표현된다. 비트겐슈타인은 법정에서 인형을 가지고 자동차 사고를 묘사하는 것을 보다가 이 개념을 떠올렸다. 우리는 사물을 직접 다루지 않고 명제로 진술된 '사실'을 통해서 다룬다. "세계는 사실의 총합이다."[52] 명제만이 의미를 가지며 이름은 오직 명제의 연관성 속에서만 의미를 갖는다. 명제를 이해한다는 것은 명제가 참일 경우 그 사실을 아는 것이다. 언어는 사고를 가장하는 경향이 있고, 따라서 철학은 명제의 논리적 구조가 전면에 드러나게 하는 언어 비판이어야 한다.

논리적 진리만이 의미의 또 다른 정당한 범주다. 그러나 비트겐슈타인에 따르면 논리적 진리는 우리에게 세상에 대해 아무것도 말해 주지 않는다. 그는 언어의 명료성에 대해 이렇게 말했다. "사고될 수 모든 것은 명료하게 사고될 수 있다. 단어 속에 들어갈 수 있는 모든 것은 명료해질 수 있다."[53] 그런 명료한 언어는 일의적(univocal)이다. 비트겐슈타인의 『논고』의 끝부분에 나오는 훨씬 수수께끼 같은 진술들은 뒤에서 논할 빈 서클(Vienna Circle)에 의해 무시되었다. 비트겐슈타인은 "**내 언어의 한계**는 내 세계의 한계를 의미한다"고 주장하긴 하지만,[54] 그럼에도 "**가능한** 모든 과학적 질문이 답변되었을 때도 삶의 문제는 완전히 그대로 남아 있다"고 말한다.[55] 그런 신비한 것들은

---

52 Ludwig Wittgenstein, *Tractatus Logico-Philosophicus*, trans. D. F. Pears and B. F. McGuinness (London: Routledge and Kegan Paul, 1961), 1.1. 『논리-철학 논고』(책세상).
53 같은 책, 4.116.
54 같은 책, 5.6.
55 같은 책, 6.52.

'보여질' 수 있을 뿐 말해질 수는 없다.

『논고』는 빈에서 발전된 논리실증주의 운동의 성경이 되었다. **실증주의**는 19세기 후반과 20세기 초반 서구 세계 모든 나라에서 영향력 있는 철학 운동의 대명사가 되었다.

L. 코와코프스키(Kolakowski)는 실증주의의 주요 특성을 네 가지 꼽았다.[56] 첫째, 실체(substance)와 본질(essense)의 구분을 반대하는 현상주의(phenomenalism)다. 둘째, "일반적인 말로 구성된 통찰이 구체적인 개별적 대상 외에 어떤 실제적 지시 대상을 가질 수 있다고 가정할 수 없다"라고 하는 유명론이다.[57] 셋째, 실증주의에서는 가치 판단과 규범적 진술을 지식이라 부르기를 거부한다. 마지막으로, 실증주의에서는 과학적 방법의 통일성을 지지한다. 모든 경험 영역에서 타당한 지식을 얻는 방법과 이론적 반성의 단계들은 본질적으로 동일하다.

따라서 실증주의에서는 모든 학문에 실증주의의 인식론을 적용하려 한다. 이는 자연과학으로부터 도출된 방법론이 다른 학문으로 확장되어 예컨대 자연과학과 흡사한 문예학이 나타난다는 것을 의미한다. 논리실증주의의 심장에는 검증 원리(verification principle)가 있다. 이 원리에 따르면 명제는 경험적으로 입증될 때, 오직 그럴 때만 입증된다. 특히 후기에 논리실증주의자들은 결정적이거나 절대적인 검증을 찾으려 했다. 그들은 검증될 수 없는 모든 언어는 인지적으로 무의미하다며 배제했다. 그리하여 예컨대 종교적 언어와 신앙은 무의미한 것으로 취급되었다.

그러나 실증주의는 자승자박에 빠지고 말았다. 검증 원리는 스스로를

---

[56] L. Kolakowski, *Positivist Philosophy: From Hume to the Vienna Circle* (Middlesex, NJ: Penguin, 1972), pp. 9-18.
[57] 같은 책, p. 13.

검증할 수 없었다! 빈 실증주의자들과 우호적 관계에 있었던 칼 포퍼(Karl Popper, 1902-1994)는 한 걸음 나아가 과학에서 가설은 이론을 검증하기보다는 계속해서 **반증**하려는 시도라고 지적했다. 포퍼는 또한 그의 반증 원리를 확장하는 데서도 실증주의자들보다 더욱 조심했다. 포퍼는 후기 작업에서 양동이와 횃불의 대조되는 이미지를 통해서 훨씬 더 유익한 인식론적 견해를 개진했다. 지식 습득은 사실을 양동이에 주워 담는 게 아니다. 지식은 연구 대상에 비춰진 횃불의 빛에 상당히 영향을 받는다.

후기 비트겐슈타인과 그 이후의 분석철학

『논고』를 끝내고 철학을 떠났던 비트겐슈타인이 1920년대 후반에 케임브리지로 돌아와 다시 철학을 하기 시작했을 때는 자신의 전기 견해에 매우 비판적인 입장이 되었다. 이 '후기' 비트겐슈타인은 철학적 방법론을 비체계적이고 비형이상학적이 되도록 개정하는 데, 정신/몸 이원론에서 잘 드러난 플라톤의 이원론을 극복하는 데, 그 이원론에서 파급된 잘못된 언어관, 즉 우리의 말들이 '세계에서 한 걸음 물러나 그것을 그릴' 수 있는 것으로 생각하도록 만드는 관점을 고치는 데 초점을 맞추었다. 따라서 비트겐슈타인은 이처럼 보다 인간적인 방식으로 말하고 알며 철학하는 길을 찾으려 했다.[58]

비트겐슈타인은 개념을 세상에 있는 지시 대상과 묶는 견해를 비판적으로 보게 되었다. 비트겐슈타인의 경구 중 하나인 "거친 땅으로 돌아가라"는 언어

---

[58] 우리는 이러한 이해를 얻고자 브루스 애쉬포드에게 신세를 졌다.

에 대한 그의 새로운 강조점을 반영한다.[59] 논리적으로 빈틈없는 정의를 내리는 것보다 구체적 맥락 속에서 단어가 어떻게 사용되는지를 보는 것이 더 중요하다. 비트겐슈타인은 게임이라는 은유를 사용해 단어를 너무 정확하게 정의하려는 것에 대해 경고한다. 언어의 이런 사안들에 주목하지 못하는 것이 많은 철학적 문제의 근원이다. "철학적 문제들은 언어가 **휴가 중**일 때 벌어진다."[60] 비트겐슈타인에게 언어는 공적(public)이다. 그는 '사적(private) 언어'란 없다고 주장한다. 우리는 삶의 형식 속에서 언어의 의미를 배우며, 이는 공적인 일이다.

비트겐슈타인은 단어가 다양한 상황에서 다르게 사용되는 것을 "언어 게임"(language game)이라고 부른다. 명령을 내리고 그에 복종하는 일, 물건의 생김새를 설명하는 일, 사건을 보고하는 일, 이야기를 만드는 일, 수학 문제를 푸는 일, 질문하고 감사하고 저주하고 인사 나누고 기도하는 일 등이 그 예다. 특정 언어 게임 속에서 판단을 내릴 수 있다. 벽돌 쌓는 일 안에서 우리는 벽돌이 제대로 쌓였는지 알 수 있다. 그러나 비트겐슈타인이 『확실성에 관하여』(*On Certainty*, 책세상)에서 강조한 바와 같이, 왜 벽돌을 쌓는가, 왜 철학을 하는가, 왜 살려고 몸부림치는가 같은 질문에 답하는 경우 대답 이면에 있는 근본 가정은 **무엇**(what)을 판단하느냐가 아니라 **무엇을 가지고**(with) 판단하느냐다. 타당한 이유가 있지만 때로는 '굳세게 버틸 뿐이다.' "받아들여져야 하는 것, 주어진 것—그래서 말할 수 있는 것—은 **삶의 형식**(forms of life)이다.[61]

---

59 Ludwig Wittgenstein, *Philosophical Investigations*, trans. G. E. M. Anscombe (New York: Macmillan, 1958), I, 107. 『철학적 탐구』(아카넷).
60 같은 책, I, 38.
61 같은 책, II, xi.

분석철학 전통은 미국에서는 W. V. O. 콰인(Willard Van Orman Quine, 1908-2000)과 도널드 데이비슨(Donald Davidson, 1917-2002), 영국에서는 피터 스트로슨(Peter Strawson, 1919-2006) 같은 철학자에 의해 계승되었다. 실제로 이 전통은 다양한 상황 변화에도 뒤처지지 않고 이어졌다. 그러나 그동안 소위 포스트모던 철학이 1980년대 이후에 일어나 계속되면서 철학의 지형을 극적으로 바꾸어 놓았다. 포스트모던 철학은 철학의 해석학으로의 전환과 밀접한 연관이 있으며 분석철학과 비교하자면 독특하게도 유럽 대륙에서 출현한다.[62] 이 점에서 마르틴 하이데거(Martin Heidegger)가 그 아버지 격인데, 하이데거는 현상학의 아버지인 에드문트 후설의 제자다. 그래서 하이데거로 넘어가기 전에 후설을 살펴볼 필요가 있다.

에드문트 후설

에드문트 후설(1859-1938)은 20세기 철학의 또 다른 주요 사조인 현상학의 창시자다. 후설의 현상학은 계몽주의 기획을 구하려는 최후의 필사적 시도였다. 칸트에 관한 긴 연구 끝에 나온 후설의 **초월적 관념론**(transcendental idealism)은 근대 사상의 자유 극으로의 복귀를 보여 준다.

현상학은 정신 밖의 세계를 참조하지 않고 의식의 직접적 자료를 연구하는 것을 목표로 한다. 후설은 데카르트를 현상학의 진정한 창시자로 인정하지만, 그와 대조적으로 논리 대신 경험을 강조한다. "후설은 자아가 단지 경

---

[62] 분석철학과 대륙철학의 구분은 중요하지만 정의하기가 항상 쉽지는 않다. 대체로, 분석철학은 논리에 많은 관심을 기울이는 반면, 20세기에 유럽에서 발전된—그래서 '대륙적'인—일련의 견해들은 논리에 훨씬 관심이 적고 형이상학을 훨씬 더 미심쩍어 한다.

험의 행렬이라고 본다."[63] 현상학을 그토록 비옥한 철학으로 만든 것은 인간 경험이 가진 그 모든 다양성에 대한 강조였는데, 이를 통해 다른 여러 연구와 종교,[64] 장소, 예전의 현상학 같은 심오한 연구가 일어나게 했다.

후설은 칸트와 달리 물자체(thing-in-itself)를 알 수 있다고 생각했지만, 우리의 분석에서 정신 밖의 세계는 후설이 "에포케"(epoché)라고 부른 방법을 통해 괄호로 묶어야 한다. 의식 대상에 대해서는 무오한 지식을 가질 수 있지만 외부 세계에 대해서는 단지 추론된, 추측한 정보만 가질 수 있다. 현상학의 초점은 바로 이 **내재적 지각**(immanent perception)에 있다. 후설에게는 오직 의식만이 "절대적 존재"를 가지며, 다른 존재 형식은 의식에 그 존재가 달려 있다.[65] 후설은 이렇게 주장한다. "순수 의식 속에 본질적으로 제시된 통찰로 완전히 지배할 수 있는 것 외에는 아무것도 받아들이지 말라."[66]

직관은 후설 현상학의 핵심이다. 그는 우리가 볼 수 있는 대상들, 즉 범주에 속하는 대상, 상황, 관계, 인과 관계 등에 대한 지적 직관을 가질 수 있다고 믿었다. 그러한 직관은 우리가 대상이 특정한 특징이나 관계를 가진 것으로 묘사할 수 있을 때 일어난다. 단순한 물질적 대상은 텅 빈 상태거나 현전(現前)할 때 직관될 수 있다. 전자는 대상이 현전하는 것과 별개로 기억에 의해 실행된다. 그러나 대상은 심지어 현전할 때조차도 숨겨진 양상들을 간직하고 있기 때문에 지각은 항상 빈 것과 채워진 의도(intentions)의 혼합물이다.

---

63 Samuel E. Stumpf, *Socrates to Sartre: A History of Philosophy*, 6th ed. (Boston: McGraw Hill, 1999), p. 461. 『소크라테스에서 포스트모더니즘까지』(열린책들).
64 12장에서 장뤽 마리옹(Jean-Luc Marion)에 관한 논의를 보라.
65 Edmund Husserl, *Ideas Pertaining to a Pure Phenomenology and to a Phenomenological Philosophy. First Book*, trans. F. Kirsten (Dordrecht: Kluwer, 1998), § 49. 『순수현상학과 현상학적 철학의 이념들 1』(한길사).
66 D. F. M. Strauss, *Philosophy: Discipline of the Disciplines* (Grand Rapids: Paideia Press, 2009), p. 629에서 재인용.

후설 현상학의 또 다른 주요 개념인 **지향성**(intentionality)은 의식에 의해 자각된 사물을 지향한 의식의 관계를 말한다. 따라서 지향성은 오늘날 우리가 '의도'(intention)라고 부르는 것과는 아주 다르다. 후설은 이 용어를 프란츠 브렌타노(Franz Brentano, 1838-1917)에게서 가져왔는데, 브렌타노는 그 말을 표적을 겨냥한다는 의미로 사용되던 중세의 맥락에서 채용했다. 그러므로 후설에게 지향적 대상이란 사유의 표적이다.

후설은 칸트의 현상과 본체 구분에 대한 집착을 극복하고 직관적으로 물자체에 접근할 수 있다고 믿기에 이르렀다. 사물은 다양한 방식으로 우리에게 제시되며, 철학은 이 외관(appearance)을 정확히 기술(description)해야 한다. 후설은 우리가 기술을 통해 사물의 본질 구조에 도달하는 것을 목표로 해야 한다고 본다. 이 목표는 '상상적 변이'(imaginative variation)를 통해 이룩된다. 상상적 변이란 본질적 특징을, 즉 제거하면 대상이 파괴되는 그 특징을 발견하기까지 분석 대상이 가진 다양한 특징을 상상 속에서 제거하는 것이다. 이것이 **형상적 직관**(eidetic intuition), 즉 대상의 본질인 형상(eidos)에 속한 분명한 특성을 직관하는 데로 이끈다. 후설은 형상적 분석이 필수라고 볼 수 있는 진리인 **필증적 진리**(apodictic truths)로 인도한다고 믿었다.

후설은 철학적 사유의 본질에 관해 오랫동안 힘들여 성찰했고 자연적 사유—일상의 단순한 사유—와 현상학적 사유를 구분했다. "현상학적 태도에 들어설 때 우리는 행위를 멈추고 자연적 태도의 모든 의도와 확신을 중지한다. 이것이 그것들을 의심하거나 부정한다는 뜻은 아니다. 다만 그것들로부터 거리를 두고 그 구조를 자세히 살핀다는 것이다. 후설은 이 중지를 현상학적 에포케(epoché)라 불렀다."[67] D. F. M. 스트라우스(Strauss)는 후설의 현상학에

---

[67] Robert Sokolowski, "Husserl, Edmund", in *The Cambridge Dictionary of Philosophy*, 2nd

대해 이렇게 말한다. "일격에…자연적 태도를 보류하는 것은…완전한 자유와 관련 있다.…후설이 자신의 직관주의적 타당성…즉 현상학적 과학의 이상을 확보한 것은 실제로 완전한 자유를 통해서였다. 그는 칸트 이전의 합리주의적 과학의 이상으로 돌아가고 싶어 하지 않았다."[68]

그러나 생애 종반에 후설은 **생활세계**(life-world)라는 중요한 개념을 발전시켰다. 이는 학문 이전(prescientific)의 세계, 즉 자체의 구조, 외관, 진리를 갖춘 살아 있는 실재의 세계를 가리킨다. 학문적 추상에서 유래된 진리는 생활세계와 대립적으로 놓여서는 안 된다. 오히려 어떻게 철학이 이 생활세계 속 외관들의 발전인지가 분석을 통해 입증되어야 한다. 지식을 순수 의식 속에 기초 지으려는 후설의 시도는 결국 실패였다고 판단할 수밖에 없다. 일단 생활세계가 되돌아오는 것이 허용되면 하이데거가 스승의 현상학을 해석학 방향으로 끌어가면서 활용하게 될 요소인 역사적 상황성(historical situatedness) 또한 허용되기 때문이다.

실존주의

20세기가 진행되면서 세기 초반에 대단했던 낙관론은 모든 과학적이고 기술적인 진보에도 불구하고 계속해서 힘을 잃었다. 이 위기를 표현하는 것 중 하나가 실존주의였다. 실존주의에는 니콜라이 베르댜예프(Nicholas Berdyaev, 1874-1948), 비록 훗날 **실존주의자**라는 명칭을 거부했긴 하지만 가브리엘 마

---

ed., ed. Robert Audi (Cambridge: Cambridge University Press, 1999), p. 405.
[68] Strauss, *Philosophy*, p. 630.

르셀(Gabriel Marcel, 1889-1973), 칼 야스퍼스(Karl Jaspers, 1883-1969), 마르틴 부버(Martin Buber, 1878-1965) 같은 철학자와 연관된 유신론적 입장이 있다. 물론 장폴 사르트르(Jean-Paul Sartre, 1905-1980), 알베르 카뮈(Albert Camus, 1913-1960)와 관련된 보다 어두운 무신론적 입장도 있다. 실존주의에서는 세 주요 관심사가 눈에 띈다.[69]

1. 인간에 대한 일반 이론보다는 **개인**에 대한 관심. 실존주의에서는 각 개인의 독특함, 즉 일반 이론에서는 간과하는 무언가에 관심을 둔다.
2. 세계에 관한 과학 또는 형이상학적 진리에 대항하는, **인생의 의미와 목적**에 대한 관심
3. 가장 중요하고 인간적인 특성인 개인의 **자유**에 대한 관심

사르트르는 무신론적 실존주의의 **가장** 중요한 대표자다. 그는 신의 존재를 부정했고, 니체처럼 이 '신의 죽음'을 매우 중시했다. 그 결과는, 우리를 위해 공표된 객관적 가치란 존재하지 않고 삶에는 궁극적인 의미나 목적이 없으며 그리하여 이 점에서 인생은 '부조리하다'는 것이다. 사르트르는 인간의 실존이 인간의 본질에 앞선다고 본다. 우리는 어떠한 목적을 위해서 만들어지지 않았다. 그저 자신이 존재함을 발견하고 그에 대하여 무엇을 해야 할지를 결정해야 할 뿐이다. 우리는 자유롭게 저주받았다.

사르트르는 프로이트와는 달리 의식이 스스로를 명료하게 인식하기에 매

---

[69] Leslie Stevenson, *Seven Theories of Human Nature* (New York and Oxford: Oxford University Press, 1987), p. 89. 『인간의 본질에 관한 일곱가지 이론』(종로서적). 레슬리 스티븐슨의 책은 그 이후로 계속 개정 및 증보되었고, 한국에서는 현재 2004년에 나온 4판을 옮긴 『인간의 본성에 관한 10가지 이론』(갈라파고스)이 유통되고 있다. 원서는 7판인 *Thirteen Theories of Human Nature*까지 나와 있다—편집자.

순간 새로운 결단을 내려야 한다고 주장했다. 자기기만 또는 나쁜 신념은 자유롭지 않은 척하며 자유의 고통을 피하려는 시도와 관련 있다. 그 반대의 덕목-즉, 성실성-은 비록 복잡하지만 진정성이 성취 가능함을 의미한다. 한 인간은 하나의 개체이며 따라서 한 인간 생의 모든 국면에 의미를 부여하는 기본적·근본적 선택이 있어야 한다. 사르트르는 인생 후반에 들어 마르크스주의를 지지했으며 이를 통해 개인을 넘어서 집단 투쟁으로 그의 실존주의를 확장했다.

사르트르, 카뮈 등의 무신론적 실존주의의 중대한 문제점 하나는 자유를 위한 선택이 엄청 영웅적으로 보이겠지만 그것이 **임의적인 정의**(定義)에 의해 이루어진다는 데 있다. 어떤 방향이건 그것을 제약할 것은 없다. 따라서 예컨대 지난날 남아프리카 공화국의 아파르트헤이트(apartheid, 인종 차별 정책)에 헌신한 활동가나 미국의 백인 우월주의 단체(Ku Klux Klan) 단원이 노예 해방을 추구한 윌리엄 윌버포스(William Wilberforce) 같은 이보다 진정성이 없었다고 판단할 수 있을지를 알기란 매우 어려울 것이다.

마르틴 하이데거

후설의 뛰어난 제자였던 마르틴 하이데거(1889-1976)는 현상학을 해석학 방향으로 이끌었다. 하이데거의 철학[70]은 매우 존재론적이며, 그의 인식론은 그의 현존재(Dasein)의 존재론에 뿌리내리고 있다. 현존재란 말 그대로 '거기

---

[70] 우리는 여기서 *Being and Time*, trans. John Macquarrie and Edward Robinson (Oxford: Basil Blackwell, 1962)에 제시된 하이데거의 철학에 초점을 맞추었다.

있는 존재'로 우리가 세상 속에서 인간으로 존재하는 독특한 방식을 가리킨다. 그것은 때로 '실존'(existence)이라고 번역된다. 존재(Sein, being)는 역사 외부의 관점을 갖고 있지 못한 현존재에서 시작해야만 조사할 수 있다. 이런 의미에서 "현존재의 현상학은 하나의 해석학이다."[71] 이런 접근은 하이데거로 하여금 앎에서 주체-객체 관계를 역사의 선상에서 다시 생각하게 해 주었다. 그의 가장 중요한 해석학적 공헌이 여기 있다. '세계성'(worldhood)이란 인간이 자기가 그 속에 파묻혀 사는 전체를 가리킨다. 그것은 존재론적이고 선험적이다. 현존재와 함께 주어졌고 모든 개념화에 선행한다. 대상을 단지 '눈앞에 있음'(present-at-hand)으로 인식하는 것은 이차 개념화를 수반한다. 인간이 대상과 우선 맺는 관계는 '손 안에 있음'(ready-to-hand)이다. 이는 이차 개념화를 우선적인 것으로 만드는 데카르트의 과학적 태도와 대조를 이룬다.[72]

이해는 해석과 연관된다. 이는 해석이 이해 대상에 관한 정보를 획득하는 것이 아니라 이해하는 동안 제기되는 가능성들을 알아 가는 것이라는 점에서 그렇다. 하이데거는 이를 통해 해석학의 근본적 역사성을 인식하는 길을 열었다. 사실 그의 견해에서 존재물음은 오직 시간 안에서 제기된다. 한스게오르크 가다머(Hans-Georg Gadamer)는 하이데거에 대해 이렇게 말한다. "그는 최초로 딜타이의 철학적 의도를 해방시킨 사람이다."[73] 이 해석자의 역사성은 해석학을 위한 근본적 함축을 담고 있으며 가다머의 해석학적 철학에서 중심을 차지한다.

---

71 같은 책, p. 62.
72 참고. 같은 책, pp. 157-161, 187-191.
73 Hans-Georg Gadamer, *Truth and Method*, 2nd ed. (London: Seed and Ward, 1989), pp. 242-243. 『진리와 방법』(문학동네).

한스게오르크 가다머

해석학의 아버지인 가다머(1900-2002)는 이해를 가장 중요하게 생각하며 이해 자체의 역사적 성격을 강조했다. 가다머가 보기엔 "역사가든 철학자든 언어학자든 문예학자든 그 누구에 의해서 행해지든 모든 과거 해석은, 탐구되는 현상이 역사 속에서 그 자체의 시간과 시대의 산물인 것처럼 해석자 자신의 시간과 장소의 산물이다."[74]

가다머의 『진리와 방법』(*Truth and Method*) 1부에서는 예술 이해에서 일어나는 진리물음을 다루고 있다. 가다머는 추상이 **아니라** 경험과 대화가 예술 이해의 열쇠라고 주장한다. 그는 이론적 이성에 대한 계몽주의의 찬양을 비판하면서 아리스토텔레스의 실천적 지식과 공통 감각(*sensus communis*) 개념에 호소한다.

가다머는 『진리와 방법』 2부에서 슐라이어마허로부터 유래한 해석학 전통을 분석하면서 자신의 역사적 접근을 발전시킨다. 가다머는 계몽주의적 태도와 대조적으로 모든 해석은 언제나 그 자체의 편견에 의해 인도된다고 보았다. 이 편견은 부정적인 것만은 아니며, 결코 떨쳐 버릴 수 없다. "가다머는 하이데거를 이용하여 계몽주의에서 인간이 전제(presuppositions)를 가지며 선판단(prejudgments)을 한다는 점에 대해 편견을 가진 것과 그로 인해 계

---

[74] Kurt Mueller-Wollmer, introduction to *The Hermeneutics Reader: Texts of the German Tradition from the Enlightenment to the Present*, ed. Kurt Mueller-Wollmer (New Work: Continuum, 1992), p. 38.

몽주의가 전통을 거세한 것―마치 그 자신이 가진 편견에 대해 묻지 않는 사람이 그래서 모범적 인식아(knower)인 것처럼―에 거부 반응을 보인다."[75] 계몽주의에서는 편견에 대한 편견을 드러낸다. 반면에 가다머는 이성을 전통과 대립시키기를 거부한다. 실제로 이해는 전통 속에서 하나의 사건으로 일어난다. 실존주의적 사고와 대조적으로, 가다머는 전통에 대한 그의 관점이 보여주는 바와 같이 의미를 공동체라는 더 큰 맥락 속에 두려 한다.

모든 해석의 역사성이라는 빛 안에서 이해는 어떻게 가능한가? 이해를 가능하게 하는 것은 영향사(Wirkungsgeschichte)다. 영향사란 해석자와 역사적 대상 모두 그것의 부분으로 속한 최우선적인 역사의 연속과 문화적 전통을 말한다. 따라서 해석학은 과거와 현재의 융합을 촉진할 선판단을 겨냥하며, 이는 이해―시간적으로 떨어져 있는 의식들이 공통된 의미를 공유하는 것―라는 기적을 활성화한다. 이 "지평 융합"(fusing of horizons) 속에서 거리와 비판적 긴장은 결코 완전히 소멸되지 않는다. 실제로 해석학의 과업은 이 긴장을 전면에 드러내는 것이다. 그럼에도 해석은 항상 적용을 수반한다.

해석은 질문과 대답의 변증법적 과정을 거치며 나아간다. 가다머는 텍스트의 의미를 최종적으로 확정하려는 시도에 반대한다. 우리의 해석은 단지 텍스트가 갖는 역사적 가능성의 한 실현일 뿐이다. 따라서 올바른 해석은 끊임없는 대화를 특징으로 한다. 지식은 본래 변증법적이며 인간은 대화(conversations)다. 이는 해석자가 자신이 텍스트에 부과한 의미를 가지고 텍스트를 손쉽게 지배할 자유가 있다는 의미가 아니다. 좋은 해석자는 텍스트가 말하게 하여 그것을 받아들이는 해석자를 설득한다.

---

[75] Calvin Seerveld, "Review of H. G. Gadamer, *Truth and Method*", Criticism 36/4 (1978): p. 488.

가다머는 『진리와 방법』의 3부에서 행위로서의 언어의 존재론을 위한 초안을 제시한다. 그는 모든 이해가 언어 자체에 달려 있는 존재론을 제안하고, 해석이 역사적이지 않을 수 있음을 가정하지 않을 바른 해석을 위한 보편적 조건을 체계적으로 탐사하려 한다.

가다머의 접근 이래 어떤 다른 실질적인 해석학적 혁신을 일으킬 만한 것이 나타나지 않았다. 하지만 그의 해석학은 다음 장에서 보게 될 것처럼 수많은 논쟁을 불러일으켰다. 가다머는 근대와 포스트모던 철학의 패러다임 사이에 있는 중추적 인물이다.

결론

이번 장에서 살펴본 핵심 철학자 대부분이 그리스도인이 아니거나 기독교를 강하게 반대했다는 점은 우연이 아니다. 대부분의 근대 철학자는 지식을 창조 세계 내의 든든한 무언가에 기초를 두려 한다는 의미에서 내재적이다. 이는 결코 만족스럽지 않을 일이며, 따라서 우리가 살펴본 바와 같이 자유 극에 특권을 부여했다가 다음엔 그 반작용으로 자연/과학을 특권화했다가 다시 거꾸로 가는 일을 반복했다. 이러한 배경과 비교해 보면, 키르케고르는 캄캄한 하늘의 별처럼 빛난다. 우리는 8장에서 초기 근대 철학자들이 하나님과 존재론보다는 인식론과 인간에 초점을 맞추어 발전하는 가운데서도 어떻게 여전히 기독교를 진지하게 다루었는지 보았다. 이번 장에서 다룬 시대에는 신앙의 잔재가 거의 제거되었고 주요 철학적 발전은 대체로 반기독교적이었다. 우리는 또한 대륙철학과 분석철학의 분리를 목격했다. 하지만 양측 모두 발전 과정에서 신앙을 존중할 여지를 거의 또는 전혀 남겨 두지 않았다. 현상학은 종교가 매우 중요한 부분을 이루는 인간 경험에 초점을 맞추었다는 점에서 특별히 흥미롭다. 철학자들은 현상학이 얼마나 기독교 계시를 공정하게 다룰 것인지 논쟁을 벌여 왔다. 20세기 대부분에 걸쳐 기독교 철학자는 방어적이었고, 최선의 경우 현대 철학과 기독교 사상을 연관시키려 하는 정도에 그쳤다. 일반적으로 이는 철학에 인식론적 출발점을 양보하고 나서 기독교 신앙과의 연결점을 찾으려는 것―대체로는 공허한 시도―이었다.

보낸사람: abby@longobedience.edu

받는사람: percy@secular.edu

제목: 키르케고르

안녕 퍼시,

난 네가 옳다고 생각해. 근대 철학은 창세기 3장과 인간의 자율성, 즉 **가장** 큰 유혹에 뒤덮여 있지. 그렇지만 그런 중에도 기독교 철학자들을 볼 수 있다는 사실은 고무적이었어. 특히 키르케고르에 대한 공부는 정말 재밌었어. 그의 작업은 아주 흥미롭고, 창조적이며, 분명 선교적이야. 오늘날 그와 맞먹는 철학이 있을까? 생각나는 거 있어?

영원한, 너의,

애비

11장 포스트모더니즘과 우리 시대의 철학

보낸사람: percy@secular.edu
받는사람: abby@longobedience.edu
제목: 포스트모더니즘

안녕 애비,

중간 방학 때 봐서 **정말** 좋았어. 우리가 처음 포스트모더니즘에 대해 들었을 때 얼마나 흥미로워했는지 기억나? 우리 교수님은 사실 포스트모더니즘을 별로 안 좋아하는데, 오늘 수업 시간에 우리가 포스트모더니즘을 지나가고 있다고 하셨지. 어떻게 생각해?

퍼시

점점 설득력을 더해 가는 이론 차원에서의 근대 비판을⋯실제 차원에서 우리가 철저히 근대성에 빠져 있다는 사실과 구분할 필요가 있다. 근대성의 서자인 기술이 여전히 우리의 일상을 강력히 장악하고 있기 때문이다.[1]

---

[1] Edward S. Casey, *Getting Back into Place: Toward a Renewed Understanding of the Place-*

서론

아마도 포스트모더니즘은 우리가 오늘날 철학에서 **가장** 의식할 목소리겠지만, 포스트모더니즘이 철학자들 사이에서는 소수 견해임을 인식하는 것도 중요하다. 포스트모더니즘의 인지도가 높긴 하지만, 수많은 대안적 철학 전통이 계속 활약하고 있다. 또한 이제 포스트모더니즘은 쇠퇴하는 것일 수도 있다. 포스트모던 운동은 그 운동의 상당수가 시작되었던 곳인 프랑스에서는 한물간 지 좀 되었다. 토니 주트(Tony Judt)는 이렇게 지적한다.

이처럼 오늘날 영국, 미국, 또는 다른 지역을 여행하는 프랑스 학자들은 이따금씩 자신의 과거로 다시 날아온 것 같은 불편한 느낌을 받는다. 그런 일은 이들이 사르트르를 '당대의 양심'으로 받드는 비평가와 마주칠 때, 중세를 해체하는 역사가의 이야기를 들을 때, 텍스트의 죽음에 대해 강연하는 문학 이론가와 사회를 어문학적으로 성차의 영역들로 나누는 후기구조주의 페미니스트를 만날 때 일어난다. 그러나 그곳은 시간과 공간이 사라진, 프랑스의 문화적이고 정치적인 삶의 본체는 스러져 버린 이차원적 과거다. 거기에 남아 있는 것이라곤 철학 박사 학위가 있는 포스트모던적 체셔 고양이의 씩 웃는 미소뿐이다.[2]

오늘날 북미를 지배하는 철학이 있다면 그것은 아마도 자연주의나 실용주의일 것이다. 제임스 사이어는 자연주의가 북미 전역의 대학 캠퍼스에서 맹

World (Bloomington and Indianapolis: Indiana University Press, 2009), pp. 389-390.

2 Tony Judt, *Past Imperfect: French Intellectuals, 1945-1956* (Berkeley: University of California Press, 1992), p. 300; 참고. pp. 293-319. 체셔 고양이는 루이스 캐럴의 『이상한 나라의 앨리스』에 나오는 캐릭터로, 토니 주트는 미국 내에서 유행하는 프랑스 철학을 미소만 남기고 몸은 사라져 버리는 이 고양이에 빗대었다―편집자.

위를 떨치고 있다고 주장한다. "자연주의는 오늘날 지배적이다. 어떤 학문 분야에서건-예술, 인문학, 사회과학, 자연과학 할 것 없이-학자와 그가 연구하는 세계를 창조하신 하나님이라는 개념을 가정하고 출발하는 이는 전혀 없다."³

형이상학적 자연주의란 자연적 사물과 속성만이 실재한다고 보는 관점이다. 그런 철학에는 C. S. 루이스가 사냥꾼, 전사, 왕으로 묘사했던 하나님-지극히 서둘러 다가오시는 하나님-을 위한 자리가 없다. 실제로 북미 지성계는 특정 종류의 자연주의가 지배하고 있다. 피터 버거(Peter Berger)가 아주 적절히 묘사했듯이 미국은 스웨덴 엘리트가 지배하는 인도인의 나라다. 인도는 세계에서 가장 종교적인 나라이며 스웨덴은 가장 세속적인 국가다. 종교적 신앙이 미국인 가운데 번성하고 있음에도 여러 최고 대학에서 훈련받은 지극히 세속적인 엘리트들이 나라의 방향을 대부분 결정한다.

좋은 질문은 실용주의와 포스트모더니즘이 어떻게 자연주의와 연관되는가 하는 것이다. 그것들은 극과 극으로 보이지만 우리는 그것들이 세쌍둥이까지는 아니더라도 사실상 가까운 사촌이라고 주장하려 한다. 근대성과 그에 따른 자연주의는 20세기에 들어와 엄청나게 두들겨 맞았다. 그 결과 '실재'를 알 수 있는 가능성은 접어 두더라도 실재라는 개념 자체가 의심의 대상이 되어 버렸다. 20세기는 이성과 과학이 우리를 유토피아로 이끌 것이라는 엄청난 오만과 낙관론으로 출발했다. 그 근거 없는 희망은 잇따라 무차별로 파괴되었다. 제1차 세계대전, 스탈린주의, 대공황, 제2차 세계대전, 핵 위협, 환경 위기, 테러리즘 등 계속해서 언급할 수 있다. 근대성에 대한 공격이 얼마나

---

3 James W. Sire, *Naming the Elephant: Worldview as a Concept* (Downers Grove, IL: InterVarsity, 2004), p. 157. 『코끼리 이름 짓기』(IVP).

파괴적이었던지 어떤 이들은 근대 자체가 종말에 이르렀다고 볼 정도였다. 존 캐롤(John Carroll)에 따르면, "우리는 5백 년에 걸친 위대한 인본주의의 폐허 속에서 살아가고 있다. 그 '거대한 잔해'가 우리 주변에 널려 있다. 우리 문화는 드넓게 펼쳐진 폐허 더미다.[4]

뒤에서 볼 것처럼, 실제로 많은 근대의 기초적 **믿음**이 얻어맞았다. 그러나 이번 장을 시작하며 언급한 에드워드 케이시(Edward Casey)의 인용문에서 올바로 지적한 것처럼, 근대를 떠나 새로운 포스트모던 시대로 접어들었다는 생각은 조심해야 한다. 데이비드 하비(David Harvey)는 『포스트 모더니티의 조건』(Condition of Postmodernity, 한울)에서 포스트모던 철학에 대해 생각할 통찰력 있고 포괄적인 중요한 방안 하나를 제시하였다. 근대는 대체로 전통—종교를 포함해—이 진리에 이르는 길임을 배격했다. 이성과 과학이 세계에 대한 진리에 이르는 왕도였다. 포스트모더니즘은 이 왕도를 배격하지만 종교와 전통을 회복하지도 않는다. 프란시스 쉐퍼가 말한 "참된 진리"는 더 이상 접근 가능하지 않다. 따라서 누구도 세계에 대해 참된 견해를 가지고 있다고 주장할 수 없는 상태로 세계에 대한 다양한 견해만 남았을 뿐이다. 이처럼 하나의 운동으로서의 포스트모더니즘은 모두가 '자기 소견에' 옳은 대로 행하던 사사 시대와 흡사하다(참고. 삿 17:6; 21:25). 물론 사사기에서 이는 심판적 판결인 반면 포스트모더니스트는 그런 다양성을 오히려 축하한다.

케이시는 더 나아가 근대 비판이 널리 퍼지고 있는 가운데서도 기술은 승승장구하고 있음을 정말 제대로 일깨워 준다. 우리는 이 점을 훨씬 더 강하게 주장하고자 한다. 역설적으로 근대에 대한 포스트모던적 비판은 전 지구적 소비주의가 전 세계에 촉수를 펼치는 가운데서도 전개되었다. 전 지구적 소

---

[4] John Carroll, *Humanism: The Wreck of Western Culture* (London: Fontana, 1993), p. 1.

비주의의 기초인 시장과 자본주의 개념은 기술 지배가 그렇듯 철저히 근대적이다. 따라서 이 관점에서 보면 우리는 근대의 종말 가운데가 아니라 근대의 명백한 승리 가운데 살고 있다. 중요한 질문은 포스트모더니즘이, 의도하지는 않더라도, 과연 이 승리에 기여했느냐는 것이다.

만일 당신이 무신론자이고 자연주의는 지난 백 년에 걸쳐 크게 상처를 입었다면, 이제 어디로 가야 하는가?

a. 물론 기독교 유신론으로 돌아가는 것이 하나의 길이겠지만, 많은 현대 철학자에게 이 길은 더 이상 존재하지 않는다. 만일 기독교 유신론을 배격한다면, 그다음엔 어떻게 되는가?

b. 이제껏 제기된 비판을 감안하는 가운데 근대를 제자리로 돌려놓으려 할 수 있다. 우리가 뒤에서 볼 것처럼, 이것이 독일의 철학자 위르겐 하버마스(Jürgen Habermas)의 접근 방식이다.

c. 니체-여러 면에서 포스트모더니즘의 아버지-에게서 이미 나타난 것과 같은 식으로 제기하는 포스트모던의 근대 비판을 포용하면서 거기에 담긴 허무주의와 무의미성의 극단적 함축을 완화시키려 할 수 있다. 실제로 이것이 대부분의 포스트모던 철학자들이 택하는 길이다. 예를 들어 우리가 뒤에서 볼 것처럼 리처드 로티의 실용주의적 포스트모더니즘이 이 접근 방식의 변종이다.

이 모든 접근 방식에서 우리가 배울 점이 있음을 인식하는 것이 중요하다. 이들 모두에는 무시할 경우 그리스도인들이 손해를 볼 통찰이 있다. 하지만 b와 c에 대해서 반드시 알아야 할 것은 이들이 근본적으로 근대의 인본주의 종교적 방향을 포기하지 않고 내부에서 근대에 반발한다는 점이다. 영국의 과학철학자 메리 헤스(Mary Hesse)가 아주 적절히 지적한 것처럼 "자유주의적 세론이 스스로를 얼마나 성공적으로 서구 지성 문화의 이념으로 정착시켰는지, 그것은 모든 포스트모던 논쟁의 전제로서 거의 눈에 보이지 않을 정도가 되었다."[5] 포스트모더니즘은 철저히 서구의 현상이다. 그것이 가진 많은 통찰에도 불구하고 그 근본 방향에서 철저히 인본주의에 머물고 있다.

종교를 예로 들어 보자. 포스트모던 철학의 중요한 기여 하나는 종교를 철학적 의제로 되돌린 것이다. 얼핏 보면 이는 앞서 우리가 했던 설명과 모순될 수 있다. 크레이그는 5천 명가량의 청중 앞에서 자크 데리다(Jacques Derrida)와 기도에 대해 토론하는 자리에 참석한 적이 있었다. 이탈리아의 포스트모던 철학자 잔니 바티모(Gianni Vattimo, 1936-)는 3시간짜리 세미나 서두에서 자신은 철학에서 종교를 배제할 어떤 이유도 더 이상 찾을 수 없다고 선언했다.

비슷하게 슬로베니아의 철학자이자 라캉주의 정신 분석가 슬라보예 지젝(Slavoj Žižek, 1949-)은 출판된 그의 작업에서 기독교와 신학에 대해 점점 더 흥미를 보이고 있으며, 그의 작업은 『무너지기 쉬운 절대성: 또는, 왜 기독교적 유산을 위해 싸울 가치가 있는가?』(*The Fragile Absolute: Or, Why Is the Christian Legacy Worth Fighting For?*, 인간사랑), 『믿음에 대하여』(*On Belief*, 동문선), 『꼭두각시와 난쟁이: 왜곡된 기독교의 핵심』(*The Puppet and the Dwarf: The Perverse Core of Christianity*, 한국어판은 『죽은 신을 위하여: 기독교 비판 및 유물론과 신학의 문제』, 길), 『종말의 시대에 살아가기』(*Living in the End Times*) 같은 도발적인 제목을 달고 있다. 지젝에게 기독교의 왜곡된 핵심은 그리스도

---

[5] Mary Hesse, "How to Be Postmodern Without Being a Feminist", *The Monist* 77/4 (1999): p. 457.

의 죽음을 대속적 희생으로 보는 관점을 말한다. 그는 이를 배척하지만 그와는 별개로 어떤 형태의 기독교는 회복될 수 있다고 생각한다. 지젝이 재구성한 기독교는 복잡하고 이상하다. 그리스도의 신성은 우리를 인간으로 만드는 삶의 과잉과 연관된다. "신(the Divine)은 우리를 단지 짐승이 아니라 인간으로 만드는 것 이상도 이하도 아니며, 이것이 바로 그리스도에 의해 계시된 것이다."[6] 그리스도는 신을 불완전하고 약한 존재로 계시한다. 타락은 비극이 아니라 구속의 첫째 행위이며, 그리스도는 저주의 영향을 제거하기 위해서가 아니라 타락을 완성하기 위해 왔다! 타락은 동물적 인간으로부터 온전한 인간성으로 가는 길 위에 있는 단계이며, 그리스도는 이를 성취하기 위해 왔다. 그리스도의 죽음은 우리의 빚을 갚지 않고 오히려 우리에게 자유와 인간으로서의 책임을 전유하기 위한 기회를 준다. 지젝에게 그리스도의 성육신은 초월로서의 신의 종말을 의미한다. 우리가 소통할 수 있는 초월적 신은 더 이상 존재하지 않는다.

지젝은 헤겔에게 큰 영향을 받았다. 그는 신이 신자의 공동체인 성령으로 변했다고 주장한다. 지젝은 이 공동체를 기존 사회 질서에서 스스로를 '분리'하고 사랑으로 특징지어진 버림받은 자(outcasts) 중 하나로 본다. 지젝 철학의 주요 표적은 소비자 자본주의다. 그의 작업에서 기독교는 반-자본주의적 실천의 가능성을 지지하는 도구로 채택된다. 하지만 초월적 신은 사라졌다. 그리고 프레데릭 드포르테레(Frederiek Depoortere)는 예리하게 묻는다. "그러니 우리에겐 우리의 욕망과 자본주의의 학살로부터 세상을 치유하기 위해 진짜 위에 있는 초월자가 필요하지 않은가?"[7]

---

6 Frederiek Depoortere, *Christ in Postmodern Philosophy: Gianni Vattimo, René Girard, and Slavoj Žižek* (London: T & T Clark, 2008), p. 112.
7 같은 책, p. 138.

포스트모더니스트들은 오늘날 세계 전역에서 일어나고 있는 정통 종교의 놀라운 부흥을 진지하게 고려하지 않으며, 오히려 일반적으로 가다머와 함께 우리는 이제 모두 칸트주의자거나 포스트-칸트주의자이기에 교회의 낡은 교리를 회복할 수 없다는 데 동의한다.[8] 바티모는 종교를 회복하려 한다. 하지만 그것은 그의 말대로 사람들을 사랑하고 교통 법규를 지키는 것과 다르지 않은 포스트-니체주의자와 포스트-하이데거주의자의 종교일 뿐이다. "나는 늘 윤리가 그저 사랑에 교통 법규를 더한 것이라고 말한다. 나는 내 이웃의 죽음을 유발하기를 원하지 않고 그를 사랑해야 하기에 도로 법규를 존중한다.…이 모든 것이 단지 사랑에 교통 법규를 더한 것이다. 윤리란 그저 그뿐이다."[9] 이런 종교는 오늘날, 특히 세계의 3분의 2 지역에서 다시 소생하고 있는 종류의 기독교(또는 이슬람)와 아무런 유사성이 없다. 오히려 그것은 철저한 자유주의적·포스트-계몽주의적 기독교다.

실제로 우리가 보기에 포스트모더니즘 내에서 아주 지배적인 이런 종류의 즐거운 허무주의는 흐늘흐늘한, 안락한 서구에서만 뿌리내릴 수 있다. 거기서는 결과에 대한 염려 없이 신, 정의, 결혼, 사회, 진리 등을 포함해 모든 것을 가지고 장난칠 수 있다. 서구 포스트모더니즘은 오늘날 인종 청소가 벌어지는 르완다, 수단, 이라크에서는 결코 번창할 수 없다. 그런 '장난'이 얼마나 위험할 수 있는지 깊은 우려를 가진 역사가 거트루드 힘멜파브(Gertrude Himmelfarb)는 포스트모더니즘에 대한 그녀의 통렬한 비판에서 이렇게 말한다. "포스트모더니즘은 해방과 창조성이라는 세이렌의 노래로 우리를 유혹하

---

[8] Hans-Georg Gadamer, "Dialogues in Capri", in *Religion: Cultural Memory in the Present*, ed. Jacques Derrida and Gianni Vattimo (Stanford, CA: Stanford University Press, 1998).
[9] Gianni Vattimo and René Girard, *Christianity, Truth, and Weakening Faith: A Dialogue*, ed. Pierpaolo Antonello, trans. William McCuaig (New York: Columbia University Press, 2010), pp. 34-35.

지만, 그것은 지적이고 도덕적인 자살로 초대하는 일일 것이다."[10] 우리는 뒤에서 포스트모던 철학자들이 명시한 몇몇 주요 견해를 살펴보고 그들의 작업에 대한 섬세한 분석을 개진하려고 한다.

포스트모더니티: 논쟁

포스트모더니즘에 관한 오늘의 논쟁은 예술에서 모더니즘(modernism)에 대한 반발로 1950년대와 1960년대에 시작되었다. 이 반발은 곧 근대 문화 전반에 대한 비판으로 확장되었다. 물론 이것은 포스트모던 논쟁이 그보다 오랜 뿌리가 없다는 뜻은 아니다. 핵심 포스트모던 철학자들을 훑어만 보아도 그들이 니체와 하이데거 같은 앞선 철학자에 의존하고 있음이 분명히 드러난다. 포스트모던 이론들에는 새로운 것이 별로 없지만, 근대에 대한 환멸이 넓게 퍼져 있다는 것과 이전엔 소수였던 반(反)근대적 입장이 폭넓게 받아들여지고 있다는 점이 오늘날을 다르게, 적어도 철학적으로 다르게 만든다. 우리는 포스트모더니즘에서 니체의 시대가 도래했다고 말할 수 있을 것이다.

현상학의 아버지인 독일의 철학자 에드문트 후설이 철학적 포스트모더니즘에 끼친 영향력은 과소평가되어서는 안 된다. 실제로 포스트모던 철학은 상당 부분에서 **포스트현상학**이라고 할 수 있다. 후설의 현상학은 우리가 10장에서 살펴본 것처럼 지식의 과학적 성격을 인간의 자율성 안에서 확립하려는 최후의 필사적 시도였다. 그 결과 그의 작업에는 엄청난 긴장이 나타났

---

[10] Gertrude Himmelfarb, *On Looking into the Abyss: Untimely Thoughts on Culture and Society* (New York: Vintage, 1994), p. 160.

고, 현상학을 해석학적 방향으로 돌리고 그럼으로써 후설 철학의 강한 계몽주의적 성격을 전복시키는 일은 역시 10장에서 살펴본 것처럼 후설의 제자인 하이데거에게 떨어졌다. 하이데거는 참된 지식을 확보하는 수단으로서 직관을 특권화하는 후설과 달리 우리는 항상 이미 세계 속에 던져져 있음을 역설했다. 따라서 우리는 중립적·객관적 입장보다는 그가 현존재라고 부른, 이 던져진 상태에서 세계를 탐사할 뿐이다. 하이데거는 이런 방식으로 역사와 이해에 대한 딜타이의 강조가 결실을 맺게 했다. 포스트모더니즘의 핵심은 인식 주체와 인식 대상이 모두 역사 속에 심겨 있다는 사실을 깊이 인지하는 것으로, 따라서 객관적·중립적 분석을 가능하게 할 그 어떤 중립적 요충지도 없다.

포스트모던 논쟁은 1980년대 말과 1990년대 초에 한편으로는 하버마스, 다른 한편으로는 장프랑수아 리오타르(Jean-François Lyotard, 1924-1998)를 점점 더 둘러싸고 펼쳐졌다. 리오타르의 『포스트모던의 조건』(*The Postmodern Condition*)은 "가장 고도로 발전된 사회들 속에서 지식의 조건"에 대한 연구다.[11] 지식은 고도로 발전된 사회의 핵심 관심사인 정보에 의해 물질적 상품 생산이 대체되는 일에 깊은 영향을 받았다. 사회가 컴퓨터화되면서 수행성(performativity)이 다른 형식의 이성을 압도하게 되었다. 결과적으로 도래한 포스트모던의 조건은 "메타내러티브에 대한 불신"이 그 특징이다.[12] 리오타르는 지식의 객관적 정당화 가능성의 심장을 공격한다. 언어 게임이 메타내러티브 또는 세계관을 대체했고, 이 게임은 언제나 지역적이고 제한적인 신빙

---

[11] Jean-François Lyotard, *The Postmodern Condition: A Report on Knowledge*, Theory and History of Literature 10 (Manchester: Manchester University Press, 1984), p. xxiii. 『포스트모던의 조건』(민음사).
[12] 같은 책, p. xxiv(강조는 추가됨).

성만을 가진다. 리오타르는 메타내러티브와 세계관을 반대할 때 특히 근대 과학을 염두에 두고 있다.

위르겐 하버마스(1929-)는 근대의 종말이라는 포스트모던적 개념에 강력히 반발하며, 오히려 근대를 미완의 기획으로 생각하기를 주장한다. 근대는 위기에 처해 있다. 하지만 해답은 이를 포기하는 것이 아니라 원래의 궤도로 돌아오게 하는 것이다. 하버마스는 합의에 이르는 지평 융합이라는 가다머의 해석학 이해를 강하게 비판했다. 하버마스가 보기에 가다머의 해석학 이해는 의사소통 과정에서 체계적으로 왜곡이 일어날 가능성에 주의를 기울이지 못하기 때문이다. 이로 인해 하버마스와 가다머 사이에서 계속되는, 가다머 해석학의 메타-비판적 (또는 그것의 결여) 차원을 조명하는 논쟁이 일어났다. 하버마스는 언어의 구조 속에 함축된 이상적 언술의 가능성을 정립하려는 보편화용론(universal pragmatics) 기획을 제시했다. 화자는 이성에 호소함으로써 자기의 주장이 오로지 이성적 담론을 통해서만 입증될 수 있으리라 가정한다. 그리하여 일반적으로 의사소통은 하버마스의 이상적 담화 상황(ideal speech situation)과 같은 어떠한 상황을 지향한다.[13]

장 보드리야르(Jean Baudrillard, 1929-2007)의 엄격한 분석에서는 서구 사회를 심히 비판적으로 바라본다. 그가 보기에 소비주의는 우리 사회 구조를 지배하기에 이르렀는데, 이 변화는 특히 전자 미디어를 통해서 하이퍼리얼(hyperreal)에 의해 대치되어 실재와 구분이 불가능하게 된 것, 그가 제3의 시뮬라크룸(simulacra)이라고 부른 것과 더불어 일어난다. 예를 들어 디즈니랜드는 미국이 진짜 디즈니랜드라는 사실을 은폐하기 위해 존재한다. 보드리야

---

[13] 이상적 담화 상황에 관한 하버마스의 철학은 1970년대에 가장 완숙한 단계에 도달했다. 하버마스는 그 후에 이 개념을 버렸으나 이성적인 논쟁과 논증에 중점을 두는 것은 포기하지 않았다.

르는 모든 것을 인공 두뇌학적 통제라는 면에서 보며, 따라서 우리가 기술적 통제의 무력한 희생자라고 생각한다. 심지어 대중은 정보의 산물이며, 주체의 관점에서부터 사고와 행동이 불가능해진 탓에 그들의 유일한 반응은 '대상과 합체'하는 것이다. 이는 실로 암울한 그림이다.

> 우리에겐 우리의 통제를 벗어난 하이퍼리얼만 남았다. 그것은 모든 세부 사항을 '외설적'으로 샅샅이 볼 수 있음에도 개념화를 넘어선다.⋯그러나 보드리야르는 그가 내리는 결론의 악몽적 성격에서 다른 모든 이론가를 훨씬 뛰어넘는다.⋯보드리야르에게 [전자] 혁명은 우리를 난공불락의 암호를 통해서 하이퍼리얼의 무의미한 자본주의 질서의 이익에 종사하는 기술적 결정론의 무력한 희생자로 만들어 놓는다.[14]

보드리야르는 소비주의가 우리의 사회 질서의 중심이라는 생각과 하이퍼리얼 개념을 통해서 포스트모더니티에 관한 논쟁에 중요한 기여를 했다. 그러나 이 '비이성의 사도'(apostle of unreason)는 사실에 별로 주의를 기울이지 않은 채 굵은 붓으로 그림을 그린다. 현대 문화의 쇠퇴에 대한 그의 분석은 상당 부분 옳겠지만 그러한 진단은 진리를 덜 중요하게 만드는 것이 아니라 더 중요하게 만든다.

리처드 로티(1931-2007)는 포스트모더니티를 실용주의식으로 풀어냈다. 필요한 것은 지식을 정당화하기 위한 길을 발견하려는 새로운 탐구가 아니라 공동체에 대한 비(非)이론적 감성이다. 그런 입장에서는 의사소통 능력 이론

---

[14] Johannes W. Bertens, *The Idea of the Postmodern: A History* (London and New York: Routledge, 1995), p. 156. 『포스트모던 사상사』(현대미학사).

으로 그 기초를 마련할 필요 없이도 하버마스의 왜곡 없는 의사소통을 받아들일 수 있다. 이렇듯 로티는 포스트모던 부르주아 자유주의를 "[전통적 칸트주의]에 의존하지 않고 부유한 북대서양의 민주주의 제도와 관습을 옹호하려는 헤겔주의자의 시도"라고 보았다.[15] 그러한 포스트모던 자유주의에서 도덕의 초월적 기초는 벗겨져 버리고 도덕은 사회에 대한 충성과 동등한 것이 된다. 이성적 행동은 그저 다른 사회 구성원의 행동을 따르는 행동일 뿐이다.

로티는 모든 지식은 전통에 근거를 두고 있다는, 또한 인식론에 대한 서구의 관심 아래 깔려 있는 실재에 대한 정확한 재현(representation)이라는 개념은 하나의 신화라는 자신의 견해를 지지하기 위해 가다머를 이용한다. 모든 형태의 지식은 발견보다는 구성에 가깝고 이 점에서 일반적으로 창조하는 기획과 동일하다. 결과적으로 정당화에 대한 서구 인식론의 강박은 오늘날과 무관하며 구식 형이상학에 집착하는 일일 뿐이다. 로티는 서구 전통의 인식론적 관심 대신에 "교화"(edification)라는 목표를 제안한다. 우리는 스스로의 믿음을 정당화하려 하기보다는, 대화 속에서 우리 자신을 노출하고 다른 선택지를 탐사할 수 있는 그런 대화를 증진시키고 그리하여 삶에 대처할 보다 나은 방법을 찾아야 할 것이다.

그 또한 현상학에서 발전한, 자크 데리다(1930-2004) 유형의 포스트모더니즘은 해체주의(deconstruction)라 불린다. 후설과 근대에 대한 응답인 데리다의 중요한 공헌은, 늘 있어 온 현전의 형이상학(metaphysics of presence)을 아포리아(aporia)에 노출시키는 치밀한 텍스트 분석을 통해 의식이라는 요새를

---

15 Richard Rorty, "Postmodernist Bourgeois Liberalism", *Journal of Philosophy* 80/10 (1983): pp. 584-585.

깨부순 것이었다. 데리다는 우리가 궁극적으로 형이상학을 벗어날 수 없다고 본다. 그러므로 데리다의 해체의 해석학은 늘 동시에 두 가지 양상으로 작용한다. 이는 그가 텍스트를 다루는 전략에서 분명히 드러난다. 한편으로, 저자의 의도라는 가드레일은 해석을 위해 없어서는 안 된다. 다른 한편으로, 텍스트 속의 아포리아는 우리가 그 아포리아를 놀이 속으로 불러들이게 할 수 있으며, 그 결과 텍스트는 요동하고 유동적이게 되어 텍스트의 의미가 결코 가득 채워지거나 최종적으로 강제될 수 없게 된다.

신학자이자 철학자인 폴 리쾨르(Paul Ricoeur, 1913-2005)는 훨씬 더 보수적인 포스트모더니즘 형태를 대표한다. 그는 프로이트, 정치와 정의, 성경 해석, 문학 해석과 은유, 해석학, 역사와 기억 등 넓은 범위의 주제에 대해 깊이 있는 글을 썼다. 리쾨르는 특히 텍스트를 의미론적 사건으로 여기는 해석에 대한 이해를 한다는 점에서 매우 중요한데, 그 이해란 텍스트를 이차적 순진성(naïveté)에 따라 읽는 독해에서 텍스트와 해석자가 은유와 상징의 상호 작용을 통해 융합하는 사건으로 보는 관점이다.[16] 리쾨르는 가다머와 대조적으로 설명(explanation)과 이해(understanding)를 결합하려 한다. 리쾨르가 보기에 가다머에게서는 이 둘이 서로 충돌하기 때문에 이해에는 비판적 시험을 위한 여지가 없는 경향이 있다. 리쾨르에게 '설명'은 의심의 해석학(hermeneutics of suspicion)을 구현한다. 의심의 해석학은 인간 의지의 단순한 투영일 뿐인 우상들을 기꺼이 폭로하고 파괴하는 것이다. 리쾨르는 계몽주의가 의미를 주체에 귀속시킨다는 점에서 계몽주의를 비판한다. 그가 주장하는 바는

---

[16] 리쾨르의 사상에 관한 유용한 개관으로 Steven H. Clark, *Paul Ricoeur* (London and New York, Routledge, 1990)가 있다.

주체가 스스로를 자기 의미의 기초로 자임하는 허식에 대한 영구적 불신이다. 내가 내세우는 반성적 철학은 처음부터 모든 데카르트식 철학에 반대한다.…자아 이해는 언제나 간접적이며, 문화와 역사 속에서 나의 외부에 주어진 기호들에 대한 해석으로부터 전개된다.…자기 이해의 자아는 이해 자체의 선물이며 텍스트에 적힌 의미로부터 오는 초대의 선물이다.[17]

그러나 리쾨르에게는 포스트모던적이려는 의도가 전혀 없다. 우리는 의심의 대가인 니체, 마르크스, 프로이트가 주는 교훈을 피할 수 없으며 피하려 해서도 안 된다. 따라서 '설명'은 해석에서 반드시 필요한 부분이다. 그러나 설명만으로는 불충분하다. "우상을 깨뜨리는 것은 또한 상징으로 하여금 말하게 하는 것이다."[18] 데카르트 인식론의 한 영향은 서구 문명이 상징적 언어에 대한 감수성을 상실했다는 것이다. 세속화는 케리그마적 상황으로부터의 멀어짐으로 이어졌으며, 그로 인해 우리는 이 감수성을 회복하고자 의심을 넘어 그 이상으로 나아갈 필요가 있다. "신화의 문자적 기능은 중단되어야 하지만 신화의 상징적 기능은 긍정해야 한다."[19] '이해'는 거기서 우리가 다시 부름받음을 체험할 수 있는 방식으로 기꺼이 상징과 간접적 언어에 개방된 상태로 들으려는 의지를 수반한다.

리쾨르는 후기 작품에서 특히 은유와 내러티브에 초점을 맞추었다. 보다 혁신적이고 영향력 있는 리쾨르의 기여는 은유를 내러티브와 연결하는 방식에서 비롯된다. 리쾨르는 다양한 것의 종합이 내러티브를 은유에 근접하게

---

17 Paul Ricoeur, preface to *Hermeneutic Phenomenology: The Philosophy of Paul Ricoeur*, by Don Ihde (Evanston, IL: Northwestern University Press, 1971), p. xv. 여기서 리쾨르 철학의 현상학적 뿌리에 주목하라.
18 같은 책, p. 219에서 재인용.
19 같은 책, p. 8.

만든다고 보았다. 내러티브 순서는 순차적 경험과 사건들을 인간적 시간의 일관된 구조 속으로 흩어 놓는다. 이렇게 다시 표상된 세계는 계시적이고 변혁적이게 된다. 내러티브는 가능성의 세계를 구성해 준다.

신학자들이 리쾨르를 긍정적으로 전용하는 데는 충분한 이유가 있다. 리쾨르는 상징에 긍정적 입장을 취하고 있기에 종교적 경험에 개방적이다. 리쾨르가 철학의 자율성에 충실하기를 고수하긴 하지만, 그는 또한 종교와 신학을 위한 자리를 확보하기 원한다. 리쾨르는 문학 이론과 해석학적 주제에 대해 폭넓게 저술했을 뿐 아니라 성경 해석에도 관심을 기울였다.[20] 특히 리쾨르가 계시로서의 성경의 해석학적 주제에 대해 이야기했다는 점은 주목할 만하다.[21] 그는 계시가 신앙의 시작이자 마지막 말임을 인정하고 계시의 권위적 이해와 이성의 자율적 견해 사이의 대립을 극복하는 계시의 해석학을 개발하려 했다.

이 모든 사상가는 근대가 위기에 처했음을 인정하지만, 그들의 반응은 다르다. 이들로부터 우리가 알아야 할 것은 포스트모던 철학은 근대의 여러 기초에 도전했다는 것이다.

1. 포스트모던 철학은 우리가 아는 능력과 실재를 정확하게 재현할 수 있는지에 대한—즉, 인식론에 대한—온갖 종류의 질문을 제기했다. 많은 이가 보편적인 객관적 지식의 가능성은 불가능하다고 간주한다. 대체로 포스트모던 이론은 강력히 반실재론적이며, 모든 지식을 지역적이고 공동체적인 것이자 인간의 구성물로 여긴다. 그러한 인식론적 회의주의는 리오타르의 "메타내러티브에 대한 불신" 개념에 아주 분명히 포착되어 있다. 이 회의주의의 결

---

20 Paul Ricoeur, *Essays on Biblical Interpretation* (Philadelphia: Fortress, 1980)을 보라.
21 같은 책, pp. 73-118.

과는 '중립적인' 근대적 지식의 숨은 의제에 대한 심각한 의심이다. 많은 이가 객관적이고 가치중립적인 것으로 주장되어 온 것을 유력한 이데올로기의 위장으로 보게 된다. 이 회의주의의 결과는 지식에서의 불가피한 다원주의와 그 결과로 일어나는 파편화에 대한 인식이다. 많은 이가 확실성과 진리를 크게 의심한다. 극단적 포스트모던 사상가들이 참된 메타내러티브나 세계관이 결코 존재하지 않음을 **완전히** 확신하는 것처럼 보인다는 것은 매우 역설적이다. 합리성의 역할에 대해, 또한 지식의 기초를 세울 수 있는지에 대해 의견이 분분하다. 크리스토퍼 노리스(Christopher Norris, 1947-), 위르겐 하버마스, 어니스트 겔너(Ernest Gellner, 1925-1995)는 근대의 기획을 재건하려 한다. 다른 이들은 합리성이 항상 관점에 달려 있다는 진짜 포스트모던적 입장을 추구한다.

2. 인식론은 존재론과 밀접하게 연관되어 있으며 역시 여기서도 포스트모더니티는 근대의 널리 합의된 내용을 깨뜨렸다. 메타내러티브에 대한 불신이 많은 존재론적 반성을 위한 여지를 거의 남기지 않으리라 예상하겠지만, 이는 당연히 불가피한 일이다. 포스트모던 이론에서 공통의 존재론적 가정은 언어가 실재의 가장 근본적인 양상이라는 것이다. 데리다는 이 견해의 좋은 예다. 많은 포스트모던 이론은 역사를 끊임없는 흐름과 변화로 보는 견해와 더불어 작동하면서 인간 구성과 별개로 존재하는 실재의 질서에 대한 어떤 개념의 여지도 거의 남기지 않는다. 역설적으로 인간 지식에 대한 회의주의는 우리가 살고 있는 세계를 구성하는 인간 공동체를 높이 평가하는 견해와 서로 손잡고 간다. 이 역시 특정 존재론을 반영한다.

3. 인식론과 존재론은 인간의 본성이라는 면으로 볼 때 인간론과 뗄 수 없다. 근대를 강력히 지배했던 인간에 대한 합리주의적인 자율적 견해는 무너졌고 다양한 대안이 제시되었다. 예를 들어 로티는 도덕적 자아를 "그 이면

에 아무것도 없는 신앙, 욕망, 감정의—이 속성 뒤에 아무 기질(基質, substrate)도 없는—네트워크"로 보아야 한다고 말한다. "도덕적이고 정치적인 숙고와 대화의 목적상 인간은 단지 그런 네트워크일 뿐이다."[22] 미셸 푸코(Michel Foucault, 1926-1984)는 다음과 같은 주장을 통해 인간에 대해 가지는 우리의 견해가 하나의 구성물임을 힘주어 강조한다. "인간은 근래의 발명품일 뿐이다. 채 두 세기도 지나지 않은 존재, 우리 지식의 새로운 주름이다.…지식이 새로운 형식을 발견하면 이내 사라질 것이다."[23] 몇몇 포스트모던 사상가는 프로이트의 인간론을 개정하여 갱신하기도 했다. 보드리야르 같은 사상가가 인간 주체가 의미 있게 행동할 수 있는 가능성을 경시했다면, 다른 이들은 인간의 *자기 창조* 가능성을 강조한다.

인식론, 존재론, 인간론. 너무도 많은 포스트모던 철학이 이 영역과 얽혀 있다는 사실은 근대의 철학적 기초가 어느 정도까지 위기에 처해 있는지를 잘 보여 준다. 포스트모던 철학은 다원주의, 불확실성, 불안정성, 파편화를 그 특징으로 한다. 옛 확실성은 그것을 대신할 수 있는 통일된 비전이 없는 상태에서 소멸해 버린 것처럼 보인다. 그러나 비록 근대의 많은 뿌리가 포스트모던 철학자들에 의해 의문에 붙여졌다 하더라도 그 아래 깔려 있는 인본주의 종교적 기조는 포기된 적이 없다. 예를 들어 인간의 자율성은 그 어느 때보다 더 확고하게 구축된 채로 남아 있다. 차이가 있다면, 이제 우리는 단지 불확실성과 더불어 사는 법을 배워야 한다는 것이다.

포스트모던 이론의 상대주의적이고 허무주의적인 측면은 단지 현 상황의 일면일 뿐임을 잊지 말아야 한다. 앞서 보았듯 현상학과 형이상학 같이 다른

---

[22] Rorty, "Postmodernist Bourgeois Liberalism", pp. 585-586.
[23] Michel Foucault, *The Order of Things: An Archeology of the Human Sciences* (London: Tavistock, 1970), p. xxiii. 『말과 사물』(민음사).

근대적 유형의 철학이 계속해서 활약하고 있다. 만일 근대가 기독교 세계관에 대한 반발이자 그것을 내재적으로 만드는 것이라면 포스트모더니티도 실재에 대한 기독교적 관점의 회복에 열려 있다는 조짐을 거의 보여 주지 않는다. 그러나 앨빈 플랜팅가가 기독교적 관점에서 지적한 것처럼, 그가 포스트모더니즘의 창조적 반실재론이라 부른 것은 웃음거리에 불과하다.

> 창조적 반실재론은 현재 철학자들 사이에게 인기가 높다. 이 이론은 인간의 행동—특히 인간의 사상과 언어—이 어쨌든 세계의 근본 구조와 존재하는 실재의 근본 종류의 원인이라는 관점이다. 그러나 유신론적 관점에서 볼 때 보편적인 창조적 반실재론은 기껏해야 한 자락의 웃기는 허세에 불과하다. 물론 하나님은 우리와 우리의 사고방식에 그분의 존재도 속성도 빚지지 않으셨다. 사실은 정반대다. 그리고 창조된 세계에 관한 한, 창조된 세계가 그 존재와 속성을 인격의 편에서 행한 행동에 빚진 것은 분명하지만 그 인격이 확실히 인간 인격은 아니다.[24]

이처럼 다원주의 철학의 세상에서는 넘쳐 나는 세계관들이 주의를 끌려고 경쟁을 벌인다. 포스트모더니즘은 우리에게 중요한 변화가 벌어지고 있다는 사실을 올바로 경고해 준다. 포스트모더니즘은 철학을 넘어 널리 영향을 미친다. 당신이 공부하는 분야가 무엇이건, 포스트모더니즘과 당신의 전문 분야에 관한 상당한 문헌들을 접할 수 있음을 발견할 것이다. 또한 포스트모더니즘은 대중문화에 엄청난 영향을 미쳤다. 포스트모더니즘은 서구 문화의 수

---

[24] Alvin Plantinga, "Advice to Christian Philosophers", *Faith and Philosophy* 1/3 (1984): p. 269.

많은 이의 상상력을 사로잡은 개념으로 어디서나 이런저런 형태로 발견된다.

따라서 포스트모더니즘이 오늘날 철학의 많은 유행 중 하나임을 인식하면서도 그것을 진지하게 다루어야 한다. 데이비드 리온(David Lyon)의 말처럼 포스트모더니티 개념은 우리 시대에 관한 핵심 질문을 일깨워 주는 가치 있는 "문젯거리"다.[25] "포스트모더니티의 질문은 근대를 재평가할, 근대 자체를 불안정하고 예측 불가능함을 보여 주는 시대의 징조로 읽을, 한때 근대가 약속해 주는 듯 보였지만 압류당한 미래를 포기할 기회를 제공한다."[26] 그리스도인은 포스트모더니즘 철학에 어떻게 대응해야 하는가?

1. 여러 면에서 우리는 근대에 기초를 제공했던 철학들에 대한 포스트모더니즘의 통렬한 비판을 인정하고 환영해야 한다. 근대의 중요한 특징은 권위를 하나님에게서 인간으로 재배치한 것이다. 그것이 이성이건 과학이건 직관이건 그 외 다른 무엇이건 마찬가지다. 인류는 문화와 철학을 위한 충분한 기초가 아니며, 따라서 포스트모더니즘이 대부분의 근대 철학의 기초가 연약하다는 것을 폭로한 점은 환영할 일이다. 조지 스타이너(George Steiner)가 데리다를 훌륭하게 비평하며 지적하듯, 데리다는 우리가 허무주의와 "태초에 말씀이 계시니라" 중 하나를 택할 수밖에 없게 만든다.[27]
2. 스타이너는 세상과 문화 속에서 우리가 만나는 실재적 존재들을 바르게 다루려면 창조의 문법이 필요함을 일깨운다. 그러나 이것이야말로

---

[25] David Lyon, *Postmodernity*, Concepts in the Social Sciences (Buckingham: Open University Press, 1994), pp. 84-85.
[26] 같은 책, p. 70.
[27] George Steiner, *Real Presences* (London: Faber and Faber, 1989), p. 120.

대부분의 포스트모더니스트가 배격하는 방향이다. 포스트모더니스트들은 일반적으로 태초에 계셨던 그 말씀(Word)의 회복을 바라지 않는다. 포스트모더니즘은 서구의 자유주의 운동이며 결단코 전통과 기독교 유신론의 회복을 위해 칸트 이전으로 되돌아가려 하지 않을 것이다. 사실 그리스도 안에서 자신을 계시하신 창조주 하나님에 대한 믿음은 모든 중요한 포스트모던 철학을 근본적으로 바꾸어 놓을 것이 너무도 분명하다. 그러므로 포스트모더니즘이 우리에게 남긴 것은 인본주의적 근대의 본래 불안정한 DNA가 그 자리에 아무런 건설적 기획도 두지 않은 결과물이다. 따라서 우리는 포스트모더니즘을 후기 또는 과도한 근대로 생각하기를 선호한다. 너무도 많은 포스트모던 철학이 있지만, 그것들이 얼마나 창조적이고 재치가 넘치건 우리가 그것들을 가지고 할 수 있는 것이 별로 없다. 데리다가 시도한 것처럼 책의 개념 자체를 해체할 수는 있지만, 이는 결코 책이 작동하는 방식이 아니다. 데리다의 제자들이 데리다의 해체 철학에 대해서 매우 정교한 책들을 계속해서 쓰고 있다는 사실이 그 결과다!

대부분의 포스트모더니즘과 대조해 보면 스타이너가 확실히 옳다. 문화에는 초월적 기초가 필요하며 철학과 근대 문화가 앞으로 나아가기 위해서는 (기독교) 유신론을 회복하고자 칸트 이전으로(그리고 너머로) 갈 필요가 있을 것이다. 이 점을 강조해 온 두 명의 사회학자로 비그리스도인 오스트레일리아인인 존 캐롤(1944-)과 유대인 미국인인 필립 리프(Philip Rieff, 1922-2006)가 있다.

캐롤의 근대 비판은 통찰력 있다. 그는 날카로운 지각으로 이렇게 주장한다. "인본주의는 실패했다. 인간이 피조물인 동시에 창조자라는 의미에서 창조의 중심이 아니기 때문이다."²⁸ 그는 또한 올바르게도 칸트 이전으로 돌아갈 필요를 인정한다. "서구 문화의 회복은 다시금 그 자신의 과거 속 권위의 위대한 근원에 의지해야 할 것이다. 그것을 위해서는 제2의 종교개혁을 일으켜야 할 것이다."²⁹ 그러나 캐롤이 요청한 제2의 종교개혁을 오해해서는 안 된다. 교회의 문제점에 대한 그의 진단은 예리하다. "서구에서 일어난 기독교의 쇠퇴는 설명하기 쉽다. 기독교회는 자신들의 가장 중요한 사명―즉 시대에 호소하는 방식으로 자신들의 기초적인 이야기를 다시 말하는 일―에서 포괄적으로 실패했다는 것이다."³⁰ 그러나 캐롤은 교회가 그토록 긴급히 필요로 하는 회복을 위한 자원을 갖추고 있는지에 낙관적이지 않다. 그는 대학에 관한 논의에서 이렇게 말한다. "인본주의 대학은 약해졌다. 중세적 형태로 세워진 기독교 대학도 회복되기에는 현 서구와 문화적으로 맞지 않는다. 마찬가지로 영원한 진리의 대스승으로서 대학을 대체할 수 있는 하나의 기구인 교회도 소망 없는 절망 상태에 있다."³¹ 캐롤의 진단은 정확하지만, 회복을 위한 그의 제안은 불충분하다.

현 상황에 대한 필립 리프의 분석은 참담하다. 그는 "**신성한 질서/사회적 질서**"(Sacred Order/Social Order)라는 제목의 탁월한 삼부작에서 우리 시대를 "사망 작업"(deathwork)의 하나에 비유한다. 리프는 모든 사회의 안녕은 수직적 권위(vertical in authority)에 대한 견고한 감각에, 즉 그 수직적 구조가 변하지 않는 질서에 달려 있다고 주장한다. 그는 장난스럽게 이에 "via"(-를 통

---

28 Carroll, *Humanism*, p. 228.
29 같은 책, 229.
30 John Carroll, *The Existential Jesus* (Berkeley, CA: Counterpoint, 2007), p. 7.
31 John Carroll, *Ego and Soul: The Modern West in Search of Meaning* (Berkeley, CA: Counterpoint, 2008), p. 155.

해)—*vertical in authority*—라는 딱지를 붙인다.³² 리프는 인류를 세 시대로 구분한다. 우리가 사는 셋째 시대에 신성은 파괴되었고, "아무것도 신성하지 않은 곳엔 아무것도 존재하지 않는다."³³ 해결책에서 핵심은 via의 회복이다. "일단 우리 각자가 스스로 신성한 질서라는 개념을 회복한다면 신성한 질서 내에 우리의 활동을 자리매김할 수 있다. 근본적 회복 방안은 수직적 권위의 순수성과 신성불가침의 성격을 이해하는 것이다. 우리가 어떤 세상에서든 얼마간의 안전을 찾기 위해서는 인간이 아니라 신에 의해 정당화되는 독단적 의미들이 필요하다."³⁴

결론

이렇듯 우리는 포스트모더니즘을 근대의 위기를 보여 주는 징후이자 어느 정도 근대에 대한 비판으로서 철학적으로 도움이 되는 것으로 여길 수 있다. 어떤 점에서 우리는, 인간의 자율성에 도전하고 그 문제를 다루고자 기독교 유신론이나 다른 종류의 유신론이 가진 가능성을 진지하게 받아들이기를 거부한다는 데서 포스트모더니즘이 충분히 나아가지는 못함을 애석하게 여긴다. 또 다른 점에서 우리는, 포스트모더니즘이 너무 멀리 나갔다고 생각한다. 만일 사람이 태초에 거기 계셨고 창조의 문법을 지지했던 그 말씀을 진지하게 받아들인다면 진리, 논리 등의 가능성을 훨씬 더 긍정할 것이기 때문이다.

---

32 Philip Rieff, *My Life among the Deathworks: Illustration of the Aesthetics of Authority*, Sacred Order/Social Order 1 (Charlottesville: University of Virginia Press, 2006), pp. 12-13.
33 같은 책, p. 12.
34 같은 책, p. 13.

흥미롭게도, 포스트모더니스트들이 모종의 종교성을 회복하는 때에 우리는 전 세계적으로 유신론, 특히 기독교와 이슬람교가 대대적으로 다시 살아나는 가운데 살고 있다. 이것이 포스트모던 의제 가운데 두드러지지 않는 것은 서구적 자유주의의 전형적 모습이다. 정통 기독교 가운데서 우리는 또한 기독교 철학의 중요한 부활을 목격하고 있다. 우리 생각에 이는 일부 서구 그리스도인들이 행하듯 물을 타 희석시킨 기독교를 포스트모더니즘과 종합하려는 시도보다 훨씬 더 건설적인 가능성을 제공한다. 이제 이 부흥을 살펴보려 한다.

3부

오늘의 기독교 철학

12장 오늘의 기독교 철학

기독교 철학의 놀라운 르네상스

우리는 서양 철학의 이야기를 살피는 가운데 여러 번에 걸쳐 그 이야기를 하는 방식이 결코 중립적일 수 없다고 말했다. 이에 대한 또 다른 사례는 지난 30-40년에 걸쳐 일어난 기독교 철학의 놀라운 르네상스에 대해 한마디도 언급하지 않는 철학사 책들이 계속 출판되고 있다는 것이다.

실증주의와 되살아난 경험론은 20세기 전반에 기독교 철학자들을 수세로 몰아넣었다. 철학의 이 두 경향은 종교적 신앙의 쇠퇴를 나타내는 것으로 여겨졌기에 기독교 철학자들은 종교적 언어와 신에 대한 믿음이 의미 있음을 변증하는 일에 많은 에너지를 쏟았다. 20세기 후반에는 엄청난 변화가 목격되었다. 기독교 철학은 실증주의와 경험론에 대한 반발을 넘어서 지금까지 이어지고 있는 일대 부흥을 일으키기 시작했다.

앨빈 플랜팅가, 로버트와 메릴린 애덤스(Robert and Marilyn Adams), 아서 홈스(Arthur Holmes), 빌 올스턴(Bill Alston)은 1978년 4월 오하이오주 신시내티에서 열린 미국철학회(American Philosophical Association) 모임을 준비하던 중 기독교 공동체에 중요한 이슈를 함께 연구할 철학자 모임에 관심이 있는지 알아보고자 편지를 돌렸다. 놀랍게도 약 70명의 기독교 철학자가 모임에 나왔고 그 결과 기독교 철학회(Society of Christian Philosophers)가 결성되었다. 학회는 그 후 회원이 1,000명도 훨씬 넘게 성장했고 지금은 미국의 철학자 사이에서 가장 큰 특별 관심 모임이 되었다.

기독교 철학 부흥의 두 번째 중요한 요인은 앨빈 플랜팅가가 노터데임 대학교의 존 A. 오브라이언 철학 석좌교수 취임을 수락하는 연설인 "기독교 철학자들을 향한 권고"(Advice to Christian Philosophers)였다.[1] 플랜팅가는 기독교 철학자들을 향한 자신의 권고를 세 가지로 요약했다.

1. 기독교 철학자는 여타 철학 세계로부터 더 많은 자율성, 더 많은 독립성을 드러내야 한다. 플랜팅가는 기독교 철학자들이 당대의 주류 논의에 깊이 참여하지 않아야 한다고 이야기한 적이 단 한순간도 없다. 그러나 특히 우리 시대의 지적 문화가 "기독교 유신론의 정신과는 완전히 이질적인 정신에 의해 활발히 움직이고" 있는 때에 우리가 모든 에너지를 늘 다른 이들의 의제를 반대하는 일에 쏟을 수는 없다.[2] 기독교 공동체에는 그 자체의 관심사가 있고 기독교 철학자에게는 그 관심사를 돌볼 필요가 있다.
2. 기독교 철학자는 그들의 작업에서 보다 더한 완전성, 보다 더한 온전함을 보여 주어야 한다. 플랜팅가는 뛰어난 재능을 가진 철학자인 윌라드 반 오만 콰인 아래서 공부하러 하버드 대학교에 가는 학생을 상상한다. 하지만 그가 올바로 지적하듯,

---

[1] 논문을 보려면 www.faithandphilosophy.com/article_advice.php를 보라[*Faith and Philosophy* Vol. 1, No. 3. July (1984): pp. 253-271 — 옮긴이].
[2] 같은 곳.

[콰인의] 근본적 헌신, 근본적 기획과 관심은 기독교 공동체의 그것과는 전혀 다르다. 완전히 다르며, 사실 대립된다. 따라서 기독교 사상을 그의 근본 세계관에 접목하려는 시도는 기껏해야 불완전한 혼합 작품이 되고 말 것이다. 최악의 경우엔 기독교 유신론을 심각하게 타협하거나 왜곡하거나 사소한 것으로 만들 것이다. 여기서 필요한 것은 보다 더한 온전함, 보다 더한 완전성이다.[3]

3. 기독교 철학자는 자신의 기독교적 확신에 대해 담대하고 부끄러워하지 말아야 한다.

플랜팅가는 교수 취임 연설에서 검증성(verifiability), 인식론, 인격(인간론)이라는 세 분야에서 이런 접근이 무슨 의미인지 밝혔다. 유신론과 인격에 관한 논의에서 플랜팅가는 이렇게 말한다. "우리는 철학적 견해를 가지고 철학에 임한다. 그것을 피할 길은 없다. 따라서 요점은 이렇다. 그리스도인은 다른 이들이 자신들의 전철학적(pre-philosophical) 견해를 가질 권리가 있는 것과 동등한 권리를 가진다. 그리스도인은 먼저 비기독교 철학 공동체 대부분에서 받아들인 명제들로부터 자신의 견해를 증명하려 애쓸 필요가 없다."[4]

플랜팅가의 취임 연설은 기독교 철학에 봄날을 가져오는 기폭제가 되었다. 기독교 철학자들은 도전할 용기를 얻었고, 기독교 철학의 큰 부흥은 이제 상당한 열매를 맺었다. 완전히 새로운 세대의 기독교 철학자들이 일어났고 또 계속 나오고 있으며, 이 운동은 무시하기 어려운 실질적 철학 체계를 만들어 냈다.

3 같은 곳.
4 같은 곳.

앨빈 플랜팅가와 니콜라스 월터스토프는 오늘날 카이퍼 전통에 서 있는 가장 뛰어난 기독교 철학자다. 이제는 기독교 철학회에 다양한 기독교 전통에 속한 철학자들을 포함하는 여러 그룹이 속해 있다는 점에 주목해야 한다.

가톨릭 철학

기독교 철학은 여러 형태와 규모를 보인다. 가톨릭 철학에는 깊고 풍부한 전통이 있으며, 이 전통에서는 계속해서 탁월한 업적을 내고 있다.

알래스데어 매킨타이어

노터데임 대학교의 알래스데어 매킨타이어(1929-)는 윤리학 저술로 가장 잘 알려져 있다. 그러나 그는 정치철학과 철학사와 신학에 관해서도 주요 저작을 내 왔다. 윤리학에 관한 주요 저작으로는 『도덕적 탐구에서 경쟁하는 세 형태: 백과사전, 족보, 전통』(*Three Rival Versions of Moral Enquiry: Encyclopaedia, Genealogy, and Tradition*), 『덕의 상실: 도덕 이론 연구』(*After Virtue: A Study in Moral Theory*), 『누구의 정의인가? 어떤 합리성인가?』가 있다.

매킨타이어는 1929년 스코틀랜드 글래스고에서 의사의 아들로 태어났다. 그는 두 종류 전통에 의해 형성되며 성장했다. 바로 자기 지역의 이야기(stories)와 관습(practices)을 동반한, 지역의 옛 게일 문화라는 전통, 그리고 칸트와 밀의 계몽주의 이론 전통이다. 내러티브와 개념 사이의 관계는 매킨타이어의 완숙한 작품 속에서 중심 무대를 차지한다.

매킨타이어는 런던의 그리스도인 학생 시절 마르크스주의를 접했는데,

마르크스주의는 그에게 개인주의적 서구 자유주의와 현대 기독교를 비판할 도구를 제공했다. 그는 1952년에 낸 『마르크스주의: 해설』(*Marxism: An Interpretation*)이라는 책에서 서구 기독교에 통렬한 비판을 가한다. "다른 행동들과 동떨어진 행동인 종교는 의미가 없다. 종교가 단지 삶의 한 부분일 뿐이라면 그것은 선택사항이 되고 만다. 모든 영역에서 삶의 방식인 종교만이 존속할 가치가 있거나 그럴 희망을 가질 수 있다."[5] 그러나 마르크스주의가 이 이분법의 가장 발전된 표현인데, 마르크스주의에서는 삶 전체를 신이 부여한 성품과 관계없이 바라보기 때문이다. 매킨타이어는 마르크스주의와 거리를 두기 시작하면서 도덕적 비판을 위한 적절한 기초를 찾고자 애썼다.

매킨타이어는 장로교 목사가 되는 훈련을 받았으며 자신의 신앙을 종교에 대한 사회학적이고 역사적인 이해와 연결시키려 했다. 그는 비트겐슈타인 같은 학자의 사상을 바르트의 신학과 연결 지으려 노력하는 가운데 비판에 손상되지 않는 신앙의 자리를 따로 마련하려 했다. 캘빈 나이트(Kelvin Knight)가 말하듯,

신앙은 잃어버렸다. 『덕의 상실』은 어떻게 도덕을 신앙과 관계없이 최선으로 정당화할 수 있을지에 대한 오랜 심사숙고의 결과였다. 그의 논의의 이 측면은 여러 유명 이론가에게 설득력이 있었지만 정작 매킨타이어 자신에겐 그렇지 못했다. 그 논의의 전제들이 갖는 불충분성에 대한 반성은 그를 신앙으로 복귀하게 만들었다. 비록 그것이 그의 어린 시절의 개신교 신앙이 아니라 토마스주의 전통의 형이상학적 추론에 의해 확증되고 로마 가톨릭교회라는 제도에 의해 유지되는 신앙이긴 하지만 말이다. 그는 이것이 신의 죽음을 선언함으로써 진리에

---

[5] Alasdair MacIntyre, *Marxism: An Interpretation* (London: SCM, 1953), p. 9.

대한 대중적 신앙을 멸절시키려는 니체의 시도에 대처하는 가장 강력히 길이라고 결론지었다.[6]

매킨타이어 도덕철학의 중심은 우리의 현 상황에 대한 비판에 있다. 그는 『덕의 상실』 초두에서 자연과학이 파국을 겪는 여러 이유에 대한 시나리오를 상상하고 있다.[7] 실험실은 불타 없어지고, 과학책과 도서관이 소실되며, 과학자들은 사회에서 제거되었다. 그 후 반발이 일어나 사람들이 과학을 회복시키려 한다. "그러나 가진 것이라곤 파편뿐이었다. 실험 지식들은 의미를 부여해 줄 이론적 맥락의 지식에서 유리되어 있었다. 이론의 부분들은 그들이 가진 이론의 단편이나 실험과 연관되지 않았다. 기구 사용법도 잊혀졌다. 책에서 떨어져 나온 절반 분량의 장(章), 논문 몇 페이지, 뜯기고 타 버려 온전히 읽을 수 있는 것이라곤 하나도 없었다."[8]

그럼에도 파편들은 다시 짜맞추어져 그 결과로 나온 지식 모음을 가르치고 배웠다. 사람들은 계속해서 과학의 어휘를 사용했지만 지식의 맥락이 소실된 탓에 다시 맞추어진 지식의 활용은 임의적이고 무작위적이다. 매킨타이어는 바로 이것이 현재 세계의 도덕적 상황에 대한 적절한 묘사라고 본다. "내가 제기하려는 가정은 이렇다. 우리가 살아가는 실제 세계에서 도덕의 언어가 내가 묘사한 상상의 세계에서 자연과학의 언어가 겪는 심각한 혼란과 같은 상태에 있다는 것이다. 우리가 가진 것은…개념 체계의 파편들이다.…하지만 도덕에 관한 이론적이고도 실제적인 이해는—전부는 아니더라도 대

---

6 Kelvin Knight, introduction to *The MacIntyre Reader*, ed. Kelvin Knight (Notre Dame, IN: University of Notre Dame, 1998), pp. 24-25.
7 Alasdair MacIntyre, *After Virtue: A Study in Moral Theory*, 2nd ed. (London: Duckworth, 1985), pp. 1-3. 『덕의 상실』(문예출판사).
8 같은 책, p. 1.

부분—상실했다."9

우리는 어떻게 이토록 심각한 상황에 이르렀는가? 매킨타이어에 따르면, 도덕적 합리성에 대한 보편적 설명을 마련하려던 계몽주의 사상가들의 시도가 실패하고 이는 그 뒤에 오는 장폴 사르트르와 프리드리히 니체 같은 사상가에 의한 도덕적 합리성의 배격으로 이어졌다. 매킨타이어가 보기에 도덕적 합리성의 가능성에 대한 니체의 배격은, 신학을 활용하지 않고 오직 계산적 이성만을 통해서 도덕적 논란을 해결할 최종적이고 결정적인 논증을 찾으려 했던 계몽주의의 잘못된 추구의 결과를 체현한 것이다.

이런 맥락에서—그는 자신의 설명을 그 일에 대한 "기이한 근대적 이해"라고 규정한다—매킨타이어는, 완전한 궁극성과 확실성(계몽주의의 잘못된 기획)을 주장하지 않고 그럼에도 어떤 도덕적 합리성도 그것이 무엇이건 상대주의적이나 정의주의적(emotivistic)으로 부정하는 데(니체와 사르트르의 잘못된 결론)까지 떨어뜨리지는 않는 다양한 형태의 도덕적 합리성과 논법을 다시 회복시키는 일에 관심을 기울였다. 매킨타이어는 도덕적 논쟁은 항상 경쟁하는 사상 전통 안에서 또한 그 사이에서 일어나는 것이 사실이라고 주장한다. 그러한 전통들은 과거로부터 대물려 내려오는 관념, 전제, 논증 형태, 공유된 이해와 접근법에 호소한다. 그러한 전통들은 토대부터 내러티브 형태를 취하기 때문에 우리는 언제나 우리의 삶과 세계를 특정의 거대한 내러티브나 이야기의 맥락 속에서 이해한다. 따라서 어떤 도덕철학이 다른 도덕철학의 가능성을 정복하거나 배제할 결정적인 방도가 없더라도, 대립되는 견해들은 내적 일관성과 상상을 통한 딜레마의 재구성, 인식적 위기, 성과를 포함한 다양한 방도를 통해 서로 이의를 제기할 수 있다.

9 같은 책, p. 2.

매킨타이어에게 **합리성**이란 공동체나 개인이 그것에 의해 철학적 주장이 진리인지 허위인지를 평가할 수 있는 능력을 의미한다. 매킨타이어는 **진리**(truth)를 정신이 어떤 사물을 판단하는 데 그것이 실재에 부합하는 것이라고 정의한다. 매킨타이어는 형식적 합리성과 실질적 합리성을 구분한다. 형식적 합리성은 대부분의 철학자가 동의하는 근본 논리 법칙을 포함한다. 실질적 합리성은 전통과 관습을 통해 일어나는 선한(good) 이성과 증거의 평가를 말한다. 여기에는 심각한 불일치가 있다. 이 점에서 전통의 다원성은 피할 수 없지만, 이것이 상대주의로 이어지지는 않는다.

매킨타이어는 계몽주의 전통, 아우구스티누스 전통, 아리스토텔레스-토마스주의 전통의 세 가지 주요 전통을 활용할 수 있다고 본다. 매킨타이어는 아리스토텔레스-토마스주의 전통이 오늘날 우리에게 가장 유망하다고 보며, 토마스 아퀴나스의 저작들에서 훨씬 온전하게 설명된 선에 대한, 또한 도덕적 인격에 대한 목적론적 설명을 더한 아리스토텔레스 윤리학 전통을 되찾아옴으로써 자신의 윤리학을 전개한다. 그는 사물이 어떻게 존재하는지와 우리가 어떻게 행동해야 하는지에 대해 아리스토텔레스-토마스주의 전통이 "이제까지 나온 것 중 최선의 이론"을 보여 준다며 제시한다.『덕의 상실』이후에도 매킨타이어의 사상은 계속 발전해 왔고, 더 최근까지도 아우구스티누스의 의지 개념과 토마스주의의 진리관을 포괄하는 탄탄한 형이상학이 필요하다고 주장했다.[10]

매킨타이어의 **전통**과 **내러티브** 개념은 중요한 통찰이다. 그것은 철학 담론과 학문 담론의 대부분을 계속해서 지배하는 근대 계몽주의 유산의 핵심 문제점을 파악해 낸다. 매킨타이어가 통찰력 있게 말하듯,

---

[10] Knight, "Guide to Further Reading", in The *MacIntyre Reader*, p. 282를 보라.

우리의 철학 교육은 대체로 사실상 참이 아닌 것을 전제하고 있다. 즉 그들이 우연히 거기에 속해 있음을 알게 된 전통이 어떤 것이건 상관없이, 그리고 그들이 어떤 전통에 속했던 그렇지 않던 관계없이, 적어도 원칙적으로는 모든 사람이 동등하게 접근 가능한, 그런 질문들에 대한 경쟁적 답변을 평가하기에 적절한 합리성의 기준이 있다는 전제 말이다. 이 잘못된 믿음이 배격될 때, 정의와 실천적 합리성의 문제들은…모든 사람에게 같은 묶음의 문제가 아니라는 것이 분명해진다.…각 사람이 직면하는 것은 동시에 경쟁하는 지적 입장들 묶음, 현대적 형태의 사회관계 속에서 다소 불완전하게 체현된 경쟁적 전통들 묶음, 경쟁하는 담론 공동체들 묶음이다. 이것들은 그 나름의 특정한 언술, 논증, 논쟁의 방식을 갖고 있으며 개인들에게 충성을 요구한다.…진정한 지적 대면은 어떤 식으로든 일반화된, 추상적 방식으로는 일어나지 않으며 그럴 수도 없다.[11]

매킨타이어는 계몽주의의 중립적·객관적 지식이라는 가정에 대항하여 그러한 접근 **자체가** 이제는 파산한 여러 전통 가운데 하나에 뿌리박고 있음을 보여 준다. 그러므로 어떤 이가 이 전통에 계속 머물려 한다면 그저 그것이 참임을 가정해서는 안 되며 이를 논증할 필요가 있을 것이다. 이처럼 매킨타이어는 철학이 그 안에서 작동하는 전통의 기본적 다원성을 폭로하고 하나의 철학이 그 속에서 작동하는 이야기나 전통이 어떻게 형성적인지 보여 준다. 이것은 결코 논의를 종결짓는 것이 아니며 오히려 진짜 논의가 시작될 가능성을 제시한다. 이 경우에는 흔히 그렇듯 철학자들이 중립성 신화라는 망토 아래 전철학적 이해를 은폐하기보다는 자신들이 그 속에서 작업하는 전

---

11 Alasdair MacIntyre, *Whose Justice? Which Rationality?* (London: Duckworth, 1988), p. 393.

통을 털어놓고 자백함으로써 시작하기 때문이다. 매킨타이어가 올바로 주장하듯, "거기에 호소해 [경쟁하는 탐구 전통들]이 잘못되었음을 보여 줄 수 있는, 전통에서 독립한 논증 기준은 없다."[12]

이야기와 덕에 대한 매킨타이어의 강조는 매우 큰 영향을 미쳤다. 매킨타이어의 덕 철학 중심에는 **관습** 개념이 자리한다. 기준은 관습에서 나오고, 관습은 내러티브에 뿌리내리고 있으며, 내러티브는 공동체에 뿌리내리고 있다. 매킨타이어는 『덕의 상실』을 이러한 말로 매듭짓는다.

> 이 단계에서 중요한 것은, 이미 우리에게 닥친 새로운 암흑시대를 통과하는 동안 그 속에서 시민다움과 지적이고 도덕적인 삶이 유지될 수 있는 지역의 공동체 형식을 건설하는 일이다. 그리고 덕의 전통이 이 마지막 암흑기의 공포를 견디고 존속할 수 있다면, 우리에게 희망의 근거가 전혀 없지는 않다. 그러나 지금은 야만인들이 국경 너머에서 기다리고 있는 것이 아니다. 그들은 이미 꽤 오랫동안 우리를 지배해 왔다. 우리를 곤경에 빠뜨리는 부분은 바로 우리가 이에 대한 의식이 없다는 것이다. 우리는 고도를 기다리는 것이 아니라 또 다른—틀림없이 아주 다른—성 베네딕투스를 기다리고 있다.[13]

매킨타이어의 작업은 다양한 반응을 일으켰다. 여전히 계몽주의 전통에 헌신하고 있는 마사 누스바움(Martha Nussbaum)은 매킨타이어의 작업을 "반(反)이론적"이라고 낙인찍으며 자신의 것 이외의 합리성 전통의 정당성을 인정할 수 없다는 모습을 보인다.[14] 매킨타이어는 또한 상대주의를 지지한다는 비난,

---

12 같은 책, p. 403.
13 같은 책, p. 263.
14 Martha C. Nussbaum, *The Fragility of Goodness: Luck and Ethics in Greek Tragedy and*

토마스주의 전통에 충실하지 못하다는 비난, 철학이라기보다는 신학을 하고 있다는 비난도 받았다. 우리 논의와 관계된 가장 흥미로운 비판은 매킨타이어의 토마스주의 형식에 관한 것이다. 즉 전통에 기초한 모든 지식의 성격이 자연법과 도움받지 않는 인간 이성에 관한 토마스의 견해와 어떻게 연관되느냐는 것이다. 매킨타이어는 토마스와 아우구스티누스가 이 점에서 흔히 인정되던 것보다 더 가깝다고 주장하는데, 물론 이에 대한 논의는 계속될 것이다.

찰스 테일러

찰스 테일러(1931-)는 인간학, 언어철학, 그 외 여러 영역에서 독창적 연구를 수행해 왔다. 근대의 성격에 대한 그의 연구는 오늘날 문화철학이 선교에 어떤 중요한 기여를 하고 있는지를 일깨워 준다. 『불안한 현대사회』(*The Malaise of Modernity*)로 출판된 테일러의 매시 강좌(Massey Lecture)는 입문 수준에서 근대에 관한 그의 연구를 볼 수 있는 유익하고 독창적인 요약이다.[15] 대체로 오늘날 서구 문화는 위기에 봉착한 것으로 인식되고 있다. 테일러는 **불안**이라는 말에 상실이나 쇠퇴를 경험하고 있는 우리 문화의 특징을 담아 사용한다. 그는 세 가지 불안을 꼽는다.

개인주의

근대적 자유는 많은 유익을 가져왔지만, 우리 자신을 더 큰 질서의 일부로 보는 대가를 치르기 일쑤였다. 개인주의와 더불어 의미 상실이 왔으며, 오늘날

Philosophy, 2nd ed. (Cambridge: Cambridge University Press, 2001), p. xxvi.
[15] Charles Taylor, *The Malaise of Modernity* (Concord, ON: Anansi, 1991). 『불안한 현대사회』(이학사).

많은 이가 세계를 환멸 속에서 경험한다. "개인주의의 어두운 면은 중심을 자아에 둔다는 것이다. 이는 우리 삶을 얄팍하고 좁게 만들었으며 의미를 빈곤하게 만들고 사회 속 타인에게 관심을 덜 갖게 만들었다."[16]

도구적 이성의 우위와 기술의 만연

도구적 이성이란 효율의 극대화를 염두에 두고 목적을 위한 수단을 계산할 때 작동하는 종류의 합리성을 가리킨다. 특히 현대 경제에서 아주 익숙한 이런 합리성은 경제적 사안을 넘어 다른 영역을 침범하며 그 적용 범위를 넓혔다. 테일러는 의학을 예로 들었는데, 거기서 진정한 위험은 도구적·기술적 접근이 실제로 몸을 가진 인간에게 필요한 종류의 돌봄을 주변적인 것으로 만들어 버린다는 데 있다.

많은 이가 삶에서 기술의 지배가 증가함에 따라 삶의 다채로움이 축소됨을 감지한다. 마르크스는 『공산당 선언』에서 자본주의의 결과로 "견고했던 모든 것이 녹아 공기 속으로 사라진다"고 했다. 많은 이가 과거에 우리가 간직했던 영구적인, 의미심장한 것들이 우리가 스스로를 감싸도록 만든 싸구려 가짜 일회용품에 의해 대체되고 있다고 느낀다. 이 점에서 알버트 보그만(Albert Borgmann, 1937-)은, 우리가 환경과 맺었던 "다중적 관계"를 버리고 그 대신 어느 정도의 유익을 가져다줄 제품을 찾아 획득하게 하는 "장치 패러다임"(device paradigm)을 말한다.[17] 이 시나리오는 『불안한 현대사회』가 출판된 이래 세계화와 함께 지극히 현실이 되었다. 막스 베버(Max Weber, 1864-1920)는 시장이 만들어 내는 비인격적 구조인 "쇠우리"(iron cage)를 말했는데,

---

16 같은 책, p. 4.
17 Albert Borgmann, *Technology and the Character of Contemporary Life* (Chicago: University of Chicago Press, 1984), pp. 41-42.

세계화는 이 위험을 심하게 만들고 있다.

정치적 자유 상실의 위험과 '부드러운' 전제 정치의 출현

개인주의와 도구적 이성이 사회 전반에 걸쳐 적용되면 심지어 선택의 자유를 찬양하는 가운데 자유가 상실되는 결과를 가져온다. 이는 정치적으로 토크빌(Tocqueville)이 "부드러운" 전제 정치라고 부른 위험을 야기한다. 이는 민주주의의 형식은 유지되지만 실제로는 사람들이 무력함을 느끼고 자신들의 삶을 거의 통제하지 못하는 상태를 말한다.

테일러는 자신의 세 가지 불안을 이렇게 요약했다. "첫째로 두려움은 의미 상실, 즉 도덕적 지평의 소실이라고 부를 수 있는 것과 관련 있다. 둘째로는 만연한 도구적 이성 앞에서의 목적 상실과 관련 있다. 셋째로는 자유 상실과 관련 있다."[18] 테일러는 『불안한 현대사회』 전반에 걸쳐 이 세 사안에 대한 반응이 흔히 "독설가와 지지자" 양편으로 갈라진다고 지적한다. 그는 사안들을 보다 세심하게 검토하기를, 이 세 문제 모두에 깔려 있는 도덕적 자원을 회복하기 위해 노력하기를 권고한다. "이는 우리가 회복 작업에 착수하기를, 다소 품격이 떨어진 관습들 이면의 보다 높은 이상을 찾아내 분명히 밝히고 이 관습을 그들 스스로 동기를 부여하는 이상의 관점에서부터 비판하기를 제안한다. 달리 말하자면, 이 문화를 일괄적으로 배격하거나 단지 있는 그대로 승인하는 대신에 참여자들을 그들이 찬동하는 윤리에 과연 무엇이 들어 있는지를 보다 분명히 감지할 수 있게 만들어 줌으로써 그 관습을 향상시키기를 시도해야 한다는 것이다."[19]

---

[18] Taylor, *Malaise*, p. 10.
[19] 같은 책, p. 72.

테일러는 어떻게 진정한 자아(authentic self)가 근대 개인주의의 기초가 되며 그것이 어떻게 특히 낭만주의로부터 발달했는지 설명한다. 테일러는 이 발전이 모두 나쁘지만은 않다고 올바르게 주장한다. 그것은 매우 실질적인 위험을 수반하지만 실제적 유익도 보여 준다. 따라서 우리의 전략은 그것 자체를 맹렬히 비난하기보다는 그것이 가진 진정성을 되찾기 위해 싸우는 것이어야 한다. 테일러는 전반적으로 자신의 주장을 '합당하게'(즉 아주 다양한 배경을 가진 독자들에게 이치에 맞게) 만드는 데 관심을 기울인다. 또한 점차 늘어나는 주체(즉 개인)에 초점을 맞추는 논의 속에서 행위의 **태도**(manner)와 **내용**(matter)을 구분하기를 중시한다. 진정성은 분명 나 자신과 내 태도에 관한 것이지만, 이것이 행위의 내용이나 문제 역시 나 자신에게서 유래해야 함을 조금도 뜻하지 않는다. "이 두 종류의 자기참조성"(self-referentiality)을 혼동하는 일은 비극적이다."[20] 나의 목표는 자신을 넘어선 어떤 것과, 즉 신과, 정치적 명분과, 환경주의와 연관될 수 있다. 실제로 테일러는 바로 이것이 우리가 반드시 뛰어들어야 할 싸움, 즉 자기 성취가 자신을 넘어서는 관계와 도덕적 요구를 **요청한다**는 사실을 사람들에게 설득하는 일이라고 생각한다.[21]

테일러는 도구적 이성과 기술의 지배에 관해 그것이 쇠우리를 만들어 낸다는 베버의 분석에 마땅히 공감한다. 하지만 테일러는 통찰력 있게 "사실 우리는 갇혀 있지 않다"고 주장한다.[22] 테일러는 도구적 합리성과 그 최적 효율 이론을 데카르트에게서 비롯된 유리된 자아와 연관 짓는다. 그는 우리에게 이에 대항해 싸우기를, 또한 종교개혁 사상가들이 근대에 기여한 바인 일상에 대한 긍정을 회복하기를 권한다. "환자가 인간임을 망각하고, 환자의 이

20 같은 책, p. 82.
21 같은 책, pp. 72-73.
22 같은 책, p. 101.

야기를 치료와 어떻게 연관 지을지 아무런 주의를 기울이지 않고, 그러니 희망과 절망의 결정 요인도 고려하지 않고, 치료자와 환자 사이의 근본적 신뢰감을 무시하는 의료 관행 같은 모든 도구적 이성의 고삐 풀린 확장은 도구적 이성의 이런 적용 자체를 정당화하는 온정에 근거해 도덕적 기초의 이름으로 저지되어야 한다."[23]

테일러에 따르면, 우리는 기술을 실천적 온정의 맥락에 '끼워 넣을' 대안을 찾아야 한다. 기술이 분명 모두 나쁘지는 않다. 우리는 도구적 합리성의 승리는 불가피하다고 생각하는 결정론적 관점에 저항해야 한다. 그 역할에 이의를 제기할 수 있어야 하고, 우리는 적절히 저항할 점을 찾아내고 도구적 합리성의 결함에 맞서 점점 늘어나는 **정치적** 반대에 동참할 필요가 있다.

근대의 불안을 치유하려면 정치와 사회 구조에 관심을 기울이는 일이 반드시 필요하며, 이는 테일러가 말하는 셋째 불안과 연관된다. 그가 예리하게 지적하길,

> 근대 사회가 단일 원리에 의해서 운영될 수 있다는 믿음은 그것이 일반 의지로 계획된 것이건 자유 시장 분할 원리에 입각한 것이건 소비주의와 함께 사라졌어야 했다. 우리의 도전은 실제로 자유롭고 번영하는 사회에 반드시 함께 있어야 하지만 서로를 방해하는 경향이 있는 시장 분할, 국가 계획, 공동 필요 조달, 개인 권리 옹호, 효과적인 민주적 발안과 통제 같은 일련의 운영 방식을 자기를 우롱하지 않는 어떠한 방식으로 결합하는 것이다.[24]

---

[23] 같은 책, p. 106.
[24] 같은 책, p. 110.

테일러는 이 다섯 측면을 "양상"(modes)이라 부르며, 그것들이 단기적으로는 시장 효율성의 부정적 효과를 억제하겠지만 길게 볼 때 그것들이 망가지면 경제적 성과가 악화될지 모른다고 지적한다. 우리는 시장과 더불어 살아야 하지만, 정치적 힘을 갖춘 민주주의 맥락 속에서 그래야 한다. 테일러는 공동선의 필요와 그에 기여할 시민이 필요함을 제대로 일깨워 준다. 그는 근대를 좋거나 나쁘게 보려 하지 않는다. 근대는 **위대함**과 **비참함**을 함께 가지고 있다.

가톨릭 철학자들은 여러 형태와 규모를 보여 주며, 상세하게 다루기엔 뛰어난 이가 너무도 많다. 현대 가톨릭 철학에 대한 이 단락을 결론짓기 위해, 매우 다르지만 중요한 학자 둘을 언급하고자 한다.

르네 지라르

르네 지라르(René Girard, 1923-2015)는 스탠퍼드 대학교의 언어, 문학, 문명학 명예교수였다. 프랑스 가톨릭 철학자이자 사회학자인 지라르는 "문화에서 야기된 폭력의 역할, 그 근원에 대한 성경적 예증, 우리 현실의 인간 상황에 관한 세계 정상급 사상가다."[25] 프랑스에서 1978년에 출판된 그의 『세계 창설 이래 감추어졌던 것들』(Things Hidden Since the Foundation of the World)은 프랑스 성직자와 지성인들 사이에서 격렬한 토론을 일으켰다. 그의 『나는 사탄이 번개처럼 떨어지는 것을 본다』(I See Satan Fall Like Lightning)는 1999년에 프랑스에서 출간된 이래 계속해서 베스트셀러에 오르고 있다. 지라르의

---

[25] James G. Williams, foreword to *I See Satan Fall Like Lightening*, by René Girard, trans. James G. Williams (Maryknoll, NY: Orbis, 2001), p. ix.

철학은 인류학에 초점을 맞추어 매력적인 문화철학을 만들어 냈다.

지라르는 우리가 우리 자신에게서 시작해야 한다고 본다. 인간에게 가장 기본적인 것은 욕망과 그 결과, 또는 그가 "모방 욕망"(mimetic desire)이라 부르는 것이다. 욕망은 행위자 또는 우리와 세상 사이의 중개자 역할을 하는 타인을 모방하는 데서 비롯된다. 이는 매우 자연스러우며, 우리는 아이가 어떻게 이런 방식으로 발달하는지 쉽게 상상할 수 있다. 그러나 지라르에게 모방 욕망은 거의 늘 갈등을 야기하고 자주 폭력을 유발한다. 모방은 경쟁으로 이어질 수 있으며, 억제되지 않을 경우 폭력으로 빠져들 수 있다. 개인이나 집단의 모방 욕망이 방해받으면 희생양을 찾아 그 희생양에 좌절된 욕망을 분출한다.

지라르는 그런 폭력이 신화의 핵심이라고 주장하며, 그는 고대 신화와 성경의 '신화' 비교에 큰 가치를 부여한다. 이 과정에서 모방 욕망에 대한 기독교의 획기적인 답이 드러난다. 지라르의 『나는 사탄이 번개처럼 떨어지는 것을 본다』는 십계명에 대한 논의로 시작하는데, 지라르는 십계명이 범위와 대상 면에서 독특하다는 데 주목한다. 십계명은 대상을 금지하기보다는 욕망-모방 욕망-을 금지한다. 그리하여 십계명은 자아와 이웃의 이중적 우상숭배의 위험과 그것이 폭력을 유발시킬 수 있는 가능성을 인지하고 있음을 드러낸다. 이런 식으로 "십계명은 혁명의 전조를 보여 주며 혁명을 위한 길을 예비한다. 이 혁명은 신약성경에서 결실을 맺었다."[26] 예수는 우리를 하나님의 "초연한 아량"(detached generosity)[27]을 모방한 그분의 욕망을 모방하도록 부른다.

---

26 Girard, *I See Satan Fall Like Lightening*, p. 13. 『나는 사탄이 번개처럼 떨어지는 것을 본다』 (문학과지성사).
27 같은 책, p. 14.

지라르의 철학은 이런 간략한 설명보다 훨씬 더 상세하고 광범위하다. 우리는 기독교 철학이 현대 문화 분석을 위한 풍부한 자원을 가지고 있음을 보여 주기 위해 이 간략한 설명을 포함시켰을 뿐이다. 우리의 세계화된 세상은 점점 더 소비주의로 특징지어져 가고 있으며, 어떻게 모방 욕망이 가진 자와 가지지 못한 자로 나뉜 세상에서 폭력을 유발할 수 있는지(또한 유발해 왔는지) 보기란 어렵지 않다.

장뤽 마리옹

앞 장에서는 후설의 현상학을, 또한 현상학 전통에서 많은 뛰어난 작업이 계속해서 이루어지고 있음을 논했다.[28] 프랑스의 가톨릭 철학자 장뤽 마리옹(Jean-Luc Marion, 1946-)은 오늘날 살아 있는 가장 뛰어난 현상학자로 널리 알려져 있다.

마리옹은 오드센주 뫼동에서 태어났다. 그는 파리에 있는 고등사범학교(École Normale Supérieure)에서 자크 데리다와 루이 알튀세르(Louis Althusser)에게 대학원 과정 철학을 배웠다. 신학에 대한 마리옹의 깊은 관심은 개인적으로 루이 부이에(Louis Bouyer), 장 다니엘루(Jean Daniélou), 앙리 드 뤼박(Henri de Lubac), 한스 우르스 폰 발타사르(Hans Urs von Balthasar) 같은 신학자에게 받은 인격적 영향 아래 계발되었다. 그는 1996년 파리 제4대학교(소르본느)의 철학 책임 교수가 되었다. 마리옹의 학문적 작업 대부분에서는 데카르트나 후설과 하이데거 같은 현상학자를 다루고 있지만, 근래엔 그가 한

---

28 독자들은 특히 장뤽 마리옹, 장이브 라코스트(Jean-Yves Lacoste), 마이클 헨리(Michael Henry), 장루이 크레티앙(Jean-Louis Chrétien)의 다양한 작업 속에서 현상학의 '신학적 전회'(theological turn)를 감지할 수 있을 것이다.

명백히 종교적인 작업들이 많은 주목을 끌고 있다. 예를 들어 『존재 없는 신』(*God Without Being*)은 사랑과 선물에 대한 마리옹의 작업과 연결된 주제인 우상숭배 분석과 관련되어 있다.

2002년에는 마리옹의 『증여: 주어짐의 현상학을 향하여』(*Being Given: Toward a Phenomenology of Givenness*) 영역본이 출판되었다. 마리옹은 이 책에서 그리스도 안에서 발견되는 계시 현상을 다룬다. 그는 이렇게 말한다. "근대적 사고에서 결국 그리스도는 정확히 응시할 수 없는 현상(irregardable phenomenon)으로 나타난다. 어떤 초월적 자아(I)가 성상(icon)으로 표현된 그리스도를 자아와 닮은 형상으로 구성하는 방식으로 보는 것이 아니라 그분이 나를 자기의 증인으로 삼는 방식으로 바라보시기 때문이다.…포화된 현상은 나를 자신의 증인으로 만드는 타자(그리스도)에게서의 역방향 응시로부터 온다."[29]

현상학에는 복잡한 전문 용어가 있으며, 우리가 여기서 마리옹의 풍성한 현상학을 풀어놓을 수는 없다. 그의 작업은 현재 철학에서 이루어지고 있는 풍성한 가톨릭적 작업의 또 다른 예라는 사실을 말하는 것으로 만족하려 한다.

가톨릭 철학과 기독교 철학?

가톨릭 철학자들의 도전은 '기독교 철학' 개념 자체가 아직 결론 나지 않은 것과 마찬가지로 여전히 남아 있다. 가톨릭 역사학자 제임스 터너(James

---

[29] Jean-Luc Marion, *Being Given: Toward a Phenomenology of Givenness*, trans. Jeffrey L. Kosky (Stanford, CA: Stanford University Press, 2002), p. 240.

Turner)는 마크 놀(Mark Noll)과 나눈 대화에서, 토마스주의에서 배운 점 하나는 "신앙이 아무런 **인식론적** 우위를 제공하지 않는다"는 것이었다고 주장한다.[30] 찰스 테일러도 마찬가지로 그것이 "어떤 것이건 형이상학적 혹은 신학적 신념을 가진 정직한 사상가를 설득하려 노력"하는 철학적 담론의 본질이라고 주장한다.[31] 그러므로 앨빈 플랜팅가의 취임 연설과 기독교 철학의 르네상스가 가톨릭 철학자들에게 다양한 반응을 일으킨 것은 놀랄 일이 아니다.

뛰어난 가톨릭 철학자 린다 자그제브스키(Linda Zagzebski)는 **개혁주의 인식론**에 대한 가톨릭의 반응을 한 모음으로 편집했다. 개혁주의 인식론은 플랜팅가, 월터스토프 등이 발전시킨 인식론 접근법을 일반적으로 가리키는 이름이다. 자그제브스키는 자연신학 문제가 가톨릭 철학자와 개혁주의 인식론자 간 논쟁의 중심이라고 올바로 지적한다. 역사적으로 가톨릭에서는 계시된 신학이 **자연신학**에—즉, 철학자들의 작업에—기초한다는 견해를 확언해 왔으며, 이 견해는 토마스주의 철학이 교회 신학의 기초임을 공식적으로 선포한 교황 레오 13세(Leo XIII)의 회칙 『영원하신 아버지』(*Aeterni Patris*, 1879)에 명문화되었다. 자연신학과 자연법은 앞서 제임스 터너의 인용문에 반영된 것처럼 여전히 '도움 받지 않은 인간 이성'이 가진 가능성을 높게 보는 견해를 가지고 있다. 다시금 자그제브스키는 타락이 인간 이성에 미친 영향에 관한 사안이 개혁주의 인식론에 대한 가톨릭의 불편함—반대는 아니더라도—아래 깔려 있다는 점도 올바로 지적한다.

---

30 Mark A. Noll and James Turner, *The Future of Christian Learning: An Evangelical and Catholic Dialogue*, ed. Thomas A. Howard (Grand Rapids: Brazos, 2008), p. 106.
31 James L. Heft, ed., *A Catholic Modernity? Charles Taylor's Marianist Award Lecture* (New York: Oxford University Press, 1999), p. 13.

두 전통 모두 자연적인 인간의 기능들이 원죄의 결과로 손상되었다는 점에 동의하긴 하지만, 가톨릭 신학에서는 일반적으로 지성보다는 의지가 더 손상을 입었으며 우리의 추론 능력은 기독교 믿음으로 오는 길을 지시하는 데 상당한 성취를 이룬다고 여전히 소망할 수 있음을 계속 주장해 왔다. 가톨릭 철학은 또한 우리의 이성이 도덕적 문제에 관한 지식의 유력한 근원임을 암시하는 오랜 자연법 전통을 가지고 있다. 형이상학적 문제로 확장하기는 상대적으로 쉽다. 그 사상은, 도덕적 지식과 형이상학적 지식 모두 인간 본성에 대한 지식 속에 중요한 토대를 가지고 있으며, 인간 본성에 대한 지식도 보통 인간 이성의 범위 내에 있다는 것이다.[32]

자그제브스키는 이 모음에 휴고 메이넬(Hugo Meynell)이 제기한 증거주의자의 입장을 실었다.[33] 그는 아퀴나스가 가장 강박적인 증거주의자라고 주장하면서 자신이 맡은 장을 이런 고백으로 끝맺는다. "나는 이 문제에 관한 나 자신의 견해가 개혁주의 철학자들이 예사로 '증거주의'라 매도할 바로 그런 것 가운데서도 아주 지독한 형태임을 인정할 수밖에 없다."[34] 다른 반응들은 보다 온건하며 몇몇 장에서는 개혁주의 인식론이 의지에 적절한 주의를 기울이지 않았다는 점을 부각하고 있다. 실제로 『이성적 신앙』(Rational Faith)의 기고자 대부분이 일종의 인지적 주의주의(cognitive voluntarism)를 지지한다. 설리번(Sullivan)은 이 점에서, 신앙이 전제에서 도출된 결론이 아니라 의

---

32 Linda Zagzebski, introduction to *Rational Faith: Catholic Responses to Reformed Epistemology*, ed., Linda Zagzebski, Library of Religious Philosophy 10 (Notre Dame, IN: University of Notre Dame Press, 1993), pp. 3-4.
33 증거주의에 관해서는 p. 359를 보라.
34 Hugo Meynell, "Faith, Foundationalism, and Nicholas Wolterstorff", in Zagzebski, *Rational Faith*, p. 105.

지의 행위라고 주장한 존 헨리 뉴먼(John Henry Newman)에게 의존하고 있다.³⁵ 내재주의(internalist) 인식론과 외재주의(externalist) 인식론의 구분이 이와 연관되어 있다. 내재주의 인식론에서는 정당화의 조건이 신앙인의 의식에 접근 가능함을 강조한다. 외재주의 인식론에서는 이를 부정한다. 플랜팅가의 인식론은 다음 장에서 보겠지만 근본적으로 외재주의적이며, 『이성적 신앙』의 많은 기고자는 내재주의 인식론을 주장한다.

랄프 맥키너니(Ralph McInerny)의 결론 장은 이를 기독교 철학 같은 것이 존재하는지 그렇지 않은지에 대한 1930년대의 가톨릭 내부 논쟁을 거론하는 역사적 맥락 속에서 새롭게 논의한다는 점에서 흥미롭다. 맥키너니는 플랜팅가와 평화적으로 씨름하면서, 기독교 학자들에게 그들이 어떤 연구를 수행하며 왜 그러한지 하는 면에서 경각심을 일깨워 준다는 점에서 플랜팅가의 접근은 도움이 된다고 보았다. "따라서 기독교적 철학함의 결과는 신앙과 지식의 혼합물이 아니라 신앙의 자극 없이는 결코 만들어지지 않을 지식의 획득이다."³⁶

그럼에도 맥키너니가 수행한 개혁주의 인식론과의 평화적 대화는 많은 가톨릭 철학자와 개혁주의 인식론자들이 제안하는 종류의 철학의 '내적 개혁' 사이에 간격이 있음을 보여 주었다. 의심할 여지없이 논쟁은 계속될 것이다.

신칼뱅주의와 철학

앨빈 플랜팅가와 니콜라스 월터스토프는 오늘날 기독교 철학자 가운데 가

---

35 Thomas D. Sullivan, "Resolute Belief and the Problem of Objectivity", in Zagzebski, *Rational Faith*.
36 Ralph McInerny, "Reflections on Christian Philosophy", in Zagzebski, *Rational Faith*, p. 275.

장 뛰어난 이들이다. 둘 다 평생 중립성 가정(neutrality postulate)에 맞서 싸웠던 아브라함 카이퍼에게서 유래한 전통에 뿌리를 두고 있다. 플랜팅가, 월터스토프 등이 발전시킨 개혁주의 인식론은 신칼뱅주의 전통에서 일어난 두 주요 철학적 발전 중 하나다. 헤르만 도이어베르트가 발전시킨, 특히 그가 여러 권으로 쓴 『이론적 사유의 새로운 비판』(*A New Critique of Theoretical Thought*)에서 발전시킨 철학은 조금 덜 알려졌다. 플랜팅가는 이렇게 말한다.

[20]세기 전반부에 일어난 기독교 철학의 주요한 긍정적 발전은 지금 우리가 탄생 100주년을 기념하는 이의 작품이 확실하다. 도이어베르트의 작업은 광범위하고, 통찰력 있으며, 심오하고, 용기 있으며, 매우 독특한 영향력을 가지고 있다.…도이어베르트의 업적이 아브라함 카이퍼에게로 되돌아가는, 사실은 멀리 보나벤투라, 아우구스티누스, 테르툴리아누스에게로 되돌아가는 맥락 속에서 이루어졌음을 기억하면서, 그저 그가 이룬 업적의 규모에만 주목해 보자.[37]

플랜팅가와 월터스토프의 철학이 보통 **개혁주의 인식론**(Reformed epistemology)이라 불리는 반면 도이어베르트 노선의 철학은 대개 **개혁주의 철학**(Reformational philosophy)으로 알려져 있다. 개혁주의 철학은 유럽적 성향이 있는 반면에 개혁주의 인식론은 보다 분석적이다.

플랜팅가와 월터스토프가 캘빈 칼리지에서 철학을 전공하던 시절, 윌리엄 해리 젤레마(William Harry Jellema)의 분석적 스타일과 H. 에반 러너(Evan Runner)의 명백한 개혁주의 철학 사이에는 악감정이 있었다. 긴장은 세월이

---

37 James F. Sennett, ed., *The Analytic Theist: An Alvin Plantinga Reader* (Grand Rapids: Eerdmans, 1998), p. 329.

지나면서 잦아들었고 개혁주의 인식론은 철학 무대에 중요한 주자로 등장했다. 우리 생각에는 두 흐름 모두 오늘날 기독교 철학을 수행하는 데 제공할 중요한 통찰을 가지고 있으며, 시간이 지난 덕분에 이제 두 흐름 사이에서 겹치는 주요 영역을 더 분명히 볼 수 있게 되었다. 이어지는 장에서는 오늘의 기독교 철학을 비옥하게 만들 터전인 개혁주의 인식론과 개혁주의 철학을 살펴볼 것이다.

보낸사람: abby@longobedience.edu
받는사람: percy@secular.edu
제목: 굉장해

안녕 퍼시,

백퍼 확신하는데 너네 철학 수업에서는 하지 않았을 거야. 우린 지난 30년 동안, 특히 북미에서 일어나고 있는 기독교 철학의 놀라운 르네상스를 두고 논의했거든. 전혀 몰랐던 것들이었어! **정말로** 그 일부로 참여했으면 좋겠어. 그래서 내일 학위 과정에 철학을 부전공으로 추가할 수 있는지 알아보려고 주임 교수님을 만날까 해!

애비

13장 개혁주의 인식론

보낸사람: percy@secular.edu

받는사람: abby@longobedience.edu

제목: 정말?

안녕 애비,

그렇지 뭐. 우리 수업에서는 기독교 철학의 르네상스를 전혀 언급하지 않았어. 존재하지도 않았던 것처럼 말야! 자세한 내용 좀 보내 줘. 이거 공부해 봐야겠어.

서론

1980년에 시사 주간지 『타임』(Time)에서는 다음과 같은 기사를 냈다. "불과 20년 전엔 누구도 전혀 예상할 수 없었던 사상과 논쟁에서의 조용한 혁명이다. 신이 되돌아오고 있다. 아주 흥미롭게도, 이는 신학자나 일반 신자들 사이에서 벌어지는 일이 아니다.…오래전 전능자를 생산적 담론에서 추방하기로 합의했던 학문적 철학자들의 명철한 지성 사회에서 그 일이 벌어지고

있다."¹

『타임』에서는 캘빈 칼리지의 철학 교수 앨빈 플랜팅가를 이 혁명의 선도자로 지목하고 그를 "세계적으로 선도하는 하나님의 개신교 철학자"라고 불렀다. 플랜팅가와 월터스토프가 편집한 『신앙과 합리성』(*Faith and Rationality*)은 개혁주의 인식론 기획에 관한 최초의 포괄적 해설이었다.

메타인식론과 고전적 토대주의

월터스토프는 이른바 **메타인식론**(metaepistemology)의 출현이 얼마나 도움이 되었는지 언급한다. 그는 이렇게 설명한다.² "철학자들은 무조건 앞으로 뛰어들어 인식론 이론을 개발하기보다는, 뒤로 물러나 그러한 이론을 구성하기 위해 택할 수 있는 구조적 선택지를 놓고 진지하게 숙고해 왔다."³

한 이론—즉, 고전적 토대주의—은 오랫동안 지배했다. 고전적 토대주의는 "신앙, 지식, 정당화된 믿음, 합리성, 아울러 관련 주제들을 바라보는 그림 혹은 전체적 방식이다. 이 그림은 서양 사상에서 엄청나게 인기 있었다. 그리고 상당한 반대의 격랑이 있었음에도, 나는 이것이 이 주제를 생각하는 지배적 방식으로 남아 있다고 생각한다."⁴

---

1 "Modernizing the Case for God", *Time*, April 7, 1980.
2 Wolterstorff, introduction to *Faith and Rationality: Reason and Belief in God*, ed. Alvin Plantinga and Nicholas Wolterstorff (Notre Dame, IN: University of Notre Dame Press, 1983), pp. 1–15를 보라.
3 같은 책, p. 1.
4 James F. Sennett, ed., *The Analytic Theist: An Alvin Plantinga Reader* (Grand Rapids: Eerdmans, 1998), p. 129. 도표는 Kelly J. Clark, *Return to Reason: A Critique of Enlightenment Evidentialism and a Defense of Reason and Belief in God* (Grand Rapids:

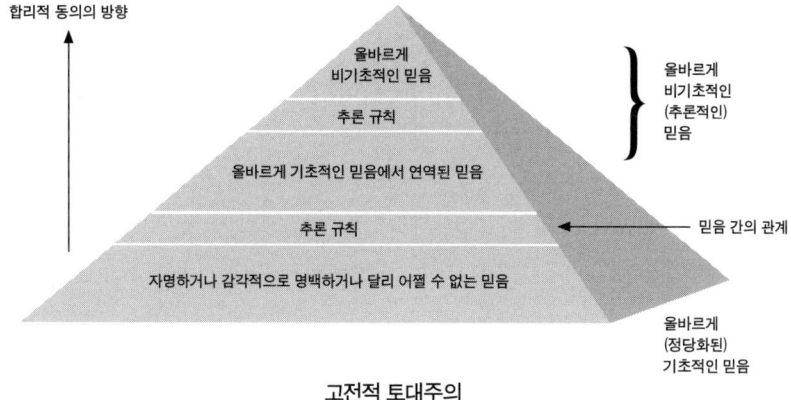

고전적 토대주의

토대주의와 고전적 토대주의를 구별하는 것은 중요하다. 고전적 토대주의는 토대주의의 한 변형이다. 둘 다 지식 습득을 집짓기와 비슷한 것으로 보며 그 위에 이론이라는 집을 세울 수 있는 탄탄한 기초의 필요성을 강조한다. 토대주의는 중세의 전성기 이래 지배적인 인식론이었다.

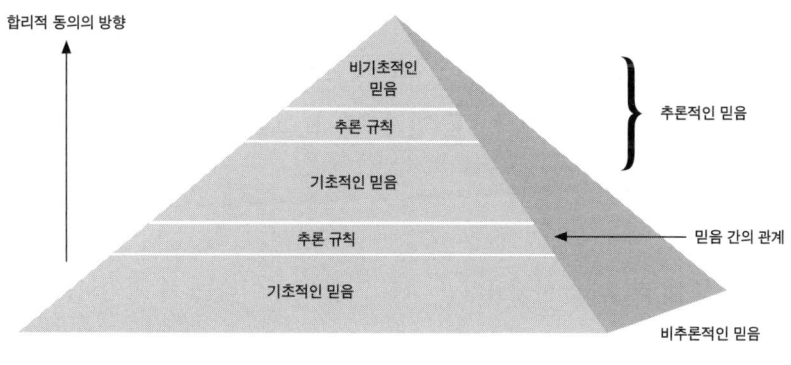

토대주의

Eerdmans, 1990), pp. 134, 137에서 가져왔다.

토대주의에서 이론적 지식의 집 토대는 다른 믿음의 지원 **없**이 믿는 것이 정당화되는 일련의 기초적인 믿음을 담고 있다. 즉, 이 믿음은 올바르게 기초적(properly basic)이다. 토대가 탄탄하다면 누구나 적합한 방법(추론 규칙)을 사용하여 상위의 믿음을 지을 수 있다. 합리적 동의는 오직 믿음의 보증이 추론 규칙에 의해 낮은 단계에서 높은 단계로 옮겨질 때만 위로 올라간다. 여기서 중요한 것은 **어떤** 믿음이 올바르게 기초적인가, 즉 어떤 믿음이 토대를 적법하게 점유할 수 있는가 하는 것이다.

고전적 토대주의는 믿음이 두 종류라고 주장한다는 점에서 토대주의적이다.

1. 토대가 되는 것들. 그것을 합리적으로 믿기 위한 논증이나 증거를 요구하지 않는 것들이다. 이런 의미에서 그것들은 기초적이다.
2. 토대가 되지는 않지만 토대가 되는 다른 믿음에 기초하여 믿을 수 있는 것들

기초적인 믿음은 증거를 요구하지 않지만 비(非)기초적인 믿음은 증거를 요구한다. 고전적 토대주의는 세부적으로 믿음이 올바르게 기초적으로 작동할 수 있다는 점에서 토대주의를 발전시킨다. 고전적 토대주의자에 따르면 기초적인 믿음이란 다음과 같다.

1. 자명한 믿음, 즉 이해되기만 하면 그것이 참이라는 게 확인되는 믿음. 예를 들어 2+1=3은 자명한 믿음이다. 그것이 참인지 알려면 이해되기만 하면 된다.
2. 견고한 믿음, 즉 신봉해도 잘못될 수 없는 믿음
3. 감각 경험에 기초해 형성된 믿음(일부 고전적 토대주의자는 이 믿음도 기초적

이라고 주장해 왔다.)

고전적 토대주의는 기독교 학문에 나쁜 소식이었다. 예를 들어 W. K. 클리포드(Clifford)는 "무엇이건 증거가 불충분한 것을 믿는 것은 언제나 어디서나 누구에게나 잘못된 일이다"라고 명확히 말한다.[5] 비슷하게, 버트런드 러셀도 천국에 가서 기독교가 진리임을 발견한다면 무슨 말을 하겠느냐는 질문에 이렇게 대답했다. "이렇게 말할 것입니다. '신이시여, 증거가 충분치 않았습니다. 증거가 충분치 않았습니다!'"[6] 클리포드와 러셀이 무엇이 증거로 채택될 수 있고 채택될 수 없는지 매우 좁은 방식으로 규정하는 고전적 토대주의 틀 속에서 움직인다는 사실을 깨닫기 전엔 이런 말이 인상적으로 들릴 수 있다. 고전적 토대주의에서는 신에 대한 믿음을 올바르게 기초적인 것으로 받아들이는 것이 불합리하다고 간주하며, 따라서 신을 믿는 일은 신의 존재가 토대적 믿음이라는 기초 위에서 입증될 수 있을 때만 정당화될 수 있다.

이런 주장이 신에 대한 믿음에 제기하는 도전은 증거주의라고 알려져 있다. 신에 대한 믿음은 오직 적절한 '증거'에 기초해야 정당화될 수 있다. 일부 복음주의 변증가들은 기독교 믿음이 이 도전에 부응할 수 있음을 입증하려 했다. 노르만 가이슬러(Norman Geisler), 헨리 모리스(Henry Morris), R. C. 스프로울(Sproul), 존 거스트너(John Gerstner)가 그 예다. 켈리 제임스 클락(Kelly James Clark)은 이 접근을 분석하며 이렇게 말한다. "복음적 증거주의의 실패는 계몽주의의 증거주의를 무비판적으로 신뢰했다는 데 있다.…그들은…고전적 자연신학과 그 계몽주의적 증거주의라는 가정에 전념하며 근대 사상에

---

[5] W. K. Clifford, *The Ethics of Belief and Other Essays* (New York: Prometheus, 1999), p. ix.
[6] Sennett, *Analytic Truth*, p. 104.

과도하게 집착했다.…그들은 그들 자신의 기준에 미치지 못한다."[7]

실제로 "[고전적 토대주의라는] 이 특수한 선택지의 구조를 분명히 파악한 대부분의 철학자는 그것을 배격했다. 자세히 살펴본 결과 그들은 고전적 토대주의가 옹호될 수 없음을 발견했다."[8] 고전적 토대주의에 대한 비판과 종말에서 플랜팅가와 월터스토프의 역할은 결코 작지 않다. 하지만 이것이 신뢰할 만한 지식 획득을 설명하는 잘못된 방식이라면, 무엇이 옳은 길인가? 플랜팅가와 월터스토프는 물론 윌리엄 올스턴 같은 다른 개신교 철학자도 대안적 인식론 모델을 개발하는 데 많은 에너지를 쏟아부었다.

종교의 한계 내에서의 이성

월터스토프는 1976년에 칸트의 『이성의 한계 안에서의 종교』라는 책 제목을 뒤집어 『종교의 한계 내에서의 이성』을 출판했다. 앞서 보았듯, 테르툴리아누스는 "예루살렘이 아테네와 무슨 상관이 있는가?"라고 물었다. 월터스토프는 이렇게 말한다. "한 인간이 아테네에서는 아테네 사람처럼, 예루살렘에서는 예루살렘 사람처럼 행동하면서 두 다른 공동체에서 살 수 있다는 데는 의심할 나위가 없다. 그러나 학자이자 그리스도인으로 일관성 있게 살기 원한다면…이 두 공동체 내 멤버십이 어떻게 조화될 수 있는지 묻지 않을 수 없다."[9] 월터스토프는 『종교의 한계 내에서의 이성』에서 학문 활동에서 기독교

---

7 Clark, *Return to Reason*, pp. 46-53. 이 부분은 p. 53.
8 같은 책, p. 4.
9 Nicholas Wolterstorff, *Reason within the Bounds of Religion*, 2nd ed. (Grand Rapids: Eerdmans, 1984), p. 21.

적 관여(commitment)의 역할을 독창적으로 검토했다.

책 전반부 대부분은 토대주의와 고전적 토대주의에 대한 비판이다. 월터스토프는 토대주의의 두 가지 중요한 문제점을 밝힌다. 첫째, 이론과 기초의 관계를 설명하는 것과 관련한 문제가 있다.[10] 그는 이렇게 지적한다. "일련의 기초 명제가 있다 해도, 받아들이거나 배격하는 데 보증된 이론이 그 일련의 부분과 어떤 관계를 가지고 있는지 보이는 일은 아직 아무도 성공하지 못했다. 일련의 기초 명제가 있다 해도, 우리는 과학의 일반적 논리를 갖고 있지 않으며, 따라서 보증된 이론을 받아들이고 배격하기 위한 일반적 규칙도 갖고 있지 않다."[11]

둘째, 그 기초에 속한 명제들을 필요한 만큼 발견하기 어렵다.[12] 월터스토프는 토대주의를 검토해 이런 결론을 내렸다. "보증된 이론을 받아들이기 위해 제안된 규칙은 유지될 수 없다. 만일 그리고 오직 어떤 이론이 추론적이지 않고 확실성을 가지고 알 수 있는 명제들에 의해 정당화됨을 믿는 것이 보증된다고 해도, 그 이론을 받아들이는 일이 보증되는 것은 아니다.…이론 정립에 대한 미래의 이론들은 비토대주의적인 것이 되어야 할 것이다."[13]

월터스토프는 성경이 토대주의를 구원하지 못하리라고 강력히 주장한다. 그가 올바로 지적하듯, 성경은 우리에게 이론 정립을 위한 기초 역할을 할 수 있는 일련의 "의심 불가능하게 알려진 명제"[14]를 제공하지 않는다.

---

10 같은 책, pp. 35-45 월터스토프는 어떻게 **연역주의**(deductivism)를 뒤이어 **개연주의**(probabilism)가 오고 다시 **허위화**(falsification)로 이어지는지에 주목한다. 이것들은 모두 적절한 인식론이 아니다.
11 같은 책, p. 45.
12 같은 책, pp. 46-55.
13 같은 책, pp. 56-57.
14 같은 책, p. 62.

월터스토프는 대안적 인식론―대안적 "이론 정립 이론"(theory of theorizing)[15]―을 위한 작업을 수행하며 학자들이 어떻게 이론을 '평가'(weighing)해야 할지에 초점을 맞춘다. 그는 학자들이 그들의 믿음 복합체 전부를 지닌 채 이론을 평가할 수밖에 없기 때문에 "믿음에 둘러싸여 있게 된다"고 지적한다.[16] 복잡한 '이론망' 속에서 **데이터-배경 믿음**(data-background beliefs)은 무엇을 데이터로 받아들이고 받아들이지 않을지에 영향을 미친다. **통제 믿음**(control beliefs)은 무엇이 연구하는 주제를 위해 받아들일 수 있는 이론인지를 믿는 것과 관계있다. 통제 믿음은 이론의 논리적 또는 상상적 구조, 이론이 그 존재에 우리를 맡길 그런 실재 등에 대한 믿음을 포함한다. 통제 믿음은 부정적으로는 우리가 어떤 이론을 배척하게 만든다. 반면에 긍정적으로는 이론을 구성할 기초를 제공한다. 월터스토프는 이런 방식으로 학자들의 이론 평가에서 믿음의 세 차원을 구분한다.

1. 데이터 믿음
2. 데이터-배경 믿음
3. 통제 믿음

월터스토프의 제안이 갖는 급진성은, 그리스도인 학자들에게 그들의 종교적 믿음이 그들이 이론을 구성할 때 통제 믿음으로 작용해야 한다는 그의 주장에서 드러난다. 기독교 학문은 **참된 기독교적 헌신**(authentic Christian commitment), 즉 하나님 나라 도래의 증인, 일꾼, 증거가 되라는 하나님의 부

---

[15] 같은 책, p. 21.
[16] 같은 책, p. 66.

르심에 대한 응답에 참여하는, 그리스도를 따르는 이의 헌신으로부터 나와야 한다. 참된 기독교적 헌신은 믿음보다 훨씬 높지만, 그것은 분명 단지 하나님만을 믿는 것이 아니라 세상에 대한 믿음도 포함한다. 플랜팅가가 취임 연설에서 강조한 것처럼, 월터스토프 역시 그리스도인 학자는 그들의 학문에서도 **완전성**을 추구해야 한다고 주장한다. 학문이 그들의 신앙적 헌신과 하나여야 한다는 것이다. 이는 이 헌신과 상충하는 이론을 배격하고 그것과 일치하는 이론을 발전시키는 것을 의미할 것이다.

월터스토프는 이를 자연스레 따라 나오는 7개의 결론으로 발전시킨다.

1. 대체로 그리스도인 학자의 신앙적 헌신은 그들의 이론을 포함하지 않을 것이다. 성경은 이론적인 책이 아니며, 성경이 결코 제공하려 의도하지 않은 것을 제공하리라 기대하는 것은 치명적 잘못이다.
2. 여러 영역에서 하나 이상의 이론이 학자의 신앙적 헌신의 믿음 내용에 부합할 수 있다.
3. 대체로 그리스도인 학자가 이론을 평가하기 위한 데이터는 그들의 신앙적 헌신이 아니라 다른 모든 학자와 마찬가지로 주변 세계에 대한 관찰과 반성에서 도출된다.
4. 신앙적 헌신은 그리스도인 학자의 이론 정립에 내적으로 작용해야 한다. 이는 많은 기독교 학문의 특징을 이루는 조화나 연결 방식을 배제한다. 그런 접근 방식의 문제는 과학을 문제없다고 보고 그것을 기독교 믿음과 연관 지으려 하는 데 있다.
5. 일반적으로 그리스도인 학자의 모든 통제 믿음이 그들의 신앙적 헌신 속에 내포되어 있지는 않다.
6. 어떤 경우에는 당연히 그리스도인 학자와 비그리스도인 학자가 같은

이론을 받아들일 수 있다.
7. 토대주의를 배격하는 선상에서, 우리의 이론 정립에서는 데이터도 통제도 확실성이라는 토대에서 발전될 수 있지는 않다.

월터스토프의 이론 정립 이론은 참된 기독교적 헌신에 특권을 부여하지만, 그는 이론이 또한 기독교적 헌신의 정확한 성격에 대해 질문을 제기하고 그것을 개정하도록 이끈다는 점을 올바로 지적했다. 그의 시야는 독창적이다. "기독교 학문은 그리스도인 학자가 그의 참된 헌신의 통제하에 유망하고 흥미로우며 풍성하면서도 도전적인 연구 방향으로 이끄는 이론을 만들어 내기 전에는 빈약하고 시시한 것이며 별로 주목할 가치도 없다."[17]

기독교 학문은 마구잡이로 할 수 있는 일이 아니다. 능력, 상상력, 용기를 요구한다. 그리스도인 학자는 참된 헌신을 단순한 것으로 여겨서도 안 된다. "우리의 참된 기독교적 헌신의 믿음-내용은 놀랍도록 풍성하고 복잡한 구조로, 우리는 우리 자신뿐만 아니라 우리보다 앞선 사람들도 헌신이 이론과 맺는 모종의 관계를 간과해 왔음을 늘 거듭 발견한다."[18]

21세기 서구 문화 내에서, 우리는 기독교적 렌즈를 통해 세상을 보려는 의식적 결단을 해야 한다. 또한 참된 헌신이 이론 정립과 어떤 연관성이 있는지 알려면 기독교 신학과 철학을 상세하게 익혀야 한다. 월터스토프는 예리하게 지적한다. "기독교 신학과 기독교 철학이 건강하고 탄탄한 상태에 있지 않은 곳이나 그 결과가 학자들 사이에 널리 퍼져 있지 않은 곳에서는 여타 기독교 학문이 견실하고 활발할 수 있으리라는 기대를 할 수 없다. 기독교 철학과 신

---

[17] 같은 책, p. 106.
[18] 같은 책, p. 107.

학이 중심에 위치하는 것은 그것들이 오류가 없기 때문이 아니다.…그보다는 그리스도인 학자가 체계적인 자기반성을 하는 곳이 바로 이 두 학문 속이기 때문이다."[19]

철학자 사이에는 학문이 '순수'해야 하는지 아니면 세상 변혁을 지향, 겨냥하도록 실천적이어야 하는지를 두고 벌이는 논쟁이 있다. 월터스토프는 하나님이 의도하신 바대로 모든 피조물이 번영하는 것을 뜻하는 의미심장한 용어인 **샬롬**(shalom)이라는 성경적 개념의 규정 아래서 이 문제를 살핀다. 그는 올바르게도 모든 학문이 실천 지향적이어야 한다는 견해를 반대한다. 그리스도인 학자는 각자의 맥락 속에서 순수 지식과 실천 지향적 학문의 가치를 매기고 우선순위를 판단해야 하리라는 것이다.

월터스토프의 『종교의 한계 내에서의 이성』은 철학이 모든 학문 분야에 기여할 수 있는 창조적·기초적 역할을 보여 주는 전형이다. 실제로 월터스토프는 자신의 학문에서 그의 철학적 전문성을 광범위한 학문 분야를 탐사하는 데 썼다. 그는 교육에 오랫동안 관심을 기울였고 예술철학에 관한 두 권의 책을 썼으며, 정의(정치철학)의 기초를 세우는 책도 두 권 냈다. 그가 이른 시기에 낸 책 『정의와 평화가 입맞출 때까지』(*Until Justice and Peace Embrace*)는 세계 형성적 힘인 칼뱅주의를 다룬 탁월한 책으로 해방신학, 예전, 도시의 미학에 관한 논의를 포함한다.[20]

---

19 같은 책, p. 108.
20 Nicholas Wolterstorff, *Until Justice and Peace Embrace* (Grand Rapids: Eerdmans, 1983). 『정의와 평화가 입맞출 때까지』(IVP).

앨빈 플랜팅가와 보증된 기독교 믿음

앨빈 플랜팅가는 인식론과 종교적 믿음의 위상에 오랫동안 관심을 기울였다. 이 관심은 보증과 인식론에 관한 유명한 세 권짜리 작업으로 열매를 맺었다.[21] 인식론의 핵심 논란은 무엇이 **참된 믿음**을 **신뢰할 수 있는 지식**으로 바꾸느냐의 문제다. 내일 눈이 올 것이라는 믿음을 가질 수 있으며, 그것이 참된 믿음으로 밝혀질 수 있다. 하지만 참된 믿음을 지식으로 바꾸어 주는 x 요인은 과연 무엇인가? 전통적으로 학자들은 **정당화된**(justified) 참된 믿음을 논해 왔으나 플랜팅가는 **보증**(warrant)이라는 용어를 선호한다.

플랜팅가는 **보증**이라는 말을 지식과 참된 믿음의 차이를 충분히 드러내는 특성을 가리키기 위해 사용한다. 하나의 참된 믿음을 지식으로 간주하려면 거기에는 "진리보다 더 많은 무언가가 있어야 한다."[22] 보증은 참된 믿음을 지식으로 바꾸어 주는 부가 요인이며, 플랜팅가는 보증을 **올바른 기능**(proper function) 속에 둔다. 플랜팅가는 『보증: 현재의 논쟁』(*Warrant: The Current Debate*)과 『보증과 올바른 기능』(*Warrant and Proper Function*)에서 근래 제시된 대안적 인식론—내재주의(internalism, 하나의 믿음을 지식으로 간주하기 위한 근거가 우리 정신 속에 있음), 정합주의(coherentism, 믿음이 지식으로 보증

---

[21] Alvin Plantinga, *Warrant: The Current Debate* (New York: Oxford University Press, 1993); Alvin Plantinga, *Warrant and Proper Function* (New York: Oxford University Press, 1993); Alvin Plantinga, *Warranted Christian Belief* (New York: Oxford University Press, 2000). 플랜팅가는 *Warranted Christian Belief*를 일반 대중이 접근하기 쉽게 풀어서 *Knowledge and Christian Belief* (Grand Rapids: Eerdmans, 2015)라는 책을 냈고, 이 책은 『지식과 믿음』(IVP)이라는 제목으로 번역되었다—편집자.

[22] Plantinga, *Warranted Christian Belief*, p. xi. 플랜팅가는 디트로이트 타이거즈 팀의 열혈 팬을 예로 든다. 팀의 전년도 성적이 형편없었음에도 이 팬은 팀에 대한 충성심으로 팀이 우승하리라 믿는다. 모든 예상을 뒤엎고 팀이 해냈다! 그럼에도 그 믿음은 단지 운 좋은 추측이었을 뿐 지식은 아니었다. 지식은 참된 믿음 이상이다.

되기 위해서는 우리 믿음의 연계망에 들어맞아야 함), 신빙주의(reliabilism, 믿음이 지식으로 간주되기 위해서는 신빙성 있는 믿음 형성 과정에 의해 만들어져야 함), 외재주의(externalism, 믿음이 지식으로 간주되기 위한 근거가 정신 밖에 있음)-을 검토했다. 플랜팅가는 『보증과 올바른 기능』에서 보증을 올바른 기능 속에 둔 외재주의 인식론[23]을 주장하며 이렇게 말한다. "하나의 믿음이 참된 믿음 산출을 성공적으로 겨냥한 설계 계획(design plan)에 따라 인지 능력 행사에 유리한 인지 환경 속에서 올바르게 기능하는 인지 과정이나 인지 기구에 의해 만들어진다면 그 믿음은 보증된다."[24]

보증된 믿음에 관한 플랜팅가의 관점에는 다섯 핵심 요소가 있다.[25]

1. 믿음은 올바르게 기능하는 인지 기능에 의해 만들어졌을 때만 보증된다.
2. 보증된 믿음은 설계 계획에 따른 기능을 수반하는 관점과 뗄 수 없게 묶여 있다.
3. 인식적 기능들은 본래 그것을 위해 설계된 환경 속에서 기능할 때만 그 목적을 달성할 것이다.
4. 설계 계획은 반드시 선한 것-즉, 참된 믿음 산출을 성공적으로 겨냥하는 것-이어야 한다.
5. 하나의 믿음이 위의 조건에 부합하여 그에 따라 보증되었을 때, 그 보증의 정도는 믿음의 강도-즉, 그것이 얼마나 확고하게 주장되는가-에 달려 있다.

---

[23] C. Stephen Evans, *Faith Beyond Reason* (Edinburgh: Edinburgh University Press, 1998), pp. 41-43를 보라.
[24] Plantinga, *Warranted Christian Belief*, p. xi.
[25] 같은 책, pp. 153-156.

플랜팅가의 인식론에서 이 요소들은 그의 보증 개념의 핵심을 설명해 준다. 그는 핵심을 둘러싼 영역은 보증된 경우인지 아닌지 불분명한 경우도 포함할 것임을 인정한다.

플랜팅가는 『보증된 기독교 믿음』에서 자신의 인식론을 기독교 믿음과 연관 짓는다. 그는 보증된 유신론 믿음을 위해 한 모델―아퀴나스/칼뱅 모델―을 개발한다. 플랜팅가는 칼뱅에게서 신의식(sensus divinitatis) 개념을 끌어와, 인류에게는 신에 대한 믿음을 형성하려는 자연적 성향이 있다고 주장한다. "신의식은 다양한 환경 속에서 이 신성에 대한 감각 작용을 촉발시키는 모종의 조건이나 자극에 응답해 유신론적 믿음을 형성하려는 한 성향 혹은 일련의 성향이다."[26] 유신론적 믿음은 그런 환경에 의해 야기되지만 그것들로부터 이끌어 낸 결론은 **아니다**. 플랜팅가는 신의식에 의해 만들어진 유신론적 믿음은 올바르게 기초적이라고 주장한다.

플랜팅가는 아퀴나스/칼뱅 모델을 특별히 기독교 믿음을 옹호하기 위해 확장시켜 기독교 믿음이 보증됨을 주장한다. 기독교 믿음은 단지 참된 믿음일 뿐 아니라 실제로 지식이다. 그러나 죄가 지식에 끼친 영향은 무엇인가? 플랜팅가가 올바로 지적한 바처럼, 이는 유신론과 기독교의 중요한 차이점이다.[27] 플랜팅가는 이를 설명하기 위해, 신앙의 역할과 성령의 사역을 위축됨 없이 논하는 확장된 아퀴나스/칼뱅 모델을 개발했다. 그가 말하듯, "어떤 이는 신학 개념들이 철학을 다룬 책에서 진지하게 다루어져야 한다는 것을 수치스럽게 생각할 수 있다. 나는 그것이 (예를 들어) 양자역학, 우주론, 진화론적 생물학으로부터 과학적 개념의 철학 속으로 진입하는 것보다 더 수치스

---

26 같은 책, p. 173.
27 같은 책, p. 201.

럽다고 보지 않는다."²⁸

확장된 아퀴나스/칼뱅 모델에서는 하나님이 우리를 그분의 형상으로 창조했다고 주장한다. 우리는 지성과 의지를 지닌 인격이다. 이 형상의 일부가 신의식이다. 우리가 죄에 빠져 타락한 일은 감성과 인식에 격변과도 같은 영향을 미쳤다. 하나님은 예수 안에서 극치에 달한 구속적 행위를 통해 죄의 치유를 베푸셨다. 그 치유는 우리를 하나님께로 회복시키고 우리를 하나님이 의도하셨던 존재가 되도록 이끄는 길이다. 하나님은 인식 차원에서 두 가지 방식으로 그분의 구원을 우리 인간에게 알리시는데, 첫째는 하나님이 영감받은 사람을 통해 쓰게 하심으로써 그분 자신이 제일저자가 되신 글 모음인 성경을 통해서, 둘째는 우리를 '부추김'으로써 기독교의 핵심 주장들이 진리임을 확증해서 우리 안에 믿음의 선물을 만들어 내시는 성령의 역사를 통해서 그렇게 하신다. 플랜팅가에 따르면, "그러므로 성령의 내적 초청이 믿음의 근원, 곧 기독교 이야기의 주요 노선에 대한 믿음을 우리 안에 만들어 내는 인식적 과정이다. 더 나아가 이 모델에 따르면 이렇게 우리 안에 만들어진 믿음은 보증을 위한 필요충분조건을 충족한다.…만일 이 믿음이 충분히 확고하다면 그것은 칼뱅의 신앙 정의가 그러하듯 지식의 자격을 얻는다."²⁹

고전적 토대주의의 반박 이면에서, 플랜팅가 및 다른 이들은 하나님에 대한 믿음이 다른 올바르게 기초적인 믿음과 마찬가지로 그것이 올바르게 기초적인 것으로 받아들여질 수 있기 전에 증거를 요청하지 않는 올바르게 기초적인 믿음이라고 주장해 왔다. 플랜팅가는 하나님에 대한 믿음을 위한 좋은 논증이 존재하지 않는다고 말하지 않는다. 오히려 하나님에 대한 믿음을

---

28 같은 책, p. 200.
29 같은 책, p. 206.

그런 증거에 의한 **보증**에 의존하게 해서는 안 된다고 말한다. C. 스티븐 에반스가 믿음/이성 관계에 대한 플랜팅가의 견해를 "이성 없는 믿음"이라고 특징지을 때 포착하려 했던 것이 바로 이 점이다.[30]

플랜팅가는 모든 믿음이 올바르게 기초적일 수 없다는 고전적 토대주의에 동의하지만, 올바른 기초성이 무엇인지 기준을 제시하지는 않는다. 그는 우리가 이 점에서 **귀납적으로**(inductively) 접근해야 하며 "믿음과 조건의 예를 모으되, 전자가 후자 내에서 분명하게 올바르게 기초적인 예, 또한 전자가 후자 내에서 분명하게 올바르게 기초적이지 않은 예를 모아야 한다"고 주장한다.[31] 우리는 이 점에서 위로부터 시작하기보다 아래로부터 나아가야 한다. 그러나 모든 이가 관련된 예에 동의하리라 가정해서는 안 된다.

물론 그리스도인들은 하나님에 대한 믿음은 전적으로 올바르고 이성적이라고 가정할 것이다. 설령 그가 이 믿음을 다른 전제에 기초해 받아들이지 않는다 해도, 그는 분명히 그것이 자기에게는 기초적이며 매우 올바르다고 결론지을 것이다. 버트런드 러셀과 메들린 머레이 오헤어(Madelyn Murray O'Hare)는 동의하지 않을 수 있다. 그러나 그것이 얼마나 유의미한가? 나의 기준이나 기독교 공동체의 기준이 그들의 예를 따라야 하는가? 결코 그렇지 않다. 기독교 공동체는 그 공동체에서 나타나는 일련의 사례에 책임이 있으며, 러셀이나 오헤어 같은 이들의 사례에 책임이 있지는 않다.

따라서 개혁주의 인식론자는 비록 하나님에 대한 믿음이 올바르게 기초적임을 주장하고 또 올바른 기초성의 제대로 된 기준을 갖고 있지 못하더라도, 호박

---

30 Evans, *Faith Beyond Reason*, chapter 3.
31 Sennett, *Analytic Theist*, p. 151.

대왕에 대한 믿음은 올바르게 기초적이지 않음을 올바로 주장할 수 있다.[32]

하나님에 대한 믿음은 올바르게 기초적이지만, 이는 그것이 근거가 없다는 의미가 아니다. 이러한 접근법은 이성을 무시하거나 신앙의 유익을 위해 이성을 경시하는 신앙주의(fideism)의 한 형태가 아니다. 플랜팅가에게 하나님에 대한 믿음은 다른 모든 올바르게 기초적인 믿음이 그러하듯 **바로** 이성의 평결(deliverance of reason)이다.[33] 나아가, 하나님에 대한 믿음이 기초적이라는 것은 그것이 잘못되지 않을 것임을 혹은 그것이 논박될 수 없음을 뜻하지 않는다. 플랜팅가의 『보증된 기독교 믿음』의 4부에서는 기독교 믿음에 승리를 거둘 가능성이 있는 것들에 관심을 기울인다.[34] 플랜팅가는 다음과 같은 승리자에 주의를 기울였다.

1. 종교적 믿음을 이상화된 아버지 같은 존재를 천국에 투영하는 것처럼 설명하는 것[예컨대 프로이트, 마르크스, 에밀 뒤르켐(Émile Durkheim)]
2. 역사적 성경 비판. 플랜팅가는 성경 해석을 탁월하게 논하는 장에서 그가 "전통적 성경 주석"이라고 부르는 것을 옹호한다. 전통적 성경 주석은 성경의 영감을 전제한다.
3. 포스트모더니즘과 다원주의. 플랜팅가는 포스트모더니즘의 창조적 반실재론의 웃기는 허세를 추적해 칸트에게로 거슬러 올라가 하나님이 아니라 우리가 세상을 창조했다는 관점을 강하게 비판한다.

---

32 같은 곳.
33 같은 책, pp. 157-161를 보라.
34 이러한 것들의 본성에 대한 플랜팅가의 분석은 Plantinga, *Warranted Christian Belief*, pp. 359-366를 보라.

4. 고통과 악. 플랜팅가의 자유의지 옹호는 잘 알려져 있으며, 한 비기독교 철학자는 그것을 무시될 수 없는 아름다운 것이라고 서술한 바 있다.

결론

우리는 포스트모더니즘을 다룬 장을 결론지으며 포스트모더니즘이 어떤 점에서는 너무 멀리 가고 또 다른 점에서는 충분하지 못하다고 주장했다. 이를 염두에 두고 보면, 개혁주의 인식론의 탁월성은 그것이 기독교 믿음을 철학의 기초로 여기는 것이 적법함을 주장할 때 올바르게도 칸트의 이면으로 또한 칸트를 넘어서 나아간다는 데서 분명히 드러난다. 동시에 이는 진리와 실재론의 한 형식에 대한 헌신을 붙들 수 있게 해 줌으로써 최선의 근대 철학과 계속해서 긍정적으로 씨름한다. 이 후자의 측면에서, 가톨릭 세계에서 생각이 통하는 이가 찰스 테일러다. 그가 하는 작업의 특징은 계속해서 근대의 정신과 철학의 좋은 점을 회복하려 시도한다는 것이다. 우리가 볼 때, 이것이 오늘날 근대를 치유하는 데 기여하기 위해 가장 중요한 일이다. 근대에는 붙잡아야 할 가치가 많다. 따라서 플랜팅가, 월터스토프, 테일러 등이 보여 준 것과 같은 종류의 세련된 비판이 필요하다.

플랜팅가와 월터스토프는 기독교 믿음이 증거 없이도 올바르게 기초적인 것으로 적법하게 받아들여질 수 있다고 주장하면서, 대부분 근대 철학의 종교적 차원의 급소를 정확히 찔렀다. 플랜팅가가 지적하듯, 우리는 한 발에 쇠사슬을 묶고 산을 오를 수 있지만 그럴 필요도 없는데 왜 그래야 하는가? 만일 그리스도가 태초에 계셨던 그 말씀이신 하나님의 참된 계시이고, 만일 성경이 세계 전체에 관한 참된 이야기를 하고 있다면, 하나님 세계의 구조를 분석하고자 하면서 왜 그런 통찰을 고려하지 않으려 하는가? 개혁주의 인식론은 개혁주의 진영에서 **대립**(antithesis)이라 부르는 것을 들이대 지혜의 길과 우매의 길 둘 중 하나를 택해야 하는 데서 결코 도망치도록 놓아 주지 않을 것이다. 개혁주의 인식론은 그 나름의 방식으로 여호와를 경외함이 지식의 시작—출발점인 동시에 기초—이라는 옛 통찰의 현대적 구현이다. 그 자체로도 아주 신선하며, 진정한 기독교 철학이 해야 할 일을 위해 여지를 만든다는 점에서도 환영받을 일이다.

14장 개혁주의 인식론의 적용

개혁주의 인식론은 칼뱅주의 전통에서 개발되었는데, 특히 카이퍼 전통의 렌즈를 통해 영향을 받거나 읽힌 칼뱅주의다. 니콜라스 월터스토프의 뛰어난 책 『정의와 평화가 입맞출 때까지』의 서두를 여는 장에서는 "세계 형성적" 기독교를 언급한다.[1] 월터스토프는 종교철학을 간결하고 명료하게 설명하면서 구원 종교를 **회피적**(avertive) 종교와 **형성적**(formative) 종교라는 두 유형으로 구분한다. 두 유형 모두 우리의 열악한 존재 상황으로부터의 해방을 기대하지만, 회피적 기독교의 초점이 일상적 세상살이에서 벗어나는 것인 반면 형성적 기독교의 초점은 세상적 삶을 하나님의 구속 활동 영역으로 재형성하는 것이다. "그러니까, 초기 칼뱅주의는 사회적 세계를 개조하여 그것이 더 이상 하나님에게서 소외되지 않기를 열정적으로 갈구했던 이념이었다. 그리하면 인간에게서도 더 이상 소외되지 않을 것이다. 하나님의 뜻은 사회가 공동선을 추구하면서 질서 정연한 '형제 관계'를 정립하는 것이기 때문이다."[2]

이런 유형의 세계 형성적 칼뱅주의의 힘은 삶 전체를 하나님의 영광의 극장으로 진지하게 받아들인다는 데 있다. 기독교적 삶과 사상은 교회와 신학

---

[1] Nicholas Wolterstorff, *Until Justice and Peace Embrace* (Grand Rapids: Eerdmans, 1983), pp. 3-22.
[2] 같은 책, pp. 21-22.

에 국한될 수 없다. 하나님의 선한 창조 전체로 확장된다. 월터스토프와 플랜팅가의 작업 범위는 이 포괄적 전망을 구체적으로 표현한다. 둘 다 넓은 범위의 주제를 다루는 글을 썼다. 어떤 학자들은 일차 철학—존재론, 인식론, 인간론—과 예술철학, 정치철학, 과학철학, 교육철학 등과 같은 이차 철학을 구분하기도 한다. 월터스토프와 플랜팅가는 다른 많은 이와 더불어 일차 철학에 생산적인 기여를 했지만 이차적 주제에 대해서도 광범위하게 글을 썼다. 이번 장에서는 그들이 이차적 영역에 끼친 중요한 공헌의 일부를 살펴보려 한다.

거대한 진화 이야기

진화는 근래에 다시금 주요 쟁점 사안으로 떠올랐다. 이는 우리 시대의 '신무신론'과, 또한 공개적으로 다윈주의에 도전한 지적 설계에 대한 적의에 찬 반응과 관련 있다. 진화는 매우 감정을 자극하는 사안으로, 그에 대한 입장들은 아주 확고하며 흔히 품위와 섬세함은 결여되어 있는 특징을 갖고 있다. 앨빈 플랜팅가가 이 분야에서 행한 온건하고 명료한 작업은 이 폭발하기 쉬운 논쟁에 참신하게 기여했다.[3]

플랜팅가는 "신앙과 이성이 충돌할 때: 진화와 성경"[4]이라는 논문에서, 창세기에서 기원을 다루는 성경적 설명과 진화론 사이에 분명하고 뚜렷한 충

---

[3] 플랜팅가는 이 논쟁에 여러 차례 과감히 뛰어들었다. 가장 최근에 한 작업은 *Where the Conflict Really Lies: Science, Religion, and Naturalism* (Oxford: Oxford University Press, 2011)이다.
[4] Alvin Plantinga, "When Faith and Reason Clash: Evolution and the Bible" (Ancaster: Redeemer College, 1991).

돌이 있음을 인정하는 데서 출발한다. 그는 신앙과 이성의 명백한 충돌에 대한 다양한 역사적 접근을 살펴본 후 이런 결론을 내린다. "우리는 성경의 가르침과 이성의 판단을 모두 파악하기 위해 최선을 다해야 한다. 우리는 이 두 경우 모두에서 다른 이들보다 몇몇 명백한 가르침에 관한 훨씬 더 많은 보증을 가지고 있다."[5] 플랜팅가의 접근이 기여한 바는 창조에 관한 기독교적 관점의—또한 진화론의—다양한 면이 다른 것들보다 개연성이 높음을 인식하는 데 있다. 따라서 가장 분명한 사실은, 하나님이 세상을 창조하셨기에 모든 것이 그 존재를 하나님께 의존하고 있으며 하나님을 떠나서는 어떤 것도 영원히 존재하지 않는다는 것이다. 그다음으로 분명한 사실은 하나님께 반역한 최초의 인간 한 쌍이 있었으며 그들의 타락이 인간과 자연 모두에 재난이었다는 것이다. 플랜팅가의 관점에서 볼 때, 지구가 젊다는 것은 훨씬 덜 명료하게 가르치는 반면, 지구의 오랜 수명은 강력하게 과학적으로 보증이 되기에 개연성이 있다.

플랜팅가는 올바르게도 진화론이 결코 종교적으로 중립적이지 않다고 주장한다. 그는 현재 서구에서 실재를 바라보는 세 기본 방식을 구분한다.

1. 영속적 자연주의. 존재하는 모든 것은 자연이며 인간은 자연의 일부라고 주장한다.
2. 계몽주의적 인본주의/주관주의/반실재론. 임마누엘 칸트에게로 거슬러 올라갈 수 있는 것으로, 인간이 우리 세계의 구조를 만드는 진짜 창조자(author)라고 본다.
3. 기독교 유신론

---

[5] 같은 글, p. 12.

이 세 선택지 모두 **종교적** 세계관이며, 여기에는 더할 나위 없이 큰 이해관계가 걸려 있다. "이것은 인간의 영혼을 놓고 벌이는 전투다."[6] 실제로 이 견해들의 종교적 차원은 왜 논쟁이 그토록 적의로 가득한지 설명하는 데 큰 도움이 된다. 진화론은 적어도 학계에서는 "현대적 부족의 우상"이 되어 버렸으며,[7] 그것은 또한 우리 자신과 세계를 가장 기초적인 수준에서 어떻게 이해하는지와 직결되어 있다. 리처드 도킨스가 주장하듯, 진화는 우리를 성숙한 무신론자가 될 수 있게 해 준다.[8]

플랜팅가는 '거대한 진화 이야기'를 구성하는 다섯 논제를 식별한다.

1. 오랜 옛 지구론. 지구가 아주 오래되었다고 주장한다.
2. 진보론. 생명이 비교적 단순한 것으로부터 비교적 복잡한 형태로, 특히 인간으로 진보해 왔다고 주장한다.
3. 공통 조상론. 생명이 지구상 단 한 곳에서 시작되었으며 그 뒤에 나온 모든 생명은 이 원초적 생물체로부터 유래했다고 주장한다.
4. 다윈주의. 이에 따르면 진화 메커니즘은 무작위적 유전자 돌연변이에 입각해 작동하는 자연 선택이다.
5. 자연주의 기원론. 생명 자체가 신으로부터의 어떤 특별한 창조 활동 없이 무생물적 물질로부터 발달했다고 주장한다.

여기서 다시 플랜팅가의 접근이 갖는 섬세함은 유용하다. 그가 올바로 지적하듯, 이 논제들을 지지하는 과학적 증거의 차이는 엄청나다. 논제 1에 대

---

6 같은 글, p. 15.
7 같은 글, p. 16.
8 같은 글, pp. 17-18.

한 증거는 매우 강력하다. 논제 2에 대한 증거는 그보단 적지만 여전히 화석 기록에서 상당한 증거를 가지고 있다. 논제 5는 대체로 "순전히 오만한 소동"에 불과하다.[9] 논제 3과 4가 그보다는 좁게 정의된 진화의 핵심이다.

스티븐 제이 굴드(Stephen Jay Gould)는 논제 4를 위한 세 논거를 제시했다.

1. 관찰 증거
2. 상동 관계(homology). 왜 쥐는 뛰고 박쥐는 날며 돌고래는 수영을 하고 우리는 컴퓨터 자판을 두드리는데 모두 같은 뼈대로 만들어진 골격을 가지고 있는지 공통 조상이 설명해 준다는 이론이다.
3. 화석 기록

플랜팅가는 1에 대해서 소진화(microevolution)에 대한 폭넓은 증거가 있기는 하지만 이로부터 대진화(macroevolution)를 추정해 낼 수 있느냐가 핵심 질문이라고 지적한다. "식물이나 동물을 일정한 방향으로 개량하다 보면 일종의 장벽에 부딪친다. 선택적 품종 개량을 더 밀어붙이면 불임이나 이전 형태로의 역전을 초래한다."[10] 화석 기록에 관해서는 그것이 극소수의 과도기적 형태만을 보여 준다는 것이 문제다. 상동 관계로부터 이끌어 낸 주장은 시사하는 바가 있으나 확실하게 결정적이지는 않다. 보편적 공통 후손은 가능하지만 그것이 확실하다고 간주하는 것은 어리석은 일이다.

플랜팅가는 포유류의 눈을 예로 든다.

---

9 같은 글, p. 21.
10 같은 글, p. 26.

문제는 여기에 있다. 예를 들어, 어떻게 제안된 방안들 – 예컨대, 무작위적 유전자 돌연변이와 자연 선택 – 에 의해 수정체가 발달하게 되면서 그와 함께 시신경, 관련 근육, 망막, 간상체, 원뿔체, 다른 많은 정교하고 복잡한 구조가 발달하고 이 모두가 다 같이 작동할 수 있는 방식으로 서로 조율되는 일이 일어나야 했다는 것인가?…눈 없는 동물 집단에서 시작하여, 이 형태에서 눈을 가진 여러 형태에 이르는 과정 전체라는 문제를 처음부터 끝까지 추적한다고 상상해 보라.[11]

무작위적 변이에 의해 그런 과정을 설명하기 위해 요청되는 변이의 양은 엄청나며 우리는 그것이 무엇인지 알지 못한다. 인식론적으로는 진화가 일어났을 수 있지만 생물학적으로 진화가 과연 가능할지는 정말로 모른다.

오늘날 진화론이 떠벌리는 확실성은 기껏해야 엄청난 과장일 뿐이다. 문제는 무신론자에겐 진화가 유일한 선택지라는 것이다. 나아가 자연주의 관점에서 보면 진화가 진화의 대안들보다 훨씬 그럴듯할 것이다. 그러나 자연주의 관점이 문제가 없는 것은 전혀 아니다. 플랜팅가는 『보증된 기독교 믿음』에서 자연주의에 대한 용감한 비판을 개진한다. 그는 신 존재를 부정하고 현대 진화론을 받아들이는 사람은 비이성적이라고 주장한다. 보다 정확히 말하자면, 플랜팅가는 형이상학적 자연주의 – 자연적인 사물, 종류, 속성만이 실재한다는 관점 – 와 진화론을 모두 받아들이는 것은 자멸적이라고 주장한다. 그러한 관점의 패착은 인간 인식의 확실성에 대한 믿음을 갖는 것을 불가능하게 만들지는 않더라도 매우 어렵게 만든다는 데 있다. 생존을 위한 적응이 인간에게서 신뢰할 만한 인식 능력을 만들어야 할 이유는 없기 때문이다.

[11] 같은 글, p. 27.

플랜팅가는 그리스도인은 무신론자보다 훨씬 더 자유롭다고 주장한다. 그리스도인은 창조 세계가 주님의 것임을 알고 있지만 하나님이 이 창조 세계를 어떻게 있게 했는지에 대해 의견 차이의 여지가 있음도 알고 있다. 플랜팅가 자신은 일부 그리스도인이 유신론적 진화론을 채용하면서 받아들인 유사 이신론적(semi-deistic) 접근을 경계한다.

> 그러나 주님이 우주 만물(the Cosmos)을 시초의 창조와 일련의 처음 물리 법칙에 따라 발전하도록 그냥 내버려 둔 것이 아님을 기억하는 것이 중요하다. 성경에 의하면 주님은 그분의 우주 만물의 작동에 자주 간섭하신다.…무엇보다도 그분의 아들 예수 그리스도의 삶, 죽음, 부활이라는 방식을 통해서 인류를 위해 베푸신 상상할 수 없는 구원의 선물이 두드러진다.…그러므로 그가 대체로 이신론적 방식으로 생명을 그토록 다양하게 창조했을 수 있다는 생각은 애초부터 강점이 전혀 없다.[12]

플랜팅가는 하나님이 많은 동식물뿐 아니라 인류를 따로 나누어 특별하게 창조하셨다는 관점이 공통 조상 관점보다 개연성이 더 높다고 생각한다.

기독교 지성인들은 이 논쟁에 어떻게 기여해야 하는가? 우리가 해야 할 일 하나는 근거 없는 이유를 들어 진화를 배격하는 일을 피하는 것이다. 그러나 이보다도 문화적 분석과 '유신론적 과학'을 할 필요가 있다. 오늘날 학계에 널리 퍼진 진화는 종교적으로 중립이 아니며, 우리는 이 시대의 정신이 아무리 유명하고 갈채를 받는다 할지라도 이 정신을 따져 볼 필요가 있다. 그러한 문화적 분석에 더해서, 우리가 아는 모든 것으로부터, 즉 우리 믿음을 총

---

[12] 같은 글, p. 23.

동원해 기원에 관한 질문에 대답할 필요가 있다. 그러한 작업은 "최선을 다해 모든 것을 동원할 가치가 있다. 그것은 강하고 끈기 있고 무한하고 지치지 않는 노력을 요구하지만 그에 대한 보상 역시 그 요구에 부합한다. 흥분되고, 몰입하게 하며, 결정적으로 중요한 일이다. 그러나 무엇보다도, 그것은 해야 할 일이다. 그러니 그 일을 하기를 권한다."[13]

예술

니콜라스 월터스토프는 미학, 혹은 예술철학에 관한 연결된 한 쌍의 책을 출판했다. 그중 『예술 작품과 예술 세계』(Works and Worlds of Art)는 보다 철학적이며 『행동하는 예술』(Art in Action)은 비교적 이해하기 쉽고 공연히 기독교적이다. 예술—월터스토프가 단지 예술 생산물(product of the fine arts)이라고 정의하는 것—은 모든 문화에서 발견되는 보편적인 것이다. 그러나 서구 문화에서 독특하게 발전한 것은 박물관, 화랑, 연주회장을 갖춘 고급 예술 기구(institution)였다.[14] "우리가 마주하는 것이 바로 이 제도—타락했지만 허세로 가득하고, 세속적이지만 신비로운—다."[15] 그 결과는 엘리트 고급 예술과 대중 예술 사이에 틈이 깊게 벌어진 것이다. 일반적으로 고급 예술에서 예술품의 유일하거나 주된 기능은 심미적 관조(aesthetic contemplation)의 대상 역할이다. 심지어 마르셀 뒤샹(Marcel Duchamp)과 존 케이지(John Cage) 같은

---

13 같은 글, p. 37.
14 Nicholas Wolterstorff, *Art in Action* (Grand Rapids: Eerdmans, 1980), 특히 19-63를 보라. 『행동하는 예술』(IVP).
15 같은 책, p. 193.

사람의 반예술(anti-art)조차 무심한 관조(disinterested contemplation)를 위한 것이라는 이 예술관과 더불어—반작용이기는 하지만—작동한다.

뒤샹은 평범한 소변기를 박물관 전시를 위해 내놓은 것으로 악명이 높다. 월터스토프가 지적하듯, "뒤샹의 '샘'(*Fountain*)은 반예술—우리가 감상하기 만족스러운 것으로 알라는 게 아니라 오히려 감상용으로 **그것이 전시되었다**는 게 흥미로움을 알라고 전시된 사물이며, 그런 이유로 존재한다—의 사례다. 핵심은 표현하는 데 쓰인 사물이 아니라 표현의 이유를 곁들인 그 **표현**에 있다. 그러한 표현에는 심미적인 것에 대한 거부가 있다."[16]

이에 필적할 만한 또 다른 예는 존 케이지의 피아노곡인 "4분 33초"(*4'33"*)다. 피아니스트는 무대로 나와 피아노 앞에 앉아 악보를 펴고 4분 33초 동안 손을 건반 위로 들고 있으며, 거기서 제목이 나왔다. 피아니스트는 악보를 접고, 일어나, 무대를 떠난다!

월터스토프에 따르면 고급 예술이 발전한 결과는 고급 예술과 대중 예술의 불건전한 분리만이 아니라 사람들이 예술을 행위에 사용하는 무수한 방식에 대해 눈이 멀게 만드는 것이었다고 한다. 서구에서는 17세기까지 예전 예술(liturgical art)은 부족의 예술(art of the tribe)이었다. 하지만 지금 팝 아트는 시장의 예술로 철저히 상업화되었다.[17]

월터스토프는 고급 예술 기구를 무시하거나 포기해야 한다고 주장하지 않는다. 그는 장난스럽게 "예루살렘이 아테네와 무슨 상관이 있는가?"라는 테르툴리아누스의 물음을 암시하며 이렇게 묻는다. "예루살렘이 뉴욕과 무슨 상관이 있는가?"[18] 그의 답변은, 매우 깊은 상관이 있다는 것이다. 결국 감상

16 같은 책, p. 62.
17 같은 책, p. 23.
18 같은 책, p. 192.

을 위한 예술이 자신의 위치를 가지고 있긴 하지만 그것은 오로지 예술이 하는 수많은 역할 중 하나일 뿐이다. 그는 『행동하는 예술』 끝부분에서 고급 예술로부터 **해방되기**와 고급 예술 **안으로 참여하기**를 모두 주장한다. 도시와 교회의 미학을, 그리고 예술이 지극히 중요한 인간화의 역할을 수행할 수 있는 수많은 여러 맥락의 미학을 받아들이도록 고급 예술의 제한된 전망을 확장할 필요가 있다. 우리 가운데 고급 예술 기구에 능동적으로 참여하고 있는 이들에게 말하자면, 우리는 책임이나 온전함을 회피하는 희생을 치르면서까지 그렇게 해서는 안 되며 너무도 많은 근대 예술에서 내세우는 궁극성 주장에 저항해야 한다. 칸트와 흄을 따라, 예술가를 창조주 하나님과 흡사한 창작자로 보는 개념이 강해졌다. 이런 관점에서 예술은 무의미한 세상 속에서 의미를 창조하고 발견하는 장소가 되었다. 이러한 우상숭배적 접근은 반드시 피해야 한다.

월터스토프는 예술품은 행동의 대상이자 수단이여야 한다며 도발적으로 주장한다. 여기서 『행동하는 예술』이라는 제목이 나왔다. 예술품은 인간 의도의 구조 속에 심겨 있으며, 따라서 삶 속에 심겨 있다. 그러므로 예술의 목적으로 하나만을 추구하는 것은 중대한 실수다. 예술은 대단히 다양한 역할을 담당한다. 우리는 다양한 행동을 수행하기 위해 예술 작품을 사용한다. "**인간은 예술적으로 행동한다.**"[19]

월터스토프는 『행동하는 예술』 3부에서 기독교 미학을 전개한다. 그는 예술이 기독교의 창조, 타락, 구속의 틀을 통해 이해되어야 한다고 주장한다. 그는 예술가를 하나님의 영광스러운 창조 가운데서 책임감을 가진 종으로 생각하기를 제안한다. 인간됨의 의미에 대한 성경적 관점과 성경적 창조 교

---

[19] 같은 책, p. 5(강조는 원문의 것).

리는 예술을 행동으로 바르게 이해하는 데 필수다. "결국 예술이 행위의 수단이자 목적으로 여겨진다고 할 때 우리가 그리스도인이 어떻게 예술을 바라보는지를 설명해야 한다면, 인간이 물질적 세계 속에 **깃들어 있다는** 점, 그리고 창조 속에서 인간이 피조물로서 가진 **소명**과 피조물로서 가진 **목적**이 바로 우리가 시작해야 할 곳이다."[20] 월터스토프는 창조의 물질성을 평가 절하하는 것이 피조 세계에 대한 하나님의 긍정에 정면으로 반하는 것임을 올바로 지적한다. 우리는 창조 속에 끼워 넣어졌고, 그렇기에 예술에서 우리와 밀접한 관계를 가진 사물들과 더불어 일한다. 우리의 독특성은 우리에게 책임이 주어졌다는 데 있다. 다스림에는 인간의 생계와 기쁨에 기여하기 위해 질서를 부여하는 일이 수반된다. "인간의 소명은 세상의 정원사가 되는 것이다."[21] 인간은 하나님께 땅을 정복하는 일, 이웃을 사랑하는 일, 그분을 인정하는 일이라는 삼중 책임을 가진다.

인류를 유익하게 하거나 하나님을 영화롭게 하기 위해 세계를 정복하는 자, 인간답게 만드는 자라는 인간의 소명이 예술가에게 어떻게 적용되는지를 알기란 어렵지 않다. "예술가는 모양이 없는 한 무더기의 색유리 조각들을 바실리카 벽에 질서 있게 배열함으로써 성도들이 깜빡이는 채색된 빛의 광채 안에서 간절한 마음을 가지고 예전에 임할 수 있게 해 준다. 예술가는 진흙 한 뭉치로 그것이 유익하고도 기쁨을 주는 그릇이 되도록 질서를 부여한다."[22]

월터스토프에 따르면 '책임'이란 말은 예술을 근엄하고 지나치게 진지하게 생각하지 않기 위해서 성경의 **샬롬** 개념으로 보완될 필요가 있다. "책임

20 같은 책, p. 69(강조는 원문의 것).
21 같은 책, p. 76.
22 같은 책, p. 77.

있는 행위는 인간의 소명이며 샬롬이 인간의 목적이다."[23] 예술도 타락에서 예외가 아니다. 실제로 예술은 너무나 자주 세상의 타락상을 드러내는 도구다. 그러나 예술은 타락했지만 구속받은 세상에서 회복의 도구이기도 하다. 그러한 예술은 어떤 모습인가?

예술가는 하나님의 창조 세계에서 다양한 매체를 가지고 작업한다. 예술가가 자신이 가지고 작업하는 매체에 숙달되는 일은 필수다. "현실의 무대는 하나님이 체계화하신 창조 세계다."[24] 기독교적 관점은 이처럼 예술가가 재료를 가지고 작업하는 것을 예술 기획의 핵심에 둔다.

월터스토프는 예술의 중심 특성으로 양상들 간의 유사성(cross-modal similarity)이라고 정의한 **어울림**(fittingness)을 포착한다. 오늘날 그토록 대단히 중시되는 표현성(expressiveness) 자체도 어울림에 기초한다. 모든 예술가는 사실상 어울림의 작업가다.

- 예술가의 작업은 불가피하게 의식의 상태, 자기표현의 상태에 대한 표현일 수밖에 없다.
- 예술 작품의 성격은 의식의 상태뿐만 아니라 다른 많은 성질에 대해서도 어울림의 관계를 갖고 있다.
- 작품의 성격과 작품 외부의 사물 사이에 밀접한 어울림은 흔히 있을 것이다.
- 예술 작품의 내적 통일성은 그것의 일관성 그리고/또는 완전성에 관하여 다양한 방식으로 어울리는 것, 즉 작품의 통일성과 관계된다.

---

[23] 같은 책, p. 79.
[24] 같은 책, p. 92.

월터스토프는 예술과 예술가가 수행하는 많은 행위 가운데 특히 한 가지—세계 투영(world projection)—에 초점을 맞춘다. 세계 투영은 예술가가 예술 작품을 통해 행하는 행동 가운데 하나일 뿐이긴 하지만, 월터스토프는 그것이 아마도 예술가가 수행하는 가장 편만하고 중요한 행동일 것이라고 주장한다. "예술품에 투영된 세계는 상황의 일종이다. 대체로 매우 복잡한 상황이며, 때로는 엄청나게 복잡한 상황이다."[25] 월터스토프는 흥미롭게도 만일 어떤 상황이 한 번이라도 존재한다면 그것은 항상 존재하는 것이라고 주장한다.[26] 이는 예술가가 창조에서 주어진 것들로 작업한다는 그의 주장과 연결된다. 이 점에서 예술 작업은 창조보다는 선택을 수반한다고 할 수 있다. 이것이 충분한 창조성의 여지를 남기긴 하지만 말이다. 월터스토프는 또한 항상 작품 이면에 세계가 있다는 데 주목한다. 그러나—그리고 이것이 중요한 점인데—작품은 결코 언제나 그 이면에 있는 세계를 완전히 드러내 보여 주지는 않는다. 예술가의 작업을 평가할 때 우리는 작품 전체에 주의를 기울일 필요가 있다.

예술을 행동으로 보고 접근하는 것이 대단히 매력적인 이유 중 하나는 그것이 예술은 무엇을 하느냐는 질문에 답할 수 있게 해 준다는 것이다. 한스 로크마커(Hans Rookmaaker)는 예술은 정당화될 필요가 없다고 올바르게 주장했다. 하나님이 세상을 만드신 방식이 예술을 정당화한다.[27] 훌륭하고 좋은 말이다! 그러나 이는 여전히 예술의 유익을 불확실한 상태에 방치한다. 월터스토프는 예술가에 의한 세계 투영 행위의 일곱 가지 유익을 밝혀 주었다.

---

25 같은 책, p. 131.
26 같은 곳.
27 Hans R. Rookmaarker, *Art Needs No Justification* (Vancouver: Regent College Publishing, 2010). 『기독교와 현대예술』(IVP).

1. 확증. 예술가는 세계를 투영함으로써 세상에 대한 우리의 견해를 확증할 수 있다. 이는 자주 인식되는 것보다 훨씬 더 흔한 일이다.
2. 조명. 세계 투영은 세계의 한 부분을 새롭게 조명할 수 있다.
3. 도피 수단. 현실적으로는 허위일 수 있으나 우리가 아주 다른 세계 속으로 들어갈 수 있는 수단을 제공한다.
4. 감정의 환기
5. 삶의 방식과 세상에서 방향을 잡는 데 모델이 됨
6. 메시지 전달
7. 위로

예술에는 어떤 규범이 있는가? 이는 매우 논쟁적인 질문으로 월터스토프는 몇 가지 전통적 답을 검토한다. 예술은 탁월해야 하며, 그는 이에 더해 세 규범을 제안한다. 예술 작품은 성격상 통일되어야 한다. 내적으로 풍부하고 다채로우며 복합적이어야 한다. 매체에 적합한 특성들의 어울림-강도(fittingness-intensity)가 있어야 한다.

정치철학: 정의와 인권

불의-특히 남아프리카 공화국에서 일어난 아파르트헤이트라는 불의와 팔레스타인 사람들에 대한 압제-는 월터스토프가 정의를 생각하도록 그를 몰아갔다. 그리스도의 이름으로, 남아프리카 공화국은 인종차별주의(아파르트헤이트)와 소수 백인들이 벌이는 다수 흑인들에 대한-보통은 야만적인-압제를 중심으로 체계화되었다. 월터스토프는 1976년에 처음 남아프리카 공화국을 방문했다. 그는 그 방문에 대해 이렇게 말한다. "나는 이전에 단 한 번도 본 적 없는, 선(善)이 의(義)를 압도하는 것을, 박애와 사랑에 호소하는 일이 압제의 도구로 사용되는 것을 보았다."[28] 남아프리카 공화국과 벌이는 계속된 씨름과 해방을 위한 투쟁은 그렇게 시작되었다. 월터스토프는 1978년 5월, 시카고에서 열린 팔레스타인의 권리를 다루는 회의에 참석했다. 그는 또다시 억압받는 이들을 위해 말해야 한다는 강력한 소명을 느꼈고 머지않아 팔레스타인 인권 운동의 의장이 되었다.

그러한 경험이 월터스토프에게 학문적 초점과 기독교 학문에 관한 그의 견해 둘 다를 형성하는 역할을 했다. 정의와 인권은 실천적 차원과 이론적 차원에서 모두 줄곧 그의 주요 관심사였으며, 그는 정의에 관한 세 권의 주요 저술을 냈다. 바로 『정의와 평화가 입맞출 때까지』(1983), 보다 근래에 나온 『정의: 옳음과 그름』(*Justice: Rights and Wrongs*, 2010)과 『사랑과 정의』(*Justice in Love*, 2011, IVP)다. 『정의와 평화가 입맞출 때까지』에서 월터스토프는 정의에 대한 특정 견해를 당연하게 여기면서 이를 다양한 상황에 적용했다. 『정의: 옳음과 그름』과 『사랑과 정의』는 정의에 대한 그의 견해를 설명하려는 철학적 시도다.

정의: 철학적 설명

아파르트헤이트 치하의 남아프리카 공화국–그리고 팔레스타인의 상황–에서는 참혹한 인권 침해가 확연했다. 따라서 월터스토프가 인권에 관련한 정

---

[28] Nicholas Wolterstorff, *Justice: Rights and Wrongs* (Princeton and Oxford: Princeton University Press, 2008), p. vii.

의(正義)를 철학적으로 다루는 일에 집중한 것은 놀랄 일이 아니다. 사실 그는 정의가 권리에 의해 구성되는 것으로 생각한다. "사회는 구성원들이 권리 주장을 할 수 있는 좋은 것들을 누리는 만큼 정의롭다."[29] 그는 『정의: 옳음과 그름』에서 교정적 정의(rectifying justice)와 대립하는 원초적 정의(primary justice)에 초점을 맞추고 그에 관한 기독교적·유신론적·철학적 설명을 명료하게 제시하려 한다. 그는 한 그리스도인으로서 하나님과 정의가 얽혀 있다고 믿는다. "우리가 하나님을 믿는다고 하면서 현실과 관계할 때 하나님을 그 그림 속에 포함시키지 않는 것은 철학자의 소명에서 이탈하는 일이다. 이는 플라톤주의자가 형상을 언급하기를 삼가는 것과 마찬가지다."[30]

월터스토프는 서구 전통에는 원초적 정의에 관한 두 경쟁적 설명이 있음을 포착한다. 바로 **본유 권리**(inherent rights)와 **바른 질서**(right order)다. 본유 권리에 반대하는 일부 주장은 이 개념이 홉스와 로크 같은 철학자에게서 뒤늦게 발전했다는 것이다. 월터스토프는 이 이야기를 정면으로 반박한다. 자연권 개념은 12세기 교회 법학자들 사이에서 흔히 볼 수 있으며, 심지어 교부들 사이에서도 그런 권리가 인식되고 있었다. 월터스토프는 묻는다. 어떻게 교부들이 이런 인식에 도달할 수 있었는가? 그것은 그들이 가진 고전적 유산이나 성경적 유산에서 와야 했다.

헬라인 사이에서 이와 관련한 핵심 개념은 **행복주의**(eudaimonism) 또는 선한 삶(the good life)이며 아리스토텔레스와 스토아학파가 주요 대변자다. 월터스토프는 행복주의가 권리에 대한 교부들의 이해를 설명해 줄 수 없다고 주장한다. 그렇다면 성경은 권리에 대한 적절한 자원을 공급하는가? 월터

---

[29] 같은 책, p. xii.
[30] 같은 책, p. x.

스토프는 구약성경과 신약성경이 인간이 본래 가지고 태어나는 가치를 긍정함으로써 진정 그것을 제공한다고 주장한다. 월터스토프는 탁월한 논증의 한 부분에서 이렇게 말한다. "고대 행복주의의 마법이 깨지지 않았다면 권리에 대한 적절한 이론은 불가능했을 것이다."[31] 그는 이 마법을 깨뜨린 공을, 평생에 걸쳐 자신의 사랑 이해를 성경으로 재형성했던 아우구스티누스에게 돌린다.[32] 아우구스티누스는 초기 작품에서 **사랑**(love)은 하나님만을 위한 것이며 뛰어난 좋은 피조물들을 위한 것은 **향유**(enjoyment)라고 주장했다. 생애 말미에 아우구스티누스는 사랑이 이웃과 자신에게도 적합한 것임을 알게 되었다. "아우구스티누스의 행복주의를 휘저어 놓은 것은 하나님뿐만 아니라 이웃을 자신처럼 사랑하라는 그리스도의 명령이었다."[33] 하나님과 달리 이웃과 자신은 변하기 쉬우며, 아우구스티누스의 사랑 이해 변화는 행복주의의 목표인 평안(tranquility)에 대한 그의 관점도 근본적으로 바꾸어 놓는다.

권리를 다루는 월터스토프의 논증은 복잡하고 세밀하며, 여기서는 단지 그 핵심 요소만 개괄할 수 있다. **권리**는 우리 삶에, 또는 우리 존재에 긍정적으로 기여하는 역사에 좋은 것이다. 좋은 것들 중에는 경험적으로 만족스러운 삶의 일부가 아닌 것, 그리고 우리가 권리를 가지는 어떤 것들이 있다. 월터스토프는 권리가 욕구나 올바른 기능, 의무에 제대로 근거할 수 없음을 세세히 주장한다. 욕구, 올바른 기능, 의무는 규범적인 사회적 관계이며, 인간의 가치에 대한 존중만이 충분한 근거다.

월터스토프는 인권의 근거를 삼으려는 세속적 시도를 검토하는데 세속적 시도의 대부분은 인간 존엄성을 어떤 능력 속에 둔다. 그는 능력에 초점을 맞

---

31 같은 책, p. 180.
32 같은 책, pp. 180-206.
33 같은 책, p. 194.

추는 것은 불충분함을 올바르게 지적한다. 가장 취약한 이들을 보호하지 못하고 버려두기 때문이다. 이는 우리에게 네 선택지를 남긴다.

1. 자연권을 계속 믿으면서 세속적 근거를 발견하길 기대할 수 있다.
2. 인권을 위한 유신론적 근거를 제시할 수 있다.
3. 본래적 인권의 존재를 포기할 수 있다.
4. 어떠한 본래적 인권이 있음을 부정할 수 있다.

월터스토프는 둘째 선택지를 고른다. 그는 하나님의 형상(imago dei)을 인권의 근거로 삼기를 기꺼이 받아들인다. 하지만 하나님의 형상을 인간의 능력이라는 선상에서 이해하는 것은 경계하는데, 그러한 이해가 우리를 세속적 근거와 동일한 문제로 돌아가도록 만들 것이기 때문이다. 하나님의 형상을 인간 본성에 따라 독특하게 하나님을 닮는 것으로 해석하는 것은 그보다는 도움이 되지만, "하나님의 형상 그 자체만으로 자연적 인권을 근거 삼기에는 충분하지 않다."[34] 월터스토프는 모든 인간이 하나님의 사랑을 받는다는 사실, 즉 인간에게 엄청난 가치를 부여하는 관계에서 충분한 근거를 찾는다. "그러므로 하나님이 그분의 형상을 지닌 모든 피조물 하나하나를 동등하게 영원히 사랑하신다면, 하나님의 사랑을 받는 관계적 속성이 바로 우리가 찾던 것이다. 그 속성을 지니는 것이 그것을 지닌 각각의 인간에게 그 속에 자연적 인권이 담긴 가치를 부여한다."[35]

월터스토프는 권리에 대한 그의 설명을 사회적 실재뿐 아니라 문화적 산

---

[34] 같은 책, p. 352.
[35] 같은 곳.

물들—예술 작품, 동물, 식물 같은—을 포함시키는 데까지 확장한다. 동물의 권리에 대해서 그는 이렇게 말한다. "동물들이 권리를 가진다는 것은, 부당하게 대우받을 수 있다는 것이다. 그러나 그러한 대우가 동물들의 삶에서 하는 역할은 인간의 삶에서 부당한 대우가 하는 역할에 대한 희미한 모방일 뿐이다.…동물들은 (말로) 스스로의 권리를 주장하는 행동을 할 수 없다. **당신과 내가 동물들을 위해 그 일을 해야 한다**."[36]

월터스토프는 우리가 본래 종족주의자이므로 제2차 세계대전 이후의 인권 인식은 놀라운 성취라고 주장한다. 기독교 유신론은 인권이 전면에 나오게 된 기름진 토양이며, 세속화의 위험은 이 토양을 부정함으로써 그 열매를 거둔다. 우리는 권리에 관한 유대-기독교적 토양뿐만 아니라 그리스도인들이 인간과 동물의 권리를 위해 이룩한 현저한 기여 또한 무시될 위험에 처해 있다는 점도 덧붙여야 한다. 윌리엄 윌버포스와 클랩햄 교단(the Clapham Sect)은 노예 제도 폐지를 위한 운동의 선봉을 맡았을 뿐만 아니라 만연한 학대로부터 동물을 보호하는 운동도 이끌었다. 그것은 동물학대방지협회(Society for the Prevention of Cruelty to Animals, SPCA) 설립으로, 빅토리아 여왕 치하에서는 왕립동물학대방지협회(RSPCA)로 이어졌다. 마찬가지로, 흔히 경시되거나 부정되기는 하지만 그리스도인들은 유엔 인권선언(United Nations Declaration on Human Rights)을 촉진하는 데 결정적 역할을 했다.

행동하는 정의: 사회철학

하나님의 말씀은 언제나 우리의 특별한 역사적 맥락 속에서 우리에게 다가

---

36 같은 책, p. 370(강조는 추가됨).

와 행동하기를 명하며, 만일 우리가 살아가는 시대를 이해하지 못한다면 선교 사명 실천은 명백한 위험을 초래하지는 않더라도 매우 부적절하게 될 것이다. 이 점에서 문화철학은 중요한 도움을 주며,『정의와 평화가 입맞출 때까지』는 그 작업이 어떻게 될 수 있는지 보여 주는 훌륭한 예다. 월터스토프는 우리의 사회적 세계를 구성하는 사회적 기구와 관습을 파헤치는 사회 구성 분석의 필요성을 올바로 주장했다.

근대 세계 체제에 관한 두 가지 주요 접근 방식으로는 근대화 이론가들(modernization theorists)의 접근과 세계 체제 이론가들(world-system theorists)의 접근이 있다. 근대화 이론에서는 우리 세계를 모두 근대화 과정 속 특정 발전 지점에 서 있는 무수히 다른 사회들로 구성된 것으로 생각한다. 근대화 이론가들은 높은 수준의 분화, 적응적 향상, 분화된 부분들을 통합된 전체로 형성하는 것, 가치 일반화 같은 것들이 특징인 근대화를 좋은 것으로 본다. 원칙적으로 모든 사회는 높은 수준의 근대화를 달성할 수 있으며 그렇게 해야 한다. 대부분의 근대화 이론가는 기술이 근대화 이면에 있는 추진력이라고 생각한다. 근대화 수준이 낮은 원인은 개별 사회 속에 있을 뿐, 체제 전체나 고도로 발전된 사회 내에 있는 것이 아니라고 본다.

월터스토프는 이 접근 방식이 파산했다고 올바르게 주장한다.『정의와 평화가 입맞출 때까지』가 출판된 지 약 30년이 지났지만 근대화의 불의는 악화되었지 개선되지 않았다. 이는 근대화 이론에 중요한 통찰이 없다는 말이 아니다. 그러나 월터스토프는 적어도 현 세계의 상호 연결성과 자본주의의 전 세계적 지배 때문에라도 우리에게는 세계 체제 접근이 필요하다고 본다. "나는 우리가 지금 여러 국가와 다양한 민족이 하나로 통합된 자본주의 경제로 엮인 지구촌 사회에 살고 있다는 사실을 알아야 한다는 나의 확신을 분명히 밝혀 왔다. 나는 근대화 이론가가 내놓은 그림보다는 세계 체제 이론가가 내

놓은 그림을 선호해야 한다고 주장해 왔다."[37]

세계 체제 접근은 근대화 이론보다 훨씬 더 섬세함이 더 살아 있는 방식으로 우리 시대의 현실을 접근할 수 있게 해 준다. 월터스토프가 지적하듯, 사회 집단들을 (1) 단일 경제를 가지고 있는지, (2) 개별적 정치 국가인지, (3) 하나의 국가/국민으로 구별되는지에 따라 구분한다면, 우리는 비로소 이 단위들 사이에 다양한 조합의 가능성이 있음을 볼 수 있게 된다.

이 유형의 접근 방식이 가진 중요한 이점 하나는 전 지구적 소비자 자본주의가 실로 얼마나 지배적인 것이 되었는지 볼 수 있게 해 준다는 것이다. 월터스토프는 한 경제가 얼마나 자본주의적인지 아닌지를 볼 수 있게 해 줄 여섯 개의 기준을 포착한다.

1. 시장 체제를 통해 재화가 분배되고 있는지 여부. 시장 체제는 재화의 교환을 위한 수단 훨씬 이상이다. 그것은 한 사회 전체를 유지하는 메커니즘이다.
2. 경제적 기업의 목적이 이익 창출인지 여부
3. 노동이 시장 체제의 한 품목이 되었는지 여부
4. 보다 많은 자본이 경제의 생산과 분배 과정 속으로 유입되는지 여부[38]
5. 보다 많은 경제에 참여하는 사람들이 자본에서 얻은 소득을 다시 자본으로 사용될 물품에 대한 권리를 얻는 데 사용하는지 여부
6. 공적 주체보다 사적 주체들이 더 많은 자본을 소유하고 있을 때

---

[37] Wolterstroff, *Until Justice and peace Embrace*, p. 33.
[38] 월터스토프는 자본을 이렇게 정의한다. "사람들(혹은 기업들)이 소유권을 지니는 물품으로, 재화나 서비스의 생산 또는 거래에 사용되어 소유주는 그 물품의 유용성(이라 알려진 것)으로 인해 소득을 차지할 권리를 갖게 된다"(같은 책, p. 30).

이렇게 정의되는 전 세계 경제는 분명 자본주의적이다. 그러나 자본주의 중심부, 주변부, 반(半)주변부를 구분하는 것이 중요하다. 중심부가 경제적으로 주변부와 반주변부를 지배하고 통제하기 때문에 세계 체제는 중대한 경제적 불의로 특징지어진다.

근대 세계 체제의 큰 매력은 자기 주도의 통제와 그 자유에 의한 자유 확장에 있다. 부정적인 면에서 그것은 지구 전반에 걸친 만성적 불평등을 야기하고 압제를 낳았다. 분명 근대는 선물과 독소를 함께 가져왔으며, 우리가 근대를 치유하는 데 기여하려면 이런 종류의 분석은 매우 중요하다. 세계 형성적 기독교는 근대 세계 체제에 어떻게 선교적으로 반응해야 하는가?

월터스토프는 그 응답으로 리마와 암스테르담 사이의, 구스타보 구티에레스(Gustavo Gutierrez)의 해방신학과 헤르만 도이어베르트의 신칼뱅주의 철학 사이의 대화를 개시했다. 월터스토프는 올바르게도 세상의 비참한 이들에게 그들의 목소리를 부여하려는 구티에레스의 열망을 지지했다. 그가 의심스러워한 것은 구티에레스가 말하는 해방의 목표였다. 그것은 자유지만 이 자유가 정확히 무엇으로 구성되어 있는가? 월터스토프는 구티에레스의 신학에 탄탄한 창조 교리가 결여되어 있음을 예리하게 주목한다. 구티에레스의 신학에서 창조는 구원과 역사가 연결되지 않은 채 남아 있는 구원적 행위로 여겨진다.

해방신학과 달리 도이어베르트는 권위(authority)에 관심을 두었으며 그의 철학에서는 목소리를 얻은 비참한 이들의 고함을 듣지 못한다. 하지만 월터스토프는 네덜란드의 경제학자 밥 하웃즈바르트가 『자본주의와 진보』(Capitalism and Progress)에서 개진한 입장이 매우 통찰력 있음을 발견한다. 하웃즈바르트는 개혁주의 철학의 통찰을 사용해 서구에서는 경제 성장과 기술 발전을 궁극적 선으로 받아들였으며 그 결과 "터널 사회"를 낳았다고 주장한다. 하웃즈바르트는 개혁주의의 영역 주권(sphere sovereignty) 사상을 활용해, 우리는 경제 영역이 사회의 다른 영역들을 지배하도록 허용해 왔고 그 결과 경제의 규범적 청지기직을 전복하고 '개현'—즉, 다른 영역들의 규범과 맺는 관계 속에서 경제 영역이 열리는 것—을 방해했다고 주장한다.

월터스토프는 하웃즈바르트의 분석을 좋아하지만 도이어베르트의 존재론이라는 짐(baggage)이 필요할지에 대해서는 의문을 제기한다. 월터스토프가 보기에 "우리가 하웃즈바르트의 훌륭한 분석을 도입하려고 이 존재론을 반드시 채택할 필요는 없다."[39] 월터스토프는 대안으로, 무엇이 정의와 **샬롬**에 가장 잘 이바지할 것인지를 지도적 원리로 제안한다.

만일 좋은 기독교 철학의 실제적 연관성에 대해 의심이 있다면『정의와 평화가 입맞출 때까지』에서 이어지는 장들을 읽어 보라. 그런 의심은 전부 사라질 것이다. 월터스토프는 예리한 통찰력을 가지고 빈곤, 민족주의, 도시의 미학, 정의와 예전에 대해 서술한다. 월터스토프의 작업은 철학과 삶 사이에 있는 너무도 일반적인 간격 사이에 다리를 놓되 모범적인 방식으로 그렇게 한다. 우리의 말로 하면, 월터스토프의 작업은 **선교적 철학**을 구현한다. 그의 작업은 엄밀하면서도 상황에 적합하다.

보증된 성경 해석?

우리가 성경을 읽는 방식과 철학은 어떤 관련성이 있는가? 이번 단락에서는 이 점에 관한 플랜팅가의 통찰력 있는 언급에 초점을 맞추려 한다. 플랜팅가는 주님이 성경을 통해 우리에게 무엇을 말씀하시는지 아는 것을 목적

---

[39] 같은 책, p. 62.

으로 하는 엄밀한 학문적 성경 해석이라는 오래되고 훌륭한 전통이 기독교에 있다는 데 주목한다. 플랜팅가는 이를 전통적 성경 주해(traditional biblical commentary)라고 부른다. 하지만 계몽주의로부터 또 다른 형태의 성경 해석이 생겨났고, 플랜팅가는 이를 역사적 성경 비평(historical biblical criticism)이라고 부른다. 주류 대학에서 성경 연구를 해 본 사람이라면 성경을 과학적으로 읽는 **유일한** 방식(*the* way)으로 여겨지는 역사적 성경 비평을 접했을 때 정말 얼마나 당황스럽고 힘든지 알 것이다.

플랜팅가를 따라 역사적 성경 비평의 특징을 정의하면, 역사적 성경 비평은 성경을 이성만을 따라서 읽기를 주장하는 것이다. 그것은 특히 인식론에서 신학적 가정의 사용을 배제한다. 신학적 믿음으로 향하는 논의는 할 수 있지만 신학적 믿음으로부터 논의해서는 안 된다. 플랜팅가는 역사적 성경 비평에 세 유형이 있음을 파악한다. 트뢸취주의자(Troeltschian)는 직접적인 신적 활동을 세상에서 배제한다는 트뢸취의 원칙을 해석한다. 뒤앙주의자(Duhemian)는 대화 참여자들이 공유하지 않는 모든 가정을 피하기를 지향한다. 스피노자주의자(Spinozistic)는 참여자들 모두가 동의하지 않을 수 있는 이성의 원리들을 사용한다.

플랜팅가는 특히 트뢸취주의자의 역사적 성경 비평을 검토한다. 그 원칙에 대한 논증이 결여된 것이 분명하며, 그런데도 이런 종류의 가정이 문헌 전반에 깔려 있음을 알 수 있다. 아마도 '정통한' 사람이라면 누구나 트뢸취주의 원칙을 받아들일지 모른다. 하지만 이는 수백만의 동시대 그리스도인을 오만하게 무시하는 것이다. 반 하비(Van A. Harvey)는 **도덕적으로** 우리는 이 원칙들을 받아들이라는 압박을 받는다고 주장한다. 그러나 플랜팅가가 분별한 것처럼, "이 도덕적 주장의 밑바닥에는 실제로 하나의 철학적-신학적 판단이 깔려 있다. 전통적 기독교 믿음은 사실 신앙이 이 주제들에 대한 참되고 보증된 믿음의 신뢰할 수 있는 근원임을 받아들인다는 점에서 철저히 잘못되었다는 판단이다."[40] 플랜팅가는 전통적 성경 주해와 대립하는 역사적 성경 비평을 위한 어떤 강력한 논증도 찾을 수 없었다.

이런 유형의 역사적 성경 비평은 왜 진리 탐구에서 우리가 가진 모든 자원을 이용하는 일을 피해야 하는지에 대한 중요한 인식론적 질문을 제기한다. 플랜팅가에 따르면 물리학이나 화학과 달리 성경적 학문의 기초 자체는 여러 신학적 이슈에 깊이 영향을 받는다.[41] 플랜팅가는 토머스 쉬한(Thomas Sheehan)의 『초림: 하나님 나라는 어떻게 기독교가 되었는가?』(*The First Coming: How the Kingdom of God Became Christianity?*) 서평에서 성경의 참된 지식을 추구하는 가운데 우리의 신학적 자원 **전부**를 활용해야 한다는 것에 대한 강력한 사례를 제시한다.

> 기독교 학자가…학문을 수행하는 데 자신이 아는 모든 것을 활용해야 한다는 것은 단순한 상식 아닌가?…다루는 사안에 관한 가능한 최대로 충분하고 꽉 찬 진리에 도달하려는 것이 목적이라면, 아마도 바른 길은 신앙을 통해 아는 것을 포함하여 모든 자원과 아는 모든 것을 활용하는 것이다.…
>
> 이 주장—예수가 학문에서도 신적이었다는(지금도 그렇다는) 주장을 결코 이용해서는 안 된다는 주장—은 전형적인 기독교 믿음에 올바르게 도달하는 유일한 길은 보통 과학적 연구나 역사적 연구라는 길을 통하는 것이라는 가정에 입각한 것이다. 그러나 이는 실로 가장 의심스러운 가정이다. 이는 고전적 토대주의의 정수이며 그 약점을 공유한다.…

---

40 Plantinga, *Warranted Christian Belief*, p. 407.
41 같은 책, p. 414.

정말 여기서 문제는 무엇이 옳거나 합리적인 믿음을 구성하는지, 무엇이 올바르거나 참된 지식을 구성하는지에 관한 철학적(인식론적) 견해다.[42]

플랜팅가는 여기서 고전적 토대주의에 대한 그의 비판을, 그리고 하나님에 대한 믿음이 올바르게 기초적이라고 간주할 그리스도인의 권리에 대한 그의 주장을 성경 해석에 적용한다. 만일 플랜팅가가 옳다면—물론 우리는 그가 정말 확실히 옳다고 생각한다—우리는 기독교 믿음이 성경 연구에서도 작용하도록 하는 일을 두려워하지 않아야 한다. 그렇게 접근하다가 무서운 쌍욕을 먹는 일을 피할 수 없더라도 말이다.[43]

십계명을 예로 들어 보자. 데이비드 클라인스(David Clines)는 십계명에 대해 이렇게 말한다. "실제로 신이(만일 신이 있다면) 기원전 2000년 후반에 아라비아 반도의 어떤 산 위에서 하늘로부터 귀로 들을 수 있는 말을 했다는 것인가?…내가 그런 일이 정말 일어났다고 절대로 믿지 않는다고 말해도 이 글을 읽는 독자 중 많은 이는 놀라지 않을 것이다. 그리고 학문적 독자 중 어떤 이가 그렇게 했다 해도 나는 놀라지 않을 것이다."[44] 클라인스는 이 견해에 대한 어떤 논증도 제시하지 않지만, 하나님이 세상 속에서 행동하시고 말씀하실 가능성을 배제하는 **믿음**에 분명 깊은 영향을 받았다. 출애굽기 20장과 신명기 5장에서 말하는 십계명 수여에 대한 이야기와 실제로 벌어진 일 사이에 일대

---

42 James F. Sennett, ed. *The Analytic Theist: An Alvin Plantinga Reader* (Grand Rapids: Eerdmans, 1998), pp. 325-327.
43 즉, 근본주의(fundamentalism)라는 것이다! Plantinga, *Warranted Christian Belief*, pp. 244-246를 보라.
44 David Clines, "The Ten Commandments, Reading from Left to Right", chapter 2 in *Interested Parties: The Ideology of Writers and Readers of the Hebrew Bible* (Sheffield: Sheffield Academic Press, 1995), pp. 27, 28.

일의 일치가 있음을 주장하려고 조금도 시도하지 않고서도, 유신론적 관점에서 볼 때 하나님이 역사 속에서 한 특정 집단에게 이야기하시는 일에 못 믿을 것은 없다. 따라서 하나님이 이스라엘에게 십계명을 말씀하실 가능성이 배제되어서는 안 된다. 실제로 우리는 플랜팅가의 인식론으로부터 그러한 믿음이 참된 지식으로 받아들여지기 위해 토대주의 부류의 증거가 필요하지 않다는 것과 이 믿음을 지식으로 받아들이는 것이 보증될 수 있음을 받아들인다.

결론

개혁주의 인식론의 풍부한 가능성은 플랜팅가와 월터스토프가 적용해서 보여준 일부 영역을 검토함으로써 분명해진다. 그러나 월터스토프는 『종교의 한계 내에서의 이성』에서 이론을 정립하는 이론을 세우려는 시도는 자신만 하는 것이 아니라고 말한다. "나는 스스로를 문명에서 멀리 떨어진 산 뒤편에 사는 외로운 개척자라고 생각하지 않는다. 20세기에는 특히 헤르만 도이어베르트가 그러한 이론이 필요함을 인식하고 이론을 세우려 했다."[45] 우리는 12장에서 플랜팅가도 도이어베르트에 대해 유사하게 긍정적인 평가를 했음을 보았다.

이런 긍정에도 불구하고 개혁주의 인식론과 헤르만 도이어베르트, 디르크 볼렌호븐(Dirk Vollenhoven) 및 그 후예들이 수행하는 개혁주의 철학은 어둠 속의 선박들처럼 엇갈려 지나쳤다. 이들 상호 간 대화가 없다는 사실을 어떻게 설명할 수 있는가?

첫째, 그들은 같은 혈통이지만, 개혁주의 인식론이 분석철학 전통에서 발

---

[45] Wolterstorff, *Reason within the Bounds of Religion*, p. 22.

전한 반면 개혁주의 철학은 유럽 전통이다. 다음 장에서 볼 것처럼 그 결과는 매우 다른 유형의 철학이다. 둘째, 개혁주의 인식론은 개혁주의 철학 전통보다 철학적 운동으로 훨씬 성공했다. 개혁주의 인식론이 크게 성공했기 때문에 무시하는 것이 불가능했던 반면 개혁주의 철학은 여전히 대체로 잘 알려져 있지 않다.

우리 성향은 개혁주의 인식론보다는 개혁주의 철학에 더 가까우며, 반가운 소식은 이제 우리가 뒤로 물러서서 둘 사이에 있는 수많은 공통의 강조점을 볼 수 있다는 것이다. 다음 장과 결론에서는 개혁주의 철학과 그것이 제공할 수 있는 모든 것에 주목하며, 우리는 이 둘의 차이를 드러내면서도 공통의 바탕에 주목하도록 할 것이다.

보낸사람: abby@longobedience.edu
받는사람: percy@secular.edu
제목: 두 유형, 정말 흥미로워!

안녕 퍼시, 내가 보낸 개혁주의 인식론 노트 모두 잘 받았으면 좋겠네. 분명 개혁주의 전통에는 유럽적인 또 다른 유형의 기독교 철학이 있다는 걸 이해했어. 내가 감동 먹은 건 이 전통들의 적합성이야. 우리 교수님이 전에 기독교 철학은 선교적이라고 했는데 그게 뭔지 몰랐었거든!

애비

주의: 부전공으로 철학을 하기로 한 것 확정됨.

15장 개혁주의 철학

서론

개혁주의 인식론이 개혁주의 철학보다 훨씬 더 잘 알려졌지만 둘은 모두 신칼뱅주의에서 나와 발전했다. 사실 개혁주의 철학은 개혁주의 인식론에 앞서 20세기 초반 네덜란드에서 일어났다. 아브라함 카이퍼는 개혁주의 세계관의 중요성을 강조했으며, 위대한 네덜란드 신학자 헤르만 바빙크(Herman Bavinck, 1854-1921)는 기독교 철학이 필요함을 인정했다. 하지만 이 세계관을 완전히 성숙한 기독교 철학으로 발전시키는 일은 그들의 후계자인 헤르만 도이어베르트와 그의 처남 디르크 볼렌호븐, 그리고 계속 늘어나고 있는 일군의 학자에게 맡겨졌다. 도이어베르트는 진정한 기독교 철학은 오직 장 칼뱅 전통과 그의 종교적 출발점에서만 발전할 수 있다고 주장했으며,[1] 이제는 굳어진 **개혁주의 철학**(Reformational philosophy)이라는 용어는 현재 이 철학의 지지자 중 하나인 미학자 캘빈 시어벨드가 만들었다.

도이어베르트는 신칸트학파, 하이데거, 후설에게 큰 영향을 받았다. 논리

---

[1] Herman Dooyeweerd, *A New Critique of Theoretical Thought*, trans. David H. Freeman and William S. Young, 4 vols. (Jordan Station, ON: Paideia, 1984), 1: pp. 515-518.

는 도이어베르트 철학에서도 확고한 위치를 가지고 있지만 개혁주의 인식론에서만큼 핵심적이지는 않다.[2] 르네 반 바우든베르흐(René van Woudenberg)가 올바르게 지적하듯,

> 분석적 인식론 이면의 철학 전통은 넓게 말하자면 영미 경험론과 합리론이다.…그러나 도이어베르트 배후에는 칸트, 신칸트학파…그리고 후설에 이르는 위대한 인물들을 동반한 독일의 초월적 관념론이 있다. 두 전통의 차이는 엄청나다. 스타일 차이, 실제로 철학하는 데 철학사에서 담당한 역할 차이, 철학 방법론 차이, 철학적 문제들이 표현되는 개념성에 관한 차이도 있다.[3]

우리는 최근 10년에 분석철학과 대륙철학 사이의 화해로 볼 수 있는 것들을 지켜봤다. 이제 개혁주의 인식론과 개혁주의 철학이 성취한 내용을 돌아보면, 둘 사이에 중요한 합의 영역들이 존재함을 볼 수 있다.

도이어베르트의 직관적 진실 파악

이성적인 것 훨씬 이상으로 직관적으로 진실을 파악하는 순간을 통해 의외의 방식으로 철학이 발전하는 일은 흔하다. 도이어베르트는 자신이 그렇게 직관적으로 진실을 파악한 일을 이렇게 설명한다.

---

2 Albert M. Wolters, "The Intellectual Milieu of Herman Dooyeweerd", in *The Legacy of Herman Dooyeweerd*, ed. Carl T. McIntire (Lanham, MD: University Press of America, 1985), pp. 1-19를 보라.
3 René van Woudenberg, "Two Very Different Analyses of Knowledge", in *Ways of Knowing in Concert*, ed. John H. Kok (Sioux Center, IA: Dordt College Press, 2005), p. 103.

본래 나는 처음엔 신칸트학파 철학, 나중엔 후설의 현상학의 강력한 영향 아래 있었다. 내 사유의 커다란 전환점은 사유의 종교적 뿌리 자체에 대한 발견으로 특징지어진다. 거기로부터 나 자신을 포함해 기독교 신앙과 인간 이성의 자충족성(self-sufficiency)에 뿌리내린 철학 사이의 내적 종합을 이룩하려는 모든 시도의 실패 위에 새로운 빛이 비췄다.…철학적 사유의 자충족성을 선언하는 철학적 사유의 모든 태도는 기독교 관점에서는 받아들일 수 없는 것으로 드러난다. 그것은 인간의 사유를 예수 그리스도의 신적 계시에서 벗어나게 만들기 때문이다.[4]

도이어베르트 철학의 중심은 그의 인간관이다. 그는 특히 구약성경 지혜문학에서 인격의 중심인 **마음**(heart) 개념을 발견한다. 이 강조점은 도이어베르트의 전환점과 밀접한 관계가 있다. 도이어베르트에게 마음은 인간의 종교적 중심이며, 언제나 종교적으로 참 하나님을 향하거나 우상을 향해 방향을 잡는다. 마음과 그 종교적 방향은 이론적 사유를 포함해 인격 전체에 영향을 미친다.

신칼뱅주의의 중심 교의 중 하나는 **대립**(antithesis), 즉 삶의 모든 국면을 관통하며 신자와 불신자를 관통하는 선과 악 사이의, 하나님 나라와 흑암의 나라 사이의 전투다. 도이어베르트의 직관적 진실 파악은 이론적 사유—철학적이고도 과학적인—가 대립에서 면제되지 않는다는 통찰을 수반한다. 헤르만 바빙크가 지적하듯, "계시의 중심은 그리스도의 인격 안에 있지만 그 주변부는 창조 세계의 가장 끝자락까지 이른다. 그것은 자연과 역사와 동떨어져 있지 않으며, 섬이 바다에 있거나 기름방울이 물 위에 떠 있는 것과 유사하지

---

[4] Dooyeweerd, *New Critique*, 1: p. v.

않다. 자연 전체, 역사 전체, 인류 전체, 가정과 사회, 과학과 예술과 밀접히 연결되어 있다."[5] 도이어베르트의 전환점은 인간 삶의 다른 모든 국면과 마찬가지로 이론과 철학에서도 이것이 참임을 깨닫는 데서 비롯되었다.

그가 살았던 시기를 생각할 때, 그러한 견해가 급진적이라는 것과 귀 기울일 사람을 얻기 어려웠으리라는 것을 상상하기란 어렵지 않다. 오늘날엔 소위 포스트모더니즘의 공격으로 인해 종교를 철학적 의제로 올리는 것이 훨씬 쉬워졌다. 도이어베르트는 아주 다른 상황 속에 살았기에 체계적인 기독교 철학을 발전시키는 일을 진행시키기에 앞서 모든 이론적 사유가 피할 수 없이 종교에 뿌리내리고 있음을 입증하는 정지(整地) 작업을 해야 했다. 그는 이 작업을 **초월적 비판**(transcendental critique)이라는 명칭 아래 수행했으며, 우리는 먼저 이를 살펴보고자 한다.

초월적 비판

도이어베르트는 **초월적**이라는 말을 칸트에게서 취하는데, 그 말이 내포하는 의미는 '사유를 가능하게 하는 조건'이다. 도이어베르트는 이를 다음과 같이 표현한다. "이를 통해 우리는 **보편적으로 정당한 조건**, 즉 그것만이 이론적 사유를 가능하게 만드는 것이며 사유 자체의 내적 구조에 의해 요구되는 그 조건을…비판적으로 탐구하여 이해한다."[6] 도이어베르트는 사유가 기능하기 위한 조건을 검토함으로써 모든 사유가 종교—즉, 지식 주체의 마음—

5　Herman Bavinck, *The Philosophy of Revelation* (Grand Rapids: Baker, 1979), p. 27. 『계시철학』(다함).
6　Dooyeweerd, *New Critique*, 1: p. 37(강조는 원문의 것).

에 뿌리내리고 있음을 보여 주려 한다. 그러므로 그가 자주 초월적 비판을 자신의 철학으로 들어가는 '입구'라 언급한 것은 놀랄 일이 아니다. 그러나 도이어베르트는 평범한 일상적 사고와 대학 학과를 특징짓는 논리적이고 이론적인 사유 사이에는 중요한 차이가 있다고 보았다. 그가 앞서 인용한 '이론적 사유'를 강조하는 이유가 바로 이것이다.

도이어베르트는 초월적 비판에서 두 중요 요소, 즉 이론적 사고의 성격과 이론적 사유와 종교의 내적 연관성을 염두에 두고 있다.[7] 전자는 우리가 이론적 사유를 어떻게 생각하는가와 관련 있다. 이론적 사유는 생활 경험의 충만함으로부터의 **추상**(abstraction)으로 특징지어지며, 도이어베르트는 이 이론적 추상 과정이 일상의 구체적 생활에서 사고하고 아는 것과는 아주 다르다고 본다. 도이어베르트가 보기에, 많은 철학이 일상적 앎과 이론적 추상의 중대한 차이를 인지하지 못해 처음부터 잘못을 범해 왔다.

추상은 실재의 일부를 모든 실재와의 연관성으로부터 분리해 그것을 따로 분석하는 일을 수반한다. 도이어베르트는 이를 **대치**(Gegenstand) 관계라고 부른다. 대치란 '대척적으로 놓거나 세우기'를 의미하며, 이 관점에서 보면 우리는 이론적 분석을 할 때 인간이 논리적으로 기능하는 방식을 창조된 실재의 다른 양상들과 대치시킨다. 도이어베르트에게서 중요한 사실은, 우리가 이 일을 할 때조차도 여전히 전인적이고 종교적인 인간이기 때문에 이론적 사유는 계속해서 마음의 방향에 깊은 영향을 받는다는 것이다.

그러나 과연 어떻게 마음의 방향이 이론적 분석에 영향을 미친다는 말인가? 도이어베르트는 이를 그의 **초월적 기초 이념**(transcendental ground idea)

---

[7] Henk Geertsema, "Dooyeweerd's Transcendental Critique: Transforming It Hermeneutically", in *Contemporary Reflections on the Philosophy of Herman Dooyeweerd*, ed. D. F. M. Strauss and Michelle Botting (Lewiston, NY: Edwin Mellen, 2000), p. 85.

개념을 통해 해명한다. 그의 관점에서 볼 때, 모든 철학은 그 뿌리에 생성된 철학을 지도하고 통합하는 근본적 기초 이념(basic ground idea)을 가지고 있다. 도이어베르트는 초월적 기초 이념이 세 질문에 답한다고 본다.

1. 철학자가 실재 전체에 대한 이해를 갖게 하는 **아르키메데스 점**은 무엇인가? 아르키메데스(Archimedes)는 주전 250년에 놀라운 기술적 위업을 보여 준 지레를 만들었다. 그는 심지어 고정된 지지점―아르키메데스 점―만 주어지면 지구를 토대로부터 들어 올릴 수 있을 것이라고 말했다. 철학은 그 성격 자체로 인해 실재 전체와 관계하며, 모든 철학자는 의식하지 않더라도 거기로부터 전체에 대한 관점을 얻기 위한 어떤 특정 장소를 가정한다. 이는 11장에서 보았듯 그러한 아르키메데스 점의 가능성을 부정하는 포스트모던 철학자들조차도 마찬가지다. 그러한 점이 존재하지 않음을 볼 수 있기 위해 **어딘가에** 서 있어야 하기 때문이다. 많은 포스트모더니스트가 가장하는 겸손은 엄청난 오만을 은폐하고 있다. 헹크 헤르세마(Henk Geertsema)가 지적하듯, "인간됨에는 자아와 세계에 대한 이해가 수반되며 이 둘은 거기로부터 실재의 성격과 의미가 이해되는 궁극적 지평에 대한 어떤 관념과 연관되어 있다. 리처드 로티의 경우처럼 시간과 우연을 그 궁극적 지평으로 간주하거나…우리가 인간과 세계를 사랑과 지혜로 창조하신 인격적 하나님을 믿는다면, 이는 근본적 차이를 만들어 낸다."[8]

기독교는 근대의 이교들과 근본적으로 다르다. 따라서 도이어베르트는 아르키메데스 점―모든 철학에 공통적인―을 기독교 철학에서 아르키메데스 점이 의존하는 근원인 아르케와 세심히 구분한다. 기독교적 관점에서 실재 전반에 대한 참된 의식을 얻기 위한 유일의 적절한 출발점은 '그리스도 안'

---

[8] 같은 글, p. 98.

(in Christ)이다. 타락했으나 그리스도 안에서 구속되었고 또한 구속될 피조물로서의 창조 세계의 참된 의미가 여기서 우리에게 계시되었기 때문이다. '그리스도 안에서', 스스로 유지하고 자충족적인 우주라는 견해는 가능하지 않다. 우주는 의존적인, 창조된 존재이며 그 자체를 넘어 만물이 그에게서 나오고, 그로 말미암고, 또 그에게로 돌아가는 아르케이신 하나님을 가리킨다. 칼 바르트는 창조 세계의 이 의존적·피조물적 양식을 설명하기 위해 '우연적'(contingent)이라는 형용사를 사용한다. 도이어베르트는 같은 진리를 두고 이렇게 말한다. 창조된 존재는 의미를 **가지지** 않는다. 창조된 존재가 곧 의미다.

2. 철학은 창조 세계의 **다양성**을 어떻게 설명하고 다루는가? 도이어베르트가 크게 신경을 쓰는 부분은 창조 세계의 양상들이 다른 양상 속으로 환원되는 환원주의다. 도이어베르트는 내재철학(immanent philosophy)들이 끊임없이 이런 방향으로 움직이는 잘못을 저지른다고 본다. 환원주의에서 풀려나 창조 세계의 **환원 불가능한 다양성**을 정당하게 다룰 수 있게 되는 것은 창조 전체를 우연적으로, '의미'로 이해할 수 있게 되었을 경우뿐이다.

3. 이론가는 분석을 위해 창조의 한 부분을 추상해 놓은 다음 어떻게 다시 다양한 부분을 하나로 묶는가? 즉, 이론가는 창조의 통일성을 어떻게 설명하는가? 도이어베르트는 초월적 마음(transcendental heart)이라는 매우 특이한 개념을 가지고 있는데, 우리는 그 개념이 심하게 비판받아 왔고 별로 도움도 되지 않는다고 보기에 자세히 설명하지 않으려 한다.[9] 헤르세마는 창조 세계의 통일성은 창조 세계가 창조주 하나님과 맺는 관계 속에 있다고 지적한 점에서 옳은데, 우리는 여기에 구속주로서의 하나님과 맺는 관계를 덧붙이고자

---

[9] 기본적으로 도이어베르트는 칸트의 초월적 자아를 초월적 마음으로 바꾸어 놓았다. 그것은 칸트의 철학을 혁신하긴 하지만 도이어베르트가 마음이 초시공적(supratemporal)이라고 주장함에 따라 중대한 문제들을 만들어 낸다.

한다.[10]

도이어베르트는 네덜란드어 wetsidee, 즉 법이념(law-idea)을 초월적 기초 이념과 동의어로 사용한다. 그는 이렇게 말한다. "나는 특히 고대, 중세, (라이프니츠 철학 같은) 근대 철학의 다양한 체계가 **의식적으로** 철학적 사유를 자연법(*lex naturalis*), 영원한 법(*lex aeterna*), 뛰어난 조화(*harmonia praestabilia*) 등으로 수식되는 신적 세계 질서의 이념과 결부시켜 왔다는 사실을 보고 이 용어를 선호하게 되었다.…사실 모든 철학 체계의 토대에는 우주법 이념이 있다."[11]

그러한 방식으로 철학에 접근하는 것이 도이어베르트와 다른 이들의 접근 사이의 논의를 닫아 버리리라고 상상할 수 있을지도 모른다. 도이어베르트의 관점에서 볼 때, 결과는 정반대. 철학을 형성하는 힘들이 불분명하거나 은폐되어 있는 한, 진정한 대화가 일어나는 일은 불가능하다.[12] 하나의 철학을 형성하는 전(前)이론적 힘을 포함해 모든 것을 고려해야 실질적 비교와 진정한 대화를 위한 무대가 마련된다.

이처럼 도이어베르트는 모든 철학이 초월적 기초 이념 위에 서 있다고 본다. 초월적 기초 이념을 의식하는 일은 우리가 철학에서 무슨 일이 벌어지고 있는지 볼 수 있게 한다. 말하자면, 철학의 여행 가방을 열어 거기에 담긴 이데올로기적이고 종교적인 짐을 볼 수 있게 한다. 도이어베르트가 주장하길,

> 철학은 이론적이며, 그 성격상 늘 모든 인간적 사유의 상대성에 매여 있다. 본질적으로 철학에는 절대적 출발점이 필요하다. 철학은 이를 오로지 종교로부터 끌어낸다. 종교는 이론적 사유에도 안정성과 정박지를 제공한다. 이론적 사유

---

10 Geertsema, "Dooyeweerd's Transcendental Critique," p. 99.
11 같은 글, pp. 94-95.
12 같은 글, pp. 1, 70.

자체 내에서 절대적 출발점을 발견했다고 생각하는 이들은 본질적으로 종교적 충동을 통해 이 믿음에 도달한 것이다. 하지만 그들은 참된 자기 지식의 결여로 인해 자신의 종교적 동기를 알아차리지 못하고 있다.[13]

이 사실이 철학사에 어떤 중대한 함축을 가지는지는 도이어베르트와 그의 처남 디르크 볼렌호븐이 탐구했다. 볼렌호븐은 철학사에 대한 복잡한 분석을 문제-철학적 방법론(problem-historical method)을 통해 발전시켰다.

철학사

역사는 시간과 뗄 수 없게 연관이 있으며, 우리는 철학사에 대한 개혁주의적 접근을 검토하기 전에 도이어베르트가 역사와 시간을 구분한다는 사실을 알아야 한다. 역사적인 것은 그의 15개 양상 측면 중 하나지만 시간은 그렇지 않음을 뒤에서 볼 것이다. 도이어베르트는 이 양상들보다 시간이 더 기초적이라고 보며, 그가 "우주적 시간"(cosmic time)이라고 부른 복잡한 시간관을 발전시킨다. 그의 시간 이론에는 논란이 많으며 오늘날 그 이론을 따르는 이는 거의 없다. 그의 견해에는 중요한 통찰이 하나 있음을 이야기하면 충분할 텐데, 그것은 창조 전체가 **시간적**(temporal)—시간의 흐름 속에 있음—이라는 것이다. 이는 하나님이 그분의 세상을 만드신 방식에서 필수인 부분이다.

---

[13] Herman Dooyeweerd, *Roots of Western Culture: Pagan, Secular, and Christian Options*, trans. John Kraay (Toronto: Wedge, 1979), p. 8.

근본 동인: 도이어베르트

도이어베르트는 그의 초월적 기초 이념과 별개로 모든 철학적 사유의, 그리고 실제 문화 발전의 종교적 차원을 파악하기 위해 **근본 동인**이라는 개념도 사용했다. 이 책 앞부분 장에서 지적했던 것처럼 서양 철학 이야기를 하는 사람은 누구나 모든 것에 우선하는 주제와 핵심 사상가를 밝혀내는 문제에 직면한다. 도이어베르트는 서구의 문화적이고 정신적인 발전 아래 깔려 있는 깊은 추진력들을 밝혀낼 수 있다고 주장하며, 이것들을 근본 동인이라고 부른다.

모든 종교 속에서는 그러한 힘을 가진 근본 동인을 지목할 수 있다. 그것은 인류 사회의 가장 큰 영적 태엽 역할을 하는 힘이다. 그것이 절대적인 중심 추진력인 것은, 그것이 삶의 종교적 중심으로부터 시간적 표현들을 지배하고 또한 모든 존재의 실제적 또는 추정적 근원을 가리키기 때문이다. 그것은 가장 깊은 의미에서 한 사회의 삶에 대한 관점과 세계관 전체를 결정한다. 그것은 일정 기간의 문화, 과학, 사회 체계에 지울 수 없는 특징을 부여한다. 이는 하나의 지배하는 문화적 힘이 사회의 역사적 발전에 분명한 방향을 부여하는 내내 적용된다. 만일 그것이 중단되면 진짜 위기가 그 사회 문화의 기초에 발생한다. 그러한 위기는 항상 영적 뿌리의 상실과 더불어 일어난다.[14]

근본 동인은 공동체적이며 결코 단지 개인적이지 않다. 하지만 그것은 개인이 의식하지 못할 때도 개인의 삶을 지배할 수 있다.[15] 도이어베르트는 서

---

[14] 같은 책, pp. 8-9.
[15] 같은 책, p. 9.

양 철학과 문화의 역사에서 네 주요 근본 동인을 밝혀낸다. 새로운 근본 동인의 출현이 이전의 것을 대체하지는 않음을 아는 것이 중요하다. 이전 것은 새로운 것과 계속해서 긴장 가운데 있다.

형상-질료 근본 동인

도이어베르트는 형상-질료 근본 동인이 그리스와 로마 사상의 기초인 것으로 파악한다. 그는 그 기원을 두 종교 사이의 충돌에서 찾는데, 하나는 삶의 생명력에 중심을 두었고 다른 하나는 인류의 문화 활동에 중심을 둔다. 전자에서는 무정형(formless)이 신격화되지만 후자에서는 형상(form)의 원리가 신격화된다.

도이어베르트의 근본 동인 분석의 중심에는 일단 창조의 한 양상이 절대화되면 그것은 반대 극의 출현을 유발시킨다는 관점이 있는데, 이 때 이 둘은 화해할 수 없는 변증법적 긴장 속에 놓이고 사상은 이 긴장을 종식시키려는 시도를 하면서 양극 사이를 오간다. 도이어베르트는, 소피스트는 질료를 선호하고 아리스토텔레스는 둘 사이의 조화를 모색하는 등 그리스 사상가들이 질료와 형상 사이를 왔다 갔다 한다고 주장한다.

자연-은혜 근본 동인

연대기적으로 보면 자연-은혜 근본 동인은 중세의 절정과 후반부를 지배했고 그리하여 뒤에서 논할 성경적 또는 기독교적 창조-타락-구속 근본 동인이 뒤따라 나왔다. 도이어베르트는 토마스 아퀴나스의 스콜라 철학을 중세의 근본 동인이 힘을 발한 가장 중요한 사례로 꼽는다. 아퀴나스는 아리스토텔레스를 전용하여 자연에 관한 그리스의 이원론적 이해를 포용했으며 이를 복음(은혜)과 종합하려 했다. 도이어베르트가 보기에 이는 상충하는 근본 동인 사이의 유지될 수 없는 종합으로, 피할 수 없는 문제에 봉착하게 된다. 자연은 르네상스와 계몽주의에서 은혜에서 떨어져 나갔고, 위층의 은혜는 점차 중요성을 잃다가 결국에는 완전히 부정당하고 말았다.

자연-자유 근본 동인

부인할 수 없는 근대 과학의 열매들은 자연적·과학적 법칙에 의해 지배되는 세계에 대한 기계적 관점을 확증하는 것처럼 보였다. 그러나 이는 자유로운 인간에 대한 관점에 문제를 일으켰으며, 따라서 자연에 대한 강조는 결국 자유라는 반대 극을 불러냈다. 그리하여 우리는 예컨대 콩트는 과학을 옹호하고 낭만주의자들은 자유를 편드는 것을 본다. 도이어베르트는 이 자연-자유 근본 동인을 가리켜 "인본주의"라고 말한다. 이 동인은 로마 가톨릭과 개신교를 거의 3세기 동안 수세에 몰아넣었다.

도이어베르트는 포스트모더니즘이 출현하기 이전에 사망했다. 그러나 그는 19세기의 마지막 10년에 마르크스주의, 다윈주의, 니체주의의 출현이 이 인본주의 세계관 속의 내적 혼란을 암시했음을 분명히 했으며, 이 혼란은 제1차 세계대전 이후에 더욱 강력해졌다. 그는 서구 문화의 중대한 정신적 위기를 포착했으나 그것이 어디로 갈 것인지에 대해서는 확신이 없었다.[16]

창조-타락-구속 근본 동인

앞서 보았듯 이 성경적 또는 기독교적 근본 동인은 역사적으로 볼 때 두 번째에 오지만 우리는 마지막에 다루는데, 이는 도이어베르트가 이것을 다른 셋이 가진 변증법적 긴장에서 벗어난 참된 근본 동인으로 보기 때문이다. 도

---

[16] 같은 책, p. 11.

이어베르트는 이 근본 동인이 신학적 반성에서 나오지 않는다고 강력히 주장한다. 그것은 오로지 신자의 마음속에서 성령의 역사로부터 일어난다. 우리가 보기에, 개혁주의 철학에서는 복음이 구원을 위한 하나님의 능력(롬 1:16)이라는 것과 오직 그것만이 마음을 살아 계신 참된 하나님께로 다시 돌릴 수 있는 능력을 가진다고 올바르게 강조한다. 이 믿음에는 그러한 변혁의 결과가 창조-타락-구속 개념일 것이라는 점이 포함되지만, 우리는 이 책 앞부분과 『세계관은 이야기다』에서 지적했듯 도이어베르트의 『서양문화의 뿌리』(Roots of Western Culture)에서 발견되는 이 근본 동인에 대한 분명한 반성 같은 것은 적어도 세계관식 유형의 반성과 분석을 수반한다고 믿는다. 창조-타락-구속 자체는 성경 이야기로부터 나온 추상이며, 거기에는 하나님, 그리스도 안에서 하나님이 하신 일, 성령의 사역에 관한 관점이 포함된다.

문제-역사적 방법: 디르크 H. Th. 볼렌호븐

디르크 H. Th. 볼렌호븐(1892-1978)은 대학원 공부를 마친 직후 역사철학에 접근할 신뢰할 수 있는 길을 찾는 일에 착수했다. 그는 1950년에 자신의 새로운 접근법을 "문제-역사적 방법"(Problem-Historical Method)이라고 불렀다. 볼렌호븐의 방법은 다음과 같은 사상을 지침으로 삼고 있다.

1. 모든 철학자의 철학적 분석은 동일한 실재의 제약을 받는다.
2. 이 실재는 창조주에게 질서를 부여받는다. 세계는 잠시 타락한 인류에게 지배받으며, 인류는 그들의 활동과 더불어 그리스도를 통하여 하나님과 화해될 수 있다.
3. 그러므로 철학자들은 실재의 구조, 기원, 문제적 상태, 의미에 대하여

어떠한 태도를 취할 수밖에 없다.
4. 철학자들이 이 기초적 문제들에 대해 취하는 자세 속에서 그들의 기여를 비교하고 비판적으로 이해할 열쇠를 발견한다.

볼렌호븐은 철학사를 열심히 연구하던 어느 날 아서 에딩턴(Arthur Eddington), 알베르트 아인슈타인(Albert Einstein), 아르키메데스의 특정 개념들이 유사함을 발견하고 충격을 받았다. 그가 진실을 파악한 순간이었다! 이를 깊이 생각하던 중 철학사 전반에 걸쳐 계속 반복되는 특정한 철학적 접근의 **유형들**, 특정한 기초 형식들이 있는 것이 아닐까 하는 생각이 그에게 떠올랐다. 볼렌호븐은 접근 방식상 시대착오적 오류를 범하지 않기 위해 소크라테스 이전으로 거슬러 올라가 이 가능성을 탐사하기 시작했다. 그는 철학의 발생 이래 대대로 지지자들이 나오는 기초적인 철학적 접근들에 대한 틀림없는 증거가 있다고 결론 내렸다. 이 유형들이 되풀이되긴 하지만, 단순히 이들이 동일한 형태로 반복된다고 생각해선 안 된다. 볼렌호븐은 그가 제시한 유형 개념과 더불어 한 철학자가 그 속에서 작업하는 시대의 정신을 체현하는 **시대사조**(time-current)도 강조했다.

예를 들어 볼렌호븐이 되풀이되고 있다고 본 범주 하나는 **일원론과 이원론**이다. 그는 탈레스의 유물론적 일원론은 특히 레우키포스, 데모크리토스, 아리스티포스(Aristippus), 에피쿠로스, 루크레티우스(Lucretius), 그리고 피에르 가상디와 사르트르에 이르는 수많은 이의 철학적 접근과 동일하다고 결론 내렸다. 마찬가지로 크세노파네스(Xenophanes)가 처음 개발한 이원론적 접근은 파르메니데스, 마르시온(Marcion), 아르노비우스(Arnobius), 오컴의 윌리엄, 카를 마르크스 같은 여러 사상가에 의해 공유되었다. 볼렌호븐은 남은 생애 동안 이 문제-역사적 방법론을 가지고 작업했으며 그의 몇몇 제자는 이를 계승해 계속 작업하고 있다.

볼렌호븐의 방법은 매우 세밀하여 여기서 상세한 평가를 시작하긴 어렵다. 개혁주의 철학 진영 내부에서도 그에 대한 비판이 없었던 것은 아니다. 여기서는 그의 접근 방식의 핵심 통찰을 언급하는 것으로 충분하다. 볼렌호븐은 철학사를 검토하는 데 종교적 중립성이라는 신화를 시대보다 앞서 인식했다. 지금 우리는 역사학이 단일화되고 보편적으로 일치된 역사가 아니라 역사에 대한 다양한 역사를 만들어 내고 있음을 훨씬 잘 알고 있다. 역사 기록에는 반드시 선입관이 있으며, 어떠한 역사철학을 받아들이는 일을 피할 수는 없다. 볼렌호븐은 자신의 접근이 **단정적-비판적**(thetical-critical)이라고 묘사한다. **단정적**이란 입지를 가짐을 말하며, 철학사를 이야기하려면 어딘가에 서 있어야 한다는 사실을 의식하게 한다. 볼렌호븐에게 우리가 서 있는 가장 깊고 형성적인 차원은 종교적 차원이며 이는 공개적으로 포용되어야 한다. 우리가 하나님이 자신을 그리스도 안에서 계시하셨다고 믿는다면, 이 계시의 온전한 빛이 철학사 위에 비치도록 해야 한다. 캘빈 시어벨드가 지적하듯, "그리스도인들이 볼렌호븐의 철두철미한 방법론에 충격을 받아야 하는가? 그의 요점은 하나님의 말씀-계시의 형성적 빛이 한 사람의 철학적 구상 위에 비치지 않는다면 그 사람의 철학은 언제나 그리고 필연적으로 창조의 영광을 놓칠 것이며 실재를 다양한 합리적 방식 중 하나로 왜곡하게 되리라는 것이다."[17]

역사 서술의 단정적 성격을 진지하게 받아들인다면, 첫 번째 책임은 철학사를 분석할 수단인 격자선이 되는 입지와 더불어 일관성 있는 개요를 개발

---

17 Calvin Seerveld, "Philsophical Historiography", in *In the Fields of the Lord: A Calvin Seerveld Reader*, ed. Craig G. Bartholomew (Carlisle: Piquant; Toronto: Toronto Tuppence Press, 2000), p. 100.

하는 일일 것이며, 이것이 바로 볼렌호븐이 그의 유형과 시대사조를 통해서 한 일이다.

그러나 그것은 힘든 과업의 시작일 뿐 끝이 아니다. 우리가 발견한 것이 적용했던 개요와 방법을 개정하게 만들 수도 있다는 사실에 열린 채로 이 개요에 비추어 철학사를 꼼꼼하게 탐구할 필요가 있다. 볼렌호븐의 작업은 현대적으로 평가되고 갱신되어야 할 필요가 있지만 평범하다고 비난받을 수는 없다. 그의 제자들이 증언하듯 볼렌호븐의 철학사 연구는 꼼꼼했다.

여기서는 볼렌호븐의 작업에서 모두가 향유할 수 있는 한 열매를 언급하는 것으로 충분하다. 우리는 이 책에서 사람들이 철학의 역사를 이야기하는 방식은 결코 중립적이지 않다고 자주 말했다. 철학사 교과서 대부분이 고대, 중세, 근대, 현대라는 일련의 네 주요 시대를 가정한다. 볼렌호븐은 자신의 문제-역사적 방법에 비추어 볼 때 이 구분이 도움이 되지 않다고 보고 그 대신 종합 이전(이교), 종합(기독교와 이교의 종합), 반(anti-) 또는 후기(post-) 종합이라는 세 주요 시대를 제안한다. 독자들도 알아차리겠지만, 우리는 대체로 볼렌호븐의 이 시대 구분을 따랐다.

도이어베르트의 존재론

도이어베르트는 다음 사항이 기독교적인 초월적 기초 이념에 핵심이라고 밝혔다.

- 기독교 철학의 아르키메데스 점은 그리스도다.
- **대립**: 그리스도인은 그리스도께 속함으로써 매일 영적 전투를 하는 중

이며 철학에서는 특히 그러하다.
- **근원**: 창조 법칙과 개별적 주체성의 근원은 하나님의 거룩하고 주권적이며 창조적인 뜻이다. 도이어베르트는 법칙이 하나님과 그의 창조 사이에 있는 절대적 경계라고 본다.
- **의미의 전체성**: 창조가 곧 의미다.
- **의미의 양상적 다양성 속의 통합성**: 도이어베르트는 그의 철학에서 15개의 환원 불가능한 양상 또는 존재 방식을 밝힌다. 이것들은 철학적 추상을 통해서만 분리될 수 있다. 우리는 그것들을 실생활 경험 속에서 통합된 전체로 경험한다. 이 양상들은 실재적이고(철학적 구성물이 아니다), 하나님이 붙들어 유지시키며, 환원 불가능하고, 이것들 자체를 넘어 그리스도 안에서 의미의 충만을 가리킨다.

양상

개혁주의 철학은 풍성하고 상호 연관된 창조의 다양성에 주목한다. 창조는 무수한 구체적인 사물들로 구성되어 있으며, 그것들은 **무엇**을 묻는 질문에 답한다. "그것이 무엇인가?"라고 물을 때 "그것은 남아프리카 겜즈보크 영양이다!"라는 답을 듣게 되면 구체적 사물을 접하는 것이다. **무엇**을 묻는 질문은 **어떻게**를 묻는 질문과 조심스레 구분되어야 한다. 양상 또는 측면은 **어떻게**를 묻는 질문에 답한다. 앞서 보았듯, 도이어베르트는 세상에 15개의 양상 측면 또는 존재 방식이 있으며 모든 구체적 사물은 15개 **모두**에서 기능한다고 본다. 이 양상들은 사물이 아니라—밖에 나가서 그중 5개를 모을 수 없다—사물이 기능하는 방식이다.

양상의 성격을 설명하기 위한 좋은 예는 지금 읽고 있는 이 책이다. 도이어베르트에 따르면, 이 책은 구체적 실재로서 15개의 양상 측면 모두에서 기능한다. 이 책은 예술품이 아니지만 **심미적** 양상에서 기능한다. 모든 독자가 아는 대로, 책이 이 양상에서 어떻게 기능하느냐가 책을 읽기 전부터 책에 대한 우리의 관심에 영향을 미친다. 우리의 바람은 내용이 흥미롭고 쉬우며 유익할 뿐 아니라 책의 표지와 레이아웃이 내용을 심미적으로 보완해 독자를 책 속으로 끌어들여 결합하는 것이다. 우리 모두 못생긴 책을 책꽂이에서 끄집어내어 그 속으로 들어가려고 애쓰는 경험을 알고 있다. 그 글은 읽기 시작하기 전부터 우리의 상상력을 자극하는 데 실패한 것이나 마찬가지다.

또한 책은 경제 물품이 아니지만 **경제적** 양상에서도 기능한다. 당신은 틀림없이 책을 구입하기에 앞서 가격을 확인했고, 그 가격이 가치에-적어도!-비례한다고 느꼈다.

이 책의 한 부분에 관한 논문을 써야 한다면, 상당 부분을 그대로 추려 당신의 이름을 붙이고 싶다는 유혹을 받을 수도 있다. 즉, 이 책은 **법적** 양상 속에서도 기능하며 그러한 표절은 저작권과 대학 규정에 의해 막힌다는 사실을 기억하기 전까지 말이다. 이렇게 계속해서 이야기할 수 있다. 이것이 실재가 양상 속에서 기능하는 데 무엇이 수반되는지와 그러한 분석이 얼마나 통찰력 있을 수 있는지에 관한 예를 제공하길 바란다.

양상들의 순서는 임의적이지 않다. 상위의 것들이 기능하기 위해서 하위의 것들이 필요하기 때문이다. 도이어베르트는 산술적 양상(arithmetic modes)과 신앙적 양상(pistic modes)을 **말단 양식**(terminal modes)이라고 불렀는데, 산술적 양상 이전에는 아무것도 없으며 신앙적 양상 다음에는 아무것도 오지 않기 때문이다. 다음 도표는 양상을 열거하고 왼편에는 도이어베르트가 어떻게 개체성 구조를 분석하기 위해 양상 속에서 실재가 기능하는 방식을 활용하는지 보여 준다(다음을 보라).

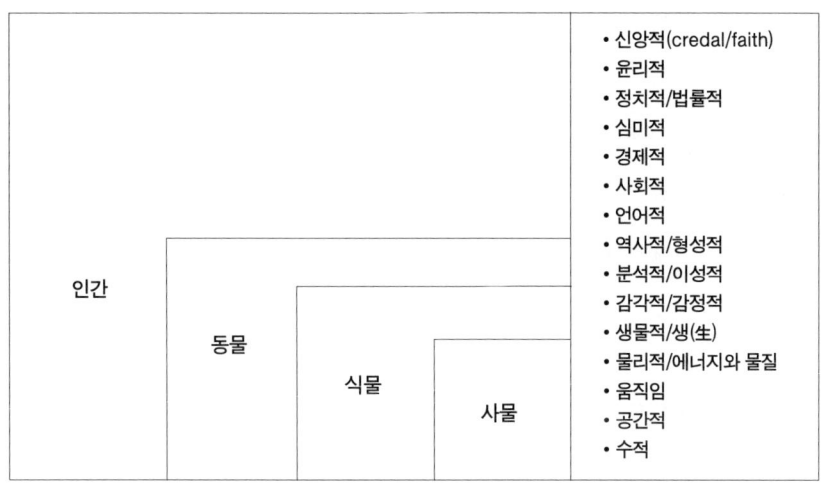

도이어베르트의 양상 계층 구조

중요한 것은 각 양상이 무엇에 관한 것인지 아는 것이다. 이 점에서 도이어베르트는 각 양상의 "의미-핵"(meaning-nucleus)을 언급한다. 그것들은 다음과 같다.

신앙적-신앙
윤리적-사랑
정치적/법적-응보
심미적-조화
경제적-절약
사회적-사회적 교섭
언어적-상징적 의미
역사적-형성력
분석적-구분

감각적-느낌

생물적-생기

물리적-에너지

운동적-운동

공간적-지속적 연장

수적-양

틀림없이 이 지점에서 많은 질문이 일어날 것이다. 어떻게 책이 심미적으로 기능하는지는 알 수 있지만, 어떻게 바위가 언어적 양상에서 기능하고 식물이 신앙적 양상에서 기능한단 말인가? 이를 이해하기 위해서 우리는 도이어베르트가 한 특정 양상 속에서 **주체**로(또는 주체적으로) 기능하는 것과 **객체**로(또는 객체적으로) 기능하는 것을 비교해서 제시한 중요한 구분을 소개할 필요가 있다. 실제로 도이어베르트는 우리가 이 구분에 주목함으로써 구체적 사물의 개체성 구조를 분석할 수 있다고 주장한다.

개체성 구조

개체성 구조는 구체적 사물의(of) 구조가 아니라 구체적 사물을 **위한**(for) 하나님의 질서 또는 법을 가리킨다. 당신은 절대로 나무를 추상적으로 만나지 않는다. 나무는 항상 이 특정한, 구체적인 나무다. 그 개체성 구조가 나무를 위한 하나님의 질서다. 도이어베르트는 실재가 양상 측면들 속에서 **어떻게** 기능하는지 살핌으로써 우리가 실재의 개체성 구조에 도달할 수 있다고 본다. 커다란 바위, 단풍나무, 부세팔루스라는 이름을 가진 말(馬)을 예로 들어 보자. 도이어베르트에 따르면 바위는 물리적 양상을 포함한 양상까지 주체로 기능한다. 나머지 11개 양상에서는 객체로 기능한다. 단풍나무는 생물적 양상을 포함한 양상까지 주체로 기능하고 나머지 10개 양상에서는 객체로 기능한다. 부세팔루스는 감각적 양상을 포함해 그 양상까지 주체로 기능하고 나머지 9개 양상에서는 객체로 기능한다.

하나의 실재가 주체로 기능하는 최고 양상은 그것의 **특화**(qualifying) 양상이라고 불린다. 이 양상은 그 실재에 그것이 가진 특별한 성격을 부여하며 그것이 주체인 다른 양상들 속에서 어떻게 기능하는지도 특징짓는다. 따라서 바위는 물리적 실재이고, 나무는 생물적 실재이며, 말은 감각적 실재다. 말은 식물과는 다른 방식으로 살아가며, 우리는 나뭇가지를 자르는 것을 비도덕적으로 여기지 않는 반면에 말을 학대하는 것은 마땅히 비도덕적으로 여길 것이다. 이런 단순한 차원에서도-개혁주의 철학의 분석은 훨씬 더 복잡하다-이런 식으로 창조를 위한 하나님의 질서를 인식하는 것의 가치를 알 수 있다.

하나의 실재가 그것의 특화 양상보다 상위의 양상에서도 기능하기를 멈추지 **않는다**는 것을 아는 것이 매우 중요하다. 이는 도이어베르트의 중요한 통찰인데, 그것이 환원주의**와** 신인동형론(anthropomorphism)에 동시에 저항하기 때문이다. 도이어베르트는 하나님이 모든 실재가 15개 양상 모두에서 기능하도록 세상을 만드셨다고 본다. 따라서 나비의 심미적이고 영적인 차원은 상상이 아니라 진짜이며 나비가 나비로서 가지는 의미의 일부다. 블라디미르 나보코프(Vladimir Nabokov)가 희귀한 나비들 가운데 서서 묘사한 것은 실재에 부합한다. "이것은 황홀경이요, 황홀경 배후에는 설명하기 어려운 다른 무언가가 있다. 그것은 내가 사랑하는 모든 것이 그 속으로 빨려 들어오는 순간적 진공과 같다. 태양이며 돌과 하나 되는 느낌. 관계한 누군가-인간의 운명을 쥔 대위법 천재인지 운 좋은 필멸자를 달래 준 부드러운 유령인

지-를 향한 감사의 전율이다."¹⁸

나무는 살아 있는 유기체이며, 그 특화 양상-생물적-은 그것이 식물로서 갖는 독특한 성격을 준다. 나무는 말하거나 다른 대상을 명명할 수 없지만, 언어적 양상에서 나무의 기능은 창조의 일부가 인간이 나무에 이름을 붙일 수 있는 가능성으로 창조에 들어 있음을 뜻한다. 나무는 다른 나무들의 아름다움에 감탄하지 않겠지만 심미적 양상에서 나무의 기능은 그 아름다움이 단지 상상만은 아님을 의미한다. 그 아름다움은 진짜이며 인간은 이를 인식하고 즐길 수 있다.

개혁주의 철학의 핵심이라고 할 수 있는 창조의 질서 또는 법 개념은 마치 이 법 안에 어떤 자유도 없어 보이는 일종의 결정론을 연상케 할 수 있다. 하지만 그것은 사실이 아니다. 도이어베르트의 양상 계층 구조 내에서 (감각적 양상을 포함하는 것까지) 첫 6개의 양상과 (분석적 양상을 포함하여 그 위의) 나머지 9개 사이에는 중요한 구분이 있다. 전자를 **법칙**(laws)이라 칭하는 반면, 후자는 **규범**(norms)이라 묘사한다. 전자는 복종하지 않을 수 없다는 의미에서 **자연법**-도이어베르트는 이 용어를 좋아하지 않겠지만-이라고 할 수 있다. 후자는 인간의 반응을 요구하는데 도이어베르트는 이 책임을 요하는 이행을 "실제화"(positivization)라고 불렀다. 인간됨이란 **응답할 수 있음**이다. 인간은 창조 덕분에 15개 양상 측면 모두에서 기능하지만, 분석적 양상부터 그 위로 향하는 양상들을 어떻게 실제화하느냐에 관해서 자유를 갖는다.

사회적 양상을 예로 들어 보자. 인간됨은 다른 인간과 맺는 관계 속에 있는 것이다. 우리는 공동체 속에서 번영한다. 그러나 이 규범은 물론 무한히 다

---

[18] Jeremy Mynott, *Birdscapes: Birds in Our Imagination and Experience* (Princeton: Princeton University Press, 2009), p. 96에서 재인용.

양한 방식으로 실제화될 수 있으며 실제로 그래 왔다. 어떤 이에게는 확장된 가족이 사회적 삶의 심장에 위치한다. 다른 이들은 홀로 생활하지만 가까운 친구들로 이루어진 관계망을 가지고 있다. 어떤 이에게는 스포츠를 즐기고 술집에서 한 잔 하는 것이 사회적으로 만족스러운 것인 반면, 다른 이들에게는 친구와 함께 오랜 시간 걷는 것이 사회적 활력을 되찾는 데 훨씬 더 도움이 된다. 영국에서 친구를 방문하면 우유를 넣은 차를 대접받기 마련이지만, 캐나다에서는 크림을 넣은 커피를 내올 가능성이 훨씬 크다. 아프리카에서는 대부분 만나는 시각이 만남보다 훨씬 덜 중요하지만 서구에서는 만나는 특정 시간과 장소를 정하면 친구가 그것을 존중하기를 기대하는 경향이 있다.

또한 규범은 우리에게 타락에 함축되어 있는 사실 하나를 일깨워 준다. 우리가 자주 하나님을 대항하는 반역을 몸소 나타내는 방식으로 규범을 실제화한다는 것이다. 결혼한 사람과의 불륜은 사회적으로 만족스러울 수 있을지 몰라도, 사회적 규범에 불순종하는 실제화다. 서구의 연예 산업은 사회적 규범을 실제화하려는 시도지만, 산업 대부분이 건강하지 못하다는 사실을 살피는 데는 그다지 주의를 기울이지 않는다. 거의 진정한 대화를 나누는 일이 없는 나이트클럽에서 자주 술에 취해 하룻밤 정사에 빠져드는 것은 사회적 규범을 그릇된 방향으로 돌리는 것이다. 이 점에서 기술도 반드시 좋은 것만은 아니다. 페이스북 친구 수백 명을 가질 수는 있겠지만 이것이 진정한 우정인가?

개혁주의 인간론을 살펴보러 나아가기에 앞서 잠시 멈추고 도이어베르트가 어떻게 이 15개의 양상 측면을 생각해 냈는지 물어볼 만하다. 이 질문에 대한 즉답은 없지만, 분명한 것은 이 양상들이 성경에 근거를 두지는 않았다는 점이다. 그것들은 철학사와 우리 주변 세계의 성격에 대한 열띤 숙고뿐 아니라 부분적으로는 도이어베르트가 의존했던 신칸트학파 전통에서 유래했다. 개혁주의 사상은 창조에 대해 배우기 위해서 창조에 주의를 기울일 필요성을 강조하며, 이는 도이어베르트가 양상 이론을 발전시키는 데서 나타난다.

인간: 깡통 이론

개혁주의 철학의 우주론, 인간관, 인식론은 모두 하나로 묶여 있다. 인간은 하나님의 창조 세계의 일부이고 창조 세계의 다른 모든 부분과 마찬가지로 그분의 창조 질서에 복종한다. 볼렌호븐의 제자인 캘빈 시어벨드는 창조적인 개혁주의 인간론을 개발한 바 있다. 그는 그것을 친근감 넘치게 "깡통 인간론"(tin-can theory of the human person)이라고 불렀다.[19]

개혁주의 사상가들은 인간이 몸과 영혼으로 구성되어 있다고 보는 일반적인 기독교적 관점을 조심한다. 시어벨드도 예외는 아니다. 그는 각 사람이 온전히 철저한 통일체임을 강조한다. 그의 분석에는 인간의 개체성 구조를 파악하려는 목적이 있다. 인간은 하나의 피조물, 시간적이고 파악 가능하며 개체성-구조적인 존재다. 온전한 인간의 존재는 다양한 방식으로 자신을 나타낸다. 한 인간은 특정 체구를 갖고, 움직이고, 숨쉬고, 느끼고, 상상하고, 생각하고, 말하고, 사람들과 어울리고, 사랑하고, 다투고, 기도한다. 이 모든 구체적 존재의 표출은 하나의, 개별적 주체의 표현이다.

인간은 양상 측면 15개 모두에서 주체로 기능한다. 시어벨드는 이것을 근

---

[19] Calvin Seerveld, "A Christian Tin-Can Theory of the Human Creature", in Bartholomew, *In the Fields of the Lord*, pp. 102-116.

대 철학 전통에서 일반적으로 생각하듯 일종의 자율적 인간의 능력인 인간의 기능(faculties)으로 보지 않아야 한다고 강조한다. "그렇지 않다. 인간이 행할 수 있는 모든 구분 가능한 방식은 그 각각이 하나의 개체성-구조적 실재로서 누리는 실재의 명확한, 우주적인, 작동하는 질서 자체다."[20] 도이어베르트가 양상들이 서로 침투한다는 점을 강조한 것처럼 시어벨드 역시 인간의 기능들(functions)이 환원 불가능한 방식으로 서로 침투한다는 점을 지적한다. 예를 들어 인간의 **느낌**은 **생각**과 다르지만 인간의 사유에는 항상 정서적 내용이 있으며 사려 깊게 감정을 품어야 한다는 창조의 압력(creational pressure)도 존재한다. 실제로 시어벨드는 그가 체현(embodiment) 또는 **신체**(corporeality)라고 부른 것을 구성하는 것이 바로 이 지속적이며 질서 정연한 활동의 통합 형식(cohering pattern)이라고 본다. 인간은 살아 움직이는 시체이거나 몸/정신 이분법으로 나뉜 존재가 아니라 하나의 몸이다. "나를 오해하지 말라. 천사가 시멘트만큼이나 실재적이기 때문에 나는 기도가 소화와 같고 치통은 정신적이라고 말하지 않는다. 내 말은 오로지 이것이다. 한 인간이 구체적 행위에서 하는 모든 방식, 즉 행동 전반을 포함한 모든 것이 육체적·신체적으로 거기 있는 그 사람이다."[21]

인간은 피조물 가운데 유일하게 15개 양상 측면 모두에서 주체로 기능하지만, 독자들은 인간이 주체로 기능하는 최고 양상인 신앙적 양상에 의해 특화되지 않는다는 사실에 놀랄 수 있다. 도이어베르트와 시어벨드는 신앙적 양상을 인간의 종교적 중심과 구별한다. 시어벨드는 체현된 인간을 **인간으로** 만드는 것은 하나님 말씀에 열려 있고 그 말씀을 기꺼이 받을 수 있도록 설

---

20 같은 글, p. 108.
21 같은 글, p. 109.

계되어 있는 데 있다고 본다.

남자와 여자 모두 종교적 피조물, 즉 우주의 주를 섬기되 하나님 앞에서(coram Deo) 자의식적(공동 의식적)으로 직무를 수행하도록 부르심을 받은 개체성-구조적 실재다. 여자나 남자의 존재가 특별한 것은 인간의 온전하고 풍성한 구체적 신체가 그 속에 심긴 특별한 성향을 가지고 있기 때문이다. 인간의 실존은 밀어 넣어졌고, 하는 것 모두 내부에 초점이 있고 내재적으로 지시적이며, 참된 것을 혹은 절대적 근원을 가장한 무언가를 향하도록 의도되었다. 그것이 여자나 남자가 하나님의 형상으로 존재한다는 것의 의미다.[22]

이런 인간론에 담긴 함축은 풍부하다. 시어벨드는 인간은 본성적으로 공동체적임을 강조하며, 깡통 인간의 중심에 있는 종교적 방향에 죄가 미치는 영향에 대해서도 언급한다. 거룩함이 그렇듯 죄도 마찬가지다. 그것은 우리 삶의 모든 측면에서 그 자체를 드러낸다. 정서적으로, 사회적으로, 심미적으로, 신앙적으로 죄를 짓는 것이 가능하다. 죄가 의도적인 것으로 언제나 주요하게 생각되지는 않는다. 죄는 그보다 깊이 뻗어 있다. 죄는 심층적 불길함, 깊숙한 깨짐이다. 시어벨드의 모델은 그러한 깨짐이 진정 얼마나 복잡하고 다면적일 수 있는지 일깨워 준다. 이 다층적 차원을 무시하는 것은 온갖 종류의 방식으로 우리가 문제에 봉착하게 만들 수 있다. 좁은 인간론을 가진 그리스도인들은 새로운 목회자나 총장이나 강사를 초빙할 때 흔히 거의 유독 그 사람들의 **신앙고백**에만 초점을 맞추곤 한다. 그들이 신앙적으로 정통이냐는 것이다. 이는 분명 중요하지만, 우리는 흔히 손해를 입고 나서야 비로소 그

---

[22] 같은 글, p. 110.

들의 정서적·법적·사회적·상상적 기능이 그들을 고용하여 맡긴 일만큼이나 중요함을 발견한다. 상상력이나 좋은 사교술이 없는 정통파 총장은 그가 아무리 정통이어도 대단한 인재는 되지 못할 것이다. 정서적 생활이 발달하지 못한 보수주의 정통파 목사는 회중을 황폐하게 만들 것이다.

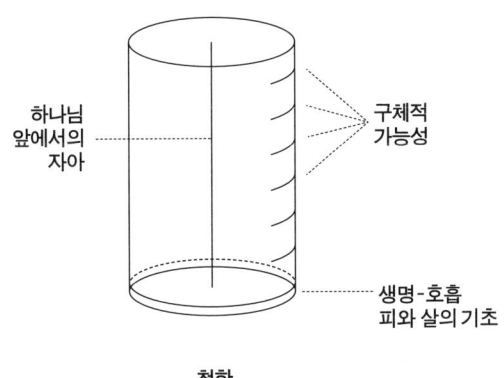

철학

우리는 우리가 생각하는 것보다 훨씬 더 깨졌다. 좋은—참으로 좋은—소식은 그리스도께서 바로 그처럼 깨진 깡통을 구원하고 회복시키시려 오셨다는 것이다. 왜 하나님이 우리를 구원하시느냐는 질문을 던진다면, 그 대답은 바로 우리를 온전한 인간이 되게 하기 위함이라는 것이다! 거룩하게 되어 가는 과정인 성화(sanctification)는 온전케 되어 가는 과정으로 이해하는 것이 가장 좋다. 성령은 우리 중심의 방향을 바로잡고, 모든 양상에서 기능하는 깡통 같은 인간 전체를 회복시키는 일에 착수하신다. 이 관점에서 보면, 성화 또는 거룩함은 기독교 신앙의 근본을 확증하는 참된 신앙고백적 삶과 관련된 것만큼이나 건강한 정서적 삶, 선하고 온전한 사회적 관계, 발달된 상상력과 관계있다. 달리 말해서, 거룩함은 형성 또는 재형성을 수반하며 이는 우리 인격의 모든 측면을 포함한다.

사회철학

프랑스 혁명이 근대 사회로 들어서는 관문을 표한다는 것은 널리 동의를 얻는 내용이다. 그것은 결코 프랑스 혁명이 이성과 과학으로 사회를 재구성하는 데 전념했기 때문만은 아니다. 개혁주의 사상의 주요 선구자인 하윌라우머 흐룬 반 프린스터러(Guillaume Groen van Prinsterer, 1801-1876)는 "기독교가 프랑스 혁명 이후에도 서구 문화의 방향에 선한 영향을 끼치기 위해 소생할 수 있는가?"라는 질문을 제기했다.[23] 반 프린스터러는 그것이 가능하다고 생각했으며, 네덜란드에서 성경적 기독교가 소생하는 데 온 생애를 바쳤다. 반 프린스터러와 아브라함 카이퍼(1837-1920)는 사회의 재건이 중립적이지 않으며 복음은 현대의 사회철학에 기여할 근본 통찰을 가지고 있다고 보았다.

특히 카이퍼는 **영역 주권**이라고 알려진 사회철학을 발전시킨 공을 인정받는다. 영역 주권에 따르면, 주권자 하나님은 사회 각 영역에 그 안에서 각 영역이 기능하게 하는 고유의 특별한 법을 부여하셨다. 따라서 국가, 제도적 교회, 가정, 학교와 대학, 사업체 등 다양한 사회적 영역은 그들 고유의 영역 안에서 자주적이다. 각 영역에서 권위의 근원은 하나님이지 국가가 아니므로 각 영역은 직접 하나님께 책임을 진다.

도이어베르트는 영역 주권에 기초해 그의 개혁주의 사회철학을 발전시켰다. 그는 다음의 내용을 인정한다.

1. 과거나 지금이나 모든 사회적 기구는 그 궁극적 기원을 창조에 둔다. 그

---

[23] Bernard Zylstra, introduction to *Contours of a Christian Philosophy: An Introduction to Herman Dooyeweerd's Thought*, by L. Kalsbeek (Amsterdam: Buitjen and Schipperheijn, 1975), p. 16에서 재인용. 『기독교인의 세계관』(성광문화사).

것을 발전시킬 잠재력을 가진 창조 질서의 동력이 창조 속에 심겨 있다.
2. 하나님은 창조의 시작부터, 그리고 창조가 펼쳐지는 동안에도 모든 창조의 주재시다.
3. 하나님의 권위는 위대한 왕에 부합하는 법적 권위다. 창조의 법은 다양한 형태를 취하며 가정, 제도적 교회, 국가 같은 인간 기구들의 발전을—이것들을 위한 규범을 제공함으로써—좌우한다.
4. 각 사회적 기구는 창조 질서에 따라서 다른 사회적 기구와 더불어 존재할 권리를 가지며, 하나님의 법을 준행함으로써 하나님이 부여하신 책임, 곧 역사 속에서 소명을 성취한다는 책임을 가진다.

따라서 창조의 법은 다른 모든 기구에 대하여 각기 자율성이나 주권을 가진 사회적 기구나 사회적 영역의 다양성을 담보한다. 하지만 모든 사회적 영역의 주권은 함께 존재하는 영역의 주권에 의해 늘 제한되며 부름받은 과업이나 기능에 국한된다. 더욱이 이 세상적 주권은 하나님의 절대 주권 아래 위치한다. 그것은 하나님이 위탁하신 것이기에 계속 그분께 의존하고 있다.[24]

그러나 도이어베르트는 이런 통찰이 있는 만큼 많은 질문이 답변되지 않은 채로 남아 있음을 인정하고, 양상과 개체성 구조의 존재론을 사회철학을 심화하는 데 활용한다.

도이어베르트의 중요한 통찰 중 하나는 **분화 과정**(differentiation process) 개념이다. 원시 사회는 비교적 분화가 덜 되어 있다. 학교, 정부 등의 구별된 영역을 가지고 있지 않다. 그런 미분화가 나쁜 것은 결코 아니지만, 도이어

---

[24] John Witte Jr., introduction to *A Christian Theory of Social Institutions*, by Herman Dooyeweerd, trans. Magnus Verbrugge (La Jolla, CA: The Herman Dooyeweerd Foundation, 1986), p. 17.

베르트는 한 사회가 시간이 지나면서 다양한 영역으로 분화되는 것이 정상이라고 주장한다. 따라서 학교와 대학이 발전하고 부모들이 자녀 교육의 실질을 그런 기구에 넘기는 것이 정상이다. 정부가 사회 속에서 구별된 하나의 기구가 되고 제도적 교회는 공식 예배를 거행하는 장소로 발전하는 것이 정상이다.

도이어베르트는 기구들의 다양성을 검토하는 가운데 세 가지를 조심스레 구분한다.

1. 그는 자연적 기구를 사회적 기구와 구별한다. 결혼과 가정 같은 자연적 기구는 창조와 더불어 주어졌으며, 도이어베르트는 그 기구들이 생물적 양상에 토대를 두고 있다고 주장함으로써 이를 파악한다. 이에 비해 사회적 기구들은 역사 속에서 출현하며 역사적 양상에 기초를 둔다. 가정은 늘 존재했으나 정부는 그렇지 않다. 정부는 역사의 진행 과정에서 출현했으며 군주제와 독재에서 민주주의에 이르기까지 다양한 형태를 가진다.

2. 도이어베르트는 공동체를 간(間)공동체적 또는 간(間)개인적 관계와 구분한다. 국가, 가족, 교회 같은 공동체는 사람들을 대체로 영구적 방식으로 결속시킨다. 간공동체적 또는 간개인적 관계는 (a) 두 기구, (b) 두 개인, 또는 (c) 기구와 개인의 협동적-또는 적대적-관계다. 예를 들어 교회와 국가, 소비자와 기업 판매인, 개인과 그의 가족 간의 관계를 말한다.

3. 도이어베르트는 권위적 사회 형태를 자유로운 사회 형태와 구분한다. 국가와 가족은 전자의 예다. 개인은 거기에 비자발적으로 포함되어 있다. 이 권위적 사회 형태는 영구적 성격을 가진다. 자유로운 사회 형태

는 자발적 토대 위에서 결성되고 해산되는 기구들로, 그 예로는 노동조합, 학술 단체, 체스 클럽이 있다.

영역 주권에 대한 개혁주의의 강조가 오해되어선 안 된다. 그것은 각 영역의 상대적 자율성을 강조하는 한편 영역의 보편성도 주장한다. 영역들은 서로 긴밀히 연결되어 있고, 우리는 일상생활 속에서 엄청 다양한 영역을 넘나들 것이며 상당수 영역에 속해 있다. 도이어베르트는 영역들이 얽혀 있는 관계를 설명하기 위해 엔캅시스(enkapsis)라는 용어를 사용한다. 두 기구가 보다 복잡한 사회적 통일체를 만들어 내 새로운 사회적 기구를 출현시키기 위한 상호 작용할 수 있다.

도이어베르트는 그의 사회철학에서 영역과 사회적 기구의 개체성 구조를 규정하려 했다. 예를 들어 정부는 역사적 양상 속에 기초해 있지만 법적 양상에 의해 특화된다. 따라서 정부는 그 관할권 아래 있는 모든 것의 정의(正義)에 관한 것이다. 교회 역시 역사적 양상—그리스도께서 시작하셨다—에 기초하지만 신앙적 양상에 의해 특화된다. 교회는 본질적으로 신앙과 회중의 신앙생활에 관한 것이다.[25]

이런 종류의 분석이 가진 소중한 통찰은, 만일 한 기구의 목적을 생각해 낼 수 있다면 무엇을 위해서 일해야 할지 알게 된다는 데 있다(회자되는 말처럼, 아무것도 겨냥하지 않으면 틀림없이 명중시킬 것이다). 예를 들어 만일 우리가 제도적 교회가 무엇을 위한 것인지 생각해 낼 수 있다면 우리는 관심과 에너지를 그 방향으로 집중시킬 수 있고 다른 가능성에 미혹되지 않을 수 있다.

도이어베르트의 사회철학은 특히 정치학에서 풍부하게 발전했기에, 다음

---

[25] Kalsbeek, *Contours of a Christian Philosophy*, pp. 196-268를 보라.

부분에서는 이 발전 내용 중 일부에 초점을 맞추고자 한다. 그의 철학은 제도적 교회의 중요하고 독특한 역할을 결코 훼손하지 않으며, 따라서 뒤에서는 그 점도 살펴볼 것이다.

정치학

정치학은 개혁주의 전통이 정치철학의 이론적 차원과 실천적 차원 모두에서 풍성한 결실을 맺었던 영역이다. 우리 시대의 거대한 도전 중 하나는 다원주의다. 정말 많은 다양한 공동체를 하나의 사회로 조직할 수 있는가? 다양성의 충돌은 문화 전쟁이라고 알려져 있다. 현대 개혁주의 사상가들은 오늘의 서구 사회에서 다원주의를 사고하기 위한 규범적 방식을 제안하고자 도이어베르트의 통찰을 발전시켜 왔다.[26]

구조적(structural) 다원주의와 고백적(confessional) 다원주의는 신중하게 구분된다. **구조적 다원주의**는 영역 주권과 동의어이며 국가가 삶의 모든 영역을 통제하는 것을 반대한다. 각 영역 또는 사회 구조는 각기 자기 영역에서 자주적이다. 따라서 부모는 가정에 대해 하나님께 책임을 지고 국가는 오직 법적 정의 문제가 걸려 있을 때만 간섭하는 것이 정당화된다.

구조적 다원주의는 **고백적 다원주의**와 구별된다. 후자는 현대 국가 내 고백적 공동체의 다양성을 인정하고 그러한 공동체들이 사회의 다양한 구조 속에서 그들의 고백이 최대의 결실을 맺기 위한 자유를 누릴 필요가 있다고

---

[26] Richard J. Mouw and Sander Griffioen, *Pluralisms and Horizons: An Essay in Christian Public Philosophy* (Grand Rapids: Eerdmans, 1993)는 이 주제에 관한 탁월한 책이다. 『다원주의와 지평들』(IVP 근간).

주장한다. 그래야 옳다고 주장하는 것이다. 그러한 관점은 근대의 명백한 특징인 종교의 주변화(marginalization)와 '중립적' 공론장 이데올로기를 철저히 반대한다. 오히려 기독교 공동체는 예컨대 기독교 학교, 가정적 삶과 여가, 정치 참여와 노사 관계 등에 관하여 자신의 고백을 개진할 자유를 누려야 한다. 그러한 자유는 무슬림과 세속적 인본주의자들에게도 허용되어야 한다. 이 관점에서 볼 때, 이들은 많은 공동체 가운데 하나의 고백적 공동체이며 흔히 소수다.

노사 관계는 험악하기로 악명이 높은데, 캐나다 기독교 노동협회(Christian Labor Association of Canada)는 주목할 만한 고백적 다원주의의 한 예다. 그 협회는 보통 노동조합의 기능을 하는데, 그리스도인과 비그리스도인 회원이 있으며 캐나다 전역에서 약 3만 명의 회원과 함께 활동하고 있다. 협회는 개혁주의 전통에서 설립되어 발전해 왔으며, 캐나다 전역에 사무실을 두고 계속해서 이런 방식으로 일해 왔다. 워싱턴 DC에 있는 공공 정의 센터(Center for Public Justice)의 상임 이사였던 짐 스킬렌(Jim Skillen)만큼 개혁주의 철학의 정치 측면을 발전시킨 사람도 드물다. 스킬렌과 공공 정의 센터가 해낸 탁월한 일 가운데 한 영역은 미국의 복지 개혁이었다. 공공 정의 센터는 종교적 기관이 복지 사업을 위해 정부 기금을 신청할 수 있게 해 주는 자선 기관 선택법(Charitable Choice) 제정을 진행하는 데 작은 조직이라는 위치를 넘어 큰 몫을 해냈다. 이 일의 중요성은 과소평가되어선 안 된다. 대부분의 서구 민주주의처럼, 미국에서는 복지 예산이 기하급수적으로 확장되었지만 현장에서는 너무나 많은 사람이 빈곤의 순환에 빠져 거의 변화가 없는 것처럼 보인다. 종종 지역 교회나 회당, 회교 사원은 빈곤 한가운데 존재해 가난을 완화할 프로그램을 세울 가장 적합한 위치에 있다. 자선 기관 선택법은 종교적 기관들이 그런 목적을 위해 정부의 돈을 취득할 수 있게 해 주었고 이로써 빈곤층에 대한 지역의, 공동체 기반의 지식이 없는 '중립적' 정부 관료제를 통하는 것보다 가난한 이들을 훨씬 더 확실하게 도울 수 있게 되었다.

제도적 교회와 설교

교회의 본질에 대한 신학적 저술(ink)은 정말 많다. 우리는 교회를 **하나님 백성의 삶**으로 생각하는 것이 유용하다고 생각한다. 그리스도인은 이런 의미의 교회 속에서 사회의 모든 영역과 관계하며, 기독교 가정이나 기독교적 정치 참여는 교회 출석과 예배와 마찬가지로 하나님의 백성이 이루는 삶의 부분이다. 이 넓은 의미의 교회는 기도, 말씀 듣기, 성례, 친교 등을 위해 모일 때 그리스도인들이 하는 것과 구별될 필요가 있다. 우리는 하나님의 백성을 이루는 삶에서 후자의 부분을 **제도적 교회**라 부른다.

  무엇이 제도적 교회를 사회의 다른 영역과 구분되게 하며, 제도적 교회는 이 영역들과 어떻게 관계하는가? 첫째로, 제도적 교회는 다른 영역보다 더 낫거나 중요하지 않음을 인식해야 한다. 이것이 깜짝 놀랄 소리로 들릴지 모르겠다. 하지만 누가 교회가 가정보다 중요하다고 주장하겠는가? 또는 교회가 국가보다 중요하다고 하겠는가? 가정이 없으면 교회도 없을 것이고, 국가가 붕괴하면 사회에서 무슨 일이 벌어질지 아무 생각이 없는 사람만이 정의로운 국가 없이 교회만으로도 지극히 편안할 수 있다는 소리를 할 것이다. 사회적 영역이 계급 체계로 서열화되어서는 안 된다. 모두가 꼭 필요하고 독특하다. 우리는 교회의 독특한 기능에 주목함으로써 교회의 역할을 파악할 수 있다.

  도이어베르트는 제도적 교회가 신앙적 양상에 의해 특화된다고 보며 우리는 그것이 옳다고 본다. 이는 교회가 본질상 공동체의 신앙생활에 관한 것이라는 사실을 일깨운다. 교회는 우리가 하나님을 잊지 않도록 일깨우고 말씀과 성례로 예수를 먹여 그분의 종으로서 그분의 세상 속으로 매주 나가도록 보내는 일을 계속해서 하기 위해 존재한다. 제도적 교회가 많은 일을 할 수 있겠지만, 이것이 교회의 초점이어야 한다. 실제로 우리의 대다수 교회에서는 목회와 설교의 은사를 가진 형제자매를 찾아 훈련시켜 우리 가운데서 전담 목자로 일하도록 따로 세워, 우리가 하나님을 주목하게 하고 우리를 그분의 말씀으로 먹이며 인생의 부침 속에서 우리와 함께 동행하게 한다.

이런 식으로 교회의 개체성 구조를 분석하는 일은 놀랄 만큼 계몽적일 수 있다. 예를 들어 강의와 설교는 중요한 철학적 차이가 있다. 목사 자신이 우리의 신앙생활을 심오하게 만드는 중이라 생각하고 있다 하더라도, 우리 중 교회에서 길고도 무미건조한 강의를 마음에 감동 없이 몹시 따분하게 들으며 앉아 있을 사람이 얼마나 있는가? 강의는 **논리적**으로 특화되어 있으며, 유익하고 교육적인 정보 전달을 목적으로 한다. 설교는 **신앙적**으로 특화되어 있다. 설교도 유익하고 교육적이어야겠지만, 하나님의 말씀을 우리 실존의—우리 마음의—가장 중심에 가져다주는 것을 최우선의 목적으로 삼는다. 설교는 다른 무엇보다 하나님이 우리를 하나님과의 관계로 이끌기 위해 사용하시는 장치다. 우리는 좋은 설교와 강의의 맛 차이를 알 수 있으며 그 차이는 중요하다. 우리의 영적 건강이 거기에 달려 있다.

예술

예술에서 보자면, 한스 로크마커(1922-1977)와 캘빈 시어벨드가 두 주요 개혁주의 사상가다. 둘 다 예술가와 일반 성도를 위한 풍부한 발견을 이루었다.

수많은 예술가가 로크마커와 시어벨드의 작업이 가진 구속적 은혜를 증언할 수 있다. 시어벨드는 개혁주의 철학자로서 미학에 전념했다. 그의 미학에는 네 핵심 주장이 있다.

1. 미학은 창조된 실재 구조의 부분으로, 심미적 규범들을 어기거나 무시하면 엄청난 대가를 치러야 한다. 니콜라스 월터스토프는 『정의와 평화가 입맞출 때까지』의 "기쁨의 도시"에 관한 장에서 도시의 미학을 논한다. 삶의 심미적 차원을 어기는 대가를 이해하려면 얼마나 많은 도시의 황량한 상태가 거기서 일하는 수많은 사람에게 어떤 영향을 미치는지 보기만 하면 된다.[27]
2. 예술은 다양하고 계속 발전하고 있음에도, 오늘의 그리스도인들에게 직업적 봉사를 할 기회를 제공하는 다른 문화 활동 영역과는 다른 통일된 영역이다. 시어벨드는 이 주장을 통해 도이어베르트의 분화 개념에 동조한다. 예를 들어 역사상 예술이 공예와 구분되지 않았던 시대가 있었다. 시어벨드는 분화가 규범적이라고 보며, 그런 이유로 그는 근대 예술 기구들에 대한 월터스토프의 강한 비판에 주의한다. 시어벨드의 『타락한 세상을 위한 무지개』(*Rainbows for a Fallen World*)는 월터스토프의 『행동하는 예술』과 거의 같은 시점에 출판되었으며, 근대 예술 기구들의 위상과 역할은 둘의 차이를 보여 주는 핵심 영역 가운데 하나다.
3. 예술이 심미적인 것 외에도 여러 다른 면모를 가지고 있는 것과 마찬가

---

27 시어벨드는 "Cities as a Place for Public Artwork: A Glocal Approach", in *The Gospel and Globalization: Exploring the Religious Roots of a Globalized World*, ed. Michael W. Goheen and Erin G. Glanville (Vancouver: Regent College and Geneva Society, 2009), pp. 283-298에서 도시의 미적 측면이 향상될 수 있는 구체적인 방안을 제시했다.

지로, 심미적인 것은 예술에 국한되지 않는다. 기억하겠지만 모든 것은 15개 양상 측면 모두에서 기능하며, 심미적인 것도 그에 포함된다. 예술가는 심미적인 것을 전문적으로 다루며 그들의 은사는 미적이며 상상력 넘치는 삶을 열어 주는 것으로, 그리하여 우리가 어떻게 옷을 입는지, 어떻게 집을 장식하는지, 어떻게 글을 쓰는지 등에서 심미적으로 섬세함을 떨 수 있게 한다.

4. 의미의 정수―심미적인 것의 핵심 또는 알맹이, 그리고 예술을 구별해 주는 특성―는 암시성과 풍부한 상상력이다. 시어벨드는 여기서 아름다움이나 조화를 알맹이로 보는 도이어베르트와 로크마커와 결별한다. 시어벨드는 예술이 암시적 특성을 계속 간직한다면 추해도 정당할 수 있다고 보았다.

결론

우리는 이번 장을 쓰면서 개혁주의 전통이 특히 철학적으로도 풍성하다는 데 다시금 매료되었다. 이 결론에서는 개혁주의 철학의 부흥을 위한 몇 가지 제안을 하고자 한다.

선교로서 개혁주의 철학

복음주의자로 개혁주의 철학을 접했던 우리는 개혁주의 철학의 선교적 잠재력에 매료되었다. 우리는 개혁주의 철학이 본질적으로 선교적이라고 주장하고자 한다. 도이어베르트는 문화 운동에 가담하는 동안 기독교 철학의 필요성을 알았다. 개혁주의 철학이 본질적으로 선교적이라면, 어떻게 개혁주의 철학은 열방으로 그 은사를 나누는 데 그토록 성공적이지 못했단 말인가? 우리는 개혁주의 철학이 도이어베르트의 근대 맥락에서 타당한 것처럼 우리의 후기 근대 맥락에서도 여전히 타당하다고 생각한다. 자연주의는 우리 시대에도 지배력 있는 철학으로 여전히 남아 있으며, 이 점에서 개혁주의적 비판은 여전히 타당하다. 개혁주의 철학은 또한 역동적 창조 질서라는 개혁주의 철학의 강력한 교리와 함께, 무비판적 실재론에 다시 빠져들지 않으면서도 창궐하는 포스트모더니즘의 역사주의와 싸울 자원을 가지고 있다. 도이어베르트는 오늘의 기독교적 삶과 학문에 지극히 중요한 여러 통찰을 제공했다. 바로 비환원주의적 양상 분석, 이론적 사유를 관통하는 대립에 대한 인식, 기독교적 학문 작업과 실천을 위해 기독교 철학이 중요하다는 인식, 창조 질서와 개체성 구조에 대한 역동적 이해, 학문의 내적 개혁, 사회와 영역 주권에 관한 역동적 철학, 생활 경험이 우선이라는 데 대한 강조다.

우리에게는 개혁주의 철학을 선교적 맥락 속에서 재배치할, 어떻게 개혁주의 철학을 접근 가능한 방식으로 전달하고 상황에 적응시킬지 배울, 우리 시대의 철학 및 문화적 경향과 대화를 터놓을 긴급한 필요가 있다. 개혁주의 철학이 우리 생각처럼 학문적 통찰이 풍부하다면, 우리에게는 단순히 철학의 전체 체계를 부과하는 일 없이 각 학문 속에서 어떻게 통찰을 열어야 하는지 보여 줄 수 있는 능력이 필요하다. 선교적 차원은 또한 뒤에 나오는 사안들을 주목할 때 보다 분명해질 수 있다.

정통적·복음주의적 기독교로서 개혁주의 철학

초기 개혁주의 철학자들은 자신들이 그 속에서 작업했던 풍조인 개혁주의 신앙을 당연한 것으로 여겼다. 예를 들어 도이어베르트는 한 번도 그렇게 말한 적이 없지만 '그리스도 안에' 있다는 데 호소하는 그의 철학은 분명 삼위일체론적이었다. 최근 들어 삼위일체 신학이 다시 유행하는 것을 보는데, 개혁주의 철학의 삼위일체론적 성격을 전면에 내세우는 일은 기독교 사상의 학문적 추세와 논의하는 분명한 연결점을 제공해 줄 것이다.

우리 생각에 개혁주의 전통에서 다시 돌아봐야 할 하나의 주제는 철학과 신학의 관계다. 개혁주의 진영에서는 많은 철학자를 냈지만 신학자는 적게 냈다. 고든 스파이크만(Gordon Spykman, 1926-1993)은 눈에 띄는 예외다.[28] 신칼뱅주의에는 헤르만 바빙크를 포함해 비옥한 신학적 전통이 있으며, 우리가 보기에 신학의 핵심인 성경의 주요 주제에 대한 체계적 반성은 기독교 철학과 더불어 기독교 학문에서 기초적 역할을 담당한다. 개혁주의 전통에서는 전통이 가지고 있는 비옥한 신학적 자원을 발굴하고 회복할 필요가 있으며 개혁주의 철학과 대화하는 일도 연마해야 한다. 또한 개혁주의 전통이 우리 시대에 선교적 신빙성을 가지려면 성경의 규범을 따르는 모습을 보여야 한다. 실제로 좋은 기독교 철학은 좋은 기독교 신학과 마찬가지로 우리를 성경의 진리로부터 멀어지게 하는 것이 아니라 그 진리 속으로 보다 깊이 인도할 것이다.

개혁주의 철학과 생활 경험의 우선성

개혁주의 전통에서는 올바르게도 생활 경험이 이론보다 우선함을 강조해 왔

---

28 Gordon J. Spykman, *Reformational Theology: A New Paradigm for Doing Dogmatics* (Grand Rapids: Eerdmans, 1992). 『개혁주의 신학』(기독교문서선교회).

다. 철학은 이론의 한 부분이다. 좋은 철학은 기독교 학문을 위해 유용한 개념들을 제공할 것이고 하나님 앞에서의 삶인 생활 경험을 깊이 있게 만들 것이다. 제도적 교회와 인격 형성의 역할을 경시하는 경향이 일부 개혁주의 사상과 실천에 있었다. 그것이 모든 주류 개혁주의 사상에 역행하는 것임은 앞선 논의로부터 분명해졌다. 반 프린스터러와 카이퍼는 네덜란드에서 성경적 기독교를 회복하는 일이 교회의 회복을 수반해야 함을 인정했다. 철학은 중요하지만, 개혁주의 관점에서 볼 때 그것은 하나님께 드려진 인간의 여러 활동 중 하나다. 철학에는 철학이 할 고유한 공헌이 있으며, 제대로 된다면 철학은 우리가 그리스도 안에서 살아가는 삶과 우리의 생활 경험을 깊이 있게 만드는 데 기여한다.

보낸사람: abby@longobedience.edu

받는사람: percy@secular.edu

제목: 확실히 다르네!

안녕 퍼시,

네 쪽 일도 다 잘 되면 좋겠네. 아무튼, 또 다른 유형의 개혁주의 철학 개론을 마쳤어. 그건 **개혁주의 철학**이라는 이름으로 불리고 있더라고. 개혁주의 인식론과 비슷한 점이 많은 건 알겠는데 확실히 다르긴 해. 어느 편을 들지 정하려면 여름에 너랑 좀 길게 논의해야 할 것 같아. 시어벨드의 깡통 인간론은 좋은데 개혁주의 철학자들이 인간론에서 몸/영혼 접근법을 얼마나 반대하는지는 좀 확신이 없어. 또 쓸게.

결론

우리는 이 책의 결론에 이른 독자가 철학 속에 담긴 하나님의 선물이 얼마나 중요한 것인지 깨닫게 되었기를 진심으로 바란다. 초기 그리스도인들은 그들이 처한 상황에서 그리스도를 증거하면서 당대의 철학과 깊이 씨름했다. 아우구스티누스는 최초의 중요한 기독교 철학자였으며 그의 작품은 오늘날 세계 곳곳에서 계속 울려 퍼지고 있다. 아퀴나스는 아리스토텔레스주의의 도전을 알아보았고 복음을 아리스토텔레스주의와 연관 지으려 끊임없이 노력했다. 근대에는 철학이 점점 신앙에서 떨어져 나가는 것을 목격했지만, 중요한 철학 작업은 계속해서 기독교적 관점에서 이루어졌다. 포스트모더니티는 본질적으로 불안정한 세속적 근대의 해체를 시사하며, 이제 우리는 가장 높은 수준의 기독교 철학이 기분 좋게 부활하는 가운데 있다.

지금이 철학과 씨름할 호기다. 근래 일어난 르네상스를 확립하고 그 위에 건설해 나가려면 할 일이 많다. 우리가 보기에, 개혁주의 철학과 개혁주의 인식론이 보여 준 중요한 통찰은 철학을 위한 기독교적 출발점의―정말 불가피한―정당성이다. 선교적으로 보면, 이는 한순간도 근대의 통찰과 공헌을 허비하지 않으면서 오늘날 근대에 대한 도전의 핵심을 찌른다. 우리가 살펴본 두 형태의 개혁주의 철학 모두 그 나름의 방식으로 이 성경적 통찰을 회복하였고 성경의 이야기와 기독교 세계관이라는 맥락 속에서 기독교 철학을 계속해 나갈 토대를 놓았다.

우리는 대륙의 개혁주의 철학을 선호하지만, 개혁주의 인식론이 메시지를 전달하는 데 훨씬 더 효과적이었음을 부정하는 사람은 없다. 두 접근 모두 오늘날 진지하게 받아들여져야 하며, 우리에게는 이 둘의 대화와 협력이 절실히 필요하다. 또 하나 정말 필요한 것은 철학과 대화하며 작업할 건강한 조직신학이다. 우리가 보기에 정말로 철학과 신학의 건강한 협력이—둘 다 성경 이야기를 풀어내는 가운데—발전하려면, 둘 다 뒤로는 성경과 더욱 깊이 씨름하는 데로 인도하고 앞으로는 모든 학문의 기초적 통찰로 나아가야 한다.

이 노력에 많은 것이 걸려 있다. 예를 들어 오늘날 학문 전반에 걸쳐 진정한 기독교 학문이 절실히 필요함을 생각해 보자. 이는 앞서 살펴본 종류의 기초 작업 없이는 결코 이룰 수 없을 것이다. 지식이 우리의 세속 대학에서 파편화되었다는 사실은 널리 알려져 있으며, 슬프게도 이는 기독교 대학에서도 늘 크게 다르지 않다. 신학과 대화하는 가운데 철학의 중심 주제들뿐 아니라 다른 학문의 철학들을 붙들고 연구하는 활기찬 기독교 철학의 회복은 현대 서구 문화와 그 너머에 중대한 기여를 하게 될 것이다.

이 책을 쓰는 우리의 소망은 많은 독자에게 이것이 끝이거나 끝의 시작이 아니었으면 하는 것이다. 오히려 언젠가 윈스턴 처칠(Winston Churchill)이 했던 말처럼, 이것이 기독교 철학이라는 풍성하고 활기찬 여행을 위한 시작의 끝이기를 바란다.

여름

애비와 퍼시는 여름방학을 맞아 같은 도시에서 함께 일하기 위해 만났다. 둘은 여유롭게 산책하고 조깅도 하며 같이 밥도 먹고 자주 커피도 마시는 가운데 그들의 대학 첫 해를 두고 많은 이야기를 나누었다. 퍼시는 의학을 계속하기 위해 열의에 불타고, 애비는 2학년에 공부할 심리학을 고대하고 있었다. 토론의 주된 주제는 철학과 각자의 전공을 위한 기독교 철학의 중요성이었다. 여름 내내 둘은 리처드 타나스의 『서구 정신의 열정』(The Passion of the Western Mind)과 월터스토프의 『종교의 한계 내에서의 이성』을, 또한 시어벨드의 깡통 인간론 논문을 읽었다. 말할 것도 없이, 두 사람의 가족과 친구들은 두 사람 모두 철학에 그토록 열광하는 것을 보고 놀랐다. 애비가 그들에게 늘 말했듯이, 진정으로 우리의 문화와 선교적으로 씨름하는 일에 헌신한다면 철학 공부는 필수다.

간략한 주석을 붙인 심화 독서 목록

이 책을 위한 교육 자료와 보다 상세한 참고도서 목록은 온라인 웹사이트 www.paideiacenter.ca의 "Resources → Teaching Resources"와 www.biblicaltheology.ca에서 받아볼 수 있다(현재는 접속할 수 없다-편집자). 뒤에서는 이 책의 주제를 보다 상세히 공부하고자 할 때 필수이며 유익한 도서라고 생각하는 것들을 볼 것이다.

1차 자료는 어디에도 포함시키지 않았음을 보라. 뒤에서 언급할 책들은 필수라고 생각하는데, 손쉽게 이용할 수 있다. 종종 철학자들의 책을 직접 읽으려고 뛰어들기에 앞서 그들의 사상에 대한 어느 정도의 감각을 가지는 것도 필요하다.

좋은 철학사전은 매우 요긴하다. 휴대용 사전을 구해서 가지고 다녀라. 우리가 늘 도움이 된다고 생각하는 사전은 Peter A. Angels, *Dictionary of Philosophy* (New York: Harper & Row, 1981)다.

다양한 철학사 책을 고를 수 있지만, 기독교적인 철학사 책 중 뛰어난 최신 책은 없다. 하지만 곧 IVP에서 출간할 C. 스티븐 에반스의 서양 철학사를 기대하라(이 책은 2018년 10월에 미국 IVP에서 *A History of Western Philosophy*라는 제목으로 출간되었다-편집자). 가장 최근에 발행된 것 중 아주 좋은 서양 철학사 책으로는 Anthony Kenny, *A New History of Western Philosophy*

(Oxford: Oxford University Press, 2010)를 꼽을 수 있다. 리처드 타나스가 쓴 *The Passion of the Western Mind: Understanding the Ideas That Shaped Our World View* (New York: Ballantine, 1991)는 매우 유용하며 쉬운 서양 사상사 개관을 제공한다.

스티브 비숍(Steve Bishop)의 웹사이트 www.alloflliferedeemed.co.uk에서는 카이퍼주의 철학에 대한 주요 온라인 자료를 제공한다.

1장 왜 철학이 필요한가?

Chang, Curtis. *Engaging Unbelief: A Captivating Strategy from Augustine and Aquinas*. Eugene, OR: Wipf and Stock, 2000. 이 흥미로운 책에서 챙은 아우구스티누스와 아퀴나스 작품의 중요한 부분들이 어떻게 선교적 도전으로부터 나왔는지 보여 준다.

Clark, Kelly J., ed. *Philosophers Who Believe: The Spiritual Journeys of 11 Leading Thinkers*. Downers Grove, IL: InterVarsity, 1993. 주요 철학자들이 자신의 지적 여정을 설명해 주는 훌륭한 책이다. 『기독교 철학자들의 고백』(살림).

Laughery, Gregory J. "Evangelicalism and Philosophy." In *The Futures of Evangelicalism*, edited by Craig Bartholomew, Robin Parry, and Andrew West, pp. 246-270. Leicester, UK: Inter-Varsity; Grand Rapids: Kregel, 2003. 그렉이 스위스 라브리를 설명한다. 이야기는 라브리의 프란시스와 이디스 쉐퍼가 전 세계적으로 펼친 사역에서 철학이 했던 중요한 역할을 다루는 장으로 시작하며, 이어서 오늘날 기독교 철학의 부활과 기독교 철학이 직면한 도전들을 살펴본다. 『복음주의 미래』(기독교문서선교회).

Sire, James W. *A Little Primer on Humble Apologetics*. Downers Grove, IL: InterVarsity, 2006. 변증학에 대한 간략하고 유용한 접근이다.

2장 신앙과 철학

성경 이야기의 요약을 위해서는 www.biblicaltheology.ca에 올린 『성경은 드라마다』의 "항목들"(Articles) 아래 우리가 쓴 "성경의 줄거리"(Story-Line of the Bible)를 참고하라.

세계관에 관해서는 다음을 참고하라.

Goheen, Michael W., and Craig G. Bartholomew. *Living at the Crossroads: An Introduction to Christian Worldview*. Grand Rapids: Baker Academic; London: SPCK, 2008. 『세계관은 이야기다』(IVP).

Sire, James W. *The Universe Next Door: A Basic Worldview Catalog*. 5th ed. Downers Grove, IL: InterVarsity, 2004. 퍼시가 3장 끝에서 언급한 훌륭한 책이다. 『기독교 세계관과 현대사상』(IVP).

Wolters, Albert M. *Creation Regained: Biblical Basics for a Reformational Worldview*. 2nd ed. Grand Rapids: Eerdmans, 2005. 카이퍼주의 세계관에 대한 좋은 입문이다. 『창조 타락 구속』(IVP).

_____. "Facing the Perplexing History of Philosophy." *Tydskrif vir Christelike Wetenskap* 17 (1981): pp. 1-17. 애비가 5장 서두에서 언급하는 논문이다.

_____. "On the Idea of Worldview and Its Relation to Philosophy." In *Stained Glass: Worldviews and Social Science*, edited by Paul Marshall et al., pp. 14-25. Lanham, MD: University Press of America, 1983. 월터스는 이 글에서 우리가 사용하는 세계관과 철학의 관계를 다루는 유형론을 전개하고 있다. 카이퍼주의 철학은 스티브 비숍이 운영하는 웹사이트 www.alloflferedeemed.co.uk에서 찾아볼 수 있다.

3장 고대 이교 철학: 소크라테스 이전부터 소크라테스까지

Kirk, G. S., J. E. Raven, and M. Schofield, eds. *The Presocratic Philosophers*. 2nd ed. Cambridge: Cambridge University Press, 1983. 이 책은 소크라테스 이전 저술에 관한 영어로 된 중요한 자료다. 『소크라테스 이전 철학자들의 단편 선집』(아카넷).

Kok, John H. Patterns of the Western Mind. Sioux Center, IA: Dordt College Press, 1998, 특히 pp. 29-51. 초기 그리스 철학에 관한 개혁주의적 입문이다.

Long, A. A. "The Scope of Early Greek Philosophy." In *The Cambridge Companion to Early Greek Philosophy*, edited by A. A. Long, pp. 1-19. Cambridge: Cambridge University Press, 1999. 초기 그리스 철학에 관한 유용한 입문이다. 심화 학습을 위한 많은 자료가 책 전체에 걸쳐 여러 장에 담겨 있다.

Seerveld, Calvin. "The Pedagogical Strength of a Christian Methodology in Philosophical Historiography." *Koers* 40 (1975): pp. 269-313. 우리는 철학 이야기를 하는 방식이 결코 중립적이지 않다고 강조한다. 시어벨드는 개혁주의 철학의 선도자로, 이 글에서 철학사를 다루는 기독교적 방법론의 한 사례를 제시한다.

4장 그리스 철학의 최고봉: 플라톤, 아리스토텔레스와 그들의 유산

Bett, Richard, ed. *The Cambridge Companion to Ancient Skepticism*. Cambridge: Cambridge University Press, 2010. 회의주의에 관한 연구가 현재 어떤 상태인지 알려 준다.

Cooper, John M., ed. *Plato: Complete Works*. Indianapolis: Hackett, 1997.

Grene, Marjorie. *A Portrait of Aristotle*. London: Faber and Faber, 1963. 설득력 있는 비판을 갖춘, 아리스토텔레스에 관한 중요한 책이다.

Inwood, Brad, ed. *The Cambridge Companion to Stoicism*. Cambridge: Cambridge University Press, 2003. 스토아주의에 관한 연구가 현재 어떤 상태인지 알려 준다.

Kraut, Richard. "Introduction to the Study of Plato." In *The Cambridge Companion to Plato*, edited by Richard Kraut, pp. 1-50. Cambridge: Cambridge University Press, 1992. 플라톤 연구가 현재 어떤 상태에 있는지 다루는 좋은 입문이다.

Morrow, David R., and Anthony Weston. *A Workbook for Arguments: A Complete Course in Critical Thinking*. Indianapolis: Hackett, 2011. 논리와 비판적 사고에 관한 좋은 입문이다. 앎에는 논리 이상의 많은 것이 포함되어 있으며 합리성은 항상 특별한 전통 속에서 작동한다는 사실을 인식하라.

Priest, Graham. *Logic: A Very Short Introduction*. Oxford: Oxford University Press, 2000. 논리와 비판적 사고에 관한 좋은 입문이다.

Warren, James, ed. *The Cambridge Companion to Epicureanism*. Cambridge: Cambridge University Press, 2009. 에피쿠로스주의에 관한 연구가 현재 어떤 상태인지 알려 준다.

5장 중세의 종합 철학: 아우구스티누스에서 아벨라르두스까지

Augustine. *Confessions*. 필독서다! 현대적 번역을 택하는 것을 명심하라. 『고백록』(경세원).

Chang, Curtis. *Engaging Unbelief: A Captivating Strategy from Augustine and Aquinas*. Eugene, OR: Wipf and Stock, 2000.

Cochrane, Charles N. *Christianity and Classical Culture: A Study of Thought and Action from Augustus to Augustine*. 2nd ed. Oxford: Oxford University Press, 1944. 고전으로 남아 있다. 『기독교와 고전문화』(한국장로교출판사).

Fitzgerald, Allan D., ed. *Augustine Through the Ages: An Encyclopedia*. Grand Rapids: Eerdmans, 1999. 아우구스티누스에 관한 주요 자료다.

Gilson, Etienne. *History of Christian Philosophy in the Middle Ages*. New York: Random House, 1955. 탁월한 가톨릭 철학자인 저자가 쓴 여러 유익한 작품 중 하나다.『중세철학사』(현대지성사).

Marrone, Steven P. "Medieval Philosophy in Context." In *The Cambridge Companion to Medieval Philosophy*, edited by A. S. McGrade, pp. 10-50. Cambridge: Cambridge University Press, 2003. 매우 통찰력 있는 논의다.

Nash, Ronald H. *The Light of the Mind: St. Augustine's Theory of Knowledge*. Lima, OH: Academic Renewal Press, 2003. 아우구스티누스 철학의 형태에 관한 통찰력 있는 분석이다.

Pieper, Josef. *Scholasticism: Personalities and Problems of Medieval Philosophy*. Translated by Richard Winston and Clara Winston. New York: McGraw-Hill, 1964. 저명한 가톨릭 철학자인 저자의 훌륭하고도 쉬운 입문이다.『중세 스콜라 신학』(가톨릭대학교출판부).

Wilken, Robert L. *The Spirit of Early Christian Thought: Seeking the Face of God*. New Haven and London: Yale University Press, 2003. 교부들이 그들의 상황 속에서 기독교적 비전을 명료하게 제시한 업적들을 다룬 매우 반가운 책이다.『초기 기독교 사상의 정신』(복있는사람).

6장 중세: 아리스토텔레스의 재발견

Dooyeweerd, Herman. *Roots of Western Culture: Pagan, Secular, and Christian Options*. Translated by John Kraay. Toronto: Wedge, 1979, pp. 117-118. 이 부분은 중세적 종합에 대한 도이어베르트의 비판을 담고 있다. 『서양문화의 뿌리』(CH북스).

Nichols, Aidan. *Discovering Aquinas: An Introduction to His Life, Work and Influence*. London: DLT, 2002. 아퀴나스에 관한 좋은 입문이다.

Pieper, Josef. *Guide to Aquinas*. Translated by Richard and Clara Winston. San Francisco: Ignatius, 1962, 1991. 아퀴나스에 관한 좋은 입문이다.

Spade, Paul V., ed. *The Cambridge Companion to Ockham*. Cambridge: Cambridge University Press, 1999. 오컴에 관한 수많은 유용한 자료를 담고 있다.

Vos, Arvin. *Aquinas, Calvin, and Contemporary Protestant Thought: A Critique of Protestant Views on the Thought of Thomas Aquinas*. Washington, DC: Christian University Press; Grand Rapids: Eerdmans, 1985. 칼뱅과 아퀴나스의 관계를 다룬 중요한 책이다.

7장 르네상스와 종교개혁

Cassirer, Ernst, Paul O. Kristeller, and John H. Randall, eds. *The Renaissance Philosophy of Man*. Chicago and London: Phoenix, 1948.

Hankins, James, ed. *The Cambridge Companion to Renaissance Philosophy*. Cambridge: Cambridge University Press, 2007. 최신 견해에 대한 통찰을 제공한다. 행킨스는 현재 르네상스 철학에 관한 선도적 권위자다.

Hoitenga, Dewey J., Jr. *Faith and Reason from Plato to Plantinga: An Introduction to Reformed Epistemology*. Albany: SUNY, 1991. 철학에 대한 칼뱅의 태도를 세밀하게 검토한 내용이 담겨 있다.

Kristeller, Paul O. *Renaissance Concepts of Man and Other Essays*. New York: Harper & Row, 1972. 크리스텔러는 근래 르네상스 철학에 관한 연구가 폭발하는 데 중요한 역할을 했으며, 그의 책들은 쉽고 유용하다.

Muller, Richard. *Post-Reformation Reformed Dogmatics: The Rise and Development of Reformed Orthodoxy*, ca. 1520-ca. 1575. 2nd ed. 4 vols. Grand Rapids: Baker Academic, 2003. 멀러는 철학을 포함해 종교개혁 이

후의 사상에 관한 독창적인 작업을 해냈다. 『신학 서론』, 『하나님의 본질과 속성』(각각 1, 3권. 부흥과개혁사).

Vos, Arvin. *Aquinas, Calvin, and Contemporary Protestant Thought: A Critique of Protestant Views on the Thought of Thomas Aquinas.* Washington, DC: Christian University Press; Grand Rapids: Eerdmans, 1985.

8장 초기 근대 철학: 베이컨에서 라이프니츠까지

Bacon, Francis. *The New Organon.* Edited by Lisa Jardine and Michael Silverthorne. Cambridge Texts in the History of Philosophy. Cambridge: Cambridge University Press, 2000. 『신기관』(한길사).

Buckley, Michael J. *At the Origins of Modern Atheism.* New Haven: Yale University Press, 1987. 근대의 기원과 그리스도인들이 저지른 실수를 다룬 매우 중요한 작품이다.

Dooyeweerd, Herman. *Roots of Western Culture: Pagan, Secular, and Christian Options.* Translated by John Kraay. Toronto: Wedge, 1979, pp. 149-173. 근대 철학의 자연/자유 변증법에 대한 도이어베르트의 분석을 찾아 보기에 좋은 부분이다.

Nadler, Steven. *The Best of All Possible Worlds: A Story of Philosophers, God, and Evil in the Age of Reason.* Princeton and Oxford: Princeton University Press, 2010. 이 문제에 관해 라이프니츠와 그의 대화 상대자들에 대한 생생한 설명을 제공한다.

Pascal, Blaise. *Pensees.* Translated by and with an introduction by A. J. Krailsheimer. London: Penguin, 1966. 위대한 기독교 철학자 중 하나다. 집 어 들고 읽으라! 『팡세』(을유문화사).

Peters, James R. *The Logic of the Heart: Augustine, Pascal, and the*

Rationality of Faith. Grand Rapids: Baker Academic, 2009. 파스칼과 흄을 유익하게 비교한 내용을 담고 있다.

Snyder, Laura J. *The Philosophical Breakfast Club*. New York: Broadway, 2011. 베이컨이 끼친 영향의 한 사례를 제공한다. 이 책은 베이컨의 전통에 영감을 받아 19세기 초에 케임브리지에서 연구하며 근대 과학에 중요한 영향을 끼쳤던 네 친구 이야기다.

Wolterstorff, Nicholas. *John Locke and the Ethics of Belief*. Cambridge Studies in Religion and Ethical Thought. Cambridge: Cambridge University Press, 1996.

9장 근대 철학: 흄에서 슐라이어마허까지

Bayer, Oswald. *A Contemporary in Dissent: Johann Georg Hamann as a Radical Enlightener*. Translated by Roy A. Harrisville and Mark C. Mattes. Grand Rapids: Eerdmans, 2012. 하만을 상세하게 다룬 연구다.

Beiser, Frederick C. "The Enlightenment and Idealism." In *The Cambridge Companion to German Idealism*, edited by Karl Ameriks, pp. 18-36. Cambridge: Cambridge University Press, 2000. 계몽주의 내에서 점증하던 위기를 배경으로 관념론이 떠오르는 것을 다룬 뛰어난 개관이다.

_____. *The Fate of Reason: German Philosophy from Kant to Fichte*. Cambridge, MA: Harvard University Press, 1987. 탁월하다.『이성의 운명』(도서출판b).

Betz, John R. *After Enlightenment: The Post-Secular Vision of J. G. Hamann*. Oxford: Wiley-Blackwell, 2012. 하만을 상세하게 다룬 연구다.

_____. "Reading 'Sibylline Leaves': J. G. Hamann in the History of Ideas." *Journal of the History of Ideas* 70/1 (2009): pp. 93-118. 하만을 다룬 탁월한 입문이다.

Cuneo, Terence, and Rene van Woudenberg, eds. *The Cambridge Companion to Thomas Reid*. Cambridge: Cambridge University Press, 2004.

Hamann, Johann Georg. *Writings on Philosophy and Language*. Edited by Kenneth Haynes. Cambridge Texts in the History of Philosophy. Cambridge: Cambridge University Press, 2007. 중요한 1차 자료다.

Kant, Immanuel. *An Answer to the Question: What Is Enlightenment?* Translated by H. B. Nisbet. London: Penguin, 1991. 자율에 관한 칸트의 견해를 이해하는 데 유용한 도움을 주는 짧은 책이다.

Kroner, Richard. *Kant's Weltanschauung*. Chicago and London: University of Chicago Press, 1956. 도덕에 대한 칸트의 견해가 그의 철학의 중심임을 주장하며 칸트 철학 내의 긴장들을 드러내 보여 주는 중요한 책이다.

Penelhum, Terrence. *God and Skepticism*. Dordrecht: Reidel, 1983; *Hume*. London: Macmillan, 1975. 기독교 철학자가 쓴 중요한 책이다.

Peters, James R. *The Logic of the Heart: Augustine, Pascal, and the Rationality of Faith*. Grand Rapids: Baker Academic, 2009, pp. 103-160. 흄과 파스칼에 관한 논의다.

10장 근대 철학: 낭만주의에서 가다머까지

Arbaugh, George B., and George E. Arbaugh. *Kierkegaard's Authorship: A Guide to the Writings of Kierkegaard*. Rock Island, IL: Augustana College Library, 1967. 키르케고르의 저작 전체를 다루는 유익한 입문이다.

Ashford, Bruce R. "Wittgenstein's Theologians? A Survey of Ludwig Wittgenstein's Influence on Theology." *Journal of the Evangelical Theological Society* 50, no. 2 (June 2007): pp. 357-375. 애쉬포드는 비트겐슈타인이 신학에 막중한 영향을 미쳤음을 보여 준다.

de Lubac, Henri. *The Drama of Atheist Humanism*. Translated by Edith M.

Riley, Anne Englund Nash, and Mark Sebanc. San Francisco: Ignatius, 1995. 위대한 20세기 가톨릭 사상가가 쓴 중요한 책이다.

Engels, Friedrich. Preface to the 1888 English edition of *The Communist Manifesto*. http://www.marxists.org/archive/marx/works/1848/communist-manifesto/preface.htm에서 볼 수 있다. 『공산주의 선언』(박종철출판사).

Evans, C. Stephen. *Kierkegaard: An Introduction*. Cambridge: Cambridge University Press, 2009. 탁월하다!

Gaines, James R. *Evening in the Palace of Reason: Bach Meets Frederick the Great in the Age of Enlightenment*. New York: Harper Perennial, 2005. 계몽주의에 관한 재미있는 설명이다.

Holmes, Richard. *The Age of Wonder: How the Romantic Generation Discovered the Beauty and Terror of Science*. London: Harper Press, 2008. 낭만주의와 낭만주의가 과학에 미친 영향에 관한 재미있는 설명이다.

Ingrafa, Brian D. *Postmodern Theory and Biblical Theology*. Cambridge: Cambridge University Press, 1995, pp. 17-97. 니체에 관한 탁월한 기독교적 비판이다.

Kierkegaard, Søren. *The Point of View of My Work as an Author: A Report to History*. Translated by Walter Lowrie. Edited by Benjamin Nelson. New York: Harper & Row, 1962.

Nietzsche, Friedrich. *Ecce Homo*. Translated by R. J. Hollingdale. London: Penguin, 1979. 『바그너의 경우·우상의 황혼·안티크리스트·이 사람을 보라·디오니소스 송가·니체 대 바그너』(책세상).

Ratner-Rosenhagen, Jennifer. *American Nietzsche: A History of an Icon and His Ideas*. Chicago and London: University of Chicago Press, 2012. 미국에서 니체가 갖는 영향력과 그의 수용을 다룬다.

Schirmacher, Wolfgang. "Living Disaster: Schopenhauer for the Twenty-First Century." In *The Essential Schopenhauer*, edited by Wolfgang Schirmacher, pp. vii-xxi. New York: Harper Perennial, 2010. 쇼펜하우어의 열성적 팬이자 선도적 권위자가 쓴 좋은 입문이다.

Schopenhauer, Arthur. *The Horrors and Absurdities of Religion*. Translated by R. J. Hollingdale. Great Ideas. London: Penguin, 1970. 종교에 관한 쇼펜하우어의 견해가 지닌 감각을 제공한다.

Stern, J. P. *Nietzsche*. Fontana Modern Masters. London: Fontana, 1978. 『니체』(시공사).

West, Cornel. *The American Evasion of Philosophy: A Genealogy of Pragmatism*. Madison: University of Wisconsin Press, 1989.

11장 포스트모더니즘과 우리 시대의 철학

Bertens, Johannes W. *The Idea of the Postmodern: A History*. London and New York: Routledge, 1995. 큰 그림에 대한 감을 얻는 데 유용하다.

Carroll, John. *Humanism: The Wreck of Western Culture*. London: Fontana, 1993. 항상 흥미를 유발시키고 핵심 질문을 제기해 온 학자에 의한 예리한 분석이다.

Depoortere, Frederick. *Christ in Postmodern Philosophy: Gianni Vattimo, Rene Girard and Slavoj Žižek*. London: T&T Clark, 2008. 이 주요 사상가들에 대한 훌륭한 입문이다.

Himmelfarb, Gertrude. *On Looking into the Abyss: Untimely Thoughts on Culture and Society*. New York: Vintage, 1994. 탁월한 역사가가 쓴 예리한 포스트모더니즘 분석이다.

Lyon, David. *Postmodernity*. Concepts in the Social Sciences. Buckingham: Open University Press, 1994. 큰 그림에 대한 감을 얻는 데 유용하다. 리온

은 기독교 사회학자다.

Rieff, Philip. *My Life Among the Deathworks: Illustrations of the Aesthetics of Authority*. Sacred Order/Social Order 1. Charlottesville and London: University of Virginia Press, 2006. 리프의 작업은 널리 알려지고 읽힐 필요가 있다.

Rose, Margaret A. *The Post-Modern and the Post-Industrial: A Critical Analysis*. Cambridge: Cambridge University Press, 1991. 큰 그림에 대한 감을 얻는 데 유용하다.

Steiner, George. *Real Presences*. London: Faber and Faber, 1989. 현대의 문학과 철학 이론에 관한 엄밀한 비판으로 창작 문법에 대한 요청을 포함한다.

12장 오늘의 기독교 철학

Girard, René. *I See Satan Fall Like Lightning*. Maryknoll, NY: Orbis, 2001. 경이로운 책이다. 『나는 사탄이 번개처럼 떨어지는 것을 본다』(문학과지성사).

Knight, Kelvin. Introduction to *The MacIntyre Reader*, edited by Kelvin Knight, pp. 1-27. Notre Dame, IN: University of Notre Dame Press, 1998. 매킨타이어의 창조적 작업에 관한 좋은 입문이다.

MacIntyre, Alasdair. *After Virtue: A Study in Moral Theory*. 2nd ed. London: Duckworth, 1985. 『덕의 상실』(문예출판사).

Noll, Mark A., and James Turner. *The Future of Christian Learning: An Evangelical and Catholic Dialogue*. Edited by Thomas A. Howard. Grand Rapids: Brazos, 2008. 카이퍼주의자와 가톨릭 사이의 매혹적인 대화다.

Plantinga, Alvin. "Advice to Christian Philosophers." *Faith and Philosophy* 1/3 (1984): pp. 253-271. www.faithandphilosophy.com/article_advice.php에서 볼 수 있다. 현재 기독교 철학에 르네상스를 가져온 주요 촉진제 중

하나다. 반드시 읽어야 한다!

Taylor, Charles. "God Loveth Adverbs." *In Sources of the Self: The Making of the Modern Identity*, pp. 211-233. Cambridge: Cambridge University Press, 1989. 이 재미있는 글은 반드시 읽어야 한다! 테일러는 선도하는 가톨릭 철학자다. 『자아의 원천들』(새물결).

13장 개혁주의 인식론

Clark, Kelly J. *Return to Reason: A Critique of Enlightenment Evidentialism and a Defense of Reason and Belief in God*. Grand Rapids: Eerdmans, 1990. 개혁주의 인식론에 관한 훌륭한 입문이다.

"Modernizing the Case for God." *Time*, April 7, 1980. 앨빈 플랜팅가를 철학에서 신을 다루고 신의 놀라운 부활을 이끈 선도적 개신교 철학자라고 밝히고 있다.

Plantinga, Alvin. *Warranted Christian Belief*. New York: Oxford University Press, 2000. 우리 시대의 위대한 (그리스도인) 철학자 중 한 명이 쓴 걸작이다.

Wolterstorff, Nicholas. Introduction to *Faith and Rationality: Reason and Belief in God*, edited by Alvin Plantinga and Nicholas Wolterstorff, pp. 1-15. Notre Dame, IN: University of Notre Dame Press, 1983. 개혁주의 인식론이 실제로 굴러가게 만든 책의 서론이다.

_____. *Reason within the Bounds of Religion*. 2nd ed. Grand Rapids: Eerdmans, 1984. 고전이다. 쉽고 분명하고 짧다! 『종교의 한계 내에서의 이성』(성광문화사).

14장 개혁주의 인식론의 적용

Plantinga, Alvin. *Where the Conflict Really Lies: Science, Religion, and Naturalism*. Oxford: Oxford University Press, 2011. 원숙한 플랜팅가의 책

이다.

Wolterstorff, Nicholas. *Art in Action*. Grand Rapids: Eerdmans, 1980. 『행동하는 예술』(IVP).

_____. *Justice: Rights and Wrongs*. Princeton: Princeton University Press, 2008.

_____. *Until Justice and Peace Embrace*. Grand Rapids: Eerdmans, 1983. 세계 형성적 기독교의 위대한 전망을 제시한다. 『정의와 평화가 입맞출 때까지』(IVP).

15장 개혁주의 철학

Bartholomew, Craig G., ed. *In the Fields of the Lord: A Calvin Seerveld Reader*. Carlisle: Piquant; Toronto: Toronto Tuppence Press, 2000. 시어벨드의 작업이 담긴 풍성한 글 모음집이다.

_____. "Islam in Africa." *Journal of Interdisciplinary Studies* VI 1/2 (1994): pp. 129-146. 다원주의에 관한 개혁주의 철학이 오늘날 이슬람의 도전을 벗어날 수 있는 방안을 모색한다.

Dooyeweerd, Herman. *Roots of Western Culture: Pagan, Secular, and Christian Options*. Translated by John Kraay. Toronto: Wedge, 1979. 도이어베르트를 읽을 때 여기서 시작하면 좋다.

Geertsema, Henk. "Dooyeweerd's Transcendental Critique: Transforming it Hermeneutically." In *Contemporary Reflections on the Philosophy of Herman Dooyeweerd*, edited by D. F. M. Strauss and Michelle Botting, pp. 83-108. Lewiston, NY: Edwin Mellen, 2000. 도이어베르트 권위자가 쓴 중요한 논문이다.

Kalsbeek, L. *Contours of a Christian Philosophy: An Introduction to Herman Dooyeweerd's Thought*. Toronto: Wedge, 1975. 여전히 도이어베

르트 철학을 다룬 최고의 입문이다. 『기독교인의 세계관』(성광문화사).

Kok, John H. *Patterns of the Western Mind*. Sioux Center, IA: Dordt College Press, 1998. 볼렌호븐의 문제-역사적 방법론에 관한 개론을 제공한다.

Mouw, Richard J., and Sander Griffioen. *Pluralisms and Horizons: An Essay in Christian Public Philosophy*. Grand Rapids: Eerdmans, 1993. 탁월하다! 『다원주의와 지평들』(IVP 근간).

Seerveld, Calvin. "Biblical Wisdom Underneath Vollenhoven's Categories for Philosophical Historiography." *Philosophia Reformata* 38 (1973): pp. 127-143. 볼렌호븐의 문제-역사적 방법론에 관한 개론을 제공한다.

Skillen, James. *In Pursuit of Justice: Christian-Democratic Explorations*. Lanham, MD: Rowan and Littlefield, 2004.

_____. *Recharging the American Experiment: Principled Pluralism for Genuine Civic Community*. Grand Rapids: Baker, 1994.

_____. *With or Against the World? America's Role among the Nations*. Lanham, MD: Rowan and Littlefield, 2005.

Spykman, Gordon J. *Reformational Theology: A New Paradigm for Doing Dogmatics*. Grand Rapids: Eerdmans, 1992. 개혁주의 전통에 선 훌륭한 조직신학이다. 『개혁주의 신학』(기독교문서선교회).

Wolters, Albert M. "The Intellectual Milieu of Herman Dooyeweerd." *In The Legacy of Herman Dooyeweerd*, edited by Carl T. McIntire, pp. 1-19. Lanham, MD: University Press of America, 1985.

웹상의 자료로는 www.alloflferedeemed.co.uk, www.missionworldview.com, www.reformationalpublishingproject.com을 보라. 마지막에 언급한 사이트가 개혁주의 철학에 관한 주요 자원이다.

찾아보기

가다머, 한스게오르크(Hans-Georg
　　Gadamer) 299, 315, 315
　　계몽주의 300-301
　　와 존재론 301
　　와 해석학 299-302
『가톨릭교회는 어떻게 서양문명을 세웠나』
　　(서문, 카니자레스) 115
갈릴레오(Galileo) 183, 200-204
개혁주의 인식론 352-354, 443-445
　　가톨릭의 반응 349-352
　　과 개혁주의 철학 401-404
　　과 내재주의 대 외재주의 352
　　과 증거주의 351
　　또한 '월터스토프', '플랜팅가'를 보라.
개혁주의 철학 353-354, 396-397, 401-
　　402, 441-445
　　과 대륙철학 403-404
　　과 대립 405-406, 418-419
　　과 마음 405-406, 407
　　과 문제-역사적 방법 415-418
　　과 미학 437-439
　　과 생활 경험 440
　　과 정통적 복음주의 440-441

　　과 종교에 뿌리내린 사유 404-406,
　　　409-413
　　과 철학사 411-413
　　과 초월적 비판 406-411
　　근본 동인 412-415
　　선교로서 439-440
　　아르키메데스 점 408-409, 418
　　인간론 426-429
　　존재론 418
　　　과 개체성 구조 422-426
　　　과 규범과 양상 424-426
　　　과 양상 419-425, 433
경험주의(경험론) 167, 168, 196, 218, 243,
　　331
　　와 로크 213-215
　　와 홉스 210
　　와 흄 232-235
계몽주의 35, 253, 258-260, 300-301, 318
　　매킨타이어의 337-338, 339
　　와 낭만주의 262-263
　　와 칸트 241-243, 250, 252
고대 이교 철학 61
　　고대 세계의 유산 98-99

과 소크라테스 대 소피스트 74-79
과 소크라테스 이전 62-74
과 스토아주의 99-101
과 에피쿠로스주의 101-102
과 회의주의 101-102
또한 '소크라테스 이전', '아리스토텔레스', '플라톤'을 보라.
『고백록』(아우구스티누스) 120, 121, 127, 139, 176
고힌, 마이클(Michael W. Goheen) 37, 41, 414-415
골로새서 187-188
공공 정의 센터 435
공기, 원초적 실체인 66
공리주의 264-265
『공산당 선언』(마르크스와 엥겔스) 276-277, 342
『공포와 전율』(키르케고르) 271, 274
과학 199, 200-201
  과 신학 142
  과 이성 44
과학적 방법 284-285
관념론 196, 218-219, 250-251
  절대적 257
  주관적 255-258
  초월적 293
교부
  그리스 철학 113-114
  와 변증(학) 113-116
  와 아우구스티누스 117-129
구티에레스, 구스타보(Gustavo Guierrez) 396

『국가』(플라톤) 84, 88, 106
굴드, 스티븐 제이(Stephen Jay Gould) 379
권리 388
  기독교적 근거 대 세속적 근거 391-392
  동물 393
"그리스 필연주의" 163
『그리스도교의 훈련』(키르케고르) 274
『그리스도를 본받아』(토마스 아 켐피스) 173
근대 철학 231-232
  과 가다머 300-302
  과 니체 279-284
  과 러셀 287-288
  과 루소 239-240
  과 리드 235-239
  과 비트겐슈타인 288-293
  과 슐라이어마허 258-259
  과 실용주의 284-286
  과 실존주의 296-298
  과 실증주의 288-291
  과 주관적 관념론 255-258
  과 칸트 241-251
  과 프레게 286-287
  과 하만 251-255
  과 하이데거 298-299
  과 후설 293-296
  과 흄 232-235
  평가 259-260, 302-303
근대성(근대) 26-27, 212-213
  과 기술 308-309
  과 데카르트 209-210

과 자유/자연 293
과 전 지구적 자본주의 308-309
과 토마스 아퀴나스 158
비판 325-326
실패 306-307
종말 307-309
또한 '포스트모더니즘'을 보라.
근대화 이론가들 394
『기관』(아리스토텔레스) 197
『기독교 강요』(칼뱅) 185, 190
『기독교 세계관과 현대사상』(사이어) 79-80
기독교 철학
   에 대한 저자들의 접근 방식 54-57
기독교 철학의 중요성 19, 443
     과 창조 19-22
     그리스도인의 사명(선교)을 위한 22, 169, 397, 443-445
        과 그리스도인의 삶 29-31
        과 기독교 학문 26-29
        과 문화 참여 25-26
        과 변증학 22-24
"기독교 철학자들을 향한 권고"(플랜팅가) 332
기독교 철학회 332, 334
기독교 학문 26-29, 109, 359, 362-365, 444
『기독교를 반대하며』 103
『기독교적 학문 연구@현대 학문 세계』(마즈던) 28
기술 308-309, 315-316, 342-345

『나는 사탄이 번개처럼 떨어지는 것을 본다』(지라르) 346-347
나보코프, 블라디미르(Vladimir Nabokov) 423
나이트, 캘빈(Kelvin Knight) 335
낭만주의 239, 262-264
내쉬, 로널드(Ronald Nash) 125
내재적 비판 55
노동조합 435
『논고』(스피노자) 219
논리 286-289
논리실증주의 288-291, 331
논리적 원자론 288
『논리-철학논고』(비트겐슈타인) 288-290
『논리체계』(밀) 264-265
『논리학』(헤겔) 257
누가복음 185
『누구의 정의인가? 어떤 합리성인가?』(매킨타이어) 207
누스바움, 마사(Martha Nussbaum) 340
뉴먼, 존 헨리(John Henry Newman) 352
뉴비긴, 레슬리(Lesslie Newbigin) 26, 161
니체, 프리드리히(Friedrich Nietzsche) 279, 313, 336-337
    디오니소스와 아폴론 280
    반기독교 280-282
    사상 평가 282-284
    신의 죽음 281
    와 『차라투스트라는 이렇게 말했다』 280-281

와 가치 전도 281
와 허무주의 281-282
초인 281-282
니콜라우스 쿠자누스(Nicholas of Cusa)
  177
니콜스, 에이던(Aidan Nichols) 146

다 빈치, 레오나르도(Leonardo da Vinci)
  174, 204
다원주의 321-322, 371
  구조적 대 고백적 434-435
다윈, 찰스(Charles Darwin) 277-279
『다윈의 블랙박스』(베히) 279
달랑베르, 장 밥티스트 르 롱(Jean-
  Baptiste le Rond D'Alembert) 231-
  232
대륙철학 403-404. 또한 '개혁주의 철학',
  '하이데거', '후설'을 보라.
『대이교도대전』(토마스 아퀴나스) 55, 145
대치 407
『대화: 천동설과 지동설, 두 체계에 관하여』
  (갈릴레오) 202
『덕의 상실』(매킨타이어) 338, 340
데리다, 자크(Jacques Derrida) 317-318,
  324, 325
데모크리토스(Democritus) 70, 101
데카르트, 르네(René Descartes) 192,
  196, 228, 293
  비판 209-210
  이원론 208-210
  인간론 209-210
  인식론 204-209

자연 204
데카르트 체계 237
데카르트주의자들 192
『도덕과 입법의 원칙에 대한 서론』(벤담)
  264
도이어베르트, 헤르만(Herman
  Dooyeweerd) 55, 56, 69, 89, 209,
  232, 438, 439-441
  교회 436
  로크 215
  루소 239
  사회철학 430-436
  아리스토텔레스의 실체 97
  와 개혁주의 철학 353-354, 396-397,
    401-402
    과 개체성 구조 422-426
    과 규범과 양상 424-425
    과 대륙철학 403-404
    과 대립 405, 418
    과 마음 404-406, 407
    과 양상 419-425, 433
    과 존재론 418-419
    과 종교에 뿌리내린 사유 404-406,
      409-413
    과 창조 409
    과 초월적 기초 이념 408-410
    과 초월적 비판 406-407
    과 추상 대 일상의 사고 407
    과 환원주의 409
    아르키메데스의 점 408-409, 418
  와 칼뱅 188
  자연과 자유 197

철학사 411-413
토마스 아퀴나스 156-159
도킨스, 리처드(Richard Dawkins) 378
동성애 25-26
뒤샹, 마르셀(Marcel Duchamp) 382-383
듀이, 존(John Dewey) 183
드포르테레, 프레데릭(Frederiek Depoortere) 311
디드로, 드니(Denis Diderot) 231-232
디오니시오스 아레오파기타(Dionysius the Areopagite) 131
딜타이, 빌헬름(William Dilthey) 46-47, 160, 299, 314

라르쉬 31
라브리 24
라이프니츠, 고트프리트(Gottfried Leibniz) 183, 242
  기독교와 이성 223, 226-227
  모나드 223-224
  와 가능한 최선의 세계 222, 266
  인식론 224-227
라파엘로(Raphael) 90
러너, 에반(H. Evan Runner) 353
러셀, 버트런드(Bertrand Russell) 44, 287-288, 359
레기날드, 피페르노의(Reginald of Piperno) 146
레싱, 고트홀트(Gotthold Lessing) 256
레오 13세, 교황(Pope Leo XIII) 350
레우키포스(Leucippus) 70
로고스 116-117
  순교자 유스티노스의 115-116
  스토아 철학에서 100
  요한의 40
  헤라클레이토스의 67
로마서 174
로마의 멸망 126
로욜라, 이냐시오 데(Ignatius Loyola) 184
로우(E. J. Lowe) 97
로크, 존(John Locke) 213, 234
  경험주의 215, 218
  비판 215
  와 고전적 자유주의 215
로크마커, 한스(Hans Rookmaaker) 437-438
로티, 리처드(Richard Rorty) 286, 309, 316-317, 321-322
롬바르두스, 페트루스(Peter Lombard) 137, 144
루소, 장자크(Jean-Jacques Rousseau) 239-240
루이스(C. S. Lewis) 23
루터, 마르틴(Martin Luther) 171, 185-187, 191, 194
르낭, 에르네스트(Ernest Renan) 70-71
르네상스 171
  와 기독교 정통주의 183-184
  와 아리스토텔레스주의 179-184
  인문주의(인본주의) 175, 182-183, 308
    기독교 185
    와 인간의 자유/존엄성 178-179
    와 플라톤주의/신플라톤주의 176-

    179
  중세와의 관계 172
  혁신 173-175
리드, 토머스(Thomas Reid) 235
  상식 236-238
  와 기독교 237-238
  의 영향 238-239
리오타르, 장프랑수아(Jean-François Lyotard) 314, 320
리온, 데이비드(David Lyon) 324
리쾨르, 폴(Paul Ricoeur) 318-320
리프, 필립(Philip Rieff) 325, 326-327

마니교 118, 121
마르크스, 카를(Karl Marx) 263, 275-277, 283, 342
  와 변증법적 유물론 275
  헤겔 275-276
『마르크스주의』(매킨타이어) 335
마리옹, 장뤽(Jean-Luc Marion) 346-347
마이칼슨, 고든(Gordon Michalson) 268
마즈던, 조지(George Marsden) 28
매킨타이어, 알래스데어(Alasdair MacIntyre) 334
  계몽주의 337-338, 339
  도덕 335-337
  마르크스주의 334-335
  와 관습 340-341
  와 신앙과 이성 335-336
  와 아리스토텔레스주의-토마스주의 338, 341
  합리성, 전통, 내러티브 51-52, 207,
    337-340
맥도널드, 스콧(Scott MacDonald) 117
맥키너니, 랄프(Ralph McInerny) 352
멀러, 리처드(Richard Muller) 186, 191, 192-193
메타내러티브 37, 56, 314-315, 320-321
『메타비판』(하만) 254-255
멘델슨, 마이클(Michael Medelson) 127
멜란히톤, 필립(Philipp Melanchthon) 186
명료하고 뚜렷한 관념 206, 225
『명제집』(롬바르투스) 137
『모놀로기온』(안셀무스) 135
『모든 계시에 대한 비판』(피히테) 256
무어(G. E. Moore) 287
물질세계
  열등한 122, 153
  와 역사 127
  또한 '이원론'을 보라.
『미국 정신의 종말』(앨런 블룸) 283
미란돌라, 피코 델라(Pico della Mirandola) 178
『미학 개요』(하만) 254
미학(심미) 254, 270-272, 382, 437-439
  월터스토프의 382-388
  칸트의 249
믿음, 올바르게 기초적인 356-360, 366-371
밀, 존 스튜어트(John Stuart Mill) 264-265

바니에, 장(Jean Vanier) 31

바르톨로뮤, 크레이그(Craig G.
　　Bartholomew) 37, 41, 414-415
바르트, 칼(Karl Barth) 282
바빙크, 헤르만(Herman Bavinck) 403,
　　405
바사리, 조르조(Giorgio Vasari) 172
바우든베르흐, 르네 반(René van
　　Woudenberg) 404
바울 187
바티모, 잔니(Gianni Vattimo) 310
『박학한 무지』(니콜라우스 쿠자누스) 177
『반복』(키르케고르) 274
반종교개혁 184-185, 193
반즈, 조너선(Jonathan Barnes) 90
『방법서설』(데카르트) 205
『백과사전』(달랑베르와 디드로) 231, 239
버거, 피터(Peter Berger) 307
버클리, 마이클(Michael Buckley) 208,
　　209
버클리, 조지(George Berkeley) 218-219
법이념 410
베르나르두스, 클레르보의(Bernard of
　　Clairvaux) 137
베르밀리, 피에트로 마르티레(Pietro
　　Martire Vermigli) 191
베버, 막스(Max Weber) 342
베이컨, 프란시스(Francis Bacon) 174,
　　197-200
　　과 신앙과 확실한 지식 200
　　과학과 종교 199
　　인식론 197-199
베일리, 존(John Baillie) 189

베츠, 존(John Betz) 254
베히, 마이클(Michael Behe) 279
벤담, 제러미(Jeremy Bentham) 264
『변신론』(라이프니츠) 222
변증법적 유물론 275
변증학 22-24, 113, 114
『별에서 온 사신』(갈릴레오) 202
보그만, 알버트(Albert Borgmann) 342
보드리야르, 장(Jean Baudrillard) 315-
　　316, 322
보스, 알빈(Arvin Vos) 190
보증 366
　　과 외재주의 367
　　다섯 핵심 요소 367
『보증』(플랜팅가) 366
보증된 기독교 믿음 367-368
　　과 올바르게 기초적인 신에 대한 믿음
　　　367-372
　　과 토마스 아퀴나스/칼뱅 368-369
『보증된 기독교 믿음』(플랜팅가) 24, 368,
　　380
보증된 성경 해석 397-401
　　과 성경 비판 397-401
볼렌호븐, 디르크(Dirk Vollenhoven)
　　401, 403, 411
　　과 문제-역사적 방법 415-418
분석철학 286, 404
　　과 논리 286-291
　　과 언어 286-291
『불안한 현대사회』(테일러) 341-346
불변성/변화
　　플라톤의 83, 89-90

헤라클레이토스의 66-67
보편자(universals) 91, 94, 130, 136, 155-156, 163-166, 288
부정철학 132
불, 원초적 실체로서의 67
블룸, 앨런(Alan Bloom) 283
『비극의 탄생』(니체) 280
비아 모데르나(새 방식) 168
비아 안티쿠아(옛 방식) 168
비트겐슈타인, 루트비히(Ludwig Wittgenstein)
　논리 288-291
　논리실증주의 289-290
　언어 288-291
　후기 291-293
빈델반트, 빌헬름(Wilhelm Windelband) 104, 184

사르트르, 장폴(Jean-Paul Sartre) 296-298
사사기 308
사이어, 제임스(James Sire) 79-80, 306-307
사피엔티아(sapientia, 지혜) 124-125
『사회계약론』(루소) 239
산업혁명 263-264
삼위일체 교리 39
샬롬 365, 385
『서구 정신의 열정』(타나스) 445
『서양문화의 뿌리』(도이어베르트) 415
설교 436-437
성경 37-41, 213, 274-275, 320, 361, 363

과 세계관 41-43
　보증된 성경 해석 397-401
　스피노자의 220-222
　없이 이성적으로 사고 131, 135
성경 비평 397-401
『성경은 드라마다』(바르톨로뮤와 고힌) 37
성공회 25
성질(일차 대 이차) 218
『세계 창설 이래 감추어졌던 것들』(지라르) 346
세계 체제 이론가 394
세계관
　과 기독교 교리 48-50
　과 성경 41-43
　과 철학 44-48, 56-58
　　과 신학 대 철학 44
　　과 종교 46-48
　　다섯 모델 44-45
　　을 만들어 내는 세계관 51-54
　　저자들의 접근방식 54-58
『세계관은 이야기다』(바르톨로뮤와 고힌) 43, 415
셸링, 프리드리히 빌헬름 요제프(Friedrich Wilhelm Joseph Schelling) 256
소비주의 308, 315-316, 348
소크라테스(Socrates)
　선한 삶 76-79
　와 소피스트 74-79
　와 플라톤 82
　이성주의 77-79
소크라테스 방법 77

소크라테스 이전 62
  '고전' 또는 '이교'로서 63
  과 기독교 철학적 반응 70-74
  과 원자론자들 70
  과 이성주의 69-71
  과 이오니아 자연주의 65-67
  과 질료-형상 구분 68-69
  과 피타고라스 67-68
  과 헤라클레이토스 66-67
  구약성경과의 관계 73
  구조 대 기원 72
  의 중요성 70-72
  의 질서를 부여하는 원리 71-72
『소크라테스의 변명』(플라톤) 77
소피스트 62
  와 소크라테스 74-79
  회의주의와 실용주의 75-76
쇼펜하우어, 아르투어(Arthur Schopenhauer) 266-268
수, 원초적 실체로서의 68
『수학 원리』(러셀) 287
『순수이성비판』(칸트) 242-246, 254-255
쉐퍼, 이디스(Edith Schaeffer) 24
쉐퍼, 프란시스(Francis Schaeffer) 24, 308
쉬한, 토머스(Thomas Sheehan) 399
슐라이어마허, 프리드리히(Friedrich Schleiermacher) 258-259
스코투스, 요하네스 둔스(John Duns Scotus) 162
  보편자와 개별자 163-164
  하나님의 자유 163

스콜라 철학(스콜라주의) 131, 136-137, 140-141, 174, 175, 186, 199-200
스크루턴, 로저(Roger Scruton) 250
스키엔티아(scientia, 지식) 124-125
스킬렌, 짐(Jim Skillen) 435
스타이너, 조지(George Steiner)
  포스트모더니즘 324-325
스턴(J. P. Stern) 283
스텀프, 엘레오노어(Eleonore Stump) 166
스토아주의 99-101
스트라우스(D. F. M. Strauss) 295
스피노자, 바루흐(Baruch Spinoza) 183, 224
  성경과 이성 220-222
  체계 219-222
시어벨드, 캘빈(Calvin Seerveld) 72, 403, 417, 445
  개혁주의 인간론 426-429
  미학 437-439
  와 깨짐/구속 428-429
  와 서로 침투하는 양상들 427
  와 신체 427
신 존재 논쟁 135, 151-152, 206
『신곡』(단테) 173
『신국론』(아우구스티누스) 55, 120, 126-127
『신기관』(베이컨) 197
"신성한 질서/사회적 질서"(리프) 326
신앙과 이성 252-253, 376-377
  과 교부 시대 113-114
  과 철학적 배타주의 180-182

과 해체 161-162, 166-169
매킨타이어의 335-337
보에티우스의 130-131
아벨라르두스의 137
안셀무스의 134-135
의 관계 51-54
키르케고르의 272-273
토마스 아퀴나스의 종합 145-156
"신앙과 이성이 충돌할 때"(플랜팅가) 376
신앙과 철학 32-33, 35-37, 187-191
과 성경 37-41
『신앙과 합리성』(플랜팅가와 월터스토프) 356
신의식 368-369
신칼뱅주의 352-354, 403, 441
신플라톤주의 103-105, 119, 122-123, 126-129, 141-142, 201
실재에 대한 관점 103-105
와 르네상스 177-179
와 보에티우스 130
와 아우구스티누스 122, 128-129
와 요하네스 스코투스 에리우게나 132-133
와 위-디오니시오스 131-132
이원론 103-105
신학 192-193
과 과학 142
과 세계관 48-50
과 철학 44-45, 180, 185-186, 191-192, 441-445
『신학대전』(토마스 아퀴나스) 139, 145
실용주의 284, 306-307, 316
기본 성향 284
와 오류가능주의 285
진리 285-286
『실용주의』(제임스) 285
실재론 대 유명론 130, 156, 165-169, 212, 218, 290
"실제화" 424-425
실존주의 296-298
실증주의 265
『실천이성비판』(칸트) 236, 242, 247-249

아낙시만드로스(Anaximander) 66, 71
아낙시메네스(Anaximenes) 66
아르케 408-409
아리스토텔레스(Aristotle) 52, 62, 77, 105, 106, 111, 161, 201-202, 211
기독교 사상과의 종합 140-143, 144-158
네 가지 동인 95-96
본질적인 것 대 우연적인 것 92-93
분석적 도구 92-93
생애 91
신 96
실체 93-94, 97
에 대한 기독교 철학의 태도 96-97
와 토마스 아퀴나스 143, 144-158
와 플라톤 91-92
이성과 감각 92-93
중세 유럽으로 재도입 140-141
천문학 201-202
또한 '토마스 아퀴나스'를 보라.
아리스토텔레스-토마스주의 전통 338,

340-341. 또한 '토마스 아퀴나스'를 보라.
아베로에스주의자 144, 161, 181
아벨라르두스, 페트루스(Peter Abélard) 136-137
아우구스티누스(Augustine) 54-55, 56, 103, 111, 169, 445
    기독교 철학자로의 발전 126-129
    생애와 작품 118-120
    와 권리 390
    와 역사와 하나님의 도성 126-127
    와 지혜 추구로서의 철학 120-123
    와 토마스 아퀴나스 144-158
    와 플라톤주의/신플라톤주의 119, 121-122, 126-129
    이해를 추구하는 신앙 52
    존재론, 인식론, 인간론 123-126
아우구스티누스주의 54, 128, 189, 208, 217, 338
    아리스토텔레스주의 대 143-147
    와 아레오파기타 131-132
『아침놀』(니체) 280
『아카데미아학파 반박』(아우구스티누스) 119, 121
"아테네 학당"(라파엘로) 90
아페이론(무한정자) 66
악의 문제 267-268
안셀무스, 켄터베리의(Anselm of Canterbury) 134-136
알리기에리, 단테(Dante Alighieri) 173
알베르투스 마그누스(Albertus Magnus) 141-142, 156, 157

『앎의 과학』(피히테) 256
암시성 439
애덤스, 메릴린 맥코드(Marilyn McCord Adams) 165-166
언어
    와 철학 314-315
    일상적 237
에라스무스(Erasmus) 184-185
에리우게나, 요하네스 스코투스(John Scotus Eriugena) 132-134
에반스, 스티븐(C. Stephen Evans) 273-274, 370
에이엥, 앙드레(André Hayen) 146
『에티카』(스피노자) 220
에피쿠로스주의 101-102
에픽테토스(Epictetus) 100
엘로이즈(Heloïse) 136, 137
엠페도클레스(Empedocles) 70
엥겔스, 프리드리히(Friedrich Engels) 263, 276
『영원하신 아버지』 350
영지주의 116
『예기치 못한 기쁨』(루이스) 23
예술 382-388. 또한 '미학(심미)'을 보라.
『예술 작품과 예술 세계』(월터스토프) 382
『예술가들의 삶』(바사리) 172
『예와 아니요』(아벨라르두스) 137
오리게네스(Origen) 116
오웬스, 조지프(Joseph Owens) 147
오컴의 면도날 166
오컴의 윌리엄(William of Ockham) 165
    과 경험주의 167-168

과 자연신학 167-168
비판 168-169
유명론과 보편자 165-166
하나님의 자유 167
요소, 네 가지 기초적인 70
요한복음 40, 115
우상숭배 47, 53, 96
워시번, 필(Phil Washburn) 45-46
워필드, 벤저민(Benjamin B. Warfield) 190
원자론자 70-71, 203
원초적 실체로서의 물 66
월터스, 알(Al Wolters) 44, 109
월터스토프, 니콜라스(Nicholas Wolterstorff) 215, 236, 251, 375-376, 401, 445
　미학 382-388, 438
　와 개혁주의 인식론 352-354, 356, 362, 370-373
　　과 기독교적 헌신 362-363
　　과 메타인식론 356-360
　　과 통제 믿음, 데이터-배경 믿음, 데이터 믿음 362
　　자연스레 따라 나오는 결론 363-364
　와 『종교의 한계 내에서의 이성』 360-365
　정치철학
　　과 동물의 권리 393
　　과 세계 체제 이론 394-397
　　과 아파르트헤이트 388-389
　　과 전 지구적 자본주의 395-396

과 정의 389-393
권리에 대한 기독교적 기초 대 세속적 기초 390-392
토대주의 비판 361
웰스, 로널드(Ronald Wells) 183
윌버포스, 윌리엄(William Wilberforce) 393
유명론 대 실재론 130-131, 156, 168, 218, 290
　과 오컴 165-167
유물론 211-212, 232, 243, 250, 255-256
유스티노스, 순교자(Justin Martyr) 114-116
'유신론적 과학' 381
융, 카를(Carl Jung) 264
은혜 150, 170, 189-190, 413-414
『의지와 표상으로서의 세계』(쇼펜하우어) 266
『이 사람을 보라』(니체) 280
『이것이냐 저것이냐』(키르케고르) 270-271
"이것임" 163-164
『이단에 대한 처방』(테르툴리아누스) 106
이레나이우스(Irenaeus) 116
『이론적 사유의 새로운 비판』(도이어베르트) 353
『이성의 한계 안에서의 종교』(칸트) 242
『이성적 신앙』 351-352
이성주의(합리론) 134, 144, 196, 239, 242-243, 246, 254
　소크라테스 이전 69-71
　와 소크라테스 76-79

이오니아 자연주의 65
　근본 원리 64-68
　불변성/변화 66-67
이오리오, 도미니크(Dominick Iorio) 180
이원론 103-105, 138, 185, 190-191, 262, 416
　과 데카르트 208-210
　과 순교자 유스티노스 116
　과 아우구스티누스 123
　과 토마스 아퀴나스 152-153
'이중 진리' 162, 164, 168, 192
이해를 추구하는 신앙 52, 135
『인간 본성에 관한 논고』(흄) 232, 264
『인간 존엄성에 관한 연설』(미란돌라) 178
인간론(인간학)
　과 개혁주의 철학 426-429
　과 포스트모더니즘 322
　데카르트의 209
　아우구스티누스의 123-126
　칸트의 248
　토마스 아퀴나스의 152-156
　플라톤의 88-92
『인간마음에 관한 탐구』(리드) 236
『인간의 능동적 능력에 관한 논고』(리드) 236
『인간지성론』(로크) 213-214
인본주의(인문주의) 111, 175-177, 181-184, 308, 325, 414
인식론 39, 195, 317
　과 메타 인식론 356-360
　과 포스트모더니즘 320-322
　데카르트의 209
　또한 '개혁주의 인식론'을 보라.
　라이프니츠의 224-227
　베이컨의 197-200
　아우구스티누스의 123-126
　키르케고르의 273-274
　토마스 아퀴나스의 152-155
일원론 70, 71, 416

자그제브스키, 린다(Linda Zagzebski) 350-351
자바렐라, 야코포(Jacopo Zabarella) 181
자본주의
　시장 344-345
　전 지구적 308, 311, 342, 393-397
『자본주의와 진보』(하웃즈바르트) 396
자선 기관 선택법 435
자연 239-240
　과 은혜 100, 170, 413-414
　과 자유와의 긴장 197, 213, 248, 275, 414
　초기 근대적 개념 203-204
　또한 '자연신학'을 보라.
『자연구분론』(에리우게나) 133
자연신학 167-168, 234-235, 350
『자연종교에 관한 대화』(흄) 234
자연주의 200, 253, 306-307
　와 진화 376-382
　형이상학적 307
자유 178-179, 239-240, 297, 396
　와 자연과의 긴장 197, 213, 275, 414
　하나님의 자유 163, 167
잠언 74, 79

장 드 장댕(John of Jandun) 181
전도서 41-42
절대 자아 256
『정신현상학』(헤겔) 257
정의 388-397
    권리에 대한 기독교적 근거 대 세속적 근거 391-392
    와 동물의 권리 393
『정의와 평화가 입맞출 때까지』(월터스토프) 365, 375, 389, 393-397, 438
정치철학 388
    과 정의 388-397
『정치학』(아리스토텔레스) 106
제논(Zeno) 69
제논, 시티움의(Zeno of Citium) 99
제도적 교회 436-437
제임스, 윌리엄(William James) 285-286
젤레마, 윌리엄 해리(William Harry Jellema) 353
『조직신학』(하지) 238
존슨, 폴(Paul Johnson) 172
존재론 152-156, 301, 321-322
    과 개혁주의 철학 418-426
    과 플라톤 123-126
    과 하이데거 298-299
종교개혁 184
    과 신학과 철학 사이의 관계 185-186, 191-192
        와 골로새서 2:8 187
        와 도구적 이성관 192
        와 아리스토텔레스주의 186-187, 192-193
        와 이중적 진리 192
        와 칼뱅 187-190
    반(反)이원론 185
    반(反)종교개혁 184, 193
종교와 철학 32-33, 221, 258-259, 309-312
『종교의 자연사』(흄) 234
『종교의 한계 내에서의 이성』(월터스토프) 360-365, 401, 445
『종교적 경험의 다양성』(제임스) 285
『종의 기원』(다윈) 278
주트, 토니(Tony Judt) 306
중간 기술 172
중세 철학 110-111
    과 그리스도의 계시 110
    과 신앙과 이성의 분리 162, 164-165, 166-169
    과 오컴의 윌리엄 165-168
    과 요하네스 둔스 스코투스 161
    과 토마스 아퀴나스 143-161
    교부 시대에 내린 뿌리 113
        와 로고스 115-117
        와 변증 113-116
        와 아우구스티누스 117-129
        와 철학에 대한 다양한 견해 113-117
        와 플라톤주의 113-117
    복음과 그리스 철학의 종합인 110-112
    신학과의 관계에서 네 선택지 180
『즐거운 학문』(니체) 280
증거주의 272, 351, 359
『증여: 주어짐의 현상학을 향하여』(마리옹) 349

지라르, 르네(René Girard) 346-348
지식
   객관적 243-245, 313-314, 320, 339
   또한 '인식론'을 보라.
지적 설계 279
지젝, 슬라보예(Slavoj Žižek) 310-311
지향성 294-295
직관 294
『진리와 방법』(가다머) 300-301
진화
   '거대한 이야기' 378-382
   와 자연 선택 278
   와 자연주의 376-382
   와 지적 설계 279
   종교적 비중립성 377, 381
   플랜팅가의 376-382
질송, 에티엔(Étienne Gilson) 111-112, 113, 131, 134, 158, 159
질풍노도 252, 254

『차라투스트라는 이렇게 말했다』(니체) 280-281
창세기 20, 274
창조 37-38, 86, 89, 109, 409
   와 미학(심미) 382-384
   와 질서 19-21
   와 타락 21-22, 414-415
   토마스 아퀴나스의 148-149
『창조 타락 구속』(월터스) 109
창조적 반실재론 323, 371
챙, 커티스(Curtis Chang) 55, 126
철학

   과 기초 질문 27-28, 56-57
   을 공부하는 이유 32-33
『철학의 위안』(보에티우스) 130
『철학적 단편에 부치는 비학문적인 해설문』(키르케고르) 271
『철학적 딜레마』(워시번) 45
체스터턴(G. K. Chesterton) 148, 149
초기 근대 철학 196
   과 경험론, 합리론, 관념론 196
   과 데카르트 204-210
   과 라이프니츠 222-228
   과 로크 213-215
   과 버클리 218-219
   과 베이컨 197-200
   과 스피노자 219-222
   과 자연/자유 197, 212, 226-227
   과 천문학 200-204
   과 파스칼 216-218
   과 홉스 210-213
초기 중세 철학 129
   과 보에티우스 129-131
   과 아벨라르두스 136-137
   과 안셀무스 134-135
   과 요하네스 스코투스 에리우게나 132-134
   과 위-디오니시오스 132-133
『초림』(쉬한) 399
초월적 기초 407-411
초월적 비판 406
초월적 연역 243-244
출애굽기 122, 400

카니자레스, 안토니오, 추기경(Antonio
　Cañizares) 115
카시러, 에른스트(Ernst Cassirer) 177
카이퍼, 아브라함(Abraham Kuyper) 20,
　188, 353, 403, 442
　　아우구스티누스 전통 54
　　영역 주권 430
카프레올루스, 장(John Capreolus) 193
칸트, 임마누엘(Immanuel Kant) 196,
　226, 227, 231, 252, 256, 266-268, 372,
　403, 406
　　사상 평가 248-249, 250-251, 259
　　생애 241-242
　　『순수이성비판』 242-246
　　　과 객관적 지식 243-245
　　　과 규제적 원리 245-246
　　　과 본체 대 현상 243-244, 250
　　　과 신 존재 245
　　　과 이성의 한계 244-245
　　　과 자율성 246
　　　과 초월적 방법 243-245
　　『실천이성비판』 247-249
　　　와 계몽주의 241-243, 250-251
　　　와 리드 236, 238
　　　와 자연/자유 긴장 248
　　　윤리 247-248
　　　인간론 248
　　『판단력 비판』 249
　　　하만의 254-255
칼뱅, 장(John Calvin) 185, 194, 368-369
　　과 고대 철학 185, 188
　　바울 187-188

신앙과 철학 188-191
　지식 189-190
칼뱅주의 191
　세계 형성적 375-376
　또한 '신칼뱅주의'를 보라.
캐롤, 존(John Carroll) 308
　근대성 비판 325-326
케니, 앤서니(Anthony Kenny) 287
케이시, 에드워드(Edward Casey) 308
케이지, 존(John Cage) 382, 383
케커만, 바르톨로마우스(Bartholomaus
　Keckermann) 192
케플러, 요하네스(Johannes Kepler) 201
코기토 에르고 숨(cogito ergo sum) 205
코와코프스키(L. Kolakowski) 290
코페르니쿠스, 니콜라우스(Nicholaus
　Copernicus) 200-202
콜렛, 존(John Colet) 174
콩트, 오귀스트(Auguste Comte) 265
콰인(W. V. O. Quine) 331-333
큉, 한스(Hans Küng) 158
크로너, 리하르트(Richard Kroner) 248
크리스텔러, 폴 오스카(Paul Oskar
　Kristeller) 182
클라우저, 로이(Roy Clouser) 48
클라인스, 데이비드(David Clines) 400
클레멘스, 알렉산드리아의(Clement of
　Alexandria) 114
클리포드(W. K. Clifford) 359
키르케고르, 쇠렌(Søren Kierkegaard)
　268, 302, 303
　고전적 토대주의에 반대 273

성경과 씨름 274-275
심미적, 윤리적, 또는 종교적 삶 270-272
와 기독교 268-269
인식론 273-274
주체성 269-270, 273-274
해석 269-270
키케로(Cicero) 76-77

타나스, 리처드(Richard Tarnas) 63, 157, 261, 445
타락 21-22
『타락한 세상을 위한 무지개』(시어벨드) 438
탈레스(Thales) 64-66, 74
터너, 제임스(James Turner) 349-350
테르툴리아누스(Tertullian) 61, 106, 113-114, 187, 194, 360
테일러, 찰스(Charles Taylor) 174, 262, 350, 372
    데카르트 209-210
    『불안한 현대사회』 341-346
토대주의 237
    고전적 273, 356-360
    와 올바르게 기초적인 믿음 356-360
    토대주의 비판 361, 369-370
『토마스 신학 변호』(카프레올루스) 193
토마스 아 켐피스(Thomas á Kempis) 173
토마스 아퀴나스(Thomas Aquinas) 55-56, 111, 141, 143, 161, 184, 368-369, 413, 443
    기도 생활 146

두 『대전』 145
방법론 146
사상에 대한 기독교적 평가 157
    와 근대 158
    와 아리스토텔레스를 그리스도께로 개종함 또는 그 반대임 149-151, 157
    와 역사적인 것으로서의 계시 160
    와 이원론 157-158
생애와 시대 143-144
신 존재에 대한 다섯 가지 증명 152
아리스토텔레스를 아우구스티누스주의와 종합 146-156
    계시와 이성 150-151
    은혜와 자연 150-151, 170
    종합에 대해 의문 제기 151
인간론, 인식론, 존재론 152
    과 몸 대 영혼 152-153
    보편자 155-156
    존재 대 본질 154
    죄 154-155
    창조 148-149
토마스주의 193, 338, 341, 350. 또한 '토마스 아퀴나스'를 보라.
『통치론』(로크) 215
트라시마코스(Thrasymachus) 74

파나치오, 클로드(Claude Panaccio) 166
파르메니데스(Parmenides) 69
파스칼, 블레즈(Blaise Pascal) 216, 229
    마음 216-217
    이성의 한계 216-217

『판단력 비판』(칸트) 242, 249-251
『팡세』(파스칼) 216
퍼스, 찰스 샌더스(Charles Sanders
  Peirce)
  실용주의 284-285
  와 오류가능주의 285
페라리(G. R. F. Ferrari) 88
페트라르카, 프란체스코(Francesco
  Petrarca) 176
포르피리오스(Porphyry) 103
포스트모더니즘 36, 251, 293, 305-307,
  408
  과 기독교 323-328
  과 기술 315-316
  과 다원주의 322-323
  과 리쾨르의 해석학 318-320
  과 자유주의 310, 312, 317
  과 종교와 철학 310-312
  과 진리 308
  과 해체주의 317-318
  근대성 비판 320-323
    과 인간론 321-322
    과 인식론 320-322
    과 존재론 321-322
  논쟁 313-315
  쇠퇴 306
  의 비판 312-313
『포스트모더니티의 조건』(하비) 308
포스트모던 철학 293. 또한 '포스트모더니
  즘'을 보라.
『포스트모던의 조건』(리오타르) 314
포퍼, 칼(Karl Popper) 290

폰 라트, 게르하르트(Gerhard von Rad)
  40
폼포나치, 피에트로(Pietro Pomponazzi)
  180-181
푸코, 미셸(Michel Foucault) 322
퓌론(Pyrrho) 102
프란치스코, 아시시의(Francis of Assisi)
  149
프레게, 고틀로프(Gottlob Frege) 286-
  287
프로이트, 지크문트(Sigmund Freud)
  264, 283, 322
프로타고라스(Protagoras) 74-75
프린스터러, 하윌라우머 흐룬 반
  (Guillaume Groen van Prinsterer)
  430, 442
플라톤(Plato) 62, 76, 81, 90, 98, 104, 266
  과 경험 불신 82-84
  과 아리스토텔레스 90
  이데아/형상 이론 83-86, 89
  이성 84-86, 87-90
  인간론 86-90
  창조론 86, 88-89
  철학적 훈련 82-83
  또한 '신플라톤주의'를 보라.
플라톤주의 103, 113-114, 117, 119, 148.
  또한 '신플라톤주의', '플라톤'을 보라.
플랜팅가, 앨빈(Alvin Plantinga) 24, 239,
  251, 376, 401
  기독교 철학자들을 향한 권고 332-333,
  350
  신앙과 이성 51-54

와 개혁주의 인식론 352-354, 356,
　　　371-373
　　와 보증된 기독교 믿음 366-372
　　와 보증된 성경 해석 397-401
　　진화 376-382
　　포스트모더니즘 323
플로티노스(Plotinus) 103, 121-122
피사노, 니콜라(Nicola Pisano) 174
피치노, 마르실리오(Marsilio Ficino) 178,
　　181
피타고라스(Pythagoras) 67-68
피터스, 제임스(James R. Peters) 235
피퍼, 요셉(Josef Pieper) 134, 164, 168
　　토마스 아퀴나스 159, 160, 162
피히테, 요한 고트리브(Johann Gottlieb
　　Fichte) 256-257
필롤라오스(Philolaus) 68

하나님 앞에서(coram Deo) 428-429,
　　442
하나님의 형상 392
하르낙, 아돌프 폰(Adolf von Harnack)
　　111-112, 132, 149
하만, 요한 게오르크(Johann Georg
　　Hamann) 204, 251, 275
　　과 기독교 철학 255
　　미학 254
　　신앙과 이성 252-253
　　칸트 254-255
하버마스, 위르겐(Jürgen Habermas)
　　309, 314-315
하비, 데이비드(David Harvey) 308

하비, 반(Van A. Harvey) 398
하웃즈바르트, 밥(Bob Goudzwaard)
　　396-397
하이데거, 마르틴(Martin Heidegger) 293
　　와 포스트모더니즘 313-314
　　와 해석학 298-299
하지, 찰스(Charles Hodge) 238
해방신학 396
해석학 298-302, 318-320
핸킨스, 제임스(James Hankins) 182
『행동하는 예술』(월터스토프) 382-384,
　　438
행복주의(eudaiminism) 390-391
헤겔, 게오르크 빌헬름 프리드리히(Georg
　　Wilhelm Friedrich Hegel) 256-258,
　　272
　　마르크스의 275-276
　　역사의 논리 258
헤라클레이토스(Heraclitus) 66-67, 83,
　　100
헤르세마, 헹크(Henk Geertsema) 408
헤스, 메리(Mary Hesse) 310
현대 가톨릭 철학
　　과 기독교 철학 349-352
　　　과 개혁주의 인식론 349-354
　　　과 자연신학 350
　　　과 증거주의 351
　　　과 타락한 의지 대 지성 350-351
　　과 마리옹 348-349
　　과 매킨타이어 334-341
　　과 지라르 346-348
　　과 테일러 341-346

현대 기독교 철학
  과 가톨릭 사상
  르네상스 331-334
  완전성 332-333, 363
  자율성 332
  또한 '월터스토프', '플랜팅가'를 보라.
현상학 287, 293, 302, 348-349
  과 생활세계 296
  과 에포케(epoché, 판단중지) 294-295
  과 직관과 지향성 294-295
『형이상학 논고』(라이프니츠) 222-223
호이텡가, 듀이(Dewey Hoitenga) 189, 190
홉스, 토머스(Thomas Hobbes) 210-213, 218
  성경과 자연 이성 213
  와 데카르트 211-212
  와 수학 211
  유물론 211-212

화이트헤드, 알프레드 노스(Alfred North Whitehead) 81
『확실성에 관하여』(비트겐슈타인) 292
회의주의(회의론) 62, 73, 75, 99, 101-102, 119, 232-235, 242, 250, 255
  인식론적 320-321
후설, 에드문트(Edmund Husserl) 286-287, 403, 404, 405
  과 포스트현상학 313
  과 현상학 293-296
후프먼, 칼(Carl Huffman) 68
흄, 데이비드(David Hume) 196, 232, 236, 242-243
  경험론 234-235
  이성과 정념 233-234
  자연신학 234-235
흐리피운, 산더(Sander Griffioen) 47
힌리키, 폴(Paul Hinlicky) 226-227
힘멜파브, 거트루드(Gertrude Himmelfarb) 312-313

옮긴이의 글

번역은 고된 작업이지만 보람 있는 일이다. 원문을 쉽게 접하기 어려운 이들에게 봉사하는 기쁨 외에도 또 다른 즐거움이 있다. 번역에도 통역에도 창작의 요소가 있다. 특히 통역은 연사와 호흡이 잘 맞으면 함께 춤을 추듯 주거니 받거니 주제를 풀이해 청중에게 다가가는 재미가 있다. 연사와 생각이 같으면 더욱 그렇다. 동일한 이유로 『그리스도인을 위한 서양 철학 이야기』를 번역하는 과정도 힘이 덜 들었다.

마이크와 크레이그는 오랫동안 철학을 공부하고 가르쳐 왔다. 둘 다 한때 캐나다 토론토에 있는 기독교학문연구소(Institute for Christian Studies)에서 동문으로 수학한 데다 생각이나 비전도 흡사해 잘 통한다. 특별히 개혁주의 기독교 세계관과 거기서 비롯되는 선교적 비전으로 세계 역사를 보고 그 맥락 속에서 철학을 이해하는 일도 함께했다.

바로 이 점에서 이 책은 이전 작품인 『성경은 드라마다』와 『세계관은 이야기다』(원제목을 직역하면 '교차로에서 살아가기')에서 다루지 못한 일반 사상의 역사의 이야기를 들려주는 후속편이라고 할 수 있다. 물론 그리스도인들이 쓴 철학사 책이 적지는 않다. 하지만 이 책의 특수한 접근은 이제껏 국내에서는 한 번도 접할 수 없던 유의 통찰을 담고 있다. 사실 근대와 포스트모던으로 넘어가는 길목을 통과하는 오늘날 이 책처럼 성경 이야기와 세상 이야기의 '교차로'에서 무슨 일이 벌어지고 있는지 소개하는 경우는 아주 드물다. 이 책의 가장 큰 미덕은 기독교적 안목에서 철학사 전반을 살피려 노력하면서 특히 20세기에 일어난 '기독교 철학의 르네상스'를 심도 있게 다룬데 있다.

누군가 말했듯이 신앙과 철학은 애증 관계라고 할 수 있다. 철학은 가장 오랜 역사를 가지고 다양하고도 깊이 있게 세계와 삶의 비밀을 이해하려 해 온 가장 세련된 지적 노력이다. 궁극적인 질문들을 다루어 왔다는 점에서 학문의 근본적인 형태다. 한편 기독교는 하나님의 계시에 대한 믿음과 순종의 신앙이며 삶 전체다.

물론 기독교 신앙은 철학을 한 부분으로 가질 수 있다. 즉 신앙의 구체적인 행위이자 표현으로서 철학적 사고는 얼마든지 가능하며 또 필요하다. 실제로 기독교 역사 속에는 많은 철학적 재능을 가진 이들이 있어 상당한 철학적 성과를 남겼다. 보통 기독교 사상사는 그리스도인들 가운데 지성적으로 뛰어난 은사를 가진 이들이 그들의 역사적·문화적 상황 속에서 어떤 철학적 사유와 논의했는지 정리하는 일로 여겨진다.

기독교 철학은 복음 전파와 사랑의 봉사 같은 그리스도인의 다른 활동과 마찬가지로 세상 속에서 이루어진다. 그러나 세상의 것을 단순히 채용하거나 답습하는 데서 그친 경우는 한 번도 없었다. 기독교 철학은 각 시대에 주어진 신앙적·교회적·신학적 과제를 수행하기 위해 이루어졌다. 21세기 교차로에 선 그리스도인은 개인적으로나 교회 공동체적으로 비기독교 사상과 대면해야 한다.

결국 중요한 질문은 '그리스도인들이 역사 속에서 긴장으로 가득한 신앙과 문화의 지형을 지나면서 실제로 그들의 길을 어떻게 노정해 왔느냐'다. 그리고 과연 그런 작업이 가능하냐는 것이다. 이 책은 그것이 어떻게 가능했는지 역사적 고찰을 통해 보여 준다. 오늘날 그리스도인이 직면한 가장 큰 문제는 '복음주의 지성의 스캔들'이다. 이 책은 지성의 결여를 극복하는 일과 그 실마리를 찾기 위한 방향을 모색하는 데 도움을 준다. 특히 우리가 살아가는 대한민국의 교회를 위한 철학의 과제를 발견하는 일, 선교 강국인 한국이 세계 기독교 역사의 현시점에서 해야 할 지적 과제를 발견하는 일, 향후 신학의 한 중심으로서 기독교 철학의 사명을 감당하기 위한 좋은 기초를 제공한다.

사실 처음 번역을 기획했을 당시에는 이 책을 단순히 번역하기보다는 저자들과 우리 실정에 맞추어 선교적으로 '상황화'된 한국어판을 함께 쓰는 일을 논의했었다. 이 일이 성사되지 못한 점은 아쉽다. 21세기 대한민국은 더 이상 극동의 감추어진 '은자의 나라'가 아니다. 아침이 고요한 '조선'도 아니다. 세계에서도 손꼽히는 거대한 교역국이자 온갖 물류와 사상이 교차하는 글로벌 허브가 되었다. 특히 근대사의 질곡 속에서 선교 역사상 유래 없는 성장을 이루었고, 세계에서 두 번째로 많은 선교사를 파송한 한국 교회에는 세계 사상과의 선교적 만남을 통해 씨름해야 할 고유한 과제가 있다. 그 일은 우리가 할 수밖에 없는데 조만간 그러한 이야기를 나눌 기회가 만들어지길 소망한다.

항상 책을 내건 번역을 하건 그 과정 속에서 가족들의 고마움을 새기게 된다. 지금도 이 작업을 격려해주는 아내 신동원과 두 딸 희원과 현진, 그리고 새 식구가 된 댄에게 감사한다.

2019년 11월 1일
신국원

옮긴이 신국원은 총신대학교 신학과(B.A.), 미국 웨스트민스터 신학교(M.A., M.Div., Th.M., 변증학 전공), 네덜란드 암스테르담 자유 대학교(Ph.D., 문화철학 전공), 캐나다 기독교학문연구소에서 수학했다. 왕십리교회 청년 지도목사였고, 미국 앤아버 성서교회를 담임했다. 미국 캘빈 칼리지 언론학부 객원 교수, 일리노이 대학교 커뮤니케이션 연구소에서 객원 연구교수로서 연구했고, 캘빈 칼리지 헨리 미터 센터에서 펠로우 교수를 역임했다. 총신대학교 신학과 철학 담당 교수로서 가르쳤으며, 2019년 은퇴 후에는 한국 웨스트민스터신학대학원대학교 초빙교수로서 가르치고 있다. 삼일교회 협동목사로도 섬기고 있다. 저서로는 『니고데모의 안경』, 『변혁과 샬롬의 대중문화론』, 『신국원의 문화 이야기』, 『하나님을 사랑한 철학자 9인』(공저), 『포스트모더니즘』(이상 IVP), 『지금 우리는 여기서 무엇을 꿈꾸고 있는가』(복있는사람), 『대중문화 더 이상 침묵할 수 없다』(공저, 예영커뮤니케이션), 『기독교인의 생활 윤리』(대한예수교장로회총회) 등이, 옮긴 책으로는 『대중문화전쟁』, 『행동하는 예술』(이상 IVP), 『변증학』(기독교문서선교회), 『서양 사상의 황혼에서』(공역, CH북스)가 있다.

그리스도인을 위한 서양 철학 이야기

초판 발행_ 2019년 11월 14일
초판 2쇄_ 2022년 8월 30일

지은이_ 크레이그 바르톨로뮤 · 마이클 고힌
옮긴이_ 신국원
펴낸이_ 신현기

펴낸곳_ 한국기독학생회출판부
등록번호_ 제313-2001-198호(1978.6.1)
주소_ 04031 서울시 마포구 동교로 156-10
대표 전화_ (02)337-2257 팩스_ (02)337-2258
영업 전화_ (02)338-2282 팩스_ 080-915-1515
홈페이지_ http://www.ivp.co.kr 이메일_ ivp@ivp.co.kr
ISBN 978-89-328-1722-4

ⓒ 한국기독학생회출판부 2019

책값은 뒤표지에 있습니다.
무단 전재와 복제를 금합니다.